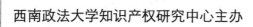
西南政法大学知识产权研究中心主办

西南知識産權評論

Southwest Intellectual Property Review Vol. 7 （第七辑）

主编 李雨峰　　**执行主编** 张体锐

知识产权出版社
全国百佳图书出版单位

图书在版编目（CIP）数据

西南知识产权评论. 第七辑/李雨峰主编. —北京：知识产权出版社，2017.6

ISBN 978-7-5130-5004-3

Ⅰ.①西… Ⅱ.①李… Ⅲ.①知识产权—文集 Ⅳ.①D913.04-53

中国版本图书馆 CIP 数据核字（2017）第 161321 号

内容提要

全书分"知识产权理论探索""知识产权与民法典""互联网领域知识产权保护""专利制度改革""研究生论坛"等五个板块，围绕知识产权领域的基本问题、常见问题和热点问题，展开了深入的研究分析。

读者对象：知识产权领域的研究人员、学生，政府管理人员，实务工作者。

责任编辑：崔　玲　　　　　　责任校对：潘凤越
封面设计：张　冀　　　　　　责任出版：刘译文

西南知识产权评论（第七辑）
李雨峰　主编
张体锐　执行主编

出版发行：知识产权出版社 有限责任公司	网　址：http://www.ipph.cn		
社　址：北京市海淀区气象路 50 号院	邮　编：100081		
责编电话：010-82000860 转 8121	责编邮箱：cuiling@cnipr.com		
发行电话：010-82000860 转 8101/8102	发行传真：010-82000893/82005070/82000270		
印　刷：北京中献拓方科技发展有限公司	经　销：各大网上书店、新华书店及相关专业书店		
开　本：720mm×960mm　1/16	印　张：26		
版　次：2017 年 6 月第 1 版	印　次：2017 年 6 月第 1 次印刷		
字　数：362 千字	定　价：58.00 元		

ISBN 978-7-5130-5004-3

编 者 语

回顾 2016 年中国知识产权的发展历程，网络侵权的专项治理、《专利法》第四次修改、专利与商标相关司法解释发布、几大知识产权要案等成了过去一年知识产权保护的标志性事件。在社会转型的大背景下，民法典的编纂、信息技术对社会结构的影响也牵动着知识产权研究者的心弦。

《民法总则》的通过，开启了中国民事法律制度的"民法典时代"，民法典的形成宣示着中国民法在体系化道路上的一个里程碑，而作为民事权利的一种，知识产权的体系化问题则尚在热烈的讨论之中。知识产权在民法中居于何种位置，发挥怎样的作用，实现何等价值，是一个绕不开的话题。厘清民法和知识产权法的关系，无论在制度上还是理论上，都亟须解决。学者们从不同视角出发，著书立言，对知识产权与民法典的关注持续至今。

与此同时，在"创新驱动发展"的大潮中，作为创新激励保障的知识产权作用日益突出。尤其在互联网技术飞速发展的今天，"新技术、新产业、新业态、新模式"给人们的生产生活创造了新空间，同时也给知识产权的保护、运用带来新挑战。伴随着创新性行业的发展，越来越多的新事物进入到知识产权法的视野之中。面对这类新事物所带来的挑战，知识产权制度必须回应技术发展所产生的新的利益关系。在此过程中，如何充分发挥创新激励作用，驱动经济社会的发展，成为学者们关注的焦点。

近几年来，新一轮《专利法》修改有序推进，国务院法制办公布了《中华人民共和国专利法修订草案（送审稿）》，学界也在持续关注。有关专利制度改革的讨论声音愈发强烈。围绕着提高专利维权的效率、加强专利转化的实施率，近年来，我国专利制度面临着专利维权难度大、专利转化实施率低等一系列难题，因而专利无效宣告制度的改造、创新主体的权利保护、专利审查制度的完善、标准必要专利默示许可制度的改进以及专利权当然许可的引入等问题是此次修法的热点，也引起了学者的热烈讨论。无论是立足于理论上的研究或是直击现行立法的制度探讨，都丰富了对专利制度的思考和研究，为《专利法》的第四次修改贡献了才智与学识。

基于以上考虑，我们设立了"知识产权理论探索""知识产权与民法典""互联网领域知识产权保护""专利制度改革"等四个主题，从浩瀚的研究成果中撷取十七篇具有一定代表性的论文，以飨读者。

"连雨不知春去，一晴方觉夏深。"转眼间《西南知识产权评论》已经来到了第七辑。秉持着深入反思的态度，怀抱着对兼容并蓄的追求，《西南知识产权评论》在同人的宽容与读者的关心下，姗然走过了六年风雨。此外，本辑还增设"研究生论坛"，鼓励知识产权专业研究生努力进步，期待以绵薄之力为知识产权研究引新鲜思维，育新生力量。

2017 年 3 月 2 日
于西政毓秀湖畔

目 录

互联网领域知识产权保护

专利制度改革

研究生论坛

西南知識產權評論
Southwest Intellectual Property Review Vol.7（第七辑）

知识产权
理论探索
…… ……

关于知识产权损害赔偿的几点思考

李明德[*]

摘　要　知识产权是一种市场关系中的权利。我们应当更多地从市场关系的角度理解知识产权的价值，并由此而确定损害赔偿的数额。在侵权纠纷中，法院和行政执法机关应当从涉案作品、发明专利、实用新型和外观设计的市场价值，包括潜在的市场价值确定损害赔偿的数额。至于商标，则应当更多地从商誉的价值，包括恢复商誉所需的努力来确定损害赔偿的数额。关于损害赔偿数额的计算方式，我国《著作权法》《专利法》和《商标法》的规定甚至比发达国家还完善。关键的问题在于我们应当重新认识知识产权的市场价值，并由此在法律的框架之内确定损害赔偿的数额，进而有效保护知识产权和创新成果。

关键词　知识产权　市场价值　损害赔偿

＊ 李明德，中国社会科学院知识产权中心主任，研究员，博士生导师。

一、知识产权的价值评估

知识产权是一种无形财产权。关于知识产权所涉及的作品、专利技术、外观设计、商标、商号和商业秘密，无论是日常价值的计算，还是法院对于损害赔偿数额的认定，都有着一系列不同于有形财产的特点。到目前为止，对于知识产权的价值评估，主要有两种方法，一是成本投入法，二是市场价值法。就一项有形财产来说，无论是按照成本投入法计算，还是按照市场价值法计算，通常不会有太大的差异。然而，就知识产权的价值评估来说，无论是从成本投入的角度加以评估，还是从市场价值的角度加以评估，都存在着种种不确定性。例如，就一项专利技术而言，发明人可能投入了数量巨大的资本和人力，但如果相关的技术不为市场所接受，则不能为发明人带来任何经济利益。又如，即使是一项市场接受的专利技术，由于市场和消费者喜好的变化，也会成为一项市场不再接受的技术。在这方面，关于作品和外观设计，也有着类似的情形。

知识产权是一个集合概念，由著作权、专利权、商标权和制止不正当竞争的权利构成。其中的制止不正当竞争，至少又包括了对于未注册商标和商号的保护，以及对于商业秘密的保护。从这些权利所涉及的客体来说，作品的价值、专利技术的价值、外观设计的价值，商标和商号的价值，以及商业秘密的价值又是各不相同的。再进一步分析，作品与作品之间、专利技术与专利技术之间、外观设计与外观设计之间、商标与商标之间、商号与商号之间、商业秘密与商业秘密之间，由于具体情形的不同，其价值也各不相同。例如，一件无人问津的作品，与一件万人争抢阅读、聆听和观看的作品，其市场价值迥然不同。又如，一件躺在专利文献上的专利技术，与一件可以带来新产品、新功能的专利技术，其市场价值不可同日而语。至于一件本地小有名气的商标，与一件全球驰名的商标，更是具有天壤之别的价值。

为了说明知识产权的价值，我们有必要明确，知识产权是一种市场关系中的权利。事实上，在人类社会漫长的历史中，赋予智力活动成果以财产权，不过是近几百年的事情。在此之前，人的所有智力活动成果，自产生之初就存在于公有领域中，人人可得以自由利用。只是到了近代资本主义市场经济，当人的智力活动成果也可以成为商品的时候，才有了在某些智力活动成果上设定财产权利的做法。值得注意的是，国家和社会并没有将所有的智力活动纳入财产权的范围，而仅仅是对作品、技术发明、工业品外观设计、商标和商号所承载的商誉，以及商业秘密赋予了财产权的保护。这表明，知识产权制度本身就是市场经济的产物。与此相应，我们对于知识产权，包括知识产权的价值，也应当更多地放在市场关系之中加以理解。

从市场关系的角度来看，在受到著作权保护的作品之中，只有少数作品具有较大的市场价值，能为权利人带来丰厚的收入。在受到专利权保护的技术发明或者外观设计之中，也只有很少的一部分能够为权利人带来可观的经济利益。在注册商标和未注册商标所标注的产品或者服务中，能够吸引消费者、占据相当市场份额的同样为数不多。与此相应，受到著作权保护的绝大多数作品，受到专利权保护的绝大多数技术发明和外观设计，受到商标法保护的许多注册商标，都是市场价值不高的，甚至没有多少市场价值的。正是从这个意义上说，知识产权的价值评估，应当主要是评估那些具有市场价值的知识产权。在知识产权价值的若干种评估方法中，市场价值法是一种最为有用的评估方法。

一方面，我们说很多作品、专利技术、外观设计和注册商标，都是没有多少市场价值的，难以为权利人带来必要的经济利益。另一方面，我们又可以肯定地说，凡是受到他人侵犯的知识产权，都是具有较高市场价值的知识产权。因为，侵权人在市场利益的驱动之下，未经许可而使用的一定是那些能为他们带来经济利益的作品、专利技术、外观设计、商标和商号以及商业秘密。正是从这种意义上说，侵权人甚至比权利人更懂得市场需求，侵权人不会，而且也没有必要未经许可而使用那些无人问津的作品、专利技术、外观设计，也不会仿冒那些没有什么市场价值的商标和商号，更不会冒着风险去盗用没有市场价值的商业秘密。与此相应，无论是法院还是行政执法机关，对于那些遭受侵权的知识产权的价值，就应当有一个充分的评估。

二、填平原则与损害赔偿数额

我国目前有关知识产权损害赔偿的计算方式，通常采用填平原则，即权利人损失多少，法院责令侵权人补偿多少。关于这一点，现行的《著作权法》《专利法》和《商标法》都规定，法院在确定损害赔偿的时候，以原告的实际损失予以计算，如果原告的实际损失难以确定，则以被告的利益所得加以确定。至于权利人的损失和被告的利益所得均难以确定时，则参照许可使用费的合理倍数加以确定。由这些规定可以看出，贯穿于其中的正是填平原则，即权利人损失多少侵权人赔偿多少，侵权人获利多少则向权利人赔偿多少。

除了以上三种计算方式，我国《著作权法》《专利法》和《商标法》还规定了法定损害赔偿，如50万元以下（著作权），100万元以下1万元以上（专利权），以及300万元以下（注册商标权）。① 根据规定，如果权利人认为自己的损失或者被告的利益所得难以准确计算，则可以在法定赔偿的范围内主张一个数额，要求法院作出判决。至于法院，也会参照相关的证据和侵权的情形，在法

---

① 见我国《著作权法》第49条，《专利法》第65条，《商标法》第63条。

定赔偿的数额之内酌定一个损害赔偿的数额。不过，规定法定赔偿，并不意味着权利人可以随心所欲地在法定赔偿的范围之内提出损害赔偿的数额，也绝不意味着法院可以在法定赔偿的范围之内随意确定一个赔偿的数额。至少，就法院所确定的赔偿数额而言，仍然是依据了双方当事人提供的证据和侵权发生时的具体情形。只是，法院在酌定赔偿数额的时候，不必进行严格的计算而已，贯穿于其中的仍然是填平原则的精神。

如果比较中外有关知识产权损害赔偿的计算方式，我们就会发现，中国与很多西方发达国家在这个问题上的区别并不很大。例如，美国《版权法》《专利法》和《商标法》规定的损害赔偿计算方式，都是原告的损失，被告的利润所得。在此基础之上，美国《版权法》还规定了法定损害赔偿，目前的数额是最低750美元，最高3万美元。至于《专利法》和《商标法》则没有规定法定损害赔偿。[①] 至于我国，则不仅在《著作权法》中，而且在《专利法》和《商标法》中都规定了法定损害赔偿的制度。然而，比较中美两国的司法实践就会发现，二者在损害赔偿数额的确定上，却存在着很大的差异。例如，根据国家知识产权局提供的数据，在我国专利侵权诉讼中，权利人通常选择法定赔偿，法院判决的数额平均为8万元左右。[②] 而依据美国的数据，自1995年到2013年，法院判决的专利赔偿数额大多在210万美元到1670万美元，平均数额是550万美元。尽管损害赔偿的数额近年来有所下降，自2008年到2013年的损害赔偿的平均数额仍然是430万美元。[③] 又如，我国近年来的著作权损害赔偿数额，大多在5000元到2万元。[④] 而在美国，版权损害赔偿的数额，大多在几万美元到几十万美元。即使是按照法定损害赔偿

① 见美国《版权法》第504条，美国《专利法》第284条，《兰哈姆法》第35条。

② 见国家知识产权局：关于提请审议《中华人民共和国专利法修订草案（送审稿）》的请示，2013年1月。

③ See PWC（普华永道）"2014 Patent Litigation Study"（www.pwc.com/us/en/forensic-service/publicaions）.

④ 这是笔者从北京知识产权法院了解到的情况。

数额，也在 5000 美元到 1 万美元。①

基于以上的分析可以看出，一方面中美两国有关知识产权损害赔偿数额的计算方式没有太大的区别，另一方面两国法院判决的损害赔偿数额又存在着巨大差异。同样是基于填平原则，同样是基于原告的损失或者被告的利益所得，中美两国的赔偿数额为什么会有如此之大的差距？显然，即使是在填平原则之下，美国的当事人和法院比较充分地评估了涉案知识产权的价值，而中国的当事人和法院则没有充分评估涉案知识产权应有的价值。这说明，我国的市场主体、法院、行政执法机关和专家学者，有必要重新认识知识产权的价值，尤其是有必要重新认识遭受侵权的那部分知识产权的价值。

先来看专利权。根据技术发明的规律，当某一个技术领域有可能产生突破的时候，可能会有若干个市场主体同时从事相关的研发。至于某一个具体的市场主体，为了获得相应的研发成果，又会在相关技术领域的很多个具体方面进行人力、物力和资本的投入。然而，在很多市场主体都在同一个技术领域进行研发的背景下，一个具体市场主体所获得的技术成果或者技术发明并不是很多。通过必要的筛选，研发者会找出其中的一部分（而非全部）申请专利。其中，能够通过严格的专利审查程序，获得专利授权的技术成果，又不是很多。事实上，即使是那些获得了专利授权的技术发明，能够转化为市场上需要的产品，从而为权利人带来经济利益的，更是为数不多。按照英美国家的估算，有效专利权所覆盖的技术发明，真正能够转化为产品并且为权利人带来经济利益的，大约只有 5%。如果在这些具有市场价值的专利技术遭到他人侵犯时，法院仅仅依据该项专利技术自身的价值计算赔偿数额，显然是忽略了市场主体为了获得该项专利技术的其他投入。

再来看著作权。根据估算，在平均 5 部到 10 部作品中，大约只有一部具有较高的市场价值。例如，在 1997 年前后，美国的 20 世

---

① 这是笔者从美国版权局了解到的大体数字。

纪福克斯公司共拍摄了若干部电影，其中只有《泰坦尼克号》获得市场上的成功，而其他的电影则没有获得预期的市场效果。① 很多低票房的电影，制片人甚至难以收回相关的投资。除了电影作品，其他种类的文学艺术作品，包括文字作品、音乐作品、戏剧作品、美术作品和计算机程序，也大抵是在若干部相关作品的基础上，才会产生一部市场畅销的作品。这表明，尽管作者们投入大量的时间和精力，包括必要的投资，创作了许许多多的作品，但是能够为市场接受，能够为权利人带来相当经济利益的作品并不很多。但是，他人未经许可而使用的作品，或者在市场上遭遇侵权的作品，通常都是那些具有较高市场价值的作品。与此相应，在著作权损害赔偿的计算中，如果仅仅计算那些畅销作品本身的价值，就会在事实上忽略了相关作者对于其他作品的投入。

最后来看商标权。在知识产权的客体之中，商标和商号的价值比较特别。在这方面，商标和商号的价值不是来自于标记本身，而是来自于市场主体对于相关商标和商号的投入。以商标为例。为了提升某一商标所承载的商誉，吸引更多的消费者购买相关的产品，商标所有人会在相关产品上使用大量的专利技术和非专利技术，会积极改进企业的管理方式以节省成本，会投入大量的广告以招徕消费者。事实上，企业经营活动中的所有努力，包括技术创新和管理创新，最后都结晶在了商标或者商号上。与此相应，很多商标和商号，尤其是那些全国乃至全球驰名的商标和商号，其价值是难以估算的。显然，在发生了商标侵权的情况下，尤其是在假冒商标的情况下，如果仅仅依据侵权产品的价值判定损害赔偿的数额，就会大大忽视了商标所有人对于商誉的投入。事实上，即使是按照原告产品的价值进行计算赔偿数额，也会大大低估商标所有人对于商誉的投入。根据笔者掌握的资料，欧美法院在评估商标侵权的损害赔偿数额的时候，不仅考虑了涉案产品的价值，而且更多地考虑了相关

---

① 这是 1998 年笔者随国家版权局的代表团访问美国环球影视城所获得的信息。

商标所承载的商誉。只有充分评估相关商标所承载的商誉的损失，才有可能判决较高的损害赔偿数额。

或许，就专利权和著作权而言，要求法院在确定损害赔偿数额的时候，进一步考虑发明人在其他方面的投入，或者进一步考虑作者在创作其他作品方面的投入，可能在逻辑上走得有些远了。但是法院在确定损害赔偿的时候，至少应当从相关专利技术或者作品的市场价值，包括其潜在的市场价值加以评估。如果仅仅从涉案专利技术或者作品本身的价值予以评估，就会大大低估其价值。至于在商标侵权案件中，法院除了考虑权利人产品的市场价值，还应当考虑相关商誉受到损害的情形，进而评估权利人应当获得的损害赔偿数额。如果仅仅考虑侵权产品的市场价值或者成本，则不仅难以填平权利人的损害，而且忽略了商标所承载的商誉，以及商誉的价值。

三、加大赔偿力度的尝试

在知识产权的侵权诉讼中，仅仅依据权利人的损失或者侵权人的利益所得而确定损害赔偿，显然不能完全填平权利人的损失。因为，权利人在维护自己权利的过程中，需要花费一定的时间和精力，包括支付相当的律师费和专家费。在这方面，欧洲大陆法系的诉讼原则是由败诉方承担胜诉方的费用，包括胜诉方的律师费。[①] 按照这种原则，当事人在提起诉讼之前，应当充分评估自己的权利状态和被告的行为，进而评估自己是否具有胜诉的可能性。否则，就有可能在败诉时向被告支付相应的诉讼费用和律师费用。显然，这种原则可以让权利人在胜诉之后获得必要的诉讼费和律师费，进而填补

---

① 欧洲专利局局长于 2013 年 10 月访问中国时，曾经在国家知识产权局举行的晚餐会上提及有关诉讼费用的欧洲原则。

权利人在这方面的损失。而在美国，则是双方当事人各自支付自己的费用，包括律师费和专家费。这叫作"美国规则"。① 如果说欧洲大陆的原则具有不甚鼓励诉讼的特征，那么美国的原则显然具有鼓励当事人提起诉讼的意味。或许，我们也可以由此而理解为什么美国人要比欧洲人更喜欢打官司。

尽管美国在诉讼费和律师费的问题上采取了当事人各自承担的一般原则，但是在有关知识产权的诉讼方面，相关的法律又规定，在必要的时候由败诉方向胜诉方支付合理的费用。例如，美国《版权法》第505条规定，法庭在其裁量权的范围内，可以判给胜诉方以诉讼费和合理的律师费。又如，美国《专利法》第285条规定，法庭在某些特殊的情形下，可以判给胜诉方以合理的律师费。再如，《兰哈姆法》第35条规定，在某些特殊的情形下，法庭可以判给胜诉方以合理的律师费。值得注意的是，上述规定所说的都是，在必要的情况下，在某些特殊情况下，可以判给胜诉方以合理的律师费。这表明，判给胜诉方以合理的律师费，是美国法律中的一个特例。而且，法院判给的是"合理的"而非全部的律师费。当然，权利人在胜诉的情况下，能够获得合理的律师费，又在相当大的程度上弥补了自己为了维权而支出的费用。②

在有关知识产权诉讼费和律师费的问题上，中国从一开始似乎采取了美国而非欧洲大陆的规则，由双方当事人支付自己的费用和律师费。这显然不利于权利人维护自己的权利，不利于权利人填平自己的损失。随着对于填平原则的深入认识，我国知识产权法律逐步采纳了合理费用的制度，以求有效填补权利人的损失。例如，2001年修订的《商标法》第56条规定，损害赔偿的数额，除了以侵权人的利益所得，或者权利人的损失加以计算，还应当包括权利人为制止侵权支付的合理开支。又如，2001年修订的《著作权法》

① 李明德：《美国知识产权法》（第二版），法律出版社2014年版，第141页。
② 这在专利侵权诉讼中尤其如此。因为在很多复杂的专利案件中，律师费的支出甚至大于权利人可以获得的损害赔偿数额。

第 48 条规定，侵权人支付的损害赔偿，还应当包括权利人为制止侵权所支付的合理开支。再如，2008 年修订的《专利法》第 65 条也规定，损害赔偿的数额应当包括权利人为制止侵权所支付的合理开支。在司法实践中，上述法律规定的合理支出，包括了权利人的诉讼费和合理的律师费。这样，在权利人获得胜诉的前提下，就可以通过诉讼费和合理律师费的判决，一定程度上弥补自己的维权费用。

按照知识产权损害赔偿的填平原则，法院判给权利人的赔偿数额应当是权利人的损失或者侵权人因为侵权而获得的利益。然而，基于无形财产权的特征，在很多情况下权利人又难以说清楚自己的实际损失，更难以证明侵权人的利益所得。由此出发，一些国家设立了法定损害赔偿的制度。如美国《版权法》第 504 条规定，如果权利人认为自己的损失或者侵权人的利益所得，可以选择法定损害赔偿的。法定损害赔偿的数额，1976 年《版权法》的规定是最低 250 美元，最高 1 万美元。自 1989 年 3 月起，改为最低 500 美元，最高 2 万美元。到了 1999 年，又改为最低 750 美元，最高 3 万美元。[①]

值得注意的是，在美国只有《版权法》规定了法定损害赔偿，《专利法》和《兰哈姆法》都没有规定法定损害赔偿。而在我国，出于方便权利人诉讼和获得相应损害赔偿的考虑，则在《专利法》《著作权法》和《商标法》中全面引入了法定损害赔偿制度。例如，2001 年修订的《商标法》第 56 条规定，权利人的损失或者侵权人的利益所得难以确定的，法院可以根据侵权行为的情节，判决 50 万元以下的损害赔偿。到了 2013 年修订《商标法》，又在第 63 条规定，法院可以根据侵权行为的情节，判决 300 万元以下的赔偿。又如，2001 年修订的《著作权法》第 49 条规定，权利人的实际损失或者侵权人的利益所得难以确定的，法院可以根据侵权行为的情节，

---

① 见美国《版权法》第 504 条的修改历史，资料来源：www.law.cornell.edu/uscode/text.

判给 50 万元以下的赔偿。再如，2008 年修订的《专利法》第 65 条规定，如果权利人的损失、侵权人的利益所得和专利许可费难以确定的，人民法院可以依据专利权的类型、侵权行为的性质和情节等因素，确定给予 1 万元以上、100 万元以下的损害赔偿数额。

关于法定损害赔偿，还有必要说到最低限额的问题。目前，《专利法》第 65 条规定，法定赔偿的数额是 1 万元以上、100 万元以下。对于其中的 1 万元以上，很多专家认为，如果权利人以一个没有多少价值的实用新型或者外观设计，要求法院给予 1 万元的损害赔偿，很难接受。在《著作权法》修订中，中国社会科学院知识产权中心的"专家建议稿"提出，法定赔偿的数额为 1 万元以上、100 万元以下。但很多专家认为，如果权利人以一幅图片、一小段文字要求最低 1 万元的损害赔偿，显然有失公平。此外，在 2013 年修订《商标法》时，关于法定赔偿的数额，曾经有一种方案是规定一个最低限度，例如 1 万元或者 2 万元以上。① 最后，立法机关虽然规定了 300 万元以下的数额，但没有规定最低限额。显然，很多专家是从填平原则的一般原理出发，否定了最低限额的规定。然而，如果我们承认法定赔偿制度还具有适当扩大赔偿数额，以有效遏制侵权的意味，则规定 1 万元或者 2 万元的最低限额，主要适用于故意侵权或者重复侵权，也是没有问题的。例如，可以在《著作权法》中规定，对于那些故意侵权、重复侵权者，可以针对其每一次的侵权行为，或者每一次未经许可使用他人作品的行为，责令其支付最低 1 万元的赔偿数额。这样，不仅可以有效地惩治那些惯常侵权者，而且可以避免伤及偶然的侵权者。

除了法定赔偿制度，在知识产权损害赔偿的计算方式上，我国还规定了许可费用的合理倍数。例如，2000 年修订的《专利法》第 60 条规定，如果权利人的损失或者侵权人的获利难以计算的，可以参照该专利许可使用费的倍数合理确定。又如，2013 年修订的《商

---

① 笔者曾经参加过《商标法》修订的论证工作，了解这个过程中的一些争论。

标法》第 63 条规定，权利人的损失或者侵权人的获利难以确定的，参照该商标许可使用费的倍数合理确定。再如，国家版权局于 2012 年 12 月提交国务院的《中华人民共和国著作权法（修订草案送审稿）》（本文以下简称《著作权法修订草案送审稿》）第 76 条也规定，侵犯著作权或者相关权的，在计算损害赔偿数额时，权利人可以选择权利交易费用的合理倍数。当然，在规定了权利人损失的计算方式之后，是否有必要单独规定许可费用的合理倍数，还是值得讨论的。因为，当权利人可以在市场上发放许可的时候，许可费用的合理倍数，就是权利人的实际损失。正是从这个意义上说，我们也可以把许可费用的合理倍数纳入权利人损失的计算方式之中。

从立法宗旨上说，无论是维权的合理支出，还是法定赔偿和许可费用的合理倍数，都是为了填补权利人的损失，或者剥夺侵权人的利益所得。或者说，这些规定的初衷，都是为了更好地体现传统的填平原则。然而在另一方面，这些规定又预留了一定的自由裁量尺度，让法院在确定损害赔偿的时候，可以依据侵权者的主观恶意和侵权行为的情节，适当地增加侵权人支付的数额。例如，在侵权者具有恶意或者重复侵权的情况下，可以适当增加权利人维权的数额，可以在法定赔偿的范围内适当加大损害赔偿的数额，或者适当增加许可使用费的倍数。至少，合理的支出、许可费用的合理倍数，以及 50 万元以下、100 万元以下、300 万元以下的法定赔偿数额，不需要法院准确地加以计算。然而，非常遗憾的是，在传统的填平思维的支配下，这些本来可以灵活运用的规则，并没有发挥其应有的遏制和打击侵权的作用。

四、关于损害赔偿的新探索

在知识产权损害赔偿的问题上，中国从一开始接受欧洲大陆法系的填平原则，规定了权利人的实际损失或者被告的利益所得。近年来，随着对于知识产权无形特征的深入认识，以及对于填平原则的深入认识，逐步增加了权利人维权的合理支出、法定损害赔偿和许可费用的合理倍数等计算方式，以求真正填平权利人的损失。当然在另一方面，这些规则也赋予了法院以某种程度的自由裁量尺度，可以适当加大权利人可以获得损害赔偿的数额，从而逐渐游离了传统的填平原则。循着这条思路的最新发展，则是 2013 年修订的《商标法》引入了英美法系的惩罚性损害赔偿的规则。

从知识产权是一种无形财产权的特征来看，仅仅依据损害赔偿的填平原则，在很多情况下难以有效遏制侵权的频繁发生。例如，当作品在网络环境中传播的时候，或许某一网站未经许可使用了 100 个人的作品，但可能只有一个权利人提起诉讼。又如，在未经许可使用他人专利技术的情况下，很多权利人可能不知道自己的专利权受到侵犯，因而没有提起侵权诉讼。在这类情况下，严格适用填平原则，仅仅填平提起诉讼的权利人的损失，无异于鼓励了侵权人的行为。因为，惯常的侵权人会依据他人难以知晓侵权，或者即使知晓了侵权也不愿意或者不能提起诉讼的特点，甘冒风险无偿使用他人的作品或者专利技术，而不是依循正常的市场规则获得权利人的许可，并支付必要的费用。这在网络环境中的著作权保护中，尤其如此。正是针对这种情形，英美等国的法律率先规定了惩罚性损害赔偿的规则，即针对那些恶意的侵权者，或者重复的侵权者，责令其支付两倍到三倍的损害赔偿。例如，美国《专利法》第 284 条规定，在被告故意侵权或者恶意侵权的情形下，法院可以在原告损失或者被告利润所得的基础上，判给原告以两倍到三倍的损害赔偿数额。又如，根据《兰哈姆法》第 35 条，在注册商标侵权的诉讼中，法院应当依据衡平原则确定原告的实际损失，或者被告的利润所得。在必要的时候，法院还可以在原告损失或者被告利润所得的基础上，判给原告以不超过三倍的损害赔偿。尽管《兰哈姆法》和相关的法院判决都认为，判给原告以三倍的损害赔偿不属于惩罚性损害赔偿，但其中所具有的遏制商标侵权的意味则是不言自明的。①

在中国，针对知识产权侵权屡禁不止的局面，学术界和实务界一直主张，应当借鉴美国惩罚性损害赔偿的制度，以惩治那些恶意侵权者、重复侵权者。经过多年的探讨和论证，2013 年修订的《商标法》第 63 条，终于参考美国的做法，规定了惩罚性损害赔偿。根据规定，对恶意侵犯商标专用权，情节严重的，可以在权利人损失、侵权人利益所得或者许可使用费合理倍数的基础上，确定 1 倍以上 3 倍以下的损害赔偿数额。除了《商标法》，目前在国务院讨论的《著作权法》修订草案和《专利法》修订草案，都仿效《商标法》规定了惩罚性损害赔偿。例如，《中华人民共和国专利法修订草案（送审稿）》第 68 条规定，对于故意侵犯专利权的，可以在权利人损失、侵权人利益所得或者许可费用合理倍数的基础上，确定 1 倍以上 3 倍以下的赔偿数额。又如，《著作权法修订草案送审稿》第 76 条规定，对于两次以上故意侵犯著作权或者相关权的，可以在权利人损失、侵权人利益所得、许可费用合理倍数或者法定赔偿数额的基础上，确定二倍至三倍的损害赔偿数额。

比较世界各国的知识产权制度就会发现，无论是在欧洲大陆还是在英美国家，有关知识产权损害赔偿的基本原则都是填平原则，即权利人的损失或者侵权人的利益所得。在此基础之上，美国《专利法》和《商标法》还规定了损害赔偿的倍数，《版权法》规定了法定赔偿。在这方面，我国的知识产权法律也借鉴其他国家的规则，规定了权利人的实际损失，侵权人的利益所得，许可费的合理倍数，法定损害赔偿，权利人维权的合理支出，以及惩罚性损害赔偿。仔细分析和比较就会发现，我国法律有关损害赔偿的规定，在很多方面甚至超越了欧美国家。例如，美国的法定损害赔偿规则仅见于《版权法》中，而在我国则不仅见于《著作权法》，而且见于《专利法》和《商标法》。又如，美国的惩罚性损害赔偿仅仅见于《专利

---

① 李明德：《美国知识产权法》（第二版），法律出版社 2014 年版，第 613—614 页。

法》和《商标法》中，而在中国则不仅见于已经修订的《商标法》中，而且见于即将修订的《著作权法》和《专利法》中。

然而，我国法院判给权利人的损害赔偿数额，又明显低于欧美国家判决的数额。显然，出现这样的问题，根源不在于法律的规定，而在于我们对于知识产权价值的认识。至少在目前的很多案件中，无论是双方当事人，还是法院或者行政执法机关，都是从侵权产品本身的价值来评估损害赔偿的数额的。以这种方式评估损害赔偿的数额，无论是适用权利人的损失、侵权人的利益所得，还是许可费用的合理倍数和法定赔偿的数额，都大大低估了相关作品、专利技术、外观设计和商标的价值。由此而确定的损害赔偿数额，不仅不能全面补偿权利人的损失，而且难以有效遏制侵权。权利人抱怨的维权成本高、损害赔偿低，就是由此而发的。

显然，在我国实施创新驱动发展战略的今天，在我国实施知识产权制度已有三十多年历史的今天，我们有必要重新认识知识产权的价值。知识产权是一种市场关系中的权利。与此相应，我们对于著作权、专利权、商标权和商业秘密的价值，也应当放在市场竞争关系中加以认识。在有关知识产权的侵权案件中，无论是法院还是行政执法机关，都应当更多地从作品的市场价值，从专利技术和外观设计的市场价值，估算侵权人应当支付的损害赔偿数额。至于在商标侵权案件中（既包括注册商标也包括未注册商标），则应当更多地从商标所承载的商誉的价值，以及恢复商誉所需的数额，评估侵权人应当支付的赔偿数额。如果法院或者行政执法机关能够切实依据相关作品、专利技术、外观设计、商标和商号的市场价值，进而适用权利人的损失、被告的利益所得，或者许可费用的合理倍数、法定损害赔偿，以及维权的合理支出，就可以判给权利人以足够的损害赔偿数额。与此相应，潜在的侵权者也会逐步认识到，与其侵权而支付高额的损害赔偿，不如寻求许可，在支付了合理费用之后使用相关的作品、专利技术、外观设计，或者在不能获得他人商标、商号授权的条件下，创立自己的商标、商号。

　　损害赔偿方面的填平原则是针对大多数市场主体的。对于那些情节相对严重的侵权行为，对于那些具有某种主观故意的侵权行为，法院还可以在填平原则的基础上，充分利用有关法定赔偿、许可费的合理倍数和维权的合理支出的规则，判决侵权人支付相对较高的损害赔偿数额。对于那些少数的恶意侵权者或者反复侵权者，法院则可以在评估相关证据的基础上适用惩罚性损害赔偿，判给权利人以两倍到三倍的高额损害赔偿。在这里，无论是判决数额较大的损害赔偿，还是适用惩罚性损害赔偿，其目的都是利用市场利益的杠杆，迫使侵权者回到正常的市场竞争秩序之中。或许，通过加大损害赔偿数额这个杠杆，我们既可以有效保护创新成果，又可以净化市场竞争环境。

我国商标注册审查制度改革建议

张玉敏[*]

摘　要　目前，国际范围内商标注册的审查方式主要包括：全面审查，先异议后注册；全面审查，先注册后异议；不审查主义，先异议后注册；不审查主义，先注册后异议等。2013 年《商标法》虽然对异议程序作了重要改革，但整体上看，我国商标注册审查程序仍然过于复杂、冗长。为此，建议废止全面审查原则，改采不审查主义、先异议后注册的审查方式。主要理由在于：符合商标注册民事法律行为性质的要求，可以使审查结果更符合市场实际，先异议后注册向在先权利人提供了救济机会，符合程序公平的要求等。具体制度设计方面包括：将诚实信用原则具体化，要求申请人在注册申请中作出诚信声明，实质审查阶段只审查绝对事由等。

关键词　商标注册　全面审查　审查程序　不审查主义

我国目前的商标注册程序过于复杂、冗长。虽然 2013 年《商标法》对异议程序进行了重要改革，但整个注册审查程序仍然烦琐、重复。本文将通过对目前主要国家商标注册审查程序的考察，结合我国的实践，提出改革我国商标注册审查程序的建议，希冀引起学界、商标管理部门和立法机关的关注，为进一步改革商标注册审查

---

[*] 张玉敏，西南政法大学教授，博士生导师，西南政法大学知识产权学院名誉院长。

程序做好理论和舆论准备。

一、目前国际范围商标注册审查的几种方式

就笔者所知，目前各主要国家（地区）商标法所规定的商标注册审查程序可大致分为以下几种方式：全面审查，先异议后注册；全面审查，先注册后异议；不审查主义，先异议后注册；不审查主义，先注册后异议。这是对各主要国家审查方式从其主要特点方面进行的划分，实际上，选择同一种方式的国家，其审查制度的细节还是各有特点的，并不完全一致。但从本文的目的出发，这里只从制度架构的角度研究各种审查方式的主要特点，不涉及细节问题。

（1）全面审查，先异议后注册。这种方式的主要特点有两个：一是审查机关要依职权对商标注册申请进行全面审查，即不但要依职权审查是否有驳回注册的绝对事由，而且要依职权审查是否有驳回注册的相对事由，并作出相应的决定。二是先异议后注册，即对于审查机关经审查认为符合注册条件的商标予以公告，在规定的期限以内，他人可以提出异议，反对该商标注册，无异议或者异议不成立的，核准注册。我国是采此种审查制度的典型。该方式在具体设计上又有所不同。如我国 2001 年《商标法》规定，对于初步审定公告的商标，自公告之日起 3 个月内，任何人均可以向商标局提出异议。商标局对异议审查后作出裁定，双方当事人不服的，都可以向商标评审委员会申请复审。2013 年《商标法》对异议的主体资格和理由进行了限定，规定依据相对事由提出异议的，只能是在先权利人和利害关系人。并且规定商标局不再对异议作出裁定，而直接根据审查结果作出是否准予注册的决定。商标局经审查认为异议成立的，作出不予注册的决定，申请人不服可以向商标评审委员会申请复审；认为异议不成立的，作出准予注册的决定，异议人不服的，

不能向商标评审委员会申请复审，只能在商标注册后向商标评审委员会申请宣告该商标注册无效。

这种方式的优点据说是可以保证商标注册的质量，有利于保护在先权利人的利益，保护消费者不被混淆。其最大的缺点是缺乏效率，审查机关依职权审查相对事由，可能用实际上已经死亡的商标和利害关系人自己并不认为会产生市场混淆的商标驳回在后商标的注册申请，不但做了大量无用功，而且损害了在后申请人的商业机会。

（2）全面审查，先注册后异议。这种方式的主要特点是：审查机关对商标注册申请依职权进行全面审查，包括对绝对事由和相对事由的审查，审查机关经审查没有发现驳回注册的理由时，即作出核准注册的决定。商标核准注册公告后，任何人都可以在规定期限内提出异议。日本和我国台湾地区采这种方式。日本商标法规定，在政令规定的期间内，审查官就商标注册申请未发现驳回理由时，必须作出应予商标注册的决定。商标登载公报发行之日起两个月以内，任何人可根据法律规定的理由向日本专利局负责人提出注册异议。对于维持商标注册的决定，不能提出不服申请。[1] 我国台湾地区"商标法"规定，注册申请经审查没有应予驳回的事由（包括绝对事由和相对事由），即应予以核准审定，通知申请人，申请人缴纳注册费，办理注册手续后公告。对于注册商标，任何人均可提出异议。经过异议确定的商标注册，任何人不得以同一事实，同一证据和理由，申请评定（相当于大陆 2013 年《商标法》规定的无效宣告）。[2]

这种方式保持了全面审查的优点，异议后置又在一定程度上克服了异议前置所带来的恶意异议、注册周期冗长的问题，对于简化审查程序，缩短注册周期有重要的意义。但是，由于审查机关仍然要依职权对注册申请进行全面审查，全面审查的弊端，如做无用功

---

[1] 见《日本商标法》第 16 条、第 43 条之二、第 43 条之三。
[2] 见我国台湾地区 2011 年"商标法"第 32 条、第 48 条。

的问题，可能用死亡商标驳回在后商标注册申请的问题，也都同样存在。

（3）不审查主义，先异议后注册。这种方式的主要特点是，审查机关只依职权审查驳回注册的绝对事由，相对事由留给异议程序根据异议人的申请进行审查。《欧共体商标条例》和欧盟多数成员国采此种方式。《欧共体商标条例》规定，满足《欧共体商标条例》规定的申请条件，根据《欧共体商标条例》第 37 条（申请人资格）、第 38 条（驳回注册的绝对事由）未被驳回的注册申请应予公告。对于申请公告，任何自然人、法人、协会等可向内部市场协调局提出书面意见，特别是就驳回注册的绝对事由提出意见，但他们不作为当事人参加协调局的审理程序。申请公告后 3 个月内，在先商标所有人和利害关系人可以依据驳回注册的相对事由提出异议。在规定的期限内无异议或者异议被最终驳回的，商标应核准注册。① 欧共体大多数成员国如法国、意大利、英国、西班牙、卢森堡、比荷卢联盟等都采只审查驳回注册的绝对事由，先异议后注册的审查方式。

这种方式的最大优点是效率高，符合私法自治理念，而且可以有效避免审查机关做无用功，用已经死亡的商标或者在现实生活中不会发生冲突的商标驳回在后注册申请。而且，注册前异议为在先商标注册人和在先申请人提供了保护自己权利（权益）免受在后商标注册侵害的机会，是目前所能够达到的公平和效率最佳平衡的审查制度。

（4）不审查主义，先注册后异议。德国采此种方式。德国原来的异议程序设置在注册之前，1994 年修法时，为了加快注册速度，改为先注册后异议。按照德国商标法规定，注册申请符合商标法要求，并且没有被根据驳回注册的绝对事由驳回的，即应注册并公告。自公告之日起 3 个月内，在先商标所有人得依据在先注册商标或在

---

① 见《欧共体商标条例》第 40—45 条。

先申请商标提出异议，对于代理人、代表人未经许可的注册，商标所有人可提出异议。① 德国的只审查绝对事由、先注册后异议制度受到批评，主要是因为没有为在先权利人提供阻止在后商标注册的机会，可能被恶意利用。但是，异议后置主要是为了使异议制度符合快速注册的要求，而且，据说该制度在德国运行良好。

此种商标注册审查制度是我们所见的最激进的效率优先于公平的方式。该制度虽然能够最大限度地实现商标注册审查制度的高效率，但能否在其他国家和地区推广，则需要慎重考虑自己的实际情况，毕竟任何一种制度的有效运行，都需要与之相适应的社会环境和与之相配套的制度。

二、我国现行商标注册审查方式存在的问题

我国商标法采取的是全面审查、先异议后注册的审查方式。如前所述，这种方式是各种方式中最复杂、冗长，最没有效率的一种。我国 1982 年《商标法》规定的商标注册审查程序没有司法审查，商标评审委员会的裁定是终局裁定。为了使我国商标法的规定符合 TRIPS 关于商标注册的行政决定要接受司法审查的要求，2001 年《商标法》规定：对于商标评审委员会关于驳回注册申请、异议、无效的复审决定，当事人不服的都可以向人民法院起诉。这使我国商标法的相关规定达到了 TRIPS 的要求，为"入世"扫清了制度障碍。但是，在增加司法审查程序的同时，却未对本已复杂的行政审查程序做相应的简化，导致之后我国商标注册申请大量积压，商标注册周期过长。至 2007 年年底，商标注册申请积压达到 180 余万件，审查周期超过 3 年；商标评审案件积压近 5.5 万件，审理周期最长达

---

① 见《德国商标法》第 41 条、第 42 条。

13 年，引起社会各界和国际社会的普遍关注。① 过长的审查周期引发恶意异议，一些与初步审定公告的商标没有任何利害关系的人钻法律的空子，以提出商标异议为手段对申请人进行勒索。还有一些人则利用异议程序阻挠、迟滞申请人的商标注册，以达到其实施不正当竞争的目的。异议被驳回后，可以向商标评审委员会申请复审，复审申请被驳回后，还可以向法院提起行政诉讼，一审败诉后，还可以上诉，申请人的注册变得遥遥无期。由于异议程序费时过长，而且结果难以预测，申请人为了避免陷入冗长且结果莫测的异议程序，往往选择出钱换取异议人撤回异议。② 而这进一步诱发了恶意异议，形成恶性循环。

2013 年《商标法》虽然对异议程序作了重要改革，一定程度上抑制了恶意异议，缩短了商标注册周期，但整体上看，我国的商标注册审查程序仍然过于复杂，商标注册周期仍然过长。主要表现在以下几个方面：

（1）审查程序过于复杂。全面审查，先异议后注册制度，如果走完全部程序，一件商标注册申请要经过行政三审（商标局两审，商标评审委员会一审）、司法两审（如果提起再审诉讼，司法也要三审）。如此复杂的审查程序，世所罕见。过于复杂的审查程序必然影响效率。而且，程序的复杂程度与结果的公平并非呈正相关关系：程序是一把双刃剑，既可保证公平，又可能被利用来进行不正当竞争，破坏公平，而且程序越复杂，被利用来骚扰竞争对手，进行不正当竞争的机会也就越多。如何设计繁简适当、最大限度实现公平和效率相统一的注册审查程序，是立法的难点，也是立法中长期争论难以取舍抉择的原因所在。

（2）全面审查原则成为影响效率的主要原因。对符合形式要求的商标注册申请进行全面审查，是商标注册审查中工作量最大、也

---

① 国家工商行政管理总局：《商标注册与管理》，中国工商出版社 2012 年版。
② 金武卫：《〈商标法〉第三次修改回顾与总结》，载《知识产权》2013 年第 10 期。

最容易与申请人发生纠纷的工作，是导致商标注册周期过长的主要原因。而且，由商标局依职权对申请注册的商标是否与他人在先权利相冲突进行审查并作出结论，其科学性、合理性均可质疑。《商标法》第三次修改过程中，曾有一种意见主张废除全面审查原则，改采不审查主义，这种意见在 2007 年 8 月 30 日修改稿中得到体现。主张废除全面审查原则，改采不审查主义的主要理由是：①驳回注册的相对事由属于私权之间的冲突，私权应当由权利人通过法定程序寻求保护，如启动异议、无效程序阻止在后商标注册或者撤销其注册（2013 年《商标法》改称无效）。全面审查原则由政府越俎代庖，有违商标权的私权属性。只审查绝对事由不仅体现了意思自治原则，符合私权的本质，还可节约大量行政资源。②废止全面审查原则有利于更准确地判断是否存在权利冲突。实行全面审查，审查员不能确定潜在的冲突商标的真实使用情况，无法判断在先商标的知名度等具体情况，难以对商标保护范围进行准确衡量。取消全面审查，相对事由通过在先商标所有人启动异议或无效程序审查，当事人可以充分举证和申述理由，从而有利于审查机关对是否存在权利冲突作出准确认定。③取消相对事由审查可以避免注册簿中的"死亡"商标成为注册的障碍。在注册取得原则下，大量未使用的注册商标充斥注册簿是不争的事实，有相当数量的商标在核准注册时即已经死亡。① 这些"死亡"商标在专用权期限届满之前仍然属于有效的在先注册商标，可以作为引证商标驳回在后注册申请。而以这些"死亡"商标作为在先权利驳回在后商标注册申请有失公平。④取消相对事由审查可以提高审查效率，缩短审查周期，而这正是广大经营者强烈要求的。

应当说，主张废止全面审查原则的理由既符合商标权的私权属性，又有欧盟成员国的先例可供借鉴，是克服全面审查原则弊端的

① 杨叶璇：《关于修改商标法修订送审稿的思考与建议》，载《中华商标》2010 年第 7 期。

值得赞许的主张。但是，该建议没有得到学界的积极响应和支持，最终反对废除全面审查原则的意见占了上风，此后的各修改稿和最终通过的 2013 年《商标法》仍然坚持了全面审查原则。这是《商标法》第三次修改中的一个最大的遗憾。

反对废除全面审查原则的人们认为，我国应当坚持全面审查原则的理由是：①全面审查有利于注册商标的合法性与稳定性，有利于维护在先商标所有人的合法权益，避免法定权利之间的冲突。依职权对相对事由进行审查，应当视为政府为当事人提供服务的行为。②取消相对事由审查将导致冲突商标并存数量增加，使纠纷处理的成本增大。③取消相对事由审查不利于保护消费者权益，维护正常的社会经济秩序。并存注册商标增多，将造成消费者的混淆和市场混乱。④取消相对事由审查可能助长恶意注册。取消相对事由审查，恶意注册成功率可能大大增加，即使在先商标注册人启动无效程序，恶意注册者也已经收获颇丰了。⑤取消相对事由审查会增加商标注册人的维权成本，主要是启动异议和无效宣告程序的成本和商标风险监控成本。

总之，反对取消全面审查的人们认为，"就目前看来，取消相对理由审查的时机尚不成熟，在相当长的一段时间内，中国应当坚持全面审查的商标注册制度。只有社会主义市场经济发展到大部分经济主体能够自觉维护他人知识产权的时候，才有可能舍全面审查而取绝对理由审查，恢复商标专用权私权属性的本来面目，使政府不再充当权利人的监护人。"[①] 就这样，在管理思维的主导之下，修法的起草者打着保护在先商标所有人的合法权益，维护市场秩序和消费者利益的旗号，罔顾商标权的私权属性，自任权利人的监护人，使全面审查原则在 2013 年《商标法》中得以延续。

商标注册审查最大量的工作是对相对事由的审查。不废除依职权审查相对事由的全面审查原则，商标审查的效率不可能有实质性

---

① 田晓玲：《商标注册行为是民事法律行为》，载《西南民族大学学报》2016 年第 5 期。

的提高。而且，依职权全面审查难以避免做无用功的问题，也难以保证审查质量。

（3）未对异议人课以提供引证商标实际使用证据的义务。2013年《商标法》对异议程序进行了重要改革，对异议的主体和理由进行了限定，规定只有在先权利人和利害关系人才能基于相对事由提出异议，而且，对于商标局经审查认为异议不成立作出的准予被异议商标注册的决定，异议人不能申请复审。这一改革断了一些人利用异议程序向注册申请人敲竹杠、发不义之财的路，有效缩短了注册周期。但是，却没有对异议人课以提供引证商标实际使用证据的义务。《商标法》第44条规定，注册商标连续3年停止使用的，是撤销注册的法定事由。按照体系化的要求，该规定应当在异议程序中得到体现。但是，异议部分既未要求异议人提供引证商标实际使用的证据，也未赋予被异议人不使用抗辩权。理论上使商标法各项制度之间缺乏逻辑一致性，实践中为那些长期不使用，实际上已经"死亡"的注册商标阻止在后商标注册，甚至向在后申请人敲竹杠提供了可能。无疑，这都是延长注册周期的因素。

（4）没有规定恶意抢注和恶意异议应承担的法律责任。我国商标注册实践中恶意抢注和恶意异议问题突出，屡禁不止，窃以为一个重要原因是缺乏责任条款，行为人的违法无成本。商标被抢注后，即使真正的标志所有人费尽九牛二虎之力拿回了自己的商标，抢注者也没有任何损失，他不过是没有得到本来不应该得到的东西。而标志所有人也只是拿回了本来属于自己的东西，他为此付出的人力、财力和时间成本得不到任何补偿，特别是失去的商业机会可能永远无法挽回。责任条款的缺失使法律制度不能有效发挥规范民事主体行为，抑恶扬善，引导社会进步的作用，当然也不能有效治理商标抢注和恶意异议问题。

在这些问题的综合作用下，我国商标注册审查的效率仍然较低，即使审查机关按商标法规定的时限完成审查任务，一件商标注册申请要获得核准，最短也需要一年时间（初步审查9个月，异议期限3

个月)。如果有人提出异议,则最少需要 2 年时间。注册商标是为市场交易服务的,而市场交易追求效率,所谓"迟到的正义是非正义"。特别是在数字技术和"互联网+"时代,商业经营方式已经发生了巨大的变化,创业者对方便、快捷地取得商标注册的要求从来没有像现在这样强烈和迫切。因此,改革商标注册审查程序,缩短商标注册周期,成为实施全民创业,万众创新战略,推动经济发展的重要问题,必须摆上立法机关的议事日程。

三、选择不审查主义商标注册审查方式的必要性

笔者认为,我国商标法应废止全面审查原则,改采不审查主义、先异议后注册的商标注册审查制度。即审查机关只依职权对申请注册商标是否有驳回注册的绝对事由进行审查,不主动对是否有驳回注册的相对事由进行审查,相对事由的审查留待异议程序解决。这是一种"革命性"的改革方案,可以最大限度地简化审查程序,缩短审查周期。而且,可以避免审查员主动审查相对事由所带来的无用功问题和用实际上并不存在冲突的商标驳回注册申请的问题,有利于企业方便、快捷地获得商标注册。选择此种方案主要基于以下几点考虑:

1. 符合商标注册民事法律行为性质的要求

商标权是私权,商标注册行为是民事法律行为。民法对于民事法律行为的规制原则是,充分尊重当事人的意思自治,除关涉公共利益和秩序的问题外,公权力对当事人的行为不主动加以干涉,只有在当事人请求公权力帮助时,公权力才可以介入民事主体之间的权益纠纷。如对于绝对无效的民事行为,法律对请求宣告无效的主体没有限制,而且不管当事人是否提出无效请求,法院都应当依职

权主动审查并宣告其无效；而对于损害他人权益的相对无效（可撤销）的民事行为，只有在受害方当事人提出请求时法院才可以宣告撤销该行为，而且，受害方的撤销请求权是有期限限制的。《民法通则》将因欺诈、胁迫、乘人之危所实施的民事行为规定为无效，本意是为了保护受欺诈、胁迫和被乘人之危当事人的利益。但是，实践中当市场条件发生变化，实施欺诈、胁迫行为的当事人认为合同的履行对自己不利时，反而利用这一条款，要求宣告合同无效。而由于法律规定此种行为属于无效民事行为，对请求宣告无效的主体没有限制，所以法院很难驳回恶意当事人的请求，但这样的处理结果明显有违诚信原则，失之不公。《合同法》回归传统民法理论，将欺诈、胁迫、乘人之危而签订的合同规定为可撤销的合同，并且规定法院只能根据受害一方当事人的请求宣告撤销该合同，撤销请求权的期限为 1 年。我国法律中欺诈、胁迫、乘人之危而为的民事行为的性质从绝对无效到相对无效的变化，是对私法意思自治原则的一个极好的佐证，它说明违背事物的本质，想当然地"加强保护"，效果可能会适得其反。这个经验对于我们思考商标注册审查程序的设计具有重要的启示意义。

商标注册是民事法律行为，审查机关对注册申请的审查应遵循意思自治原则。驳回注册的绝对事由事关公共利益，由审查机关依职权进行审查是必要的，审查的目的是防止有损国家尊严和民族团结，违反公认的社会道德和公共政策，侵占公共表达资源，欺骗、误导消费者的商标注册。驳回注册的相对事由是申请注册的商标与他人在先权益之间的冲突，涉及的是私人利益，私权的保护首先是权利人自己的事情，审查机关不应当越俎代庖。只有在权利人请求公权力帮助时，公权力才可介入。正如欧盟内部市场协调局局长乌博·德·鲍尔在为《欧盟商标审查体系：新商标申请与在先权利的冲突解决——相对驳回事由的审查》（以下简称《欧盟商标审查体系》）写的序言里所说的，商标注册后，基本上是由权利人自己负责防御的，"没有一个国家是由公共当局承担权利防御的职责，在注册以后，（商标权）就是一项私权。这不仅仅对于侵权，对于注册程序来说，也具有很大意义。"① 实际上，在后商标注册是否会损害在先权利人的利益，在先权利人自己最清楚，依照私法自治原则，应当由权利人自己决定是否采取措施阻止在后商标注册。全面审查原则要求审查机关依职权审查相对事由并作出决定，既耗费了大量的行政资源，延长了审查期限，其所作出的决定又不一定符合市场实际，被批评为"依职权介入甚至挑起前后商标权人之纠纷"，② 是一种费力不讨好的制度安排。从理论上分析，这种制度安排违反商标注册行为的性质，违背意思自治原则。而废止全面审查原则，只依职权审查绝对事由，既可以大大提高审查效率，缩短审查周期，节约行政资源，又符合商标注册行为之民事法律行为的性质，符合意思自治原则，同时，可以避免全面审查原则所产生的一系列问题。

2. 可以使审查结果更符合市场实际

对此可以从两个方面进行说明。

（1）避免用实际上并不存在冲突的在先商标驳回在后注册。按照全面审查原则，审查人员不但要依职权对注册申请是否存在驳回注册的绝对事由进行审查，而且要对注册申请是否存在与他人的在先权利相冲突的问题进行审查并作出决定。申请注册的商标是否与在先权利相冲突是一个非常复杂的问题，仅凭审查员书面对比，很难得出符合实际的结论。在这个问题上，权利人最有发言权，市场是最好的裁判员。所以，在没有在先权利人提出异议的情况下，由审查员仅凭数据库中记载的信息对驳回注册的相对事由进行审查并

---

① 欧盟商标和外观设计注册局内部市场协调局第二上诉委员会主席托马斯·德·拉斯·海拉斯·洛伦佐等专家的集体作品：《欧盟商标审查体系：新商标申请与在先权利的冲突解决——相对驳回事由的审查》，发表于 http：//www.ipr2.org/images/stories/eu-booklet-090702-en-3.2.pdf，最后访问日期：2013 年 10 月 12 日。

② 汪泽：《相对理由审查取舍之辩》，载《中华商标》2007 年第 9 期。

作出是否准予注册的决定，其妥当性是值得怀疑的。

例如，在德克斯公司诉商标评审委员会驳回 UGG 商标注册上诉案中，北京第一中级人民法院认为，申请商标指定的服务项目"进出口代理、商业信息等服务与引证商标核定使用的进出口代理、商业组织和管理咨询等服务属于类似服务，申请商标的字母组合'UGG'与引证商标的字母组合'UCG'仅有一字母之差，且字母'C'和'G'外观近似，易引起中国相关消费者的混淆误认"，判决维持商标评审委员会驳回注册决定。德克斯公司不服上诉，并且提交了经公证认证的引证商标所有人的《同意书》。德克斯公司认为，原审法院仅孤立理解申请商标和引证商标核定使用的服务，而忽略了两商标在现实生活中的具体使用形态，认为两商标指定服务构成类似，属于事实认定不清。德克斯公司是一家以生产和销售服装、鞋帽著称的公司，引证商标所有人是一家从事金融和相关服务的公司，德克斯公司和引证商标所有人在实体业务上没有任何近似性和关联性，申请商标和引证商标也都是德克斯公司和引证商标所有人在核心商品或服务上使用的主要商标。在提供服务的方式上，申请商标所指定注册的"进出口代理、产品保健、商业信息、通过邮购订单进行的广告宣传等服务"必然以德克公司的核心业务"服装、鞋、帽"等商品的销售为中心，而服务的内容也势必与上述商品有关。引证商标核定使用的服务必定以金融服务、信贷服务为中心。因此在现实生活中申请商标和引证商标根本不会发生冲突和混淆。北京高院支持了德克斯的上诉请求，认为从字形、读音及整体外观上看，两商标标志的近似程度较高。但引证商标所有人 UNI-CREDITS. P. A. 出具《同意书》表示同意申请商标的注册和使用。因此，判断申请商标和引证商标是否构成《商标法》第 28 条规定的近似商标时，应当考虑《同意书》对混淆可能性判断的影响。申请商标指定使用的服务与引证商标核定使用的服务在服务内容、方式以及服务的对象上也有明显区别，未构成类似服务。判决撤销一审判决和商标评审委员会复审决定，令商标评审委员会重新作出决定。①

这个例子清楚地说明了市场中商标使用的实际情况是非常复杂的，数据库中的信息难以全面反映商标使用的实际情况，在没有当事人参与的情况下，审查员即使极尽努力，也难以避免判断失误。这种失误对于申请人来说，则意味着一个商业机会的丧失。这进一步说明了全面审查原则的不合理性和改革的必要性。

（2）避免用"死亡"商标驳回在后注册。我国注册簿上登记的注册商标，有相当一部分在 10 年有效期届满前实际上已经"死亡"，这是一个不争的事实。有些商标在核准注册时即已经被申请人放弃，有些注册后从来没有使用过，有些停止使用已经超过法律规定的撤销期限（3 年）。这类商标在注册商标中所占的比例超乎人们的想象。根据商标局公布的统计数据计算，我国 1989 年到 1998 年 10 年注册的商标，平均续展比例为 36.08%，即 63.92% 的注册商标没有生存到 10 年。对 1999—2004 年注册商标的续展率进行的统计表明，续展率较之前有所上升，平均为 43.50%。即使按照这个统计，注册商标的死亡率也是 56.50%。这个统计与《欧盟商标审查体系》中所说西班牙有 68% 的注册商标在 10 年期限届满前已经放弃或者停止使用的情况差不多。据 1993 年的一项调查，日本所有注册商标的使用率也只有 34.7%，大多数注册商标处于休眠状态，于未来复活之可能性亦不高。② 这些数据说明两个问题，一是，即使在市场经济发达的国家，注册商标在注册有效期内的死亡率也是很高的；二是，注册商标较高的死亡率是一种正常现象，并非我国在特定时期所独有。例如，企业歇业、转产或者商标在市场上不受欢迎被放弃，这些都是市场竞争中经常发生的情况，因这些情况引起的商标死亡也是正常的。这些实际上已经死亡的商标，在通过续展程序清除出注册簿

---

① 见北京市高级人民法院（2012）高行终字第 1043 号判决书。
② 黄铭杰：《日本商标法解析——朝向更迅速、简便、合宜的商标制度之修正》，载《月旦法学》第 36 期。

以前，仍然作为有效注册商标登记于注册簿，审查员在进行注册审查时必须将其作为在先权利进行检索、比对，即这些已经死亡的商标仍然构成新商标注册的障碍。因此，依职权审查相对事由，一方面浪费了大量的行政资源，人为地延长了审查周期，延缓了申请人获得商标注册的时间；另一方面让实际上已经"死亡"的注册商标阻碍新商标的注册，审查员的这份辛苦不仅无功，而且有害。

3. 先异议后注册向在先权利人提供了救济机会，符合程序公平的要求

只审查绝对事由，先异议后注册的制度架构，在废止全面审查原则的同时，采先异议后注册的制度安排。这就向在先权利人以及在先申请人提供了阻止在后商标注册，保护自己合法权益的机会，符合程序公平的要求。在这种制度设计之下，异议实质上是根据权利人的异议请求对相对事由进行审查的程序。在异议人的参与下进行审理，对于在后商标是否会与在先注册商标产生混淆，是否会影响在先商标的独特性、显著性，可以作出比依职权审查更为准确、更符合实际的判断。

4. 不审查主义可能产生的问题可以通过整体制度设计解决

废止全面审查，注册机关只依职权审查驳回注册的绝对事由，是否会发生大量抢注他人商标，导致商标注册质量严重下降，如并存注册增加，造成消费者混淆的问题，确实值得关注。笔者认为，我国商标领域存在的严重的不正当竞争问题，与商标法本身存在的缺陷有关。我国商标法只关注对于侵权行为的打击，并不断强化打击力度，但是，对于在注册申请、异议、无效程序中发生的抢注、恶意异议、无效等行为却十分宽容，没有任何制裁措施。结果是，实施严重损害他人在先权利和利益行为的人，即使在这些程序中输了官司，也没有任何损失，他所失去的只是他本来不应该得到的东西，而且，他可能已经在市场上收获了他想收获的东西。而受其恶

意行为骚扰的申请人或注册人即使耗费巨大的人力和财力成本打赢了官司，也只是拿到了本来属于自己的东西，对于因此所受的损失，得不到任何补偿，尽管他在市场上的损失可能是巨大的。这样的制度显然是不公平的。这说明，诚实信用原则和公平原则并没有在商标法中得到全面贯彻，这是商标领域恶意行为愈演愈烈的重要原因。因此，商标法应当在体系化思维的指导下，通过整体设计，解决这些问题，同时，也就可以解决人们对废止全面审查原则可能发生的问题的担忧。例如，可以在总则部分规定，取得和行使商标权利，应当遵循诚实信用原则，任何人以欺诈或者其他不正当手段取得商标注册或者行使商标权利，应承担相应的法律责任，并将此原则在各项具体制度中加以落实，使恶意行为人偷鸡不成蚀把米，不但无利可图，而且要为自己的恶意行为付出代价。如以欺骗手段取得商标注册的，其行为扰乱了商标注册秩序，应予以行政罚款；知道或者应当知道是他人在先使用的商标而以自己的名义抢先注册的，除应在先使用人的要求将商标申请权益移转与在先使用人外，应赔偿在先使用人因其行为所受的损失；申请异议、撤销和宣告他人商标注册无效，经认定其申请不成立并具有恶意的，应赔偿对方因其行为所受的损失。这样规定不但符合民法和侵权责任法的原理，而且有外国的先例可资借鉴，如美国、英国、日本的商标法都对注册申请、异议、无效申请中当事人的恶意行为规定了民事赔偿、行政罚款甚至刑事责任。

此外，强化对注册商标的使用要求，对异议人和无效申请人课以证明引证商标实际使用的义务（即提供其据以提出异议、无效申请的注册商标近3年内实际使用的证据。如果申请人不能提出实际使用的证据，也没有不使用的正当理由，其请求将被驳回)，[1] 也可以起到抑制恶意异议和恶意申请无效的作用。

---

[1] 张玉敏：《论使用在商标制度构建中的作用》，载《知识产权》2011年第9期；《注册商标三年不使用撤销制度体系化解读》，载《中国法学》2015年第1期。

相信在这一系列制度的规范、引导之下，抢注行为不会大量增加，还可能逐步减少。相应地，因抢注带来的并存注册增加以及消费者混淆问题，也不会泛滥成灾。

反对废止全面审查原则的另一个理由是，这会增加权利人的维权成本。这个理由是经不起推敲的。私权的维护本来就是权利人自己的事，为此支付一定的成本是理所应当的。全面审查原则将本来应当由权利人自己承担的责任和费用放到政府的身上，久而久之，这种不合理的制度安排被视为正常，现在要拨乱反正，反而受到质疑。看来，从理论上厘清私权保护与政府责任的界限很有必要。私权纠纷的解决应当由权利人自己承担费用。实际上，在民商事领域，遵循的都是这个原则。如果由政府来承担这个责任和费用，就等于政府拿全体纳税人的钱来为个别私权主体服务，这是不公平的。况且，在网络化、信息化时代，在先权利人和利害关系人不需要支付多少成本，就可以及时了解商标注册信息，实施商标风险监控。而且，我国的商标中介服务机构已经有了充分的发展，企业可以把商标风险监控业务委托给商标中介服务机构，以提高监控水平，降低监控费用。因此，无论在理论上还是在实际上，这个反对的理由都是站不住脚的。

5. 不审查主义符合国际发展趋势和全民创业需求

随着市场经济的发展和经济全球化程度的加深，商标在贸易中的作用越来越重要，注册商标成为经营者进行市场竞争的锐利武器。因此，各国都大力加强对注册商标的保护，千方百计为企业创建知名品牌创造条件。改革注册程序，方便企业尽快获得商标注册，是措施之一。欧盟商标注册审查体系的变革就是证明。德国 1994 年商标法将异议后注册改为注册后异议，为的也是实现商标的快速注册。日本和我国台湾地区虽然采全面审查原则，但是，都规定先注册后异议，也是为了让符合条件的申请尽快得到核准注册，防止因恶意异议拖延商标注册的时间，损害企业的竞争能力。目前，许多国家都在协议建立知识产权审查的"高速公路"，通过相互协作快速处理专利、商标的审查、核准问题。总之，简化注册程序，缩短审查周期是商标法的国际发展趋势，也是我国第三次《商标法》修改提出的目标之一。但是，不废止全面审查制度，仅靠增加审查力量，加班加点，既不可持续，也难以实现简化注册程序，提高审查效率，缩短审查周期的目标要求。所以，废止全面审查制度，既是贯彻效率原则的需要，也是使商标法与时俱进，适应贸易全球化和全民创业新形势要求的需要。

综上所述，我国《商标法》实施已有 30 多年，经过市场经济的洗礼，企业的商标意识已经有了相当程度的提高，对商标注册的重要性也有了较为充分的认识，商标代理等服务机构有了很大的发展，特别是随着信息化建设的发展，企业获取商标信息已经比较方便，放弃全面审查原则，改采不审查主义的条件已经具备。废除全面审查原则，改采不审查主义、先异议后注册的制度设计，是商标注册民事法律行为性质的要求，符合私法意思自治原则，能够最大限度地实现公平和效率的统一，是商标注册程序理想的制度架构。

四、具体制度设计

在不审查主义原则之下，商标注册程序可做如下粗线条设计：

（1）将诚实信用原则具体化。在总则部分规定，申请商标注册和行使商标权利，应遵守诚实信用原则。违反诚实信用原则，给他人造成损害者，应赔偿受害人因其行为所受的损失。同时，在异议、无效程序中，作出相应的具体规定。

（2）要求申请人在注册申请中作出诚信声明。申请商标注册，申请人应在申请文件中声明使用意图，已经实际使用的，说明使用的有关情况，并声明其已尽诚实经营者的注意义务，就其所知，其申请注册的商标不侵犯他人的在先权利；申请书中所陈述的事实是真实的，如有虚假、欺骗，愿承担相应的法律责任。此要求不违反《商标法新加坡条约》的要求（虽然我国尚未加入该条约，但国内立法也应尽量与条约一致），也不会不合理地增加申请人的负担，但却可以给申请人一个警示，提醒其要遵守诚信原则。

（3）实质审查阶段只审查绝对事由。商标局对申请人是否具备申请商标注册的主体资格、申请书件的填写是否符合要求，是否缴纳申请费等进行形式审查。对符合条件的申请，进一步审查有无不得作为商标注册的绝对事由，如有，则驳回申请，不予公告；未发现有应当驳回注册的绝对事由的，予以初步审定公告。对于商标局驳回申请的决定，申请人可以在 15 日内向商标评审委员会申请复审。

对于初步审定公告的商标，商标局认为有不得作为商标注册的绝对事由的，应自行撤销对该商标的初步审定公告。任何组织和个人也可以向商标局提出意见并说明理由，但不参与该商标是否应当撤销的审理程序。

（4）异议程序只审理相对事由争议。对于初步审定公告的商标，在先注册人、利害关系人和在先申请人认为初步审定公告的商标可能损害自己的在先权利的，可以在初步审定公告之日起 3 个月内向商标局提出异议。如果引证商标注册已经满 3 年的，异议人需提交引证商标实际使用的证据，或者没有使用的正当理由的证明。商标局对异议审理后作出是否准予注册的决定。决定不予注册的，申请人不服，可以向商标评审委员会申请复审。决定准予注册的，异议人不能向商标评审委员会申请复审。

同时，学习英国等欧盟国家的经验，为异议人和被异议人设置"冷静期"，鼓励双方当事人通过协商解决异议纠纷。"冷静期"可考虑为 3 个月，当事人可以申请延长。

经审查异议成立，被异议人（注册申请人）系恶意申请的，应赔偿因其商标注册申请行为给异议人造成的损失。经审查异议不成立，异议人系恶意异议的，应赔偿被异议人因异议所受的损失，包括申请商标迟延注册的损失。异议期满无人提出异议或者异议不成立的，核准申请商标注册。

按照这个设计，初步审定公告的商标违反绝对条件的，由商标局自己纠正，撤销审定，不纳入异议程序；任何人可以向商标局提出意见，但不作为当事人，不需要支付费用，也不需要参加审理，可以提高公众提出意见的积极性，有利于商标局发现初步审定公告中的失误。异议程序是专为处理私权争议而设的程序，而且提出异议的当事人限于在先商标权人、利害关系人和在先申请人，其他在先权利人如著作权人、专利权人，只能提出无效申请，不能提出异议。

（5）以缴纳注册费作为注册的前置条件。商标核准注册后，商标局向申请人发出办理注册手续的通知，申请人要在 2 个月内缴纳注册费，办理注册手续，领取注册证。确有正当理由延误办理期限的，可以在期满后 6 个月内，缴纳双倍注册费，办理注册手续。申请人办理注册手续之后，商标局对注册商标进行公告。逾期仍未办理的，视为放弃商标注册。

这样规定是为了避免将被申请人放弃的商标登记于注册簿，减少注册簿中的死亡商标，以利提高审查效率和质量，同时，可以避免注册机关做无用功。

商标注册"不良影响"条款的适用

——以《商标法》第10条第1款第(8)项为中心

马一德*

摘　要　"不良影响"条款规定在我国《商标法》第10条第1款第(8)项,是商标标识"禁止使用"情形的兜底,所保护的法益是公众利益。由于"不良影响"的内涵外延尚未明晰,对其调整范围、保护法益的认识不足,以及法律制度的缺位,导致"不良影响"条款法律适用上的越位和错位。"不良影响"条款是禁止商标注册和使用的绝对理由,判断"不良影响"需结合多种因素,"造成公众误导"的案件并非一律适用"不良影响"条款,当仅侵犯公众利益不涉及特定主体利益时才可适用。

关键词　不良影响　在先权利　公众误导

---

* 马一德,中南财经政法大学知识产权研究中心研究员、博士生导师。

一、问题之提出

(一) 基本案情

2010 年 11 月 12 日,创博亚太科技 (山东) 有限公司 (以下简称 "创博亚太公司") 向国家工商行政管理总局商标局申请注册 "微信" 商标,并于 2011 年 8 月 27 日通过初步审定,指定使用在第 38 类信息传送、电话业务等服务上。在法定异议期内,张某 (本案第三人) 针对 "微信" 商标提出异议。商标局经审理,认为 "微信" 是腾讯公司推出的一款手机聊天软件,创博亚太公司在第 38 类信息传送、电话业务等服务上申请注册 "微信" 商标容易使消费者产生误认,并导致不良的社会影响,故裁定不予核准注册。① 创博亚太公司不服上述裁定,向商标评审委员会提出异议复审申请。商标评审委员会经审理裁定不予核准注册。② 创博亚太公司不服该裁定诉至北京市知识产权法院。2015 年 3 月 31 日,北京知识产权法院以 "涉案被异议商标的申请注册构成《商标法》第 10 条第 1 款第 (8) 项所禁止的情形" 为由维持了商标评审委员会的复审裁定。其判决理由如下:

"微信" 即时通信服务应用程序由腾讯公司于 2011 年 1 月 21 日首次推出,晚于被异议商标申请日两个月,早于被异议商标初审公告日七个月。此后,"微信" 注册用户急速攀升,根据相关报道,至 2013 年 7 月微信用户已达四亿人,至 2014 年 11 月用户更超八亿人。"微信" 在信息传送等服务市场上已经具有

① 见国家工商行政管理总局商标局 (2013) 商标异字第 7726 号裁定。
② 见国家工商行政管理总局商标评审委员会 (2014) 商评字第 67139 号裁定。

很高的知名度和影响力，广大消费者对"微信"所指代的信息传送等服务的性质、内容和来源已经形成明确的认知。在这种市场实际情况下，如果核准被异议商标注册，不仅会使广大消费者对"微信"所指代的信息传送等服务的性质、内容和来源产生错误认知，也会对已经形成的稳定的市场秩序造成消极影响。面对庞大的微信用户已经形成的稳定认知和改变这种稳定认知可能形成的较大社会成本，法院认为此时应当选择保护不特定多数公众的现实利益才更具合理性。[①]

(二) 问题导出

商标本为一种标表产品、服务的标记，随着经济的发展，商标日益成为具有独立价值的市场要素。[②] 只有将具有鲜明个性的标记用于特定的商品或服务，方可起到区别商品或服务的来源的作用。[③] 而在上述"微信案"的一审判决理由中，法院并没有对创博亚太公司申请注册的"微信"标记是否欠缺显著性进行认定，径而以在第38类服务上注册和使用"微信"商标危害公共利益，具有不良影响为由作出裁决，不无疑义。然而，此点并未成为"微信案"争论的焦点。通过分析法院的上述判案逻辑，"微信案"所折射出的深层问题在于——造成消费者的错误认知和影响稳定的市场秩序，能否成为判断是否构成适用"不良影响"条款的事实基础，进而阻却被异议商标的注册？即本案是否应纳入"不良影响"条款的适用范围问题。

针对"微信案"能否适用"不良影响"条款的问题，学界观点存在不同的回答。反对者的理由主要有以下五点：第一，"不良影响"条款属于绝对禁止条款，若商标异议人使用该商标会产生不良

---

① 见北京知识产权法院（2014）京知行初字第67号行政判决书。

② 马一德：《创新驱动发展与知识产权战略研究》，北京大学出版社2015年版，第128页。

③ 刘春田：《知识产权法》，高等教育出版社2015年版，第245页。

影响，则被异议人何以对其使用就不会有不良影响。① 第二，"不良影响"所指仅限于标志或其构成要素本身，与标志的使用行为无关。"微信案"将使用的客观效果作为评判是否具有"不良影响"之依据，与立法精神相悖。② 第三，认为社会公众的稳定认知并非商标法意义上的公共利益，从而否定"微信案"适用"不良影响"条款。③ 第四，从比较法角度而言，德、英、美各国皆对公序良俗问题的检验集中于标志本身，对申请行为所处的环境和申请人使用该符号的方式并不关注。④ 第五，对公序良俗的扩大解释，将架空《巴黎公约》的"商标原样保护"规定。⑤ 赞成者则认为，因混淆庞大消费者群体或者干扰社会经济秩序侵害的是公益而非私益，以及混淆庞大的公众群体构成对国家经济秩序的负面影响，该案适用"不良影响"条款具备一定的正当性。⑥ 另外，亦有学者从申请商标的迟延公开问题⑦、在先原则⑧、商标法的体系性适用⑨等角度对该案进行了探讨。

---

① 见张伟君：《"公共利益"下出荒谬的蛋——评"微信"商标注册行政纠纷案一审判决》，访问链接：http://zhihedongfang.com/article-8680/，最后访问日期：2015年10月20日。

② 见邓宏光：《商标授权确权程序中的公告利益与不良影响——以"微信"案为例》，载《知识产权》2015年第4期。

③ 见商建刚：《"微信商标案"法院判决适用规定引热议》，载《上海法治声音》2015年4月15日。

④ 见魏立舟：《"公共利益"告诉你：为什么"微信"案判错了？》，访问链接：http://zhihedongfang.com/article-8921/，最后访问日期：2015年8月2日。

⑤ 见魏立舟：《〈巴黎公约〉告诉你：为什么"微信"案判错了？》，访问链接：http://zhihedongfang.com/article-8772/，最后访问日期：2015年8月2日。

⑥ 见袁博：《商标注册"不良影响"条款的内涵及司法适用——"微信"商标异议复审行政纠纷案评析》，载《中华商标》2015年第4期。

⑦ 见阮开欣：《"微信"案的症结：申请商标的迟延公开问题》，载《中华商标》2015年第4期。

⑧ 见黄武双、阮开欣：《商标申请人与在后使用人利益的冲突与平衡》，载《知识产权》2015年第4期。

⑨ 见孔祥俊：《论商标法的体系性适用——在〈商标法〉第8条基础上的展开》，载《知识产权》2015年第6期。

作为民法公序良俗原则在商标法中的体现，"不良影响"条款本身具有高度的概括性，其调整范围的开放性导致其内涵具有较高的不确定性，使得对该条款司法适用的规制是一项难以达到终极完美，但立法、司法实践及理论又不得不竭力为之的工作。为了实现在商标法的安定性与个案正义之间实现平衡，从"不良影响"条款适用中的问题本身出发，探究通常语境以及司法实践中"不良影响"究竟指代何意，以及"不良影响"条款适用的范围等问题，是解决争议问题的关键所在。

二、"不良影响"条款适用之现实困境

（一）"不良影响"条款和"在先权利"条款的混用

在商标授权的行政行为和商标确权司法实务中，针对商标标识或名称上存在他人在先权益的商标，例如，未经他人许可申请注册与他人姓名相关的商标，在适用商标法予以调整时，体现出不同的思路和解决方式：第一，适用《商标法》第31条"损害他人现有的在先权利"；第二，适用《商标法》第10条第1款第（8）项"不良影响"条款予以撤销；第三，同时适用两款的规定加以撤销。本文试举以下几则案例予以佐证：

1. "亚平"案中不同观点的呈现

在该案中，商标评审委员会和一审认为，争议商标极易误导公众，致使相关公众误认为该商标核定使用的商品与邓亚萍女士存在某种联系，从而造成对商品来源的混淆，并产生不良影响。① 而二审

---

① 见北京市第一中级人民法院（2010）一中知行初字第3083号行政判决书。

则指出,此种混淆后果不会对社会公共利益和公共秩序产生消极、负面影响,此案仅涉及是否损害邓亚萍本人的特定民事权益的问题,故不应适用"不良影响"条款。①

2. "李兴发"案适用"不良影响"条款

在该案中,商标评审委员会、一审和二审均认为,李兴发先生在酒行业内具有一定的知名度和影响力,将其姓名作为商标注册在"酒精饮料(啤酒除外)"商品上,易使相关消费者将商品的品质特点与李兴发本人或茅台酒的生产工艺相联系,从而误导消费者,并造成不良影响。② 最高人民法院在作出再审判决时引用了《最高人民法院关于审理商标授权确权行政案件若干问题的意见》第3条的规定③,但是依旧采原审观点。④

3. "易建联"案适用"在先权利"条款

在该案中,易建联向商标评审委员会请求撤销名乐公司的争议商标,商标评审委员会认为,"公司未经易建联授权,将与其姓名相同的文字申请注册商标,侵害了易建联的姓名权,违反《商标法》第31条的规定,予以撤销。"一审指出:"易建联诉争议商标的注册侵害了易建联的姓名权,违反了《商标法》第31条的规定,争议商标应予撤销。"⑤ 二审维持一审判决。⑥

---

① 见北京市高级人民法院(2011)高行终字第168号行政判决书。
② 见北京市高级人民法院(2010)高行终字第1503号行政判决书。
③ 《最高人民法院关于审理商标授权确权行政案件若干问题的意见》第3条规定:"人民法院在审查判断有关标志是否构成具有其他不良影响的情形时,应当考虑该标志或者其构成要素是否可能对我国政治、经济、文化、宗教、民族等社会公共利益和公共秩序产生消极、负面影响。如果有关标志的注册仅损害特定民事权益,由于商标法已经另行规定了救济方式和相应程序,不宜认定其属于具有其他不良影响的情形。"
④ 见最高人民法院(2012)知行字第11号行政判决书。
⑤ 见北京市第一中级人民法院(2010)一中知行初字第707号行政判决书。
⑥ 见北京市高级人民法院(2010)高行终字第826号行政判决书。

此类案件在我国屡见不鲜, 且在先权利不限于姓名权。① 《最高人民法院关于审理商标授权确权行政案件若干问题的意见》第 3 条明确排除 "不良影响" 条款适用于 "仅损害特定民事权利" 的商标注册, 商标标识或名称上存在他人在先权益的商标案件是否属于 "仅损害特定民事权利" 的情形, "不良影响" 条款的适用是否构成对此规定的突破和违反? 此类案件是否可以用 "不良影响" 条款进行撤销或者不予注册, 如果可以, 根据此条撤销后, 在先权利人能不能自己使用被撤销商标; 如果不可以, 由于 "在先权利" 只能由权利人或利害关系人提出, 那么当适格主体不提出时, 此类商标存在于市场上会不会导致消费者误导? 当在先权利人提出商标撤销时, 是否只能用 "在先权利" 条款, "不良影响" 条款是否还有适用的余地? 当在先权利人放弃自己的在先权利时, 商标局、商标评审委员会、法院是否可以依然根据 "不良影响" 条款阻止商标注册或对商标进行撤销?

(二) "不良影响" 条款和 "商标抢注" 条款的混用

我国实行商标注册制, 注册即获得商标。由于我国商标抢注成本低廉, 以及商标保护具有地域性, 使得商标的恶意抢注、跨国抢注的现象层出不穷。为更好地抵制商标抢注现象, 在实务中, 部分商标裁定在无法有效适用《商标法》特定条款解决抢注问题时, 尝试性适用 "不良影响" 条款。

例如, 在 "ABRO" 商标案中, 湖南神力公司在第 16 类商品上申请 "ABRO" 商标, 在商标异议程序中, 商标局裁定, 虽然被异议商标 "ABRO" 在第 16 类上指定使用的商品与异议人美国爱宝公司 "ABRO" 商标在第 1 类上核定使用的商品不属于同一类别, 但双

---

① 例如, 在 "THE HARRIS PRODUCTS GROUP" 商标案中, 争议商标与 J. W. Harris 公司的商号发生混淆, 法院也依据了 "不良影响" 条款维持了商标评审委员会不予注册的裁定。商标评审委员会和法院对是否适用 "不良影响" 态度不统一。见北京市第一中级人民法院 (2011) 一中知行初字第 1472 号行政判决书。

方商标的使用商品均含有在功能等方面基本相同的粘胶制品。且被异议人因涉嫌侵犯异议人知识产权而受到工商行政管理机关的处罚。因此，被异议人申请注册被异议商标构成了对异议人商标的抄袭和模仿，被异议商标的注册与使用亦容易导致消费者对商品产源发生混淆误认，从而产生不良的社会影响。根据《商标法》第 10 条第 1 款第（8）项规定，被异议商标不予核准注册。① 在复审程序中，商标评审委员会则认为，被异议人的行为属于以不正当手段抢先申请注册他人在市场上有一定影响的商标的行为，违反了《商标法》第 31 条的规定。②

可见，商标局和商标评审委员会都裁定争议商标不予核准注册，结果相同但理由却大相径庭，商标局用"不良影响"条款这一绝对禁止事由驳回，而商标评审委员会用《商标法》第 31 条"恶意抢注"条款驳回。在商标抢注案件中，"不良影响"条款是否可以适用？《商标法》第 13 条对驰名商标的抢注进行了规定、第 15 条对代理人的抢注进行了规定、第 32 条对恶意抢注进行了规定，为何在有关于"商标抢注"具体规范条款可适用的前提下，仍然援用"不良影响"条款？

三、"不良影响"条款误用之成因

（一）"不良影响"的抽象性为扩张解释提供可能

"不良影响"的概念过于抽象，内涵和外延都不明晰。从地域上看，不同的国家、地区由于社会文化和意识形态的不同，对于"不

---

① 见国家工商行政管理总局商标局（2004）商标异字第 01345 号裁定。
② 见国家工商行政管理总局商标评审委员会（2005）商评字第 4553 号裁定。

良影响"的感知和判断也有所不同；从时间上看，随着经济、文化、社会的发展，价值观念不断更新和重构，对"不良影响"的评判标准也在不断变化；从不同主体来看，不同的民族，个人由于世界观、价值观的差异，不同社会主体所关注的利益和角度不同，对于"不良影响"的理解和定义也有所不同。站在何种主体的视角、处于何种地域的范围，以何时作为判断的时点，都会影响对商标是否具有"不良影响"的判断。"不良影响"不存在明确可量化的客观标准，对"不良影响"的判断是从主观出发的，"不良影响"概念本身的开放性，造成理解上的分歧不统一，也给法律的扩张解释留有余地和创造便利。

（二）"不良影响"条款调整范围的错位

我国商标法采取商标注册制，注册商标需要满足积极条件和消极条件，积极条件规定在《商标法》的第 8 条、第 9 条，即商标应该具有显著性。根据我国《商标法》第 33 条商标异议条款，第 44 条商标无效条款以及第 45 条商标撤销条款，注册商标的消极要件规定在《商标法》的第 10 条、第 11 条、第 12 条、第 13 条、第 15 条、第 16 条、第 30 条、第 31 条、第 32 条中。在消极要件中，又可以分为绝对事由和相对事由，其中第 10 条、第 11 条、第 12 条规定了商标禁止注册的绝对事由，第 13 条、第 15 条、第 16 条、第 30 条、第 31 条、第 32 条规定了相对事由。在绝对事由中，第 10 条规定不得作为商标使用的情形，第 11 条、第 12 条规定了不得作为商标注册的情形。从条文看，《商标法》第 10 条第 1 款第（8）项是一个列举加概括的例示性规范，根据例示性规范的使用规则，"不良影响"条款并非其他条款无法适用时用于兜底的条款，它仅指第（1）项至第（7）项列举情形以外的与有害于社会主义道德风尚相类似的，可能对我国政治、经济、文化、宗教、民族等社会公共利益和公共秩序产生消极、负面影响的情形。①

《商标法》第 10 条第 1 款是商标"绝对禁止中的绝对",即严格禁止作为商标使用和注册的情形。"不良影响"条款在此项下，规范的是最为严厉禁止的一类商标，"不良影响"条款作为商标禁止使用的绝对事由，不能超出其应有范围。对"侵犯在先权利""恶意抢注""近似商标"等情况进行约束，将"不良影响"条款用于限制商标抢注或侵犯他人在先权利等商标禁止的相对事由，其实是对法律规范的突破和法律解释的过度扩张，超出了"不良影响"的调整范围，是法律适用的错位。

（三）"不良影响"条款保护法益的越位

注册商标消极条件的绝对事由中，禁止注册是为了实现商标基本的区分商品来源的功能，禁止使用是对具有负面影响的商标的禁止，绝对事由都是基于对公共利益的考虑，任何人均可提出商标的异议、撤销和无效。一般来说，禁止商标注册的原因有三：第一，侵犯特定民事主体利益；第二，侵犯公众利益；第三，同时侵犯特定民事主体利益和公众利益。仅侵犯特定民事主体利益的公众误导行为，应当由被侵权主体提出主张，根据商标禁止相对事由进行撤销，这在《最高人民法院关于审理商标授权确权行政案件若干问题的意见》第 3 条中也得到确认；侵犯公众利益的，可以由商标局依职权撤销，或者任何第三人均可以根据商标绝对禁止事由请求撤销，"不良影响"条款在这个情形之下可以适用。令人疑惑的是，在同时侵犯特定民事主体利益和公众利益的情形之下，应绝对禁止优先还是相对禁止优先？

以商标的恶意抢注行为为例。首先，商标的抢注行为会侵犯未注册商标使用人的权益，《商标法》第 7 条、第 13 条、第 15 条、第

---

① 见孔祥俊、夏君丽、周云川：《〈关于审理商标授权确权行政案件若干问题的意见〉的理解与适用》，载《人民司法》2010 年第 6 期。

32 条对商标抢注行为进行了规制，权利人可据第 45 条第 1 款对抢注商标进行撤销。针对实务中用"不良影响"条款解决商标抢注问题的现象，据前述分析，"不良影响"条款是在商标注册绝对禁止事由中禁止使用项下的条款，商标不仅不能获得注册，也不能进行使用。但不能排除相对禁止事由对公众利益损害的可能性，如在恶意抢注的案件中，商标抢注人抢注他人已使用但未注册的商标，是对他人通过使用而获得的"商誉"的搭载，损害了在先使用人的利益，但同时也会使消费者产生误解，损害消费者的权益。在商标侵权案件中，在同类商品上使用与他人注册商标相同或近似的商标，在侵犯商标权人的同时也会对公众利益造成损害。商标法具有两大目标，即保护消费者权益以及保护商标所有人权益。① 关于二者孰轻孰重看法虽不一致，但二者同时存在于商标法之中，是商标法不可割裂的两大价值和目标。消费者权益的保护遍布于整个商标法中，任何侵犯个体利益的行为都有可能涉及消费者利益的侵犯。但如果任何侵犯消费者权益的行为都可以纳入"不良影响"条款的调整范围，那么"不良影响"的条款适用的边界将会无限扩大。

"不良影响"条款不应成为一个包罗万象的条款，"不良影响"条款禁止的是对公共利益以及公共秩序均产生消极、负面影响的商标，从其程度上而言应当属于最严厉的禁止使用的范畴，其范围不应当放大。当仅侵犯个体利益时，应当依据商标禁止的相对事由，适用具体条款；当同时侵犯个体利益和公众利益时，侵犯个体利益是导致公众利益损失的前提和基础，应当运用保护个体利益的相对事由禁止商标注册，只有当对公共利益以及公共秩序均产生消极、负面影响的时候，"不良影响"条款才得以考虑是否适用。所以，目前实务中对"不良影响"条款存在的混用和泛用均超出了"不良条款"制度本身保护特定公共利益范畴的本位设计，是法律适用的越位。

---

① 见李阁霞：《论商标与商誉》，知识产权出版社 2014 年版，第 36 页。

（四）更深层原因：法律制度的缺位

侵犯他人在先权利和恶意抢注行为都属于广义上的商标抢注行为。商标抢注并非法律概念，广义是指未经在先权益人许可，将其享有财产权益或者人身权益的标识申请商标注册的行为；狭义则是指未经在先商业标识使用者许可，将其商业标识申请商标注册的行为。① 商标注册一般来说有三种情形：第一，将他人在先使用但并未注册的商标抢先向商标局注册；第二，将他人已经注册并有一定影响的商标在不同商品或服务类别上进行注册；第三，将他人拥有在先权利的客体注册为商标。② 我国2001年《商标法》第13条规范了对驰名商标的抢注，第15条规范了代理人抢注，第31条（2013年《商标法》第32条）对商标恶意抢注行为和侵犯在先权进行了规制，但这些规定仍存在诸多不完善的地方，法律只限制了对"有一定影响的商标"和"驰名商标"的"以不正当手段"抢注行为，一来缺乏可操作性，二来保护范围十分有限。对于"将他人已经注册并有一定影响的商标在不同商品或服务类别上进行注册"也无法进行有效规制，我国仅在驰名商标上进行跨类保护。对于侵犯他人拥有的在先权利的客体注册的商标，2001年《商标法》第31条（2013年《商标法》第32条）的规范简单缺乏可操作性，没有明确界定在先权利的范围、在先权利对抗在后商标的条件。这些都导致出现商标禁止注册的相对事由、却难以有效适用法律的结果。

同时，2001年《商标法》虽在个别条款中体现了诚实信用原则，但对该原则却并未明文规定。诚实信用原则一般属于驳回商标注册申请的相对理由，旨在保护他人在先的合法权益。③ 因此，当法律对于商标相对禁止事由的规范无法适用时，缺乏适用的一般理由，

① 李扬：《我国商标抢注法律界限之重新划定》，载《法商研究》2012年第3期。
② 李阁霞：《论商标与商誉》，知识产权出版社2014年版，第305页。
③ 汪正：《此"不良影响"非彼"不良影响"——关于"其他不良影响"禁用条款及诚实信用原则》，载《中华商标》2007年第3期。

导致在绝对理由中的兜底条款之下寻求法律适用。修正后的《商标法》对 2001 年《商标法》作出了很多修改,加强了对商标抢注行为的规制,扩大了商标不得注册的相对事由;同时加入诚实信用原则,即在第 7 条规定:"申请注册和使用商标,应当遵循诚实信用原则",为诚实信用原则的适用提供明确的法律依据。因此,既有的关于"不良影响"条款的法律适用错误是在旧商标法法律制度缺位的情况下产生的,新商标法的修订一定程度上改善了法律制度的缺位状态,在新法下,这种情况更应该加以纠正。

四、"不良影响"条款适用范围之界定

(一)"不良影响"条款是禁止商标注册和使用的绝对理由

《商标法》第 10 条第 1 款规定了八项不得作为商标使用的标志,① 就整体而言,前五项系保护"官方标志""机构标识",后三项实质上也属于产生"不良影响"的情形,但这八项的共同点在于,这八种标识作为商标使用都会给社会公共利益和公共秩序带来损害,所以对此类标识应当给予最严厉的禁止。《商标法》第 10 条第 1 款的"不良影响"条款作为一个列举加概括的例示性规范,指第(1)

---

① 《商标法》第 10 条第 1 款规定:"下列标志不得作为商标使用:(1)同中华人民共和国的国家名称、国旗、国徽、国歌、军旗、军徽、军歌、勋章等相同或者近似的,以及同中央国家机关的名称、标志、所在地特定地点的名称或者标志性建筑物的名称、图形相同的;(2)同外国的国家名称、国旗、国徽、军旗等相同或者近似的,但经该国政府同意的除外;(3)同政府间国际组织的名称、旗帜、徽记等相同或者近似的,但经该组织同意或者不易误导公众的除外;(4)与表明实施控制、予以保证的官方标志、检验印记相同或者近似的,但经授权的除外;(5)同"红十字""红新月"的名称、标志相同或者近似的;(6)带有民族歧视性的;(7)带有欺骗性,容易使公众对商品的质量等特点或者产地产生误认的;(8)有害于社会主义道德风尚或者有其他不良影响的。"

项至第（7）项列举情形以外的与有害于社会主义道德风尚相类似的，可能对我国政治、经济、文化、宗教、民族等社会公共利益和公共秩序产生消极、负面影响的情形。① 而关于《商标法》第 10 条第 1 款第（8）项的"不良影响"条款的立法功能，有观点认为是对整个第 10 条第 1 款的兜底，亦有观点认为既是对第 1 款第（8）项前段的兜底，又是对第 10 条第 1 款的兜底。② 但可确定的是，"不良影响"条款的适用范围和其保护的法益都应当符合第 10 条第 1 款的规定。《商标法》第 10 条第 1 款所列举的内容是商标注册消极条件中禁止使用的绝对事由。因而，"不良影响"条款调整的是亦为商标消极绝对事由中禁止使用的情形，此类商标造成社会公共利益和公共秩序的破坏，不能注册且不能使用。

1. "不良影响"条款禁止商标的注册和使用

针对"微信案"能否适用"不良影响"条款的问题，持反对意见者多从"不良影响"条款仅适用于所禁止商标本身具有不良影响的角度出发。从我国相关解释来看，此观点具有规范基础。《商标审查标准》认为"其他不良影响"是指"商标的文字、图形或者其他构成要素对我国政治、经济、文化、宗教、民族等社会公共利益和公共秩序产生消极的、负面的影响"，《最高人民法院关于审理商标授权确权行政案件若干问题的意见》亦采取此种观点。故确定"微信案"将使用的结果作为评判是否具有"不良影响"的依据，背离了立法精神。实务中亦有判决对此作出回应，在"姚明一代"商标行政诉讼案中，二审判决认为，"其他不良影响"是指商标或其构成要素本身的不良影响，而非该标志使用在其指定使用的商品上是否

---

① 孔祥俊、夏君丽、周云川：《〈关于审理商标授权确权行政案件若干问题的意见〉的理解与适用》，载《人民司法》2010 年第 6 期。

② 见汪正：《此"不良影响"非彼"不良影响"——关于"其他不良影响"禁用条款及诚实信用原则》，载《中华商标》2007 年第 3 期。

会造成不良影响。[1] 学界亦有观点对此表示赞同。[2]

然而，"不良影响"条款规定的禁用标志，是否仅指该标志本身具有不良影响，而不包括该标志使用产生的不良影响？在理论界，有观点认为，某商品标志是否具有不良影响，还应结合相关语境进行解读，对"不良影响"条款的解读不得狭隘地理解为"不考虑商品或服务，而只考虑符号构成"。[3] 在实务中，亦有观点认为，"不良影响"的判定可以结合使用商标的商品或服务。如"希望杯"商标行政诉讼案中，二审认为，"不良影响"是指商标标志本身或者商标使用在指定的商品或服务上会对我国的政治、经济、文化、宗教等公共利益和公共秩序产生消极、负面的影响。[4] 可见，将"不良影响"条款限定于商标本身的观点并非坚不可摧，其不同认识亦有相当的理论和实践基础。

本文认为，应对不同类型的商标进行区分以下两种情况讨论：①针对本身符号构成具有不良影响的商品标志，该标志当然不能作为商标申请注册；②针对标志本身无任何不良因素，但如其使用将产生不良影响，该标志也不能作为商标申请注册。这是因为"不良影响"条款的适用对象的范围解释应遵循体系性的解读方法。就《商标法》第10条第1款整体而言，除了第（6）项至分离出来的第（8）项规定的标志外，同前5项规定标志相同或者近似的标志，本身并不具有任何不良影响因素，只因为其注册和使用很可能产生不良影响而被禁止。如此解释便可理顺理论和实务中的分歧点，使得"不良影响"条款的调整范围不至于过于狭小，亦可充分发挥其作为

---

① 北京市高级人民法院（2011）高行终字第1100号行政判决书。

② 冯晓青认为，人民法院在审查判断有关标志是否具有其他不良影响的情形时，应当考虑该标志或者构成要素是否可能对我国政治、经济、文化、宗教、民族等社会公共利益和公共秩序产生消极、负面影响。见冯晓青：《知识产权法》，中国政法大学出版社2010年版，第323页。

③ 见李琛：《论商标禁止注册事由概括性条款的解释冲突》，载《知识产权》2015年第8期。

④ 北京市高级人民法院（2012）高行终字第870号行政判决书。

民法公序良俗基本原则在商标注册中的作用。

2. "不良影响标志"禁止注册和使用的绝对性

"不良影响"条款作为禁止商标注册和使用的绝对理由,其绝对性体现在以下几个方面:

(1)此种禁止不受时间的限制,即使是已经注册的商标,甚至是驰名商标,亦有可能被撤销。例如,在"城隍"商标争议案中,上海城隍珠宝总汇公司提交了其"城隍"商标被认定为驰名商标的证据,但法院认为,在争议商标违反《商标法》第10条第1款第(8)项时,即使系争商标具有了较高知名度或已成为驰名商标,但亦不应因此而损害法律规定的严肃性和确定性。①

(2)在申请后注册前发生不良影响事实的,则不能注册。例如,2007年赵半狄以本人名字为商标组成要素向商标局提出"半狄熊猫"商标的注册申请,但由于2009年"赵半狄熊猫时装秀"在社会上产生了较大争议,法院以相关公众容易将申请商标与该时装秀相联系,从而使该时装秀可能产生的消极、负面影响扩散至申请商标标志本身为由判定申请商标不应予核准注册。②若一个商标在申请注册时没有不良影响而获准注册,但由于后来发生的情况导致该商标的使用会存在不良影响而有违公序良俗,在理论上仍然不排除被撤销注册和禁止使用的可能。

(二)结合多种因素正确判断"不良影响"的内涵

据上面所述,可确定"不良影响"仅指对国家利益、公共利益

① 该案的判决结果证明了两个关键性的问题:其一,商标经长期使用建立的较高的市场声誉并形成的相关公众群体与该商标是否具有不良影响是两个独立的问题;其二,商标经长期使用建立的较高的市场声誉并形成的相关公众群体并不能成为影响是否构成不良影响的基础,是否构成不良影响与是否具有相关公众群体以及是否有较高的声誉之间并没有必然的联系。见北京市高级人民法院(2014)高行终字第485号行政判决书。

② 见杨柳:《半狄熊猫遭遇艺术与法律界限的冲突》,载《中国知识产权报商标周刊》2013年1月29日。

存在不良影响。但就"不良影响"本身，其并不是内涵和外延十分明确的法律概念，在提供法律弹性的同时也带来可操作性上的困难。是否具有"不良影响"需根据具体时空条件下的社会主导道德观念予以判断，司法在所起的作用，仅是逐步明确这些法律用词的含义。① 不良影响标准的适用空间大，但不能对其随意扩张适用，必须考量主流价值观和适用的公认性。② 本文认为，不良影响的判断标准应结合以下几点因素进行考量：

第一，应从商标标识本身出发，考虑商标的一般含义。"认定商标是否核准注册，仍应还原文字的本来含义来判断是否可能带给相关公众消极的、负面的感受。"③ ①《商标法》第 10 条列举的是不得作为商标使用的标识，"不良影响"条款规范的对象之一是本身具有不良影响的商标；②商标标识具有"不良影响"无须考虑涉案标志在其他国家的注册情况，无须考虑涉案标志的知名度和涉案标志权利人放弃涉案标志文字专用权的事实和涉案标志申请人的主观状态。④ 只需从商标标识本身的含义出发，判断其是否对社会公共利益造成不良影响和损害。

第二，以我国经济社会文化背景为判断的基础，从我国国情、历史、社会观念、市场效果等方面出发进行综合判断。⑤ 不良影响的考量是综合考虑的结果，需要充分了解商标标识在我国当下社会环境和语言环境下的含义，从而在多个角度判断标识对社会各个方面所产生的影响。

第三，判断商标标识是否有"不良影响"，应当以一般消费者

① 见［德］齐佩利乌斯：《法学方法论》，金振豹译，法律出版社 2009 年版，第 66 页。
② 孔祥俊：《商标法适用的基本问题》，中国法制出版社 2014 年版，第 235 页。
③ 北京市第一中级人民法院（2013）一中知行初字第 2538 号行政判决书。
④ 见郭伟：《"XO"在其它酒类产品注册具有不良影响——评析朗姆酒创造产品公司诉国家工商行政管理总局商标评审委员会商标驳回复审行政案》，载《中国知识产权报》2011 年 11 月 26 日。
⑤ 商标评审委员会：《关于〈商标法〉"其他不良影响"的理解与适用——第 3672081 号水立方 SHUILIFANG 商标争议案评析》，载《中国知识产权报》2011 年 11 月 26 日。

对该商标的认知为主要因素。随着文化多样性不断受到冲击和表达方式的多元化，社会公众对某些特定事物的理解亦出现多样化，导致一些带有贬义的词汇获得部分公众的接纳。然而，部分接纳并不能等同于社会的普遍认同，"不良影响"的标准亦不能因此而降低。① 因此，部分公众的认同并不能消除有些本身含义有违公序良俗的词汇所带来的"不良影响"，特殊群体、部分公众的判断不能代表一般公众，"不良影响"条款的判断应该以一般消费者的认识和社会公众的普遍认识为准。

第四，"不良影响"的判断标准应以商标审查日的情况为准。随着社会的不断发展，观念的更新，当下互联网的发展使得市场格局和瞬息万变，信息在网络中的快速传播加上网络词汇的不断创新，使得一些词汇和字句发生性质上的转变，与传统价值观念相悖，对"不良影响"的评判标准并非一成不变，也应随之发生变化，具体到一个案件中，对商标是否具有"不良影响"的判断也是动态的。"对有关商标注册条件的司法审查，无论是合法性、显著性还是其他方面的审查，应当以审查日的事实而非申请日的事实为准，这是由商标本身的特性所决定的。"② 从商标的申请到出现异议进行审查，往往具有较长的时间跨度，因而需要根据审查时的新情况进行判断。

（三）"容易误导公众"并非一律适用"不良影响"条款

《商标审查标准》第一部分第 10 条具体列举了 9 项"有其他不良影响"的情形，其中第（8）项列举了"容易误导公众"的四项具体情况，第（9）项是商标由企业名称构成或者包含企业名称造成公众误导的情况。结合"微信案"的一审判决理由，在涉及他人在

---

① 见北京市第一中级人民法院（2013）一中知行初字第 2538 号行政判决书。
② 袁博：《商标注册"不良影响"条款的内涵及司法适用——"微信"商标异议复审行政纠纷案评析》，载《中华商标》2015 年第 4 期。

先权利或是涉及恶意抢注的商标案件中，商标评审委员会或法院在适用"不良影响"条款时，皆遵循如此逻辑：使用争议商标会造成"公众误导"，相关公众误导会导致对社会公共利益和社会秩序的破坏，"不良影响"条款禁止危害社会公共利益的商标，因而可以适用"不良影响"的条款对其给予禁止。此种逻辑是将"相关公众误导"作为适用"不良影响"条款的充分条件，其严密性似有漏洞。

相关公众误导是否会导致公共利益受损？商标的标识功能和社会属性，决定了消费者应当成为商标法中"隐形的上帝"。① 消费者享有得到充分信息，使其能够按照个人愿望和需要作出掌握情况的选择的权利，无论其提供的商品和服务的质量是否符合要求，无论在首次购买后会不会发生后续购买的情况，商标标识本身对消费者首次购买造成误导，就是对消费者权益的损害。商标法中的公共利益是指与商标权的取得和运行紧密相关的不特定多数人的普遍利益。② "微信案"中的不特定消费者群体利益属于不特定多数人的利益，此类相关公众的利益完全有资格称为公共利益。③ 因而，相关公众误导会对公共利益和公共秩序的造成损害是成立的。

然而，"不良影响"条款是对一切对有损公共利益的商标进行禁止吗？侵犯个体利益的行为的同时往往会引起消费者权益的损害，保护消费者利益和保护商标权人是商标法的双重价值，贯穿商标法始终，如果任何侵犯消费者权益的行为都可以放入不良影响条款之中，那么"不良影响"的条款适用的边界将会无限扩大。"不良影响"条款并不对一切对有损公共利益的商标进行禁止，虽然公众误导会有损公众利益，也不能据此推断出造成"公众误导"一律适用"不良影响"条款，因此盲目适用"不良影响"条款对"造成公众

---

① 邓宏光：《商标授权确权程序中的公共利益与不良影响——以"微信"案为例》，载《知识产权》2015年第4期。
② 黄汇：《商标法中的公共利益及其保护——以"微信"商标案为对象的逻辑分析与法理展开》，载《法学》2015年第10期。
③ 李扬：《"公共利益"是否真的下出了"荒谬的蛋"？——评微信商标案一审判决》，载《知识产权》2015年第4期。

误导"案件进行规范，也是"不良影响"适用出现问题的重要原因。

造成公众误导至少包含两种情况：一种误导是单纯欺骗消费者的行为，用虚构、夸大的商标名称标识误导消费者，给消费者造成心理上的误认，不存在搭载个人商誉、企业商誉的行为，不会导致公众的混淆；另一种误导则是借助商标标识的"知名度"，这种知名度可能来自名人、公众所熟知的文学艺术作品，商标、个人、企业名称上所承载的商誉等，借助这种知名度，使消费者在心理上将其商品和服务与这些具有知名度的名称标识产生关联，在这种情况下，就有可能侵犯他人的在先权利，如姓名权、著作权等，也有可能侵犯企业商誉或个人商誉，造成商标侵权或商标抢注，以及不正当竞争。简而言之，造成"公众误导"的判断不能一概而论，需要放在具体的情况中判断。一般而言，公众误导会出现两种结果：第一，侵犯公共利益；第二，同时侵犯特定民事主体利益和公共利益。当仅侵犯公共利益时，且在其他具体条款不能规制时，可以考虑放入"不良影响"条款进行考量，具体适用《商标审查标准》；当同时侵犯个体利益和公众利益时，个体利益的损害是前提，公众利益的损害是间接效果，应当运用相对事由禁止商标注册，当其他相对事由具体条款不能规制时，考虑适用"诚实信用"条款进行规范。

（四）区别适用"不良影响"和"诚实信用"兜底条款

公序良俗和诚实信用作为遏制商标注册使用行为的法律标准而被纳入商标法，但这些具有弹力的标准在实践中确实有过宽过泛适用之情形出现。① 诚实信用原则是私法中的"帝王条款"，该原则要求市场主体在追求自己的利益时，要以不损害其他竞争者，不损害社会公益和道德秩序为前提。② 因此，从诚实信用的含义出发，诚实信用原则是用以规范市场平等主体之间的原则，无须公权力的干涉

---

① 孔祥俊：《商标法适用的基本问题》，中国法制出版社 2014 年版，第 232—238 页。
② 梁慧星：《民法解释学》，中国政法大学出版社 2000 年版，第 298—299 页。

和介入，是道德的法律化，用以规范平等主体之间的法律关系，保护的是个体利益。

"不良影响"条款和"诚实信用"条款都具有兜底的性质，但两者的适用范围和保护法益不尽相同，而是互为补充，一同构成商标注册条件的补充和兜底。在商标注册消极事由中，"不良影响"条款是对驳回商标注册和使用绝对理由的兜底，旨在保护公众利益；而诚实信用原则一般属于驳回商标注册申请的相对理由，旨在保护他人在先的合法权益，两者保护的法益和调整的范围恰好相反。因此，在相对事由规范不健全时，可以适当引用诚实信用原则进行规范，而不能用"不良影响"条款这一严厉禁止商标使用的条款进行规范。

法律的权威有赖于法律适用的准确性，"不良影响"禁用条款属于商标注册申请驳回的绝对理由，将其与诚实信用原则混同套用于商标注册申请驳回的相对理由，法律适用的准确性有待商榷。[①] 因此，"不良影响"与"诚实信用"分别作为商标禁止的绝对事由和相对事由的适用条款，应当各归其位、各司其职，准确适用法律以维护司法的权威。

五、结　　论

正如"微信案"一审判决所述——"核准被异议商标会造成消费者的错误认知"，"微信案"属于典型的以"造成消费者的错误认知"为由而判定构成"不良影响"的案件。通过前文对"不良影响"条款适用范围和保护法益的分析，本文认为，该案件裁判理由所称的"消费者的错误认知"并不能归属于《商标审查标准》中

---

① 汪正：《此"不良影响"非彼"不良影响"——关于"其他不良影响"禁用条款及诚实信用原则》，载《中华商标》2007 年第 3 期。

"有其他不良影响"的情形;社会公众普遍将"微信"与腾讯相联系,是"社会公众的稳定认知利益",但"稳定认知利益"并不是商标法体系承认的公共利益。① 此案因"公众误导"造成的并非是对公共利益和公共秩序的破坏,而是对特定主体"腾讯"利益的侵犯。

《商标法》第10条第1款第(8)项保护的是社会公共利益和公共秩序,而不针对特定民事权益的保护,是无效宣告的"绝对禁止"条款。商标注册机构与司法部门不能为了去维护公众对微信和腾讯提供的服务之间联系的认知,而认定其危害了社会公共利益。破坏这种指示关系直接损害到的是商标权人这一特定主体的利益,对公众利益并没有实质性影响。知识产权法保护的是私权,在私权救济能够覆盖的范围内,公权力应当保持谦抑,我国司法实践也应当践行这一准则,法院在适用"不良影响"条款时应当明确"不良影响"条款之适用范围与适用对象,切不可随意扩大。

---

① 与之相似的还有蓝色风暴案。蓝色风暴案在反向混淆类一般商标侵权中具有典型意义。"百事可乐'蓝色风暴'的商标知名度远远大于原告在他自己商品上的使用,以至于大众一看到'蓝色风暴'就会联想到百事可乐,形成了固定的认知",如果"法律承认稳定认知利益是一种公共利益",那么,"注册商标的排他权行使就应该为稳定认知利益让路,法院应该判决侵权不成立,"但是事实上,法院判处百事可乐构成侵权,赔偿了300万元。见魏立舟:《"公共利益"告诉你:为什么"微信"案判错了? ——兼答江户川君》,访问链接:http://zhihedongfang.com/article-8921/,最后访问日期:2015年8月2日。

从工具到财产：商标观念的历史变迁

张惠彬*

摘　要　商标与经济发展息息相关，对商标财产的认识历经数百年。中世纪起，商标只是作为所有权标记与商业秩序管理工具。工业革命前后，市场的崛起与商人利益集团的推动彻底改变了商标发展的历程，商标财产价值日益展现。18 世纪起，商人团体积极游说政府进行商标立法，承认商标为其个人财产。在布莱克斯通思想影响下，商标在当时不能成为一种财产，防止欺诈才是其保护基础。后来，在霍菲尔德等学者的努力下，财产理论突破了布莱克斯通的局限。并在劳动理论指引下，英美法院意识到"使用创造财产"，商标可以作为财产进行保护。而后，注册制度成为对商标进行财产保护之关键，如果商标获得注册，则自发出注册证的那一刻起，它就成为该注册证上列明者的财产。反淡化立法的出现，说明法院关注的焦点已不是消费者是否受到欺诈，而是将判案重心放在商标本身的财产价值。商标转让与许可的松动，则进一步体现了市场对商标财产的认同。

关键词　商标观念　商标财产化　商标法起源

* 张惠彬，法学博士，西南政法大学民商法学院教师，主要研究方向为知识产权法。基金项目：重庆市教委人文社科项目"互联网内容产业的知识产权问题研究"；重庆市法学会课题"重庆市中小微企业知识产权质押融资问题研究"；重庆市教委科学技术项目"重庆市小微企业专利融资问题研究"。

商标是经营者用于识别商品或服务来源的标记。市场经济的发展一方面不断放大商标的功能与作用，另一方面逐渐疏远商标作为识别来源的基本含义，进而出现一种向财产转换的趋势。由此，以财产为基础的"新"商标理论对以防止混淆的传统商标理论提出挑战，并已经开始向立法与司法渗透。商标财产化是否与其功能相适应，究竟促进抑或消减商标法之意旨，争议不断。有学者提出，将商标视为财产将背离商标法对消费者保护之目的；也有学者认为，视商标为财产会割裂商标与商品或服务之联系，易生欺诈之嫌疑；更有学者指出，商标财产化所促使的商标权扩张将严重危害社会公益。总览上述争点，本文以"商标观念的历史变迁"为研究对象，通过考察商标法律制度的起源与发展，全面阐释商标观念从"工具到私人财产"的演变历程。

一、作为工具的商标

《创世记》中记录了"标志"的描述。该隐（Cain）种田，亚伯牧羊。上帝接受亚伯的贡物而不选该隐的贡物，该隐发怒而杀亚伯。于是上帝将该隐从定居地赶走。为防该隐在流离飘荡中被人杀害，因此上帝给他身上留下"记号"以保护他。[1] 在史前时代，古埃及、希腊、罗马等地的陶器、砖瓦、动物的蹄角上发现刻有各种人类使用的标记。黑暗时期，除少数的刀刃或其他武器还使用外，标记几乎绝迹，其原因一直是个谜，困惑着商标史学家。[2] 尽管学者们对商标的缘起、古代商标与现代商标之间的传承发展关系有所分

---

① Genesis 4：15（King James）.

② Gerald Ruston. On the Origin of Trademarks. *Trademark Rep. 45*, 1955, pp. 127-144.

歧，但大都认可中世纪是商标发展的黄金时代。[①] 自中世纪起，欧洲的社会环境产生了巨变，封建制度逐渐瓦解，自由城市不断兴起。获得自主权的城市，商品经济得到了较大的发展。政府和行会为了维持产业与商业的交易秩序而建立各种管理制度，商标就是其中之一。

（一）作为所有权的证明工具

中世纪商标的法律意义并非在于识别商品来源，而仅仅作为证明商品所有权的证据。[②] 爱德华三世（1327—1376 年）时期的法律规定：船舶遭遇意外时，货物被冲上海滩且没有一个幸存者的情况下，失事的船舶以及货物是属于国王的。除非，能够通过货物的标志辨认出所有权人，该所有权人可以通过法院请求返还财产。1353年，英国政府为了推动航海运输与维护商人的利益，以立法形式规定货物在运输途中出现了意外，可以通过货物标记提出返还财产的要求，而不用到法院去提起诉讼。该法案的内容如下：[③]

> 我们将允许任何人，如果他的货物在海上或者在我们领土范围内被盗了，可以通过货物上的标记、单证（Chart）或者海关印章（Cocket），证明他对这些货物拥有所有权。那么他不用通过普通法诉讼，这些货物都应该返还给他；如果船只在我们的海域范围内，遭遇暴风雨或其他天灾而搁浅，船上的货物被冲到了海滩。货物的所有人可以在提供上述三种证据的前提下，要求拿回这些货物。

当时，处理此类案件的是海事法院（Court of Admiralty）。海事

---

① Sidney A. Diamond. The Historical Development of Trademarks. *Trademark Rep. 73*, 1983, pp. 222-247.

② F. I. Schechter. *The Historical Foundations of the Law Relating to Trademarks*. Columbia: Columbia University Press, 1925, pp. 20-21.

③ See 27 Edward III, c. 13.

法院起源于经营海运业和海外贸易的沿海港口城市，海事法院的负责人原是出现于 13 世纪的商船队队长。进入 16 世纪，普通法院为维护司法主导地位，借口海事法院"篡夺"了许多司法权，不断签发令状干涉海事法院的诉讼活动。17 世纪后期，普通法院在司法权的争夺中获得了胜利，船只租赁、货物装运、海上保险、在外国签订的商务契约等案件都落入普通法院的手中。① 在 1771 年普通法院的"汉密尔顿和斯迈思诉戴维斯案"（Hamilton and Smythe v. Davis）中，当事人双方对因船舶遇难而漂浮到岸上的货物所有权产生争议。曼斯菲尔德（Mansfield）法官以上述法案为根据，要求双方提出对货物所有权的证明。在原告顺利举证所有权的标记、相关单据的前提下，曼斯菲尔德法官支持了原告的诉求。换言之，直到 17 世纪后期，货物上的标记仍主要作为证明所有权的证据使用。②

（二）作为市场的管理工具

与此同时，行会开始强制成员使用标记。英国早期的工商业集中在伦敦及其他大城市，这些城市的商人及工匠们会自组行会（Guild）。行会基于国王授予的行会特许状（guild charters）成立为法人团体，这种法人团体在某一区域对某一行业拥有垄断性的权利，并且可以制定章程，用于监管成员的买卖及制造的手工艺。行会章程连同特许状、权力机关的立法构成了中世纪的"城市法"，③ 规定

① 程汉大、李培峰：《英国司法制度史》，清华大学出版社 2007 年版，第 85—86 页。

② F. I. Schechter. *The Historical Foundations of the Law Relating to Trademarks*. Columbia: Columbia University Press，1925，p. 31.

③ "城市法"是指中世纪西欧城市中形成、发展、适用的法律体系，其内容一般涉及商业、贸易、征税、城市自治及城市居民的法律地位等。它不是统一的国内法，也不是统一的国际法。见德全英：《城市·市场·法律——西方法律史中的城市法考察》，载《法律科学》2000 年第 2 期。叶秋华：《资本主义民商法的摇篮——修中世纪城市法、商法与海商法》，载《中国人民大学学报》2000 年第 1 期。

了许多关于适用标记的条文。爱德华四世期间的一个法案规定，① 布料生产者必须在其生产的棉绒衣服的边角上加盖印章（seal），使得这种类型的标记如同一种"警察标记"（police marks），如果出现他人假冒或者生产者自身的手艺缺陷，则可能构成一种"警察罪行"（police offence）受到严厉的惩罚。②

除了行会标记外，此时存在一种"证明标记"。生产者须在满足检验要求的前提下才能标示此类标记。以金银饰品行业为例，在十三、十四世纪，金银饰品都是由合金制成的，一般百姓很难判断其纯度。1300 年英国政府立法规定：只准金匠公会的会员从事金饰行业，所有金饰制品在销售前必须送到行会的地方分馆中检验、标记。③ 通过检测的制品上注有两种标记：其一，制造者的个人标记；其二，国王的标记。未经检验私自销售或者生产不合格者，早期是处以死刑，而后逐步放宽，科以罚金。④ 尽管如此严格的立法和执法，金银饰品的假冒仍屡禁不绝。1423 年，英国政府制定了更为严格的法律。⑤ 该法律的要点包括：第一，将类似的规定适用于银饰品；第二，在加注豹头标记和工匠的标记之前，产品不能出售。违反者，处以所得利益的双倍惩罚；第三，治安法官在处理此类问题时，可以行使自由裁量权，无须考虑行为人的主观是否具有犯意。1478 年，为了便于追究责任与提高检验标准，英国政府再次对金银行业颁布了新的法案。⑥ 该法案规定了另一种证明标记：检验标记（assay mark），用以规范检验人员的工作，如检查发现有不合格的金银饰品被标为合格，将对检验者进行惩罚。通过对标记的管理，政府一方面控制了金银市场的生产质量标准，维护了社会公众的利益；

---

① 4 Edward IV c. 1.

② F. I. Schechter. *The Historical Foundations of the Law Relating to Trademarks*. Columbia：Columbia University Press, 1925, p. 38.

③ 28 Edward I, c. 20.

④ Belson J. *Certification Marks：Special Report*. London：Sweet & Maxwell, 2002, pp. 16-24.

⑤ 2 Hen. VI. c. 14.

⑥ 17 Edward IV, c. 1.

另一方面，使得生产者、工匠、化验人员的责任更为明确，确保在出现问题时，能第一时间追查到相关责任人。

由上观之，中世纪的行会是在封建政治权威涣散的状况下，成为一种具有高度自主性、自律性和排他性的商业组织。这个时期的商业生产以手工业为主，产品相对单一，限售范围仅限于本地。生产者与消费者之间可以直接面对面交易，商标虽有识别作用，效果并不明显。此时的商标，表面上看是作为所有权的标记、检验标记以及追究产品责任时的证据。实质上，作为"管理标记"或者"责任标记"的商标更多是作为政府与行会管制商业发展的工具。

二、商标财产化的社会动因

（一）商品市场的崛起

进入 19 世纪，工业革命的开展彻底改变了人类的商业史。工人们被掌握资金和销售渠道的商人集中起来，在工厂中进行标准化生产，生产效率的提高和商品产量的增多相对降低了成本。物美价廉的商品迅速满足了市场的需求和受到消费者的喜爱。随着火车、轮船等运输工具的应用，人员和货物可以在全球的市场当中随意流动。随着市场的崛起与行会的衰落，商标使用从"强制"转向"自愿"，识别功能日益凸显。人们对商标的认识也逐步加深。在 19 世纪之前，商业上使用的标记一直被称为"marks"，而"trade marks"或者"trade mark"一词是在商业迅速发展之后才出现的。最早在判决书中使用"trade marks"的是 1838 年英国的"米林顿诉福克斯案"

（Millington v. Fox），① 法官提到，"这是一个与众不同的案件，因为这里面涉及故意使用他人的商标（trade marks）或者名字。"1840 年的《英国律师杂志》上发表了一篇名为"*Trade Marks*"的文章，该文第二年被《美国律师杂志》转载。② 1844 年，当英国的棉纱线生产者泰勒（Taylar）在波士顿起诉假冒者时，法官和律师已经将泰勒产品上的名称"Taylor's Persian Thread"称为"trade mark"。③

19 世纪中期开始，"trade mark"已经成为约定俗成的称谓。商人常常在广告上将商品的名字称为"trade mark"。文学作品中也开始出现"trade mark"一词。著名作家马克·吐温在 1869 年的《傻子出国记》（*The Innocents Abroad*）中有一段精彩的描述："一看到有个修道士拿着书笔，悠然自得地仰首望天，拼命推敲字句，我们就知道这是圣马太。一看到有个修道士坐在岩石上，悠然自得地仰首望天，身旁放着个骷髅头，身无长物，我们就知道这是圣哲罗姆。因为我们知道他身无长物，才行走如飞。一看到其他修道士悠然自得地仰首望天，可是没什么商标（trade mark），我们总要请教人家这是什么家伙。"④ 在法学作品中，纽约律师弗朗西斯·厄普顿（Francis Upton）1860 年出版的《论商标法》（*Treatise on the Law of Trade Marks*）是第一本论及商标财产属性的著作。他在书中说道："商标是财产。但是这种财产不是单词、字母、图案或符号本身。简而言之，商标只是识别商品的一种方式。这种财产权不能独立于其所标识的商品或脱离其实际使用而存在。"⑤ 弗朗西斯·厄普顿对商

---

① Millington v. Fox, (1838) 3 My. & Cr. 338, 40 Eng. Rep. 956 (Ch.).

② Stuart Banner. *American Property*: *A History of How*, *Why*, *and What We Own*. Cambridge: Harvard University Press, 2011, p. 29.

③ Taylor v. Carpenter, 23 Fed. Cas. 742, 744 (C. C. D. Mass. 1844).

④ See Mark Twain. *The Innocents Abroad*. Hartford: American Publishing, 1869, p. 238. 中文版参考 ［美］马克·吐温：《傻子出国记》，陈良延、徐汝椿译，人民文学出版社 1985 年版，第 197 页。

⑤ Francis H Upton. *A Treatise on the Law of Trade Marks*. New York: WEARA C. LITTLE, 1860, pp. 1-3.

标财产属性的描述，与同时代普通法法官的认知有异曲同工之妙。

（二）商人集团的推动

在西方民主社会中，商人与政治的关系极为微妙。商人渴望拥有一个强有力的中央政府，保护他们的财产与安全。政府需要赢得商人的信任，以获得他们的金钱支持，并对其征税。19世纪民主统一国家相继建立，立足于封建社会的身份地位的财富分配制度，让步给了"自愿交换"和"个人自利"的市场制度。政治哲学家麦克弗森指出，商品化社会"明显在以客观市场秩序取代等级秩序，市场不再需要为不同等级的人设定不平等的权利。"① 在这个大背景下，商业发展迎来了美好的时机，财富越来越集中在商人利益集团的手里。

在商标法史上，我们可以看到商人利益集团对政府决策的影响。美国的第一部商标法制定于1870年，在之前的70年间不断有商人团体对国会进行游说。最早的游说起始于1791年。塞缪尔·布雷克（Samuel Breck）是波士顿的一家帆布制造商。在航海业崛起的年代，帆布是制作船帆的主要材料。当时，美国的帆布业面临着来自俄罗斯帝国的竞争，进口的帆布不仅质量好且便宜。为保护本国帆布商人的利益，美国政府对商人进行补贴，这项政策持续到1791年9月。以塞缪尔·布雷克为首的波士顿帆布商在补贴政策截止之际，致函当时的国务卿托马斯·杰斐逊，要求国家延长对该行业的补贴政策之余，请求政府立法允许他们可以使用一种专有的标记，以区分本地产品与外地产品。同年9月9日，托马斯·杰斐逊回函支持商人的请求：

> 就我看来，为了保证每个厂家在生产过程的尽职义务，一种对标记的排他性权利，是合适的。

---

① C. B. Macpherson. *The life and times of liberal democracy*. Oxford：Oxford University Press，1977，p. 35.

因此，对于中央政府而言，总体来说是合理的，即针对这种情况下通过（商标）法律，并且仅适用于与外国、州际以及印度部落贸易进行规范。①

在英国，商人以商会的名义提出商标立法的诉求。与传统的行会不同，商会（Chambers of Commerce）由同行业的商人组成，其宗旨就是为成员提供一个协商的平台，协调同行的利益以及维护会员的合法权益。② 英国商会制度发轫于 19 世纪中期，伯明翰商会和谢菲尔德商会是当时影响最大的商会。1858 年，伯明翰商会向政府进行游说：认可商标作为财产的地位，加强立法打击假冒行为。③ 1862 年，谢菲尔德商会向英国下议院提交了一份商标法议案，主题是：将注册商标视为个人财产，允许商标在财产法规则下进行转让。④ 接收议案后，有感于问题的迫切性，下议院认为需要成立特别委员会进行深入探讨。特别委员会由官员、律师、商人和其他利益集团代表组成。原本调查的主题是"商标是否是一种财产"，在讨论的过程中，"商标能否转让"却成了代表们争议的焦点。大多数与会代表认为，如果将商标视为财产对待的话，潜在的后果就是商标具有可转让性，而这种可转让性将会对社会大众造成重大的影响。当时，"欺诈"仍然是普通法上对商标假冒案件的审理标准。假若将商标视为财产，并且允许其转让的话，将会助长欺诈行为的产生。举例而言，某消费者是甲商人的忠实客户，在平时购物

---

① See Hamilton, Report on Manufactures, 5 Dec. 1791.

② 朱英：《近代中国商会选举制度之再考察——以清末民初的上海商会为例》，载《中国社会科学》2007 年第 1 期，第 192—204 页。

③ Lionel Bently. "From Communication to Thing: Historical Aspects of the Conceptualisation of Trade Marks as Property" in Dinwoodie, Graeme B., and Mark D. Janis, eds. *Trademark law and theory: a handbook of contemporary research*. Edward Elgar Publishing, 2008, pp. 3-41.

④ 本部分 1862 年谢菲尔德商会议案的探讨见 Lionel Bently. "From Communication to Thing: Historical Aspects of the Conceptualisation of Trade Marks as Property" in Dinwoodie, Graeme B., and Mark D. Janis, eds. *Trademark law and theory: a handbook of contemporary research*. Edward Elgar Publishing, 2008, pp. 3-41.

中依靠甲商人的商标识别货物的来源。当甲商人将商标转让给乙商人后，消费者仍然通过原来的商标对货物进行购买。而后，消费者发现货物的质量与之前不一样的时候，不仅会感到失望，同时也受到了欺诈。

在发言中，伦敦的服装商约翰·狄龙（John Dillon）认为，商标意味着"一种特殊的事实，那就是商品产自某地之某个人或某个公司，（如果允许商标可以转让）那就等于毁了这个商标，（这种行为）无异于士兵将他的徽章进行贩卖。"① 作为一种对商品来源的指示，商标对于消费者而言，还承担了一定的质量保证功能。如果允许商标在商家之间随意转让的话，无疑会割裂商标与消费者之间的联系。对此，律师约瑟夫·斯格特·史密斯（Joseph Travers Smith）认为，"商标的转让，可能会造成难以估量的危险：商标失去了对来源的指示功能。我不认为任何转让都会导致这种情况的发生，只是，如果将商标作为一种个人财产的话，无疑会为这种危险发生埋下隐患。"② 也有代表赞同谢菲尔德商会的提议，他们的理由在于，就算不允许商标转让，欺诈行为仍不会消亡。这种观点在当时以"欺诈"为侵权基础的主流思想下难以得到认同。基于上述考虑，特别委员会否决了谢菲尔德商会的议案。不过，基于商人们对商标保护的迫切愿望，特别委员会建议政府制定严厉的刑事法规打击商业欺诈，就是 1862 年的《商品标记法》（*Merchandize Marks Bill*）。

---

① Lionel Bently. "From Communication to Thing: Historical Aspects of the Conceptualisation of Trade Marks as Property" in Dinwoodie, Graeme B., and Mark D. Janis, eds. *Trademark law and theory: a handbook of contemporary research*. Edward Elgar Publishing, 2008, pp. 3-41.

② Lionel Bently. "From Communication to Thing: Historical Aspects of the Conceptualisation of Trade Marks as Property" in Dinwoodie, Graeme B., and Mark D. Janis, eds. *Trademark law and theory: a handbook of contemporary research*. Edward Elgar Publishing, 2008, pp. 3-41.

三、商标财产化的理论支撑

（一）传统财产理论的局限与突破

18 世纪中期，英国法学家威廉·布莱克斯通将财产视为对"物"的绝对控制。19 世纪以来，工业革命致生产力急速提高，越来越多无形的东西进入人们的生活之中，人们开始从"物"的束缚中解放出来。法官在层出不穷的案件中感知到，财产并不仅仅只是"物"，商誉、商业秘密等受到保护的缘由在于它们的"价值"。在很多情况下，物的所有者之支配权不是绝对的，需要一定的限制。例如，在商标案件中，虽然商标使用人已经进行了大量的投资，但他的使用并不能绝对地排除他人对该商标的"无害使用"，法院只能通过限制受害者的范围来约束商标财产的保护。① 显然，布莱克斯通的理论已经不能令人信服了。

到了 20 世纪初，美国法理学家霍菲尔德（W. N. Hohfeld）对 19 世纪中叶以来法院的判决进行系统阐释，并提出了一种新的财产权概念：财产是人们之间的一组法律关系。即财产是一个人与一个人之间的权利关系（单层关系），或者是一个人与多个人之间的权利关系（多层关系）。② 财产也不再是绝对的，需要受到一定的限制，此种限制视具体的情况而定。霍菲尔德的观点体现在 1913 年和 1917 年发表的两篇文章中。③ 美国学者肯尼斯·万德威尔德

---

① Kenneth. J. Vandevelde. New Property of the Nineteenth Century: The Development of the Modern Concept of Property, *The. Buff. L. Rev.*, 29, 1980, pp. 325-350.

② ［澳］彼得·德霍斯：《知识财产法哲学》，周林译，商务印书馆 2008 年版，第 14 页。

③ W. N. Hohfeld. Some Fundament at Legal Conceptions as Applied in Judicial Reasoning, *Yale Law Journal*, 16, 1913. W. N. Hohfeld. Some Fundament at Legal Conceptions as Applied in Judicial Reasoning, *Yale Law Journal*, 26, 1917.

(Kenneth. J. Vandevelde) 对此表示赞赏，并认为霍菲尔德的权利分析方法可以清晰地揭示出财产概念：第一，实体"物"的存在不是必要的，法律关系本质上是人与人之间的关系；第二，所有权人对财产的支配并不是绝对的与固定不变的，财产权是由一系列的法律关系而非某种单一、稳定的关系所构成的。① 霍菲尔德的论述不仅化解了 19 世纪以来法院在面临无形财产价值判断的尴尬，而且大大拓宽了英美学者对认识财产的视野。

从布莱克斯通到霍菲尔德对财产认识的转变，历经一百多年的财产化进程后，现代商标权已经符合经济学家对于"完整财产权"的定义。首先，使用权能。商标权人可以对注册商标在特定类别的商品上使用，而"使用"的形式包括：将商标用于商品、商品包装、广告以及其他展览活动。同时，商标权并非绝对的，一般而言，注册商标权人只可以禁止他人在相同或类似商品上使用相同或近似商标。其次，收益权能。商标权人可以通过自己使用商标获取利益，也可以通过授权他人使用收取费用。最后，处分权能。商标权人可以按照自己的意志处置自己的商标，包括转让、许可等。传统上基于消费者利益考量，各国对于商标的转让进行一定程度上限制，但随着商标财产化的进程，这种限制正在不断的松动。②

（二）劳动理论的指引：使用创造财产

每一种财产权的诞生，都意味着创设了新的社会关系。在财产权诞生之初，为了证明该权利的合理性，学者和法官们往往会先求助于哲学，希望借由哲学对该事物本质的诠释，以支持政府对该事

---

① Kenneth. J. Vandevelde. New Property of the Nineteenth Century: The Development of the Modern Concept of Property, *The. Buff. L. Rev.*, 29, 1980, pp. 325-350.

② 英国、美国等普通法院基于消费者混淆理论，传统上明确限制商标单独转让或者将商标许可他人使用却不履行质量监控义务。但是，随着商人的努力，此类规则在司法实践中不断松动。

物的定性，商标权亦不能例外。哈密尔顿（Hamilton）教授说道，新大陆的开发、工业制度的建立，使人人都有发财致富、成为有产者的希望，而这一希望是永存不灭的；洛克的个人自然财产权理论和劳动价值、政府理论在美国成了个人"自由与财产的福音"。[1] "劳动"是洛克财产理论的核心概念，也是使用频率最高的词汇。对这种"劳动"，休斯（Hughes）教授认为应该细分成两种：其一，从事他人"想避免的劳动"（avoidance view of labor）。其二，从事价值增加的劳动（value added labor）。后者相对容易理解，对于前者而言，休斯教授假设对于劳动者而言，劳动并非是一件开心、愉快的事情，劳动的过程是很辛苦的。所以，劳动者在辛勤获得成果之后，理应得到财产权的保护。不过，洛克虽然强调劳动获得财产，基于时代的局限，他并未提出无形财产也可以通过劳动获得。甚至，洛克本人是大力反对授予出版商著作权的。他主张任何人都享有出版自由，出版自由能够使得人们获得更便宜、更好的书籍。[2] 然而，通过法官与学者对洛克理论的解读，洛克的学说已经成为如今讨论知识产权正当性基础的图腾。休斯教授直言，将洛克的劳动理论应用于知识产权领域，是"直接且直觉的诉求"。[3] 还有的学者认为，知识产权是人类体力和脑力劳动的产物，根据洛克的逻辑，既然知识产权是劳动的产物，而每个人拥有其自身为财产，劳动是人自身的外在延伸。所以，当然应对知识产物享有同等的财产权利。以劳动获取财产的论点在知识产权领域甚至比在有形财产领域更有利。[4]

---

[1] Hamilton W H. Property. According to Locke. *The Yale Law Journal*, 41 (6), 1932, pp. 864-880.

[2] Justin Hughes. Locke's 1694 Memorandum and More Incomplete Copyright Historiographies. *Cardozo Arts & Ent. LJ*, 27, 2009, pp. 555-580.

[3] Justin Hughes. Locke's 1694 Memorandum and More Incomplete Copyright Historiographies. *Cardozo Arts & Ent. LJ*, 27, 2009, pp. 555-580.

[4] Moore A.. A Lockean Theory of Intellectual Property. *Hamline Law Review*, 21, 1997, pp. 65-108.

在商标财产化的脉络里，英美法院对洛克理论的适用可分为两个步骤：第一，商标财产确实需要劳动才可能完成。在商标的语境下，所谓的"劳动"就是商标所有人在商业活动中对商标的使用。在这里，商标所有人通过辛勤的劳动，在市场之中赢得了商誉。对于这种有价值的劳动成果，法院必须进行保护，防止他人的"不劳而获"。从英美法判例中可见，法官在论述对商标进行财产保护的时候，"使用"是其获得财产的前提。如，在1843年的"克罗夫特诉达尔案"（Croft v. Day），朗德里（Langdale）法官认为，人们可以通过诚实的劳动获取财产，他们有权在商品上使用自己的名称。但这必须基于"诚实"的基础上，不能以欺诈为手段。[1] 1846年，斯宾沙（Spencer）法官在"泰勒诉卡普特案"（Taylor v. Carpenter）中说到，商人通过令人值得称道的方式使用了商标，获得了财产利益，法院对此应该进行保护。[2] 第二，商标财产需要受到"足够条件"和"禁止浪费条件"的限制。对于这种限制，法官认为，对商标财产的保护并不是绝对的，商标的使用必须是诚实、善意地，并且不能干预正当的市场竞争。在1843年的"克罗夫特诉达尔案"中，原告控告被告对其商标的假冒，被告以该商标为自己的名字的理由进行抗辩。朗德里法官在判决中，虽然承认原告可以通过诚实的劳动取得商标财产，但是他并未禁止被告继续在商品上使用自己的名字。原因是被告对自己名字的使用也是诚实、善意的，并未试图利用原告商标去欺骗消费者，法院不会阻止正当的竞争行为。

---

[1] Croft v. Day, (1843). 7 Beav. 84 (Ch.).

[2] Taylor v. Carpenter (1846), 23 F. Cas. 744.

四、商标财产化的具体表征

（一）注册制度的引进

商标注册制度是商标财产化的最为关键的一环，如果商标获得注册，则自发出注册证的那一刻起，它就当然成为该注册证上列名者的财产了。[①] 商标注册可以追溯至中世纪行会。波兰但泽地区出土的资料中记载：1420 年，许多从事贸易的商人会在西欧主要港口会馆进行标记登记，在发生事故的时候能第一时间主张自己对货物的财产权。德国纽伦堡的金匠行会在 1619 年也建立标记注册制度，防止他人不正当地使用行会标记。[②] 近代以来，随着著作权、专利权等无形财产权兴起，人们渐渐意识到与传统的有形财产不同，无形财产由于自身的特殊性无法被人们以实物的状态所占有与控制。此时，注册制度便成为无形财产权人表彰权利范围的最佳选择。

近代商标注册制度，提供的是一种科层制财产的思维方式，经由现代注册制度，它把商标这一财产从私人行会的控制之下解放出来，而置于公共事务的视野下。[③] 另外，注册还发挥着信息管理的作用，为国家通过公共手段介入私人的财产领域提供了一种机制。1946 年，美国国会重新修订了商标法，即现在的《兰哈姆法》。《兰哈姆法》规定了商标的不可争议效力（Incontestability）。结合《兰

---

① ［英］谢尔曼、本特利：《现代知识产权法的演进：1760—1911 英国的历程》，金海军译，北京大学出版社 2006 年版，第 198—200 页。

② Gerald Ruston. "On the Origin of Trademarks." *Trademark Rep.* 45, 1955, pp. 127-144.

③ 李雨峰、曹世海：《商标权注册取得制度的改造》，载《现代法学》2014 年第 3 期，第 62—70 页。

哈姆法》第 15 条和第 33 条（b）规定,① 如果商标注册人自商标注册之日起连续 5 年在美国使用其注册商标，则注册人通过申请可以获得不可争议的权利。任何人再也不能以缺乏显著性为理由而要求撤销该商标。上述条文中虽然没有明确使用"财产"的语言，从法典的整体规定而言，当商标成为"不可争议"时，其与传统财产的差别就几乎不存在了，《兰哈姆法》在无形中认可了商标的财产地位。作为普通法的发源地，英国商标立法的讨论可以追溯至 19 世纪 60 年代。到了 1994 年，英国对商标法进行了最为彻底的一次修改。在该法第 2 条第 1 款规定，注册商标是依据本法通过商标注册而获得的一种财产权（registered trade mark is a property right）。在许多传承英国法的国家和地区商标法，也明确承认注册商标就是一种财产权。如澳大利亚《商标法》第 21 条第 1 款规定，注册商标是一种私人财产（Personal Property）；我国香港特区的《商标条例》第二部分"注册商标"的第 1 项规定，"注册商标属一项藉将有关商标根据本条例注册而取得的财产权利"。

（二）淡化立法的引入

19 世纪末 20 世纪初，以斯凯特（Schechter）为代表的学者认为商标权可以上升到财产权高度，并全面阐释了商标淡化的构成原理。中外有关商标淡化研究的文献中，几乎无一例外地提到他在 1927 年发表在《哈佛法学评论》的文章《商标保护的理性基础》（*The Rational Basis of Trademark Protection*）。② 在这篇文章中，斯凯特批判商标法已经严重落后于经济的发展。随着全国性市场的建立和商业广告的兴起，商标的功能已经不局限在识别商品的特定来源上，而是品质的保证与商品的推销。在此意义上，相关商品的限制已经过时，

---

① 15U. S. C. § 1065；15U. S. C. § 1115

② Frank I. Schechter. The Rational Basis of Trademark Protection, *HARV. L. REV.* 40, 1927, p. 813.

商标法应该加强保护公众心中与特定商品之间的联系。基于此，斯凯特提出四个主张：①现代商标的价值在于它的销售力（Selling Power）；②该销售力受公众的心理影响，不仅有赖附着商标的商品优点，还有赖商标本身的独特性（Uniqueness）及单一性（Singularity）；③商标如被用于相关联或非相关联的商品上时，该独特性或单一性即被削弱或受损；④商标保护的程度有赖于该商标所有人的努力，使得商标在多大程度上具有独特性并与其他商标相区别。[①] 从斯凯特的论述可以看出，他不仅认为应该扩展商标的权利范围，要着重考虑商标权人的利益，重新建构商标保护的正当性基础。

文章发表后，商标淡化的观念受到人们关注，特别是得到商人团体青睐。许多商人开始游说国会和州议会进行淡化立法。1932年，美国国会曾讨论一项旨在修订商标法的《铂金司法案》（*Perkins Bill*）。该法案建议，对于商标的保护，不仅限于禁止可能导致混淆的使用，同时应该禁止任何可能有损于商标使用人信誉、声誉、信用或安全的使用。斯凯特本人也曾出席国会的听证会，并对上述修改发表意见。由于各种原因，国会迟迟未能通过这个法案。[②] 在对国会失望之余，商人们开始转向对各州议会进行游说。[③] 1995年，美国国会修改《兰哈姆法》，将淡化的规定纳入在《兰哈姆法》的第43条（c）款中，[④] 这个法案被称为《1995联邦商标淡化法》（*Federal Trademark Dilution Act*，FTDA），克林顿总统在1996年1月16日签署后立即生效。但是这部法案仍存在一些不足，美国在1999年通过了《1999年美国联邦反淡化法修正案》（TAA），将淡化可以作为请求撤销新注册的商标的理由。2006年又通过了《商标淡化修

---

① F. I. Schechter. The Rational Basis of Trademark Protection. *Harvard Law Review*, 40, 1927, pp. 813–833.

② 黄海峰：《知识产权的话语与现实——版权、专利与商标史论》，华中科技大学出版社 2011 年版，第 340 页。

③ 在美国，联邦政府和各州都有商标立法权。联邦法院和各州法院系统均有商标司法管辖权，商标权人可以选择向联邦法院提起诉讼，也可以选择向州法院提起诉讼。

④ 《兰哈姆法》第 43 条（c）款：弱化导致的淡化；污损导致的淡化。

正案》（TDRA），澄清淡化的证明标准、明确淡化包括弱化和污损、完善淡化的免责事由等。

（三）转让与许可的松动

商标权能否转让？这是商标能否作为一项独立财产的关键。传统上认为商标与其商誉具有不可分离的关系。商标权人单独转让商标而保留原来的营业或者将商标与营业分别转让给不同的人，则受转让人将商标使用在与原来的商品不同时，会导致消费者误信该商标仍表彰原来的商品及原来的商誉而购买。[1] 由于这种行为会损害消费者对原商标的合理期待利益，在1934年的伦敦修订会议中《巴黎公约》，认为除非企业与商誉一起连同转让，否则商标转让行为无效。与《巴黎公约》相似，当时许多国家都对商标单独转让持否定的态度。美国上诉法院在"麦克马哈公司诉丹佛化工公司"（Macmahan Pharmacal Co. v. Denver Chemical Manufacturing Co.）一案中，[2] 法官坚持商标的基本功能在于识别，强调商标本身是不可转让的财产，单独转让的行为因为割裂了商标与商品之间的关系，使得商标成为一种"错误和欺骗性"的指示，因此是受到禁止的。司法实践的做法也反应在立法中。《兰哈姆法》第10条（a）款规定，"已注册之商标或申请注册之商标可以转让，但应与使用该商标之商誉，或与该商标有关且由使用该商标表彰之部分商誉一并转让。"

禁止单独转让的见解，说明了法院在传统上不关注商标本身的财产属性，而仅仅是作为商标权人的商业工具。在此立论上，商标权人单独转让商标会导致消费者混淆。更重要的是，假若允许商标可以单独转让，受让人的权利也得不到很好的维护。随着商标财产化的推进，人们逐渐将关注的焦点转向商标本身，视其为独立的财

---

① 曾陈明汝：《商标法原理》，中国人民大学出版社2003年版，第309页。

② Macmahan Pharmacal Co. v. Denver Chemical Manufacturing Co. 113 F. 468（8th Cir. 1901）.

产。而作为一项财产，自由处分就成了它的应有之义，于是商标连同转让的限制也被逐渐放开。① 1994 年签署的 TRIPS 清晰地说明，② 无论是否连同所属企业，商标均可以单独转让。这一规定的潜在意思，就是承认商标是具有独立财产价值的，商标功能已经不仅仅局限在商品或服务来源的识别。

商标是否可以许可，在之前的理论上存在障碍。此前，普通法法院认为，商标只是用来识别商品或服务的来源。如果商标仅仅是由许可人拥有，但是这个拥有人却不生产或提供服务，而是由被许可人生产或提供的话，与传统的商标理论相矛盾。因此，法院不允许商标所有人以外的其他人使用商标。③ 1901 年，美国第三巡回法院审理的"马克马班制药公司诉丹佛化学公司案"（Macmaban Pharmacal v. Denver Chemical），④ 法院认为商标不得许可他人使用，许可合同无效。至 20 世纪 30 年代，美国商标法理论开始包容商标许可。法官逐渐意识到，商标未必都只是商品或服务的来源，也可以表示商品或服务的品质。只要被许可人的商品或服务的品质能够与许可人保持一致，消费者利益并没受到侵害。因此，美国法院开始承认商标许可行为的效力。到 1946 年的《兰哈姆法》出台后，虽然该法未对商标许可有明文的规定，但是从其第 5 条及第 45 条进行分析，不难看出其隐含着商标许可及品质监管等规定。⑤

---

① 英国《商标法》第 24 条规定，"商标可以与商业信誉一起转移，也可以独立地转移"。

② TRIPS 第 21 条：缔约方可以确定商标许可和转让的条件。必须明确的是：对商标的强制许可是不允许的，而且注册商标的所有者有权转让其已注册的商标，而无须在转让时将商标所属企业一同转让。

③ See McCarthy. *McCarthy on Trademarks and Unfair Competition*. New York：Clark Boardman Callaghan，2008，§18：39.

④ McMahan Pharmacal Co. v. Denver Chemical Mfg. Co.，113 F. 468（8th Cir. 1901）.

⑤ 美国《商标法》第 5 条规定，已经注册或者申请注册的标记既被或可能被相关公司合法使用的，其使用对注册人或注册申请人的权益有利，只要标记不以欺骗公众的方式使用，其使用就不影响标记的注册和有效。如果标记的最先使用者是注册人或者注册申请人在商品或服务的性质及质量方面能够控制的主体，则根据具体情况，该最先使用对注册人或注册申请人的权益有利。美国《商标法》第 45 条规定，"……关系公司，是指商标所有人能够控制其使用商标的商品或服务的性质及质量的主体……"。

如今，国际上已经普遍承认商标的自由许可。TRIPS 第 21 条规定，"缔约方可以确定商标许可和转让的条件。《欧盟商标指令》第 8 条第 1 项也规定，商标得就注册之若干或全部商品，及就所涉会员国之全国或一部分，予以许可。在现今的商业世界，商品许可是市场的常态。毕竟，自主品牌的建立非一日之功。通过支付合理的许可费，使用别人的知名商标，容易受到消费者的注意和青睐。从许可人的角度，如果单单依靠自己的力量，生意的扩展会受到限制。许可他人合理使用自己的商标，不仅能够坐收许可费，还使得自己的商标更为知名，市场得到更大的拓展。

五、结　语

商标财产化作为一个渐进的过程历经百年。中世纪起，商标只是作为所有权标记与商业秩序管理工具。工业革命前后，市场的崛起与商人集团的推动彻底改变了商标发展的历程，商标财产价值日益展现。英国谢菲尔德商会于 1860 年请求政府进行商标立法，确定商标的财产地位，并允许其自由转让。同时代的法官也开始思考，商标是否可以作为财产保护？但是，在当时占据主流思想的布莱克斯通财产观的统治下，财产被称为是对"物"的绝对控制，而商标怎可如同物？后来，在霍菲尔德等学者的努力下，财产理论突破了布莱克斯通的局限。并在劳动理论指引下，英美法院意识到"使用创造财产"，商标可以作为财产进行保护。而后，注册制度成为对商标进行财产保护之关键，如果商标获得注册，则自发出注册证的那一刻起，它就成为该注册证上列明者的财产。反淡化立法的出现，说明法院关注的焦点已不是消费者是否受到欺诈，而是将判案重心放在商标本身的财产价值。此外，TRIPS 清晰地说明，无论是否连同所属企业，商标均可以单独转让。人们也逐渐意识到，只要被许可人的品质能够与许可人保持一致，不仅商标财产价值能够实现，消费者利益也没受到损害。虽然，商标的财产问题迄今仍有不少争论。但是，我们看到，这些争议的存在并不影响商标法的持续发展与前行，伴随着这些延绵地讨论与争议，商标法走向了一个独立的、自我指涉的体系。

西南知識產權評論

Southwest Intellectual Property Review Vol.7（第七辑）

知识产权
与民法典

······

民法法典化运动中的知识产权法

吴汉东*

摘　要　知识产权法法典化的基本任务，一是实现知识产权法与民法典的连接，二是在民法典之外再设专门法典，概称为"入典"和"成典"问题。近代大陆法系国家是以"物权—债权"的物质化财产权结构作为民法典编纂的"范式"；进入 20 世纪以来，经历了体系化、现代化改造的知识产权法"入典"，成为"范式"民法典的历史坐标。与此同时，知识产权立法从单行法到法典法，已然成为法律现代化的一个重要趋向，并表现为先民法典后知识产权法典（或工业产权法典）的法现象特征。中国知识产权法的法典化道路，宜采取"两步走"的方略：第一步，在民法典中实现对知识产权法的"点、面"链接，满足知识产权作为私权的理性回归；第二步，制定专门法典，实行知识产权法一体化、体系化的理性安排。

关键词　法典化　民法典"知识产权编"　知识产权专门法典"两步走"方略

在知识产权学界，法典化运动大抵有两个含义：一是实现知识产权法与民法典的连接，即在民法典的民事权利框架中对知识产权

---

*　吴汉东，中南财经政法大学资深教授，教育部人文社科重点研究基地知识产权研究中心主任。

进行制度安排，是一个知识产权法"入典"问题；二是实现知识产权法律体系化，即在民法典之外再设专门法典，是一个知识产权法"成典"问题。无论是"入典"还是"成典"，都需要对知识产权法律进行价值判断、规范整合和体系构造，其法典化的过程即是知识产权法律发展与制度创新的过程。

一、近、现代民法典编纂与知识产权法"入典"

知识产权法是近代科学技术与商品经济发展到一定阶段的产物。一般认为，英国于 1623 年制定了世界上第一部专利法（《垄断法规》），1709 年制定了第一部著作权法（《为鼓励知识创作而授予作者及购买者就其已印刷成册的图书在一定时期之权利法》，即《安娜法令》），法国于 1857 年制定了第一部商标法（《关于使用原则和不审查原则为内容的制造标记和商标的法律》），是为具有近代意义的知识产权制度的开端。在近代欧洲，知识产权法经历了从英国创始到大陆法系移植的发展轨迹，两大法系对知识产权立法体例有着不同的选择。

英国是近代知识产权法的发祥地。英美法系国家有着自己的法律传统，不存在形式意义上的民法即民法典。英国学者在学术上将私法分为财产法（包括有形财产与知识财产）、信托法、合同法、侵权法等部分。在立法体例上，诸如专利法、版权法、商标法都表现为制定法的形式，历来是一种独立的财产法制度，并不涉及民法典编纂问题。同时，英国也没有欧洲大陆国家那样的民法理论话语体系，知识产权往往被视为"无形动产"或"诉体动产"。英国学者劳森和拉登在其合著的《财产法》一书中，将专利、版权归类入"无形动产"，其原因在于这些权利和利益"具有价值，人们愿意购买它们"，"它们是人的意志的创造物，可以根据用途任意选择其类型，其功能可以相互结合"。① 在性质上，"无形动产"又被称为"诉讼中的动产"，即"诉体动产"，因为其存在往往只能通过诉讼表现出来。② 在类别上，英国财产法将"工业及知识产权"与商业证券、作为财产的合同权、债券和股票等都列为"诉体财产"，该立法方法也为美国法所吸取。③ 从历史的真实出发，我们可以认为，英国法肇始的知识财产化，实为财产非物质化革命的制度创新，而并非传统民法学的理论发现。与古罗马法所构造的以物为核心的财产权体系不同，英国法对财产权客体进行新的概括和抽象。在很多情况下，私权保护的对象不是有形的物件，而是无形的利益，财产权遂被定义为"对价值的权利而非对物的权利"。④ 英国法对知识财产的确认，标志着财产观从具体到抽象的转变，从而产生了与传统财产权不同的非物质化财产权即知识产权。

近代欧洲大陆国家是以"物权—债权"的物质化财产权结构作为民法典编纂的"范式"。在 19 世纪展开的第一次民法典编纂运动中，无论是"法学阶梯体系"的《法国民法典》（1804 年），还是"学说汇编体系"的《德国民法典》（1896 年），都是在罗马法编纂体系的基础上所作出的法律构造，即以物为客体范畴，并在此基础上设计出以所有权形式为核心的物权制度，建立了以物权、债权为主要内容的财产权体系。从立法的时间节点而言，法国 1793 年《作者权法》、1791 年《专利法》在《法国民法典》产生之前即以单行法名义存在；而德国 1837 年《著作权法》、1877 年《专利法》也早

---

① ［英］F. H. 劳森、B. 拉登：《财产论》，施天涛等译，中国大百科全书出版社 1998 年版。

② 在英国法的"诉体物"理论中，该类动产的存在只有通过诉讼才能充分体现出来。知识产权由于其客体的非物质性，往往需要通过诉讼请求，才能划清"社会财产"与"我的财产""合法使用财产"与"非法使用财产"的界限。

③ ［美］彼得·哈依：《美国法律概论》，沈宗灵译，北京大学出版社 1997 年版，第 84 页。

④ ［美］肯尼斯·万德威尔德：《21 世纪的新财产：现代财产权概念的发展》，载《社会经济体制比较》1995 年第 1 期。

于后来的《德国民法典》。这些法律不仅是独立存在的制定法，而且也是互不相涉的单行法。在近代法时期，"知识产权法是对专利法、商标法、著作权法等法律规范的一个总称，这一称法是虚设的，是一种理论概括"。① 质言之，各项知识产权法并未在立法文件中实现体系化。

近代知识产权的出现，是罗马法以来财产权领域的重大制度创新和法律变革。早期的知识产权制度，经历了一个从封建特许权到资本主义财产权嬗变的历史过程，当时的市民阶级主张对知识产品产生一种新的权利，即"特许所有权"，是为财产所有权的一种。② 无论如何，知识产权是一种新型的财产权，是一种有别于传统所有权的无形财产权。实现知识产权的私权归类，不仅对传统财产权体系产生了具有革新意义的改造，而且为知识产权进入民法典提供了必要的理论基础。在传统上，财产权包括物权和债权两大类。③ 知识产权是后世出现的新型财产权，由于其标的是无形体的精神产品，因而亦称为无形财产权。其中，以财产利益的物质性与非物质性为标准，支配性财产权可以分为对动产、不动产之所有权和对精神财产之知识产权或无形财产权。对于此类财产，德国学者拉伦茨将其成为第一顺位的权利客体，即支配权或利用权的标的。在拉伦茨看来，第一顺位的权利客体是不依法律规定而事实存在的标的物，包括有体物与无体的精神产品，前者如动产和不动产，后者如作品和发明。④

现代民法典编纂是实现法律现代化的重要途径，经历了体系化、现代化改造的知识产权法"入典"，成为"范式"民法典的历史坐标。自20世纪以来，知识产权法有了长足的发展：基本规范不断完

---

① 黄勤南：《新编知识产权法教程》，中国政法大学出版社1995年版。

② See L. Ray Patterson, Stanley W. Lindberg, The Nature of Copyright: A Law of Users Right, The University of Georgia Press, 1991.

③ 有学者将以无形资格为标的的权利，如渔业权、矿业权；以权利总和之遗产为标的的权利，即继承权，都归类于准物权。

④ ［德］卡尔·拉伦茨：《德国民法通论》，法律出版社2003年版，第377—378页。

善，保护范围逐渐扩大，一体化、现代化趋势日益明显。与此同时，大陆法系一些国家尝试将知识产权法编入本国的民法典，并在 20 世纪 90 年代兴起的第二次民法典编纂运动中形成高潮。关于民法典对知识产权法的接纳，立法者和学问家似乎无多争议，但问题在于知识产权法以何种方式"入典"，方为民法典编纂之"范式"，则有待观察。从民法典编纂体例来说，有以下几种：

一是纳入式。即将知识产权法全部纳入民法典之中，使其与物权、债权、继承权等平行，成为独立一编，其立法例为《俄罗斯民法典》。1994 年《俄罗斯民法典》是后社会主义国家民法典的重要代表。该法典在前三编生效多年之后，于 2006 年专编规定了知识产权，即"智力活动成果和个性化标识权"。该编在 2008 年生效的同时，包括《著作权与邻接权法》《专利法》《商标、服务标记和原产地名称法》等在内的六部法律被宣布废止。在《俄罗斯民法典》中，其"总则"编在"民事权利的客体"一节中，对"智力活动成果"和"智力活动成果权"同为权利客体作了原则规定。其"知识产权编"包括"一般规定""著作权""邻接权""专利权""育种成就权""集成电路权""技术秘密权""法人、商品、工作、服务和企业个性化标识权""统一技术构成中的智力活动成果权"共 9 章。①《俄罗斯民法典》在知识产权法"入典"体例上颇具代表性，是迄今为止关于知识产权规定最为集中与完整的一部民法典，有学者将其称为"完全民法典化的模式"。2015 年 12 月，俄罗斯著名法学家、莫斯科大学法律系教授塞尼·伊万·阿列克谢萨德诺维奇来笔者所在学校知识产权研究中心作了题为"俄罗斯知识产权法典化的经验及其对中国的建议"的演讲，言道：根据《俄罗斯宪法》第 44 条关于知识产权的规定，知识产权法编入民法典有宪法依据。总体来说，整体移植知识产权法"入典"，其意义在于改革了传统民法典的编纂体系，推动了知识产权法体系化的形成。但是学术界对知

① 见《俄罗斯知识产权法》，张建文译，知识产权出版社 2012 年版。

识产权法所有规范"入典"并未达成共识。对俄罗斯民法典的不足，有中国学者给予了评价：纳入式接受了大量不属于私法范畴的法律规范，使得作为部门法的民法典变成了"综合法典"，并"剥夺了立法者颁布某类知识产权单行法的可能"。① 1993 年《越南民法典》在"知识产权编"的立法体例上，最初采取的亦是"纳入式"，即专编系统地规定了知识产权，并在民法典于 1996 年生效之时，同时废止了《工业所有权保护法》《著作权保护法》《引进外国技术法》等。该法典虽然整体移植了知识产权有关规范，但实际仅规定了几种主要知识产权类型，而对新兴知识产权没有予以回应。2005 年，越南颁布新的民法典，其"知识产权编"有所变化，"一些行政管理性质的规定从民法典中删除"，"一些内容归入民事特别法"。② 严格来讲，《越南民法典》关于知识产权的立法体例已由纳入式转向链接式。

二是糅合式。即将知识产权视为一种无形物权，与一般物权进行整合，规定在"所有权编"，其立法例为《蒙古民法典》。从法典编纂体系而言，糅合式与纳入式一样，都将知识产权法整体置入民法典；但从篇章结构而言，知识产权法并非独立成编，而是被传统财产权利制度所吸收。1995 年实施的《蒙古民法典》共七编，依次为"总则""所有权""债的总则""合同责任""非合同责任""继承权"和"涉及民事关系"。该法典未赋予知识产权独立成编之地位，而是将其作为一般民事权利融入其体系之中。该法典"总则"规定，"创作智力成果"是为民事法律关系发生的依据，得以与其他法律事实平行编排；"所有权编"规定，智力成果是所有权的客体，与实体物和其他一些财产权同等对待；智力成果所有权自成果创作

① 张建文：《俄罗斯知识产权法完全法典化进程与特点》，载《科技与法律》2009 年第 1 期；鄢一美：《俄罗斯知识产权立法与民法典编纂》，载《知识产权》2006 年第 3 期；王志军：《俄罗斯知识产权法综论》，载国家知识产权局条法司编：《专利法研究》(2008 年)，知识产权出版社 2008 年版。

② 米良：《越南民法典的历史沿革及其特点》，载《学术探索》2008 年第 5 期。

完成之时产生，但法律另有规定的除外。① 《蒙古民法典》在法律事实、所有权客体、所有权取得等方面，将知识产权（无形财产所有权）与所有权（有形财产所有权）作了同化处理，即在不改变民法典外观样式的情况下，赋予了传统财产权体系以新的内容。但是，糅合式对知识产权进行解构性处理，并使其直接适用于民法规范，这样既瓦解了知识产权制度的自有体系，也破坏了传统物权制度的基本框架。②

三是链接式。即民法典对知识产权作出概括性、原则性规定，知识产权仍保留有单独立法（专门法典或单行法），其立法例为1942 年《意大利民法典》、2005 年《越南民法典》和 2003 年《乌克兰民法典》。1942 年《意大利民法典》在法典化运动中较早将知识产权"入典"，不仅成为其他欧洲大陆国家民事立法的参照系，而且对一些美洲国家民法典改革方案产生了影响。在该法典中，知识产权作为一种新问题、新关系、新制度，规定在"劳动编"之中。其所涉知识产权为著作权、专利权、商标权、商号权，分为标记性权利与"智力作品权和工业发明权"两大部分。《意大利民法典》以链接式肯定了知识产权的私权地位，其内容是为一般性的私法规范；但其不足在于，知识产权未作整体性编排，其所涉权利类型缺乏包容性。1995 年《越南民法典》本来采取纳入式，即在废除各知识产权单行法的基础上，将其整体移植于民法典之中。鉴于上述立法模式的缺陷，越南于 2005 年又分别通过新《民法典》并颁布了《知识产权法典》，即采取法典化的"二元模式"：一方面民法典对知识产权进行原则规定，另一方面又由专门法典对知识产权作出具体规定。与原民法典不同，2005 年《越南民法典》按照国际公约的精神，系统地规定了知识产权类型，但只是就著作权及相关权、工业产权、植物品种权等权利的主体、客体、内容、保护期、转让

---

① 见《蒙古国民法典》，海棠、吴振平译，中国法制出版社 2002 年版。
② 曹新明：《知识产权与民法典连接模式之选择》，载《法商研究》2005 年第 1 期。

等作了原则性规定。2003 年《乌克兰民法典》与知识产权法也是链接式的。该法典第四编"知识产权"以 12 章的篇幅涵盖了各类知识产权的私法条款。其中，专章"知识产权一般规定"，共计 15 个条款，涉及知识产权概念、与财产权的关系、客体、主体、取得、转让、侵权责任等；另外，以 11 章的篇幅，分别规定了"文学、艺术和其他作品的知识产权（著作权）"；"表演、录音、录像、广播组织的知识产权（相关权）"；"基于发现的知识产权"；"发明、实用新型、工业设计的知识产权"；"集成电路布图设计权"；"改进建议的知识产权""植物、动物品种的知识产权""商号的知识产权"；"商标的知识产权"；"地理标志的知识产权"；"商业秘密的知识产权"。

现代民法典尝试编入知识产权法，表明民法典与社会发展同步，古而不老、固而不封，体现了民法典编纂的时代胸怀和创新精神；同时，彰显知识产权的私权本位，完整地构造了民事权利体系，使得民法典真正成为"市民权利宣言书"和"社会生活的百科全书"。[①]

二、知识产权体系化与知识产权法"成典"

知识产权体系是得以被称为"知识产权"的各种财产权所构成的有机整体，表现为相关立法和实践的制度体系。知识产权体系化是一个动态发展的过程：自十七、十八世纪以来，在社会财产构成中，出现了所谓抽象化、非物质化的财产权类型：在文学艺术创作领域出现了著作权，在科学技术发明领域出现了专利权，在商品生

---

① 谢鸿飞：《中国民法典的生活世界、价值体系与立法表达》，载《清华法学》2014 年第 6 期。

产交换领域出现了商标权。自 19 世纪下半叶始，知识产权在类型化的基础上开始体系化。专利权与商标权被合称为工业产权，并与著作权类分，为当时国际立法文件所认可，1883 年缔结的《巴黎公约》和 1886 年缔结的《保护文学艺术作品伯尔尼公约》即为其代表。20 世纪以来，以知识产权名义概括智力创造领域的各类权利，从理论研究走向国际立法活动。1967 年《成立世界知识产权组织公约》缔结，使得知识产权成为国际上通行的法律概念。

知识产权体系化，不仅是一种理论分析工具，而且也是法典编纂的制度基础，换言之，知识产权体系化表现为理论体系与法律体系两个层面。建构上述体系，涉及两个基本问题：一是知识产权在财产权体系中的地位，特别是知识产权与所有权的关系。财产权体系表现了私有财产制度的内部结构，是分成不同部分而又相互联系的一个统一的系统或整体。这就是说，不应把财产权理解为是各式各样财产权的简单总和。必须看到，财产利益基本属性的同一性决定了各种财产权的共同指向，它既是财产制度之间联系的纽带，也是财产法一体化构建的基础；同时，财产利益表现形态的差异性，既是我们划分不同财产权类型的标准，也是新的财产制度赖以建立的依据。概言之，财产是构建财产权体系的始点范畴。自罗马法以来，人们基于财产的主要构成限于有体物的认识，设定了物质化的财产权制度。随着科学技术和商品经济的发展，各种抽象化、非物质化的财产不断涌现，人们对财产的概念有了新的认识。"财产利益"是一切财产权的共同指向，它包含了不同的财产形态，并由此产生了不同的财产类型。财产概念的整合是财产权制度一体化的基础，由此我们可以认为，在财产权体系中，知识产权是与所有权有别的财产权。二是知识产权自身体系的形成，主要涉及"各个权利分支存在着逻辑统一的可能性"。[①] 在知识产权的名义上进行体系化构造，其基础是财产利益的非物质化，或者说客体的非物质性。诸

---

① 李琛：《论知识产权法的体系论》，北京大学出版社 2005 年版，第 45 页。

如著作权、专利权和商标权，都是知识产权传统经典类型，理论界一般以这些原始类型为模板来界定知识产权所应当具有的特性，即专有性、地域性和时间性。随着科技和社会的不断发展，一些新兴的非物质性利益需要获得法律保护，例如计算机软件、集成电路布图设计、植物新品种等。知识产权所保护的法益都具有客体的非物质性这一根本属性，但知识产权的诸多类型并不一定全部具备传统知识产权所具有的基本特征。我们将著作权、专利权、商标权等类型化为知识产权的基本依据，是这些权利的客体都具有非物质性这一本质属性，而不一定具备专有性、地域性和时间性的全部特征，例如，地理标志权不具有完整意义的专有性，商号权的地域性有着特殊的规定，商业秘密权不受时间性限制等。概言之，非物质性财产权的基本属性，是知识产权赖以体系化构造的基础。①

在知识产权领域，从理论体系化到制度体系化，亦是从学术法到法典法的历史过程。在大陆法系国家，知识产权法多为单行立法，是民事基本法即民法典之下的民事特别法；但不容忽视的是，知识产权立法从单行法到法典法，已然成为现代法典化运动的重要趋向。19世纪的葡萄牙曾先后颁布《发明专利法》（1837年）和《商标法》（1883年），自1884年加入《巴黎公约》后，随即在国内立法中作出法典化调整，1896年颁布的《工业产权法典》是为世界上第一个工业产权法典。此后，同样位于伊比利亚半岛的西班牙于1926年也颁布了《工业产权法典》。在葡、西两国的影响下，拉丁美洲诸国如墨西哥、巴西、巴拿马、秘鲁以及阿尔巴尼亚、波兰、肯尼亚等非拉丁语系国家也采取了这种专门法典模式。最新一部工业产权法典，则由意大利于2005年颁布。工业产权法典的出现，使得专利、商标等工业产权得到一体化保护，并在知识产权领域形成了"工业产权法典+著作权法"的立法模式。自20世纪下半叶以来，在

---

① 吴汉东：《无形财产权基本问题研究》（第三版），中国人民大学出版社2013年版，第151—153页。

《成立世界知识产权组织公约》的指引下，亚欧一些国家，如斯里兰卡（1979 年）、法国（1992 年）、菲律宾（1997 年）、越南（2005 年）先后在立法中将各类知识产权进行系统化、体系化整合，从而形成一股知识产权法法典化的潮流。1979 年《斯里兰卡知识产权法典》是世界上第一部知识产权专门法典，后经多次修改，适用至今。从立法技术而言，1979 年《斯里兰卡知识产权法典》是"拿来主义"的产物，在很大程度上是以世界知识产权组织为发展中国家提供的"示范法"为蓝本，以此作为本国法典的体系框架。该法典于 2003 年修订时，新增地理标志和集成电路两种保护制度，在"示范法"中无例援引的情况下，基本采用了世界知识产权组织、世界贸易组织相关国际条约的有关规定。1992 年《法国知识产权法典》是 20 世纪最为重要、最有影响的专门法典。该法典采用了专门法律系统化的特殊形式，它不是已有规范性文件的简单汇总，而是将各单行立法进行整理和加工，实现了法典编纂的基本要求。该法典在立法技术上有两个优点：一是位阶明确，体系完整。立法者在"知识产权"这一概念之下设立了"文学和艺术产权"和"工业产权"这两个属概念。在"文学和艺术产权"这一属概念之下设立了"外观设计""实用新型""发明""技术知识""商业标识"等目概念。此外，在"技术知识"这一目概念下设立了"制造秘密""半导体布图设计"和"植物新品种"等纲概念。正是通过这种概念之间的位阶层次设置，知识产权的体系化得到了明显的表达。二是内容协调，规范一致。该法典较好地处理了各知识产权法的内部关系，避免了原单行立法出现的种种冲突。例如，计算机程序应受著作权保护而不得授予专利；对数据库制作者的保护独立于著作权对数据库或其组成部分的保护；植物新品种不受专利保护而取得专门权利；有关著作权、外观设计权、人身权、地理标记权、商号权等在先权利的标记不得作为商标使用注册，等等。需要指出的是，《法国知识产权法典》缺乏各项知识产权共同适用的"总则"。其原因在于：一是沿袭《法国民法典》的传统，其专门法典没有规定"总则"，甚至没有保留《法国民法典》那样的"序编";二是秉持一个开放的体系，将各分则置于平行的位置，避免"总则"对新型权利的进入造成妨碍。尽管如此，在该法典引入中国后，仍有学者对其"总则"的缺失提出质疑。①

知识产权专门法典化，虽然表现了立法者制度理性的理想追求，但更多出于本土国情和国际潮流的复杂动因。从国内情形看，一是旨在统一知识产权法律体系。在制定专门法典之前，相关国家苦于知识产权法律体系凌乱，各种单行法立法层次不一，法律相互冲突多见。例如，《法国知识产权法典》在颁布之前，该国共有相关法律、法规达 20 多部，而且法院的许多判例也在发挥作用；在菲律宾，专利法和商标法由议会制定，著作权法则以总统令出现。该国知识产权法包括了共和国法案、总统令、执行令和部门管理条例等，数量达数十部。专门法典的制定，提高了知识产权立法层次，消除了各种法律的自身漏洞和相互冲突。二是意图强化知识产权集中管理。在制定专门法典之前，相关国家知识产权管理体制分散，存在各自为政局面。在各国专门法典中，强化知识产权的集中管理是为立法重点。《斯里兰卡知识产权法典》规定，国家知识产权局为该国商业贸易部下属机构，是唯一有权受理工业设计、专利、商标或其他事务的注册及知识产权管理的机关。法国和越南没有设立统一的知识产权管理部门，而是保留以往相对集中的管理体制，其专门法典对各行政管理部门的职责范围进行了明确的规定。上述做法，避免了单行法的分散规定，在强化知识产权统一管理方面有可取之处。从国际情形来看，知识产权专门法典化亦是 WTO《知识产权协定》影响的结果，这对于发展中国家而言尤其如此。菲律宾与斯里兰卡作为上述协议的签字国，在五年过渡期内必须使其本国知识产权法的各项规定达到协议的要求。为此，菲律宾制定了《知识产权法

---

① 袁真富：《试论知识产权法的法典化》，访问链接：http://article.chinalawinfo.com/ArticleHtml/Article_ 20308.shtml，最后访问日期：2016 年 4 月 6 日。

典》，斯里兰卡推出全新的《知识产权法典》；而越南制定本国的《知识产权法典》，也时逢该国进行入世谈判进程之中。可以认为，知识产权的法典化与知识产权保护的一体化相随而行。

在近四百年知识产权法律发展的历史过程中，法典化既是以往法律进步的一个标杆，更是现代制度创新的一股潮流。① 在这里，民法典与知识产权法典始终保持着一种先后关系、主从关系的法现象。从法典化的历程来看，知识产权法法典化总是与民法法典化相随而行。19 世纪工业产权法典的编纂，是伴随第一次民法法典化运动进行的；20 世纪知识产权法的法典化，则是在第二次民法典编纂浪潮中得以形成的。这种现象具体到特定的国家而言，一般是民法典制定在前，知识产权法典颁布在后。② 例如，葡萄牙于 1867 年制定民法典，后于 1896 年制定工业产权法典；西班牙先于 1889 年颁布民法典，再于 1926 年颁布工业产权法典；菲律宾有了 1949 年民法典后，始于 1997 年出了知识产权法典；越南则于 1995 年制定民法典后，又于 2005 年颁布知识产权法典。从诸法典的位阶来看，知识产权法典是为专门法典，并没有改变其作为民事特别法的原本地位。1804 年《法国民法典》颁布时，并未对知识产权作专门规定，以后的知识产权单行法和法典，十分注重处理其与民法典的关系，并取得较好的效果。例如：知识产权是一种无形财产权，民法典关于有形财产权的很多规定不能直接适用于知识产权；为保护作者权益免遭损害，对契约自由进行大量限制；有关智力创作的劳动合同不影响作者享有精神权利和思想权利；有关著作权与婚姻和继承的关系也存在不同于一般法的特别规定。除了上述例外规定，作为民法典的基本法所规定的普遍原则仍然是适用的。③ 这说明，《法国知识产

---

① 郑成思教授曾称誉法国知识产权法典有可能成为 21 世纪知识产权法与民法普遍分立之典型。引自黄晖：《法国知识产权法典》（译者序），商务印书馆 1999 年版。

② 何华：《知识产权法典化基本问题研究》，吉林出版集团有限责任公司 2010 年版，第 95—97 页。

③ 黄晖：《法国知识产权法典》（译者序），商务印书馆 1999 年版。

权法典》与《法国民法典》是体系分立的两部法典，但并非是地位平行的两部法典，它们仍是一种基本法与特别法的关系。在私法多元体制中，民法典是作为民事普通法或基本法存在的，它规定的是私权的一般问题；而知识产权法典则属于特别法，它对知识财产问题作出专门规定。将两部法典作出上述区分的意义在于：在知识财产问题的法律适用方面，知识产权法典的适用应优先于民法典。前者有专门规定，应优先适用于其规范；无特别规定的，则应适用基本法规范。

三、中国知识产权法法典化的"两步走"：从"入典"到"成典"

法典编纂是制度理性的立法体现。理性主义是现代法律文化的重要内容和特征，它既是价值理性，又是工具理性。理性主义强调法律的统一性，并把法律统一的基础归结为正义、平等、自由、尊严、幸福权利等。我们看到，近现代的法学家和法律改革家，正是通过这种理性的力量才得以发现一个理想的法律体系，并力图将各种各样的自然法规则和原则纳入一部法典之中。① 可以说，理性主义是法律体系化、法典化的重要思想基础。知识产权立法的制度理性，体现在"入典"和"成典"的法典化过程之中。关于制度理性的判断有两个标准：一是法律制度安排的合理性、妥当性，是为法的实质理性；二是法律制度编纂的系统性、整体性，是为法的形式理性。

---

① ［美］E. 博登海默：《法理学——法哲学及其方法》，邓正来译，中国政法大学出版社 1999 年版，第 64 页。

前者是制度完善或者说制度理性实现的实质条件，后者则是表现法律理性主义的形式条件。法的形式理性，属于法的外在技术品质，主要"表现为经由诸如程序公正、法律推理、法律论证以及各种具体部门法的一系列智性制度安排和种种法律技术"①。就法律规则的具体形式而言，"法典是法的形式的最高阶段"，因为较之其他法的形式和制度形式，法典历来是固化和记录一定的统治秩序、社会秩序和社会改革成果的更有效形式。②

中国知识产权法的法典化问题，是由于 20 世纪 90 年代末启动的民法典起草工作而引起的。对于知识产权"入典"，无论是立法者还是多数学者并无异议。这是因为：第一，知识产权是私权，其基本属性与财产所有权无异。第二，知识产权是受民法保护的权利。知识产权法虽含有若干公法、程序法规定，但依然是以实体法为基础的私法制度，隶属于民法部门。第三，知识产权已在我国民事基本法即《民法通则》中作出原则规定，此先例可以援引。对于知识产权如何"入典"，则意见纷呈。在 2002 年 10 月全国人大法制工作委员会召开的专家讨论会上，笔者的意见认为，将知识产权法整体移植或整合移植于民法典是不可取的。同年年底在上海举行的知识产权论坛上，来自 WIPO 的专家声称：WIPO 并不赞成在民法典中详细规定知识产权问题，但对其作出一般规定是可以的，也是有益的。2002 年全国人大常委会第 31 次会议审议的《民法典草案》，知识产权没有成编，仅作出一个条款的原则性规定。这是一种极其简单的"点"式链接，并不能完全满足知识产权法的"入典"要求，有民法与知识产权法分割之嫌。笔者认为，我国知识产权法的法典化道路，宜采取"两步走"：

第一步，在民法典中设"知识产权编"，实现知识产权作为私权

---

① 许章润：《法律的实质理性——兼论法律从业者的职业伦理》，载《中国社会科学》2003 年第 1 期。

② 周旺生：《法典在制度文明中的位置——〈法典编纂论〉序》，载封立霞：《法典编纂论》，清华大学出版社 2002 年版，第 26 页。

的理性回归。法典化的灵魂在于体系性，从形式体系而言，法典化融合了形式的一致性、内容的完备性以及逻辑的自足性。民法典对知识产权的接纳，满足了私权体系所具备的全面性和一致性要求。"知识产权为私权"，已在《知识产权协议》中得以明确宣示。知识产权虽是知识类的无形财产权形态，但其基本属性与财产所有权无异。民法典应构建一个含有有形财产权与无形财产权的完整财产权体系，质言之，知识产权法在民法典中不能"缺位"。从本土立法资源来看，我国民法典不仅是对外来"范式"民法典模式的制度重现，还应是根植于本土社会生活和法律文化的法律再造，即将法典化与法律本土化结合起来。1986 年《民法通则》第五章第三节专门规定了知识产权，集中而概括地描述了知识产权基本制度，并将其与其他财产权以及人身权合为民事权利专章，这在当时被称为民事立法上的创举。考虑到立法例的传承性，未来民法典对知识产权作出独立单元安排，以此与其他民事权利并列，其"入典"的重要性和可行性不言而喻。

第二步，制定知识产权法专门法典，实现知识产权一体化、体系化的理性安排。编纂专门法典是知识产权法法典化的最高追求。知识产权法典编纂的过程，应表现为理性的制度安排和科学的立法技术运用，只有达致这样，知识产权法在法的形式理性上才可以被称为"制度文明的典范"。目前我们知识产权法领域仍然存在着法律体系无序、立法层次不统一、行政管理体制分散和社会观念薄弱等诸多问题，严重阻碍了知识产权法功能的有效发挥。与各知识产权单行法相比而言，体系化的知识产权法典具有更高的价值体现和更多的功能优势。它不仅是"固化和记录一定的统治秩序、社会秩序和社会改革成果的有效形式"①，而且能够更好地发挥知识产权法的整体效应，"从而达到重组相应的司法执法体系，重构相应的法学理

---

① 周旺生：《法典在制度文明中的位置》，载《法学论坛》2002 年第 4 期。

论体系，提高相应的法律权威。"① 在中国，知识产权法法典化运动是一个长期的过程，当下"入典"是一项紧迫而重要的立法任务，而"成典"将成为未来崇高而重大的立法目标。

关于知识产权法与民法典的连接模式，如前所述：整体的纳入式是不成功的，解构的糅合式是不可取的；唯有链接式，即采取民法典作原则性规定与特别法（单行法或专门法典）作专门规定的二元立法体例，有可以之处。在这里，笔者主张采取"点、面"相结合的链接模式，解决知识产权法的"入典"问题。所谓"点"的链接模式，即在民法典"总则"的相关章节中对知识产权作出原则性规定。"点"的链接模式在立法技术上难度较小，且能缓解由于知识产权特性而导致传统民法理论对其产生的疏离感，有利于在不同意见的立法者之间达成妥协性。但是"点"的链接模式绝不能仅是"总则"中的"宣示性"条款，而应在"总则"基本章节中都有所反映，例如在基本原则、保护对象、权利范围、法律事实、诉讼时效等方面对知识产权作出特别规定。所谓"面"的链接模式，即在民法典中独立设置"知识产权编"。"面"的链接将知识产权与物权、债权、继承权等民事权利置于同等的位阶，最大限度地凸显出知识产权在私权制度体系中的重要地位，实现民法典的现代化、时代化的制度转型；同时，这种"面"的链接不是知识产权法的平行移植，而是一般性规范的抽象和概括：首先应是从诸如著作权、专利权、商标权等各项知识产权制度中抽象出共同适用的规则，有关权利的取得程序、变动程序、管理程序等特别规范不宜列入"知识产权编"；同时，应着力描述知识产权与其他财产权的不同之处以及相互关系，即基于知识产权特性的一般规范。这些规范表现的是私权性内容，但属于知识产权法特有的内容，其条款主要由"权利的性

---

① 曹新明：《中国知识产权法典化研究》，中国政法大学出版社 2005 年版，第 29 页。

质—主体—客体—内容—产生—利用—限制—保护"等构成。① "面"的链接模式无疑有立法技术的困难并会引起不同意见的纷争，但在制度理性的选择过程中，其思想结果无疑会促进知识产权的法律进步和法学繁荣，并在事实上成为一种权威确立机制。

知识产权法从"入典"到"成典"是一种制度理性选择，也是一种法治理想追求，其目标实现须把握好以下几个关系：一是基本法与专门法的关系。民法典与知识产权法典是为基本法典与专门法典的关系。先民法典后知识产权法典，是法典化的逻辑过程。民法法典化不仅对知识产权法典的制定提供"示范效应"和理论储备，更能对后者的内容设定和结构安排产生重要影响。在内容上，民法典将在诉讼时效、夫妻共同财产、继承、合同、质押等多方面涉及知识产权，并就这些内容与知识产权产生交叉。为避免规范内容的重叠或冲突，需要民法典提供一个明确的立法指导。在结构上，民法典的"总则"及其"知识产权编"决定了知识产权法典的基本结构，质言之，知识产权法典是否需要作为一般规定的"总则"，或其"总则"是否需要与民法典"知识产权编"保持一致，对于这些问题的回答必须以民法典的出台为前提。二是实质法与形式法的关系。民法有实质民法与形式民法之分，前者为部门法意义上的民法，指所有调整平等主体财产关系和人身关系的民法规范的总称，包括民法典以及其他民事法律、法规，这是从法律规范内容性质来识别民法的。后者指按照一定体系编纂，并以法典方式命名的民法典，这是从法律表现形式来认识民法的。与民法的存在不同，自知识财产法律产生以来的相当长时期，"知识产权法"并不是一部有具体表现形式的部门法，而是诸如著作权法、专利法、商标法以及其他相关法律的总称。就法律规范文件而言，有诸多"属概念"的单行法，但尚无"种概念"的上位法、专门法，换言之，在知识产权法典出

① 由笔者主持，肖志远副教授、何华副教授、锁福涛博士参与的国家知识产权局委托研究项目《知识产权基本法问题研究》，其最终成果草拟了《民法典》"知识产权编"专家建议稿，计30个条款。

现之前，在形式上没有名为"知识产权法"的立法文件。知识产权法典编纂的目标之一，就是将虚拟的法实在化。"知识产权法"的实在化，在立法上有助于明确法律渊源，在法律适用上有便于查找法律规范，在行政执法上有利于改变分离状态、推进统一管理。三是学术法与法典法的关系。法典编纂中是以学术法为理论基础，以法典法为立法成果。知识产权法典是体系化、系统化的法。体系化、系统化乃法典之灵魂，知识产权法典编纂的主要任务，就是将各种知识产权单行法进行整合，"使之成为基于某些共同原则、内容协调一致、有机联系的统一法律"[1]。欲使知识产权成文法演绎为法典法，需要法学家提供学术法作为法典法的思想基础。我国知识产权法法典化的现实障碍之一，在于知识产权法的非理论化、非体系化，即学术法尚不成熟。因此，法学家的当前学术使命，就是建立知识产权法基本范畴，完善知识产权法基础理论，建立知识产权法学术体系，为未来的知识产权法典提供学术法支撑。

知识产权法实现民法典编纂的"入典"（民法典"知识产权编"）与专门法典编纂的"成典"（知识产权法典"总则"），在民事立法上表现为知识产权法领域的"一般规定"，它既是从诸如著作权、专利权、商标权等各项知识产权制度中抽象出来且共同适用的规范，也是知识产权法区别于其他财产法但具有私权属性的特别规范。笔者认为，"一般规定"可作为民法典"知识产权编"的主要构成，亦可作为知识产权法典的"总则"。

笔者试拟条款如下：[2]

第一条【立法目的和依据】

为保护知识产权人的合法权益，鼓励知识产权创造、传播和运

---

① 见《中国大百科全书》（法学卷），"法典条"，中国大百科全书出版社 2006 年版。

② 试拟条款的参考资料有：吴汉东：《知识产权立法体例与民法典编纂》，载《中国法学》2003 年第 1 期；郑成思：《知识产权论》，法律出版社 2003 年版，第 81—83 页；曹新明：《中国知识产权法典化研究》，中国政法大学出版社 2005 年版，第 309—313 页；何华：《知识产权法典化基本问题研究》，吉林出版集团有限公司 2010 年版，第 263—268 页。

用，促进我国文化繁荣、科技进步和经济社会发展，依据宪法制定本编。

第二条【权利性质】

知识产权属于民事权利。

第三条【调整范围】

因知识产权的取得、归属和利用而产生的民事关系，适用本编规定。

第四条【权利法定原则】

知识产权的类型及其内容由法律规定。

第五条【权利变动原则】

知识产权的变动应采取法律规定的方式公之于众。

第六条【禁止权利滥用原则】

知识产权人不得滥用其知识产权损害社会公共利益和经营者的合法权益。

第七条【权利主体】

中华人民共和国自然人、法人和非法人团体依据法律在中华人民共和国取得的知识产权受本编保护。

外国人依据其所属国与中华人民共和国共同缔结或者参加的国际条约或者互惠原则在中华人民共和国取得的知识产权受本编保护。

无国籍人依据其惯常居住地与中华人民共和国共同缔结或者参加的国际条约或者互惠原则在中华人民共和国取得的知识产权受本编保护。

香港特别行政区、澳门特别行政区和台湾地区居民依据法律在中国大陆取得的知识产权受本编保护。

第八条【权利客体】

知识产权保护下列智力成果：

（一）文学、艺术、科学等作品及其传播；

（二）商标、商号、地理标志及其他商业标记；

（三）发明、实用新型、外观设计等专利；

（四）商业秘密；

（五）集成电路布图设计；

（六）植物新品种；

（七）法律规定的其他智力成果。

第九条【权利类型】

知识产权包括以下权利：

（一）著作权和相关权；

（二）专利权；

（三）商标权；

（四）商号权；

（五）地理标志权；

（六）商业秘密权；

（七）集成电路布图设计权；

（八）植物新品种权；

（九）其他知识产权。

第十条【反不正当竞争法保护】

知识产权以及与知识产权有关的法益，享有反不正当竞争法的补充保护。

第十一条【权利内容】

知识产权为专有权。知识产权的权利内容因权利类型不同，或是单一财产权利，或是人身权利和财产权利的集合。

第十二条【权利效力】

知识产权的权利内容及其限制和例外、保护期限、地域效力依据法律而确定。

第十三条【权利产生】

知识产权依据法律规定的条件产生。

法律规定需要登记或注册的，必须由相关行政机关依照法定程序审查批准予以登记或注册后始能产生。

第十四条【权利归属】

知识产权属于智力成果的创造者，法律另有规定或者当事人另有约定的除外。

知识产权不属于夫妻共同财产，但是知识产权的收益属于夫妻共同财产，当事人另有约定的除外。

第十五条【权利共有】

民事主体可以共同享有和行使知识产权。知识产权共有，适用知识产权法的特别规定，知识产权法无特别规定的，适用民法典物权编关于共有的规定。

第十六条【权利利用】

知识产权人可以转让、许可他人使用其知识产权，或者以知识产权为标的设定质权。

知识产权的利用应遵循法律和行政法规的规定。

第十七条【权利客体与载体的关系】

知识产权的利用不意味着相关载体所有权的转移，反之亦然，法律另有规定或者当事人另有约定的除外。

第十八条【与在先权利的关系】

享有及行使知识产权，不得侵犯他人的在先权利。

第十九条【权利期限】

知识产权人享有的人身权利的保护不受时间限制，法律另有规定的除外。

知识产权人享有的财产权利在法律规定的期限内受保护。

第二十条【权利终止或撤销】

知识产权在保护期限届满之前，可以因下列情形终止或撤销：

（一）权利人书面声明放弃权利；

（二）权利人未按照规定缴纳相关费用；

（三）法律规定的其他情形。

知识产权的终止或者撤销应按照法律法规的规定办理相关手续。

第二十一条【权利无效】

经国务院知识产权行政部门授予的知识产权，自公告之时起，任何单位或者个人认为该权利的授予不符合法律有关规定的，可以请求相关部门宣告该权利无效。

知识产权无效宣告程序依法律法规的相关规定进行。

被宣告无效的知识产权视为自始不存在。

第二十二条【权利确认】

因知识产权归属、内容发生争议的，利害关系人可以请求国家知识产权行政部门和人民法院确认权利。

第二十三条【司法审查】

相关当事人对知识产权的权利确认、权利无效的行政决定或裁定不服的，可以自收到通知之日起，在法律法规规定的期间内向人民法院起诉。

第二十四条【权利限制】

基于公共利益的目的，法律法规可以对知识产权人的权利行使予以合理、适当的限制。

知识产权限制的情形应由法律法规明确规定。

第二十五条【权利保护】

国家保护依据法律法规取得的知识产权，任何单位和个人不得侵犯知识产权人的合法权益。

国家设立专门的知识产权行政部门，负责管理知识产权事务。该部门的组成和职权由专门法律规定。

国家设立专门的知识产权法院和知识产权审判机构，负责知识产权案件审判。该法院和审判机构的组成和职权由专门法律规定。

第二十六条【权利纠纷处理】

知识产权纠纷，可以通过和解、调解、仲裁、诉讼等方式处理。

第二十七条【侵权责任构成】

行为人因过错侵犯他人知识产权，应当承担侵权责任。

行为人侵犯他人知识产权，不论行为人有无过错，法律规定应当承担侵权责任的，依其规定。

教唆、帮助他人实施侵犯知识产权行为的，应当与行为人承担连带责任。

第二十八条【侵权责任方式】

承担侵犯知识产权的民事责任方式主要有：

（一）停止侵害；

（二）消除影响；

（三）赔礼道歉；

（四）赔偿损失。

以上承担侵权责任的方式，可以单独适用，也可以合并适用。

第二十九条【行政和刑事责任】

侵犯知识产权，除承担民事责任外，违反行政管理规定的，依法承担行政责任；构成犯罪的，依法追究刑事责任。

第三十条【损害赔偿】

侵犯知识产权的赔偿数额，按照权利人因被侵权所受到的实际损失确定，或者按照侵权人因侵权所获得的利益确定，或者参照知识产权许可费的倍数合理确定。

权利人的损失或者侵权人获得的利益以及按照知识产权许可费的倍数难以确定赔偿数额的，人民法院根据侵权行为情节，判决给予五百万元以下的赔偿。

对恶意侵犯知识产权，情节严重的，可以在按照上述方法确定数额的一倍以上三倍以下确定赔偿数额。赔偿数额应当包括权利人为制止侵权所支付的合理费用。

第三十一条【诉讼时效】

侵犯知识产权的诉讼时效为二年，自权利人或者利害关系人知道或者应当知道侵权之日起计算。

权利人或者利害关系人超过二年起诉的，如果侵权行为在起诉时仍在持续，在该权利有效期限内，人民法院应当判决侵权人停止侵权行为；侵权损害赔偿数额应当自权利人或者利害关系人向人民法院起诉之日起向前推二年计算。

第三十二条【与民事特别法的关系】

涉及知识产权的其他规范由民事特别法规定。

第三十三条【与民法典关系】

本编以及特别法未规定的知识产权事项，适用民法典的基本原则和相关规定。

第三十四条【国际条约的适用】

中华人民共和国缔结或者参加的知识产权国际条约与本编和特别法有不同规定的，适用国际条约的规定，中华人民共和国声明保留的条款除外。

第三十五条【涉外案件的法律适用】

知识产权涉外案件的法律适用，参照《中华人民共和国涉外民事关系法律适用法》的相关规定。

知识产权法的立法目标及其制度实现

——兼论知识产权法在民法典中的地位及其表达

赵万一 *

摘　要　知识产权法所规范的是基于人们的精神创造这一特定行为所产生的权利义务关系。知识产权法与民法、商法一道共同构成私法的核心内容。民法特别是民法总则的主要使命不在于设计具体的法律规则，而是向社会贡献精神和理念。因此无论是在单一法典模式下还是在双法典模式下，知识产权制度都不可能完全脱离民法而独立存在，都必须受民法的基本原则与基本理念的制约。但知识产权法不应完全等同于固有民法制度，它是在民法的基础上蔓生出的一种相对独立的制度集合体。知识产权制度必须有自己独特的设计理念和设计要求，必须有自己全新的制度表达方式。

关键词　知识产权法　民法典　法典编纂

在民法典的制定被作为一项重大国策确定下来之后，如何定位民法典的性质和功能，如何厘清民法典与商法、知识产权法、劳动法、婚姻家庭法等法律部门的关系等均成为民法典制定的前置性理

───────────
*　赵万一，西南政法大学民商法学院教授。本文的写作曾得到张玉敏教授、李雨峰教授、黄汇教授等同事的热情帮助。黄汇教授认真阅读了本文的初稿并提出了很多非常有见地的修改意见。在此对为本文贡献智慧的各位专家一并表示感谢。

论问题。这些问题处理的好坏在一定程度上影响到民法典制定的成败。

一、中国知识产权立法的现状

（一）我国现行知识产权立法存在的主要问题及其负面影响

知识产权法律制度在中国所有的法律制度设计及其立法中无疑是发展最为迅速的领域之一。经过短短三十几年的跨越式发展，中国在近乎完全空白的基础上奇迹般地构建出了一个体量庞大、结构复杂、中西合璧、理念超前的完整制度体系。但一张白纸既可能画出最新最美的图画，也可能画出不伦不类的赝品。对外国制度的借鉴既可能取得弯道超车的捷径效果，也可能陷入画虎类犬的困窘境地。总结我国的知识产权制度可以发现，一方面我们确实取得了足以傲视大多数发展中国家的制度体系，另一方面确实也存在诸多制约这一制度继续发展和功能发挥的不利因素。这些问题和不足主要表现在以下三个方面。

其一，制度设计混乱。目的明确、体系严密、内在协调的制度体系是有效发挥制度功能，实现立法宗旨的必要条件。但这点对我国的现行知识产权立法来说还存在相当大的差距。

其二，制度异化问题严重，权利非理性扩张现象明显。知识产权制度本应是造福人类的工具和推进技术进步的利器。但在经济全球化的胁裹下，中国的知识产权制度越来越脱离这一制度的应有价值，变成少数企业牟取暴利的工具，权利的内涵与外延被无限放大。与此同时，随着知识产权权利范围的不断扩张，知识产权所代表的私人利益不断扩张，权利人对垄断权利的滥用几无节制，保护期限被无限制地延长，国家强制许可形同虚设。①

其三，超前立法现象突出，严重脱离中国国情。任何法律都不能脱离或超越其赖以建立的社会经济条件。知识产权立法同样也不例外。从总体上说，中国的知识产权无论就其保护范围还是就其保护水平都已走在世界前列。但知识产权保护的高水平不一定最能有利于促进本国经济的发展。

中国知识产权制度发展过程中所积累的诸多问题已经严重阻碍了企业技术的升级换代，制约了社会经济的发展。具体来说，这些负向效应主要表现为四点。

（1）无法对社会创新提供有效的推动力。由于专利授予范围太宽，门槛太低，导致专利的新技术标识功能降低，创新引领作用丧失。

（2）助长知识产权领域的无序竞争和恶意竞争。良好有序的竞争是推进社会进步的主要推动力，良好有序竞争的标志是规则设计合理，规则指向明确，界限清晰，权利、义务、责任相匹配的。而我们现有的知识产权制度设计显然没有做到这一点。

（3）利益失衡现象严重。任何知识产权都具有一定的垄断性，作为获得这种垄断性的对价，权利人必须向他人与社会让渡一定的权利、利益或知识。但我们现行的知识产权法却没有很好地平衡知识产权权利人和社会公共利益之间的利益，保护的天平更加倾向于对权利人利益和对投资者利益的保护，而忽略了对发明者的激励，更忽略了对消费者利益的保护。

（4）拉低了社会的道德水准，助长了社会道德的滑坡。知识产品作为重要的社会公共产品，其品质和内容对社会道德观念的形成，社会文化的传播乃至社会的文明进步都具有十分重要的作用。但我国现行的知识产权立法显然没有承担起这样的历史重任，而是沦落

---

① 梁心新、徐慧：《知识产权制度异化的国家博弈分析》，载《知识产权》2013年第9期。

成生产厂商牟利的工具和欺骗消费者的遮羞布。

(二) 我国知识产权立法混乱的原因分析

中国知识产权立法过程中所累积的以上诸多问题有非常复杂的思想政治和社会经济原因。这些原因主要包括以下六点。

第一，价值定位迷失。对于知识产权法的目标和作用，我国的相关立法中一直没有非常明确清晰的定位。对知识产权的性质也没有一个一以贯之的态度。从立法的价值取向上我们似乎更加重视知识的商品属性而忽视知识的社会属性。有学者曾尖锐指出：中国知识产权法是在知识共享和自由竞争的主流规则之外创设的特殊规则，在原本毫无知识产权观念的社会中创设一些法律禁区。[①] 由于价值定位的模糊，所以导致我们的立法一直在国家利益和个人利益之间摇摆，在自由和垄断之间举棋不定。因此如果我们相信商法是一种寄居蟹的话[②]，那么知识产权法则更像是一只误入歧途的羔羊。

第二，理论准备不足，缺乏足够的知识共识。对于知识产权是什么？知识产权究竟能干什么？在知识产权学界一直并没有达成必要的共识。对于知识产权的定义也有不同表述。即使是知识产权法这一概念本身也有颇多值得商榷之处，是否能够真实反映和准确概括现有的知识产权法的调整范围还存有异义。在对知识产权定义和范围等基本问题都缺乏共识的情况下，我们很难期望相关的知识产权立法能清晰明了。造成这一问题的原因在于，改革开放以后，我们所进行的知识产权研究绝大多数是应急式的，主要的目的在于在国际关系的影响下，尽快搭起一个保护知识产权的框架，因此，这种研究主要是注释性的和比较性的，主要参考了外国特别是发达国家的知识产权法律法规，而缺少对自己应有的知识产权"理想图景"

---

① 崔国斌：《知识产权法官造法批判》，载《中国法学》2006 年第 1 期。
② 张谷：《商法，这只寄居蟹——兼论商法的独立性及其特点》，载《东方法学》2006 年第 1 期。

的思考。①

第三，迷信外国的理论和制度，对外国理论术语借鉴太多。知识产权制度自 20 世纪 80 年代开始设立，便充当了中国法律与经济改革的急先锋，其立法数量甚至走在了合同、侵权、财产和人身各部门法律编纂之前。② 其结果是外国的制度和理念被大量引入中国但却没有进行必要的消化、分析和改造，求新赶超几乎成为指导知识产权法学研究的主要动力，致使许多概念不符合中国的表达习惯，佶屈聱牙。且不说任何制度和理论都应获得广泛的社会认同才能发挥其最大效用这一简单常识，就是外国的制度和理论未必都具有天然的合理性和先进性，在外国合适的理论未必适合中国国情。

第四，与民法的关系长期纠缠不清。知识产权与民法的关系既是知识产权研究中绕不开的一个话题，同时也是知识产权学者心中一个永远的痛点。一方面既想摆脱民法所设置的种种羁绊，厘清与民法的关系，以凸显知识产权的重要性和独立存在价值；另一方面又很难冲破民法所编织的细密、复杂，几乎无所不在的网络，时时受到民法概念和民法规则的掣肘。特别是在处理知识产权与民法典的关系时，包括知识产权学会领导层在内的几乎整个知识产权学界就是否在民法典中单列知识产权编的问题一直犹疑飘忽，举棋不定。既怕因在民法典中单独列编而湮没或淡化了知识产权的独立存在价值，又怕因没有在民法典中争得一席之地而成为民法的弃儿。这种首鼠狐疑的状态也在一定程度上影响到了对知识产权制度冷静的审视。

第五，对中国的国情缺乏足够的关注和了解。法律必须为社会服务，这是任何立法的应有使命。而服务社会的前提是对社会的

---

① 李雨峰：《知识产权通则：立法进程中的一种尝试》，载《法学论坛》2006 年第 1 期。

② 冯象：《知识产权的终结：中国模式之外的挑战》，载《文化纵横》2012 年第 3 期。

现实需要有清醒的了解。知识产权立法在这方面显然还有一定差距。中国的基本国情是发展中国家，仍处于市场经济的不完备阶段，这是我们思考一切问题的出发点。因此我们既不能以发达国家的要求来约束自己，也不能不切实际地以引领世界知识产权立法的发展为己任。笔者一直主张包括民法、知识产权立法在内的所有立法都应当是对现实社会关系的映照和回应，就其性质来说应具有一定的保守性，因此应慎提用法律引领社会经济的发展等类似的口号。因为人们事实上无法真正把握社会发展的趋势，更无法对社会发展的进程进行预先的规划和安排。而我们现有的知识产权立法在超英赶美思想的指导下，有很多都是脱离中国实际的超前立法。

第六，把知识产权法更多地作为技术性规则来使用，缺乏足够的人文理念。知识产权法具有技术性规范的特点，这是毋庸置疑的事实。但我们并不能因此而断定所有的知识产权法律规范只能是单纯的技术性规范，而根本否认其伦理性规范的内在秉性。实际上知识产权制度和其他许多法律制度一样，不但应回应技术对法律的需求，更应当利用法律的基本功能引导技术活动造福于人类。而我国在进行相关知识产权设计时，更多考虑的是其技术性品质，更多考虑的是其是否有利于促进社会经济的发展，而很少注意其中的伦理性品质，很少考虑相关权利授予有可能对社会道德和伦理关系带来的负面影响。正是由于过分关注知识产权立法的经济特性和技术特性，导致我国的许多知识产权立法变成一些冷冰冰的具象条文。从某种程度上说，中国的知识产权制度无疑是世界范围内知识产权制度异化的集大成者，是知识产权制度价值迷失的典型代表。

二、中国知识产权法的目标定位

（一）知识产权的定位

从语义学的角度来说，知识产权包括知识和产权两个组成部分，是针对知识这种客体所享有的特定权利。按照通行观点，知识是人类在实践中认识客观世界的成果。它包括事实、信息的描述或在教育和实践中获得的技能，或者说知识是由人类所总结归纳的，可以指导解决实践问题的观点、经验、程序等信息。知识的基本特点是具备较强的隐蔽性，需要进行归纳、总结、提炼，因此知识应具有一定的新颖性。第二个特点是知识必须可以借助于一定的媒介和载体（语言、文字、图形等）表达、表现出来，即具备一定的可视性和传承性。第三个特点是知识可以被复制和转移，可以被重复利用，经济学家将此特点概括为公共物品属性，因此不具有天然的排他性和稀缺性，可被无限复制和传播，可由无限个主体同时拥有和使用，且不因使用而消耗等。① 作为受法律保护的知识除具备上述特征外，还必须具备创造性（劳动属性）、可区分性、伦理性、财产性、可支配性、社会认可性等特质。知识产权中的产权应当是知识的所有人基于自己的独创性知识所享有的人身权和财产权。由于人类的精神创造具有公共物品的性格，不像有体物那样成为人们独占的对象，其权利人通常并不关注自己是否占有或利用精神成果，而是更加关注禁止他人未经许可对自己的精神创造进行利用。因此，相较于一般财产权形态来说，知识产权必须同时具备抽象性与具体性两个基本特性。即既要足够"抽象"以满足可重复与可再现的产权控制要

① 栗源：《知识产权的哲学、经济学和法学分析》，载《知识产权》2008 年第 5 期。

求，又要足够"具体"以满足确定性与独特性的产权界定要求。①

基于以上分析，我们可以将知识产权界定为：知识的拥有者对其创造的符合社会需要的知识财产所享有的支配性权利。

（二）知识产权法的目标定位

虽然从知识产权法的一般原理分析，知识产权法的目的无非是保护知识创造者的直接目标和保障知识产品的传播和利用、保障知识和信息的扩散等社会公共利益目的两个主要方面。② 但从各国的社会实践和有关国际公约的立法宗旨来看，知识产权法事实上承载着更多的社会功能和社会价值。

第一，知识产权法应当是技术创新的促进法。创新是知识产权法的核心价值，通过确立公开制度、在先权利保护制度等合理地划分生产者和使用者的权利和义务，从而促进和保障权利人个人的创新行为对整个社会创新的连续性、合理性所起的重要作用。③

第二，知识产权法应当是市场经济的催化法和社会财富的创造法。"知识产权法是一种在合理限制竞争基础上增进有效竞争的机制。"④ 知识及信息等知识产品作为主要的并且是直接的生产要素参加创造经济价值，已成为知识经济时代的显著特点。特别是在经济全球化和世界市场统一化的时代，"信息商品已经变成当代资本在世界市场体系内、为了世界市场体系而进行扩张的必要条件。"⑤ 知识产权法作为调整知识产品关系的基本法律制度，不但以推进知识产

---

① [英] 布拉德·谢尔曼、莱昂内尔·本特利：《现代知识产权法的演进：英国的历程（1760—1911）》，金海军译，北京大学出版社 2012 年版，第 59—65 页。

② 余盛峰：《知识产权全球化：现代转向与法理反思》，载《政法论坛》2014 年第 6 期。

③ 吴汉东：《知识产权法的制度创新本质与知识创新目标》，载《法学研究》2014 年第 3 期。

④ 吕明瑜：《知识产权垄断的法律控制》，法律出版社 2013 年版，第 119 页。

⑤ [美] 丹·席勒：《信息拜物教：批判与解构》，邢立军等译，社会科学文献出版社 2008 年版，第 16、17 页。

品的有效利用为己任，而且是一种"利用市场机能的巧妙体系。"① 因此，判断一个国家知识产权制度设计好坏的一个主要标志就是看该制度是否能够充分调动社会主体的创造欲望，其实施结果是否真正促进了社会经济的发展，相关的法律制度设计是否在发明创造和财富创造之间搭建了便捷的转换通道。

第三，知识产权法应当是公民权利和公民财产的保护法。知识产权是公民的一项基本人身权和财产权利，是人作为人不可或缺的一个重要组成部分。如果不尊重知识创造者的劳动，不给予其以必要的、充分的法律保护，知识产品创造者的创造热情就会受到极大打击，从而使科学文化事业的发展成为无源之水。正因为如此，各国的知识产权立法宗旨首先体现为保护知识产品创造者等所有人对知识产品的专有权利。②

第四，知识产权应当是人类自我完善的助推法。富有创造性既是人的天性，也是实现自身价值的主要方式。知识产权法是一部财产法，更是一部智慧促进法，个体才智的表达法，人类文化的提升法，正是基于这一原因，法国《知识产权法》才将创造者权利视为"自然的不可废除的人权"，强调个人知识财产权在立法中的中心地位。③ 相反，如果知识产权的制度设计违背了这一人文主义精神宗旨，制度实施的结果刺激了人们追求更多物质利益的虚假需要，而非让人类本身收获自尊、自爱、宁静和享受，④ 那么这一制度的设计就脱离了其本应具有的人性化、人本化的目标，最终会使人类误入经济利己主义的深渊。

---

① ［日］中山信弘：《多媒体与著作权》，张玉瑞译，专利文献出版社1997年版，第3、4页。

② 冯晓青：《知识产权法的价值构造：知识产权法利益平衡机制研究》，载《中国法学》2007年第1期。

③ ［日］阿部浩二：《各国著作权法的异同及其原因》，朱根全译，载《环球法律评论》1992年第1期。

④ 梅术文：《实施知识产权战略的正当性之维》，载《法制与社会发展》2008年第4期。

第五，知识产权法应当是社会福祉的增进法。知识产权的终极价值实际上是由其对公共利益的提升，对文化进步，技术演进和消费者福利反馈的程度来决定的。① 知识产权法具有重要的公共利益价值目标。"知识产权与思想、信息、知识的表述和传播有着密切的关系。"因此"在保障知识创造者权益的同时，必须考虑促进知识广泛传播和推动社会文明进步的公益目标。"② 但知识产权法对个人利益的确认和保护可以作为个人利益对抗社会福祉的正当理由。其原因在于，根据传统的公共利益原理，公共领域的作品理应成为人类继承物的一个组成部分，并且著作权只是在通向更大利益的道路中报偿作者的一个临时站台。③ 对此，作为 WTO 重要组成部分的 TRIPS 第 7 条中就明确其立法目的是：保护和实施知识产权，促进技术的革新以及技术的转让和传播，以有利于社会和经济福祉的方式促进技术知识创造者和使用者的双赢，和达到权利与义务的平衡。

第六，知识产权法应当是人类文明的提振法。创新是知识产权的灵魂，但创新不是以消除传统为目的，而是以促进人类的文明为目的。为了实现这一目的，各国都会对知识产品赋权的正当性进行甄别，以遏制有害的知识产品借助于权利的外衣给人类文明带来伤害。典型的如德国《专利法》第 2 条第 1 款明确规定，"公布或使用违背公共秩序和善良风俗的发明，不授予专利权"。我国台湾地区"专利法"第 21 条也将妨害公共秩序、善良风俗或卫生的发明排除在发明专利之外。

（三）知识产权立法的基本原则和基本要求

为了使我国的知识产权立法服务国家的总体发展目标，我们在

---

① 黄汇：《"山寨"诉求与中国知识产权建设的未来》，载《法学评论》2015 年第 3 期。
② 吴汉东：《科技、经济、法律协调机制中的知识产权法》，载《法学研究》2001年第 6 期。
③ David Nimmer，"The End of Copyright"，48 Vand. L. Rev. 1385，1416（1995）.

进行相关知识产权立法时应遵循以下六个基本的原则和要求。

（1）技术创新优先原则。创新是知识产权法的主导价值与时代使命①，因此必须以技术创新为导向进行整个知识产权的制度设计。从某种程度上说，没有了创新性就使知识产权丧失了赖以存在的合法性基础。正是出于对创新性的考虑，所以世界各国不但极力强化创新性要求在知识产权中的地位，而且把创新行为上升为国家的发展战略。但是在我国，由于缺乏知识产权的创新意识，知识产权对创新的支持力度还明显欠缺，原始创新能力弱和核心技术缺失的问题长期困扰着我们。因此，如果不从根本上确立创新在知识产权法中的核心地位，那么要想实现从技术大国向技术强国的转变几乎是不可能的。基于以上原因，理想的知识产权制度应当是"能充分激励创新的制度，是当事人作为自己的一个最优选择而自觉遵守的制度。"②当然建立完备合理的知识产权制度并不是增加创新行为的充分条件，要刺激创新，还必须依靠多元产业技术基础，还应有相互协调一致的社会科技政策、公共研发投入措施、教育政策和投资政策等。③

（2）利益平衡原则。利益平衡是所有立法都必须关注的一个重要问题，是否实现了利益平衡是衡量法律成熟度的主要标志，但相对于其他法律来说，利益平衡对知识产权立法来说尤其具有重要意义，不但是司法价值评判的基本准绳，而且是知识法的一项最基本、最重要的原则。其主要原因在于，与权利界限相对明晰的财产权法律制度不同，"知识产权法在私人产权与公共领域之间的界线，是一种法律上的人为设定（legal artifact），而非自然存在的现象。"④ 因

---

① 吴汉东：《知识产权法的制度创新本质与知识创新目标》，载《法学研究》2014年第 3 期。

② 马宏伟：《经济发展与制度创新》，载《经济评论》2003 年第 1 期。

③ 何隽：《全球化时代知识产权制度的走向：趋同、存异与变通》，载《比较法研究》2013 年第 6 期。

④ ［美］保罗·戈斯汀：《著作权之道：从谷登堡到数字点播机》，金海军译，北京大学出版社 2008 年版，第 10 页。

此在进行相关知识产权制度设计时，应当也只能以利益平衡作为私权保护的制约机制进行权利义务的合理配置。① 不仅如此，知识产权法中利益平衡实现的法律价值目标还具有多样性，既包括如何协调知识产权法中不同主体之间的利益冲突，实现知识产权法律制度的公平、正义等价值目标的实现；也包括如何充分利用各种资源，以达到无形财产资源的有效配置，实现知识产权保护制度的最佳社会经济效益，以及如何通过产权制度最佳地刺激知识和信息财富的增长，同时确保公众对知识和信息的必要接近等各项目的。② 因此立法者在进行知识产权立法时，必须充分考虑该立法能够在多大程度上激励创造者并在多大程度上使公众获得利益。理想的知识产权制度应该是既能够"保证创造者的知识产权得到保护，还要保证这种权利应该促进而不是约束社会公众参与文化生活与分享科学进步的权利。"③

（3）最低接受原则。最低接受原则的基本要求是对知识产权国际公约的接受必须与中国国情相适应。这既是立足于中国需要的一种现实选择，同时也是为国际认可的一项立法原则。从现实需要来看，发展中国家大多存在自主创新能力不足的问题，其结果既可能形成"自主创新滞后效应"，又容易陷入发达国家的"技术引进陷阱"，甚至会导致基于技术独占权利所产生的"市场垄断价格"。④ 因此有必要运用现行国际公约、条约中规定的知识产权优惠政策，力求在允许的范围内，尽可能地保护本国企业，同时要着重

---

① 任寰：《论知识产权法的利益平衡原则》，载《知识产权》2005年第3期。

② 冯晓青：《知识产权法的价值构造：知识产权法利益平衡机制研究》，载《中国法学》2007年第1期。

③ 吴汉东：《知识产权的私权和人权属性——以"知识产权协议"和"世界人权公约"为对象》，载《法学研究》2003年第3期。

④ 魏兴民、张荣刚：《国际知识产权保护与中国自主创新内在逻辑分析》，载《社会科学家》2007年第2期。

打击愈演愈烈的国际知识产权滥用行为。① 实际上不但是发展中国家，即或是所谓的发达国家也在利用国际知识产权的例外条款作为保护本国利益的利器。典型的例子是美国在新中国成立后的很长时间里并不保护国外版权，直到《1891 年国际版权法案》（*International Copyright Act of* 1891）颁行，美国才开始有条件地为极有限的几个国家的国民的作品提供版权保护。即便如此，也还是存在所谓"印制条款"（manufacturing clause）的限制，即只保护在美国境内印制的外国作品的版权，该条款直到 1986 年才正式废止。② 因此，中国的知识产权立法必须充分考虑我国现阶段经济、科技、文化的发展水平，遵守"最低保护标准"，以最大限度地实现法律的本土化与国际化之间的协调，防止"知识产权法律移植中的递减效应"。③

（4）洋为中用、以我为主原则。由于中国在知识产权制度上的固有资源十分有限，因此我们要建立完备的现代知识产权体系，必须对外国的先进制度和相关的国际条约进行必要的借鉴。但对外国制度借鉴的目的并不是为了介绍和推广外国的制度，而是借助于外国先进的立法理念及其制度构造完善我国的制度体系或改造、提升我国现有制度的技术水准。因此，对外国制度的借鉴并不是简单地将外国的现有规定植入本国的规则体系中，而应在反复比较，周密论证的基础上，将确实先进合理而又符合中国国情的制度无缝嫁接到现有的制度体系中。我们一方面要积极推动国际知识产权制度的改革，建立更为公平、合理的知识产权国际秩序；另一方面要通过"国际体制转换机制"，寻求修正或改变现行知识产权"体制标准"

① 梁心新、徐慧：《知识产权制度异化的国家博弈分析》，载《知识产权》2013 年第 9 期。
② 何隽：《全球化时代知识产权制度的走向：趋同、存异与变通》，载《比较法研究》2013 年第 6 期。
③ 宋志国：《我国知识产权法律移植中的递减效应原因探析》，载《政治与法律》2006 年第 5 期。

的机会①，以矫正 TRIPS 协定等国际公约的强保护偏向；同时，也要从本国立场出发，保护具有本土特色和优势的知识产权资源，通过本国制度创新即法律的本土化，来推动创新保护制度的国际化。②

（5）伦理底线原则。"法律规则的正确与否，取决于背后的伦理共识。"③ 知识产权的保护对象是作为智力成果的文化产品，而非技术本身，而任何文化产品都有明显的道德取向和人文化品质要求。"法律反映但不决定社会的道德价值。一个公正合理的社会的价值，将在公正合理的法律中得到反映。"④ 因此相关的知识产权立法绝不能仅仅关注知识产权的技术性内涵，而更应当关注其文化内涵。与此相适应，我们的知识产权法也不应当是仅具有程序性操作意义的技术性知识产权法，而应是充满人文关怀和伦理精神的道德性知识产权法。为此，一方面我们要坚决把违背公序良俗和有可能挑战人类伦理的技术、文化产品等排除在法律的保护之外，另一方面通过政策或行政规章的方式对一些有可能影响人类伦理的技术（如克隆人技术）进行严格的管控和必要的限制，以防止因技术的失控可能给人类带来的毁灭性打击。同时要营造充满人文关怀和理性要求的知识产权文化氛围，培养社会主体的知识产权人文精神，因为在知识产权的文化荒漠之上是很难构建其坚固华丽的知识产权制度大厦的。

（6）国家主权或国家利益优位原则。这里的国家主权或国家利益优位原则有三个方面的要求。一是在处理法律与政策的关系上，法律应服务于国家政策，即政策优位。二是在处理国家利益与世界共同利益的关系时，世界共同利益应当让位于国家利益。因为知识

---

① Laurence R. Helfer, "Regime Shifting: The TRIPS Agreement and New Dynamics of International Intellectual Property Lawmaking", 29 Yale J. Int'L. 10~17 (2003).

② 吴汉东：《知识产权法的制度创新本质与知识创新目标》，载《法学研究》2014年第 3 期。

③ 冯象：《政法笔记》，江苏人民出版社 2004 年版，第 83 页。

④ ［美］格兰特·吉尔莫：《美国法的时代》，董春华译，法律出版社 2009 年版，第 174 页。

产权从一开始就与民族、人权和发展等基本的政治命题相互勾连，并成为其间的重要制度实践。三是在处理国家与个人利益的冲突时，个人利益应当让位于国家利益。

三、知识产权法与民法典的关系

（一）为什么要进行民法的法典化设计

关于知识产权法与民法典的关系处理，有学者总结出目前世界上主要存在三种模式。第一种模式为特别立法，即在民法典之外以单行法的形式规范知识产权。这一模式为当今大部分大陆法系国家和英美法系国家所采用。第二种模式为将整个或者主要的知识产权制度纳入民法典，这一模式主要包括 1942 年《意大利民法典》、1995 年《越南民法典》和《俄罗斯民法典》。第三种模式为在民法典之外，对知识产权制度进行法典化设计。主要国家包括法国、葡萄牙、波兰和菲律宾。保持现状，把知识产权法作为民法的特别法。① 除此之外有学者还归纳了第四种模式，即糅合式，其特点是将知识产权视为一种无形物权，与一般物权进行整合，共同规定在"所有权编"之中，其典型代表为 1994 年的《蒙古民法典》。② 关于我国的立法模式选择，笔者认为：从立法技术的角度加以考量，民法典和知识产权的关系主要可分为两种模式：一种是同时制定《民法典》和《知识产权法典》的所谓双法典模式；另一种是仅制定民法典的单一法典化模式。下面分别论述之。

---

① 吴汉东：《知识产权"入典"与民法典"财产权总则"》，载《法制与社会发展》2015 年第 4 期。

② 曹新明：《中国知识产权法典化研究》，中国政法大学出版社 2005 年版，第 41—59 页。

（二）双法典模式下如何处理知识产权法与民法典的关系

双法典模式下处理知识产权与民法典的关系需要明确以下三个问题。

第一，知识产权法典化的必要性和可能性。双法典模式的核心是实现彻底的知识产权法典化，其价值取向不仅是制定一部具体的法典，而更多是为了对现有知识产权制度进行价值判断、规范整合和体系构造，以提高相应的法律权威，实现促进经济与社会发展的政策功能。①

从立法例的角度加以考察我们可以看出，知识产权的法典化既受到大陆法国家长期奉行的法典化情节惯性思维的影响，同时也得力于知识产权本身发展变化的推动。当然知识产权的法典化也面临许多无法克服的技术瓶颈，以最为社会所推崇的《法国知识产权法典》为例，该法典由于无法从知识产权的具体单行法中抽象出共同性的东西，因此并没有设计总则性的规定，其主要内容基本上是"将当时的知识产权各部门法汇集到一起，体例上仍然保持相互独立……从而使有关执法程序的规定在行文上较为重复。"② 这说明知识产权的法典化未必是知识产权法律制度体系化的一个最佳选择，但相对于其他立法模式来说，仍有其独立的存在价值。

第二，知识产权法典化背景下如何厘清与民法典的关系。按照笔者的理解，民法特别是民法总则的主要使命不在于设计具体的法律规则，而是为了向社会贡献精神和理念。因为从某种意义上说，民法既是万法之源，同时也是现代法治精神、法治理念和法治原则的来源地（原产地）、集结地和发散地。因此在知识产权法典化的背景下，并不是完全割裂民法和知识产权法的关系，而只是实现民法

---

① 吴汉东：《知识产权"入典"与民法典"财产权总则"》，载《法制与社会发展》2015 年第 4 期。

② 《法国知识产权法典》，黄晖译，商务印书馆 1999 年版，第 15 页。

与知识产权法功能的有效界分。实际上在民法典和知识产权法典并存的情况下，民法典仍然是作为私法的基本法而存在，知识产权法仍然要受民法的基本理念和基本原则所制约。

第三，知识产权法典化背景下如何确立知识产权法的调整范围。各国对知识产权的理解是不完全一致的，我国现行的专利、商标和版权三法并列的立法模式也未必是一种最好的选择。"法律是什么、能够是什么，以及应该是什么，又都取决于制定、解释和实施该法律过程的特性。这些过程之间的互动决定了法律的供给与需求。"① 由于知识产权本身的复杂性和外延内涵的模糊性，因此国际条约和多数国家在立法上大多采用列举的方式来界定知识产权的调整范围。我国如欲采用知识产权法典化模式，其较为合适的做法也是采取列举式的立法体例，即采用国际条约中的分类模式作为基本制度框架体系，然后根据我国的具体情况进行适当的充实和删减。

（三）单一法典化背景下如何处理知识产权法与民法典的关系

如果采用单一法典模式，则知识产权法与民法典的关系处理需要考虑以下四个问题。

第一，单一法典化背景下知识产权法和民法关系的基本定位。相对于双法典模式，基于目前中国的法律思维惯性和现实需要，单一化法典模式可能是一种更加可行和更加符合中国立法习惯表达的现实选择。因此，在单一法典化背景下如何认识民法与知识产权法的关系不但影响到知识产权立法的模式选择，而且也影响到民法典的具体制度设计。按照笔者的观点，即使在单一法典化模式的既定前提下，我们也不能简单地将知识产权法视为民法的特别法，而应

① ［美］泥尼尔·K. 考默萨：《法律的限度——法治、权利的供给与需求》，申卫星、王琦译，商务印书馆 2007 年版，第 3 页。

将其视为与民法、商法相并列的私法的有机组成部分。当然，由于
民法作为万法之源所具有的强大理念感召力和制度影响力，民法原
则差不多已被假定为所有法律的共通性原则，因此几乎所有的现代
法律制度设计都必须顾及民法的一些基本理念和要求。换言之，无
论是在单一法典模式下还是在双法典模式下，知识产权制度都不可
能完全脱离民法而独立存在，都必须受民法的基本原则与基本理念
的制约。只不过在单一法典化模式下，知识产权法的独立性空间被
压缩得更为窘束，民法的基本理念、基本精神和基本原则对知识产
权制度的统率作用更为明显。因此在单一化法典模式下，必须强化
私法自治理念与私权优先理念对知识产权法的统领作用，强化公平、
平等、诚实信用、公序良俗等民法基本原则对知识产权法的指导作
用。但另一方面，即使在单一化法典模式下，知识产权法也不应完
全等同于以《物权法》《契约法》《继承法》《侵权法》为代表的固
有民法制度，它应当是在民法的基础上蔓生出的一种相对独立的制
度集合体。因此知识产权制度必须有自己独特的设计理念和设计要
求，必须有自己全新的制度表达方式。

第二，单一法典化背景下是否应当对知识产权独立设编。在民
法典被作为我们唯一的私法性典范的前提下，大多数学者主张应在
民法典的既有框架内尽可能地融入知识产权的相关制度设计，最好
是将知识产权单独设编以凸显其系统性、完整性和重要性。并且这
一观点已得到 2002 年 12 月 23 日九届全国人大常委会第三十一次会
议首次审议的《民法典草案》的正式确认。但按照学界基本的共识，
由于知识产权法易受国际关系、科技发展的影响，变动频繁，其内
容包含了大量的公法性规范，在规范内容上表现出复杂性与多样性，
因此知识产权法事实上不宜通过单独列编的方式全部纳入民法
典中。①

第三，单一法典化背景下知识产权立法的模式选择。如果我们

---

① 陶鑫良、袁真富：《知识产权总论》，知识产权出版社 2005 年版，第 403—405 页。

否定了在民法典中知识产权法单独列编的立法模式，那么可供中国知识产权法选择的立法模式就主要受以下三个基本因素的制约：一是中国知识产权的法制传统及社会公众基于既有的制度设计所形成的路径依赖；二是外国（包括国际）的成功立法经验和失败教训给我们提供的制度资源；三是我国未来立法所欲达致的价值目标。从目前的基本情况来看，可以作出的基本判断是，以上三个因素对未来知识产权法制定的影响力强弱是不一样的，基本上呈一种逐步递减的状态。可选择的具体立法模式是：一方面将部分知识产权法的内容上升为民法典的内容；另一方面通过制定"知识产权法总则"或"知识产权法通则"或"知识产权法立法纲要"的方式对知识产权法的基本理念、基本原则和共同性规范进行抽象、概括和提炼，以协调知识产权法内部的关系。在此前提下，保留单行立法的格局，并通过不断完善单行知识产权法的方式，实现对社会关系的及时有效调整。

第四，单一法典化背景下知识产权法中的哪些内容应该体现在民法典中。在实行单一法典化的背景下，知识产权制度进入民法典的途径主要包括两种方式：一是进入总则，二是进入总则以外的其他民法制度。当然在将知识产权纳入民法典特别是纳入民法总则的过程中，应当尽量减少纳入的范围和数量，仅将那些带有宏观性、抽象性的规定体现在民法总则中，以确保民法总则规范内容的全覆盖性。另外，在将知识产权纳入民法典的背景下，还要考虑民法总则内容对知识产权法适用的统领性。特别是民法的基本原则、调整方法、适用范围等关涉私法基本法的一些内容，更应完全涵盖包括知识产权法在内的所有私法制度，否则这部分规定就丧失了其私法基本法的价值功能。

四、结　语

著名近代启蒙思想家洛克有一句名言："上帝把整个地球留给了世人，由人类共有。但对其的享用，上帝却没有作事先的安排，而是留给了理性的人类自己去解决。"① 如何妥善处理知识产权法和民法典的关系，不但是一个单纯的技术选择，而且要综合考虑纷繁复杂的国际、国内环境和既有的法律体系，需要借助于高超的立法技术和政治智慧才能实现。但其基本的立法思路应当是在立足于中国国情的基础上，满足国家创新体制的要求，服务于国家长远的发展战略。绝不能为了实现所谓与世界的接轨而抛弃既有的法律积存甚至牺牲国家利益和民族利益，更不能为了追求法律形式的完美而牺牲潜在的法律价值和法律功能。

---

① ［英］洛克：《政府论》（下），瞿菊农、叶启芳译，商务印书馆 1997 年版，第 18 页。

从知识产权司法需求论我国民法典的编纂

李　琛*

摘　要　民法典是立法的体系化。体系化的工具价值能最好地实现法典变革社会的目的。体系化的立法文本可以帮助司法者减轻说理与找法的负担、促进裁判标准的统一、提供解决新问题的思路。非体系化的思维弊病已经严重制约了我国的知识产权审判，从回应司法需求的角度而言，我国民法典极有必要设置知识产权编，只有通过立法体系化引导、统一审判思维。

关键词　民法典　体系化　知识产权司法

在我国民法典的制定过程中，知识产权的安置是焦点问题之一。[①]立法最主要的功能是作为裁判依据，从知识产权司法的需求角度考量知识产权在民法典的地位，应当是一个重要的视角。法学界公认，法典化的首要意义在于实现立法的体系化。"取向于目的、设定所期功能，将知识或事务根据其存在上之关系、作用组织起来的方法，便是体系化。"[②]体系化很容易被误解为是理论界追求逻辑性的学术洁癖，似乎与实务无涉。由于知识产权法与技术、经济的发

---

* 李琛，中国人民大学法学院教授，法学博士。

① 李琛：《论中国民法典设立知识产权编的必要性》，载《苏州大学学报（法学版）》2015年第4期。

② 黄茂荣：《法学方法论与现代民法》，中国政法大学出版社2001年版，第458页。

展紧密联系，新的问题频频涌现，规则的变动也较快，人们更担心体系情结会不合时宜。法作为一种文化现象，固然不可避免地受到文化信念的影响。但是法作为调整社会生活的实用工具，设计它的技术不可能完全由一种文化偏好所支撑。体系化以及作为体系化之表达形式的法典始终未被离弃，是有其实用性理由的。本文将从体系化的工具价值出发，探讨体系化思维对当前知识产权审判的特别意义，以此论证民法典的体系形式回应知识产权司法需求的必要性。

一、体系化的工具价值与民法典的功能

仅就裁判依据的功能而言，零散的法律渊源与法典之间的差异似乎未见得很大。"在法律适用上，如果单行规则清晰、具体明确而且覆盖充分，法官'有法可依'，则分散立法也并不必然导致所谓法律适用的'不准确'。"[①]法典化作为一种立法技术的意义，主要是基于体系化思维的实践价值。法典乃是体系化思维在立法中的外化。体系化的实践功能可示例如下。

（一）说服价值

无论是立法还是司法裁判，其权威性都不能仅仅来源于国家强制力，必须以其合理性赢得民众的认可与接受。内部逻辑的一致性，从来都是法律文件合理性的组成部分。

从国外经验来看，法典常常是社会变革的工具。"一部法典最令人瞩目的特征是它标志着一个新的开端。"[②]贝格尔（Jean Louis

---

① 尹田：《民法典总则之理论与立法研究》，法律出版社 2010 年版，第 14 页。

② ［美］艾伦·沃森：《民法法系的演变及形成》，李静冰、姚新华译，中国政法大学出版社 1992 年版，第 170 页。

Bergel）在《法典化的基本特征与方法》中指出："最伟大的法典化总是对应于重大的政治、社会或技术变革，通常发生于革命或国家独立之后。"①《法国民法典》被公认为第一部实质意义上的民法典，它制定于法国大革命之后，旨在确认革命成果、废除旧法制、推进民族统一。由于萨维尼的反对，《德国民法典》的制定比法国迟缓了许多。当德国于 1871 年统一之后，同样选择了法典化作为社会革新的手段："民族统一运动提出的要求之一，就是要制定一部适用于全德国的民法典，以此来统一私法。四分五裂的私法阻碍了德意志各地区之间的商业和交易，也阻碍了各法律区域的法学家之间的交流。"② 1859 年意大利王国统一之后，产生了法典化的愿望，于 1865 年通过了民法典。1940 年《意大利民法典》诞生的直接原因，则是第一次世界大战带来的社会结构的变化。19 世纪时，拉丁美洲从西班牙殖民统治之下独立以后，立刻进入了一个法典化时代。苏联在十月革命之后，废除了旧法令，但是随着战时共产主义向新经济政策的过渡，必须恢复商品、货币关系，1922 年民法典应运而生。

法典之所以成为变革的工具，与体系化形式的说服价值密切相关。体系化反映出"人类力求将公平正义以可靠而且可以理解的方法实现在人间的努力"，③法的体系化程度越高、呈现的逻辑自足性越强，其说服力也就越强。尽管法律之中的利益导向是不可避免的，但至少在效果上，体系化的形式比无章可循的形式具有更大的亲和力。当制度形成一个有序的、科学的体系时，仿佛人类社会的应然秩序与实然秩序融为一体。为了强化自身的正当性，法典的体系建构总是尽量地汲取当时最新的认知成果。例如，《法国民法典》以若干基本原则作为体系脉络：主体平等、所有权绝对、契约自由。德

---

① Jean Louis Bergel, *Principle Features and Methods of Codification*, 48 Louisiana Law review（1988），p. 1077.

② ［德］卡尔·拉仑茨：《德国民法通论》，王小晔等译，法律出版社 2003 年版，第 23 页。

③ 黄茂荣：《法学方法论与现代民法》，中国政法大学出版社 2001 年版，第 406 页。

国民法典的体系基础建立在更为精确的科学概念之上。最初赋予德国民法典起草委员会的课题，即"用与当前科学的各种要求相适应的方式编纂符合德意志全国情况的民法。"①一旦法典找到了一个具有说服力的前提作为体系的脉络，具体的制度设计、司法判决都成为这种前提运用的结果。所有不合理的旧制度都将因为与这个前提不符遭到抛弃，这种简明的数学式手法在推行改革时是非常有效的，它可以最直观地剔除与新秩序不符的旧制度。尽管新制度不可能摆脱利益导向，但巧妙的体系化可以使利益固化为概念与原则，从概念与原则出发的逻辑论证比含糊不清的直接利益衡量要清晰得多。例如，《法国民法典》的主体平等原则之下固然更多地掩藏着新兴资产阶级的利益，但"主体平等"作为一个抽象原则是具有说服力的，在表象上超越了具体的利益。因此，体系化有助于强化新秩序的正当性，对抗旧制度的影响。

民法典的制定者在确定体例编制时，总是依据某种被公认为比较合理的线索。例如，《法国民法典》的第一编为"人"，规定民事权利的享有者是"全体法兰西人"，被学者评价为"恰当地反映出这部法典编纂具有的民族国家的特性"。接下来的民事身份登记制度"反映了既有世俗化的家庭法律关系，这对法律编纂者来说，把它作为大革命的成果尤其重要。"②对于《法国民法典》的三编制顺序，学者的解释是：人显然应当在物之前，物是人所有或受益的对象。物应当规定在取得它们的方式之前，只有界定了物，人们才能利用物建立各种法律关系。③《德国民法典》在物权之前规定债权，因为"债法总则中的规范应对由物权关系、家庭关系和继承关系产生的义

---

① ［日］大木雅夫：《比较法》，范愉译，法律出版社 1999 年版，第 203 页。

② ［德］K. 茨威格特、［德］H. 克茨：《比较法总论》，潘汉典等译，贵州人民出版社 1992 年版，第 170—171 页。

③ Alain Levasseur, *On the Structure of a Civil Code*, 44 Tulane Law Review（1970），p. 697.

务亦有效力，从一般推进到具体，这符合良好的立法传统和哲学传统。"①可见，法典的体系总是具有某种逻辑基础，无论该逻辑的具体模式如何，这种合逻辑性本身就具有一种说服公众的价值。

（二）普及价值

一部逻辑清晰、结构合理的法典，最易于在民众中普及。1791 年《普鲁士民法典》的公布规则中对法典的普及价值有明白的论述："全部法律将按照一定的条理层次，用民族语言制定，用一种大众能理解的方式表达，以使本国的任何居民，只要其自然能力经受过教育，哪怕是只有中等水平，自己便能阅读法律，弄懂法律，在将来的案件里尊重这些规定，他应当按照法律行事，并应当接受法律的审判。"我国学者也认为，法典对于民众心理的影响不可小视。②

法的体系化结构，也容易被采纳为司法判决、理论研究和法学教育的思维模式，从而使新制度不断在现实中得到推广。例如，《德国民法典》的总则—分则模式，非常符合司法活动从一般到具体的推理习惯；法典的体系化在逻辑上越完善，越容易被采纳为法学著述和法学教育的体系。法国民法典制定以后，对民法理论产生了重大影响，国内形成了专事法典注释的注释法学派，迪兰顿（Durantond）撰写了 22 卷本的《按法典顺序的法国民法讲义》，布内特则宣称："我不懂得什么是罗马法，我只教法国民法典。"③德国的潘吞克体例被称为教科书式的体例，是立法体系与学说体系接近的范例。德国学者梅迪库斯认为："最好的办法可能就是使用那些与法律的结

---

① ［德］罗尔夫·克尼佩尔：《法律与历史——论德国民法典的形成与变迁》，朱岩译，法律出版社 2003 年版，第 236 页。
② 尹田：《民法典总则之理论与立法研究》，法律出版社 2010 年版，第 16 页。
③ ［美］艾伦·沃森：《民法法系的演变及形成》，李静冰、姚新华译，中国政法大学出版社 1992 年版，第 170 页。

构体系相对应的教科书。"①显然，立法的体系化程度越高，这种理想越有可能实现。当立法体系在司法、学术、教育中被推广之后，就会成为整个法律共同体的语言规则。相反，一部体系混乱的立法常常成为法学教育与学术批评的对象，从法学院走出来的法官们也容易规避他们自认为不妥当的立法，各行其是地寻找裁判依据，从而造成法律共同体内部语言的分裂与裁判的不统一，使立法在实际适用中的影响力被大大减损。

从以上展示的说服价值与推广价值可以看出，法典的体系化形式对于民众与法律共同体的信念与思维方式具有很强的塑造作用，从而有利于法典实现其变革社会的目的。形式与实质是不可分的，形式从来都具有独立的价值。同理，法典作为司法的文本依据，体系化的文本形式对于裁判思维具有极其重要的指引作用。

二、法典的体系化形式对裁判思维的影响

（一）减轻说理与找法的负担

体系化的主要功能之一，在于储藏人类理解法律的经验。体系是相互关联的整体，它通过一定的脉络将法律经验以简约的形式组织起来，可以最有效地进行经验传递。法律体系的基本单位是法律概念。概念描述的对象有很多特征，这些特征不可能都包含在概念之中，因此必须进行取舍。取舍的依据必然服从于一定的目的，负载一定的价值取向。"作为人类的行为规范，法律的制定或接受既然本来便是'有所为'而来，则在法律之制定、接受或甚至在探讨时，

---

① ［德］迪特尔·梅迪库斯：《德国民法总论》，邵建东译，法律出版社2000年版，第41页。

人们对之莫不'有所期待'……"①因此，概念形成时便融入了特定社会的价值观，该价值观储存在概念之中。一般情况下，只要正确运用概念，便符合概念之后的价值取向，因此裁判者不必重复论证概念的合理性，不必详细剖析概念背后的考量，可以减轻裁判者的思维负担及说服任务。例如法律设定作品概念时突出了两个特征：(1)作品是表达；(2)作品具有独创性。这种选择体现了一种利益平衡的思想：既要保护创造性的智力成果，又必须顾及社会文化的发展。作品限于表达，是为了强调保护的范围不能扩展到思想，避免阻碍社会文化的延续；作品必须具有独创性，是为了凸显法律鼓励创造的意图。这些价值取向固着于"作品"的法律概念之后，法官只需根据该概念的标准决定是否保护某种对象即可，例如某种表达不具备独创性，就可直接认定不给予版权保护，而不必证明"为什么作品必须具有独创性"。因此，概念的储藏功能使得价值概念化，复杂的价值衡量过程隐于概念的形成过程之中，而一旦概念形成，价值衡量的过程在多数情况下可以省略。

在体系中，概念之间形成一定的逻辑关系。裁判者通过查找与案件事实相关的概念在体系中的定位，就可以发现此概念可适用的规则，而不必盲目地从头再来。例如，尽管知识产权单行法对权利许可规定得非常简略，但只要知道许可合同是合同之一种，就可以在合同法的规则中寻找裁判依据。如果民法典把知识产权许可与合同的联系揭示出来，就可以清晰地指引法官找法。

(二)促进裁判标准的统一

如前所述，合乎体系是说服力的重要来源，司法裁判的证立也不例外。"一种根本没有潜在指涉某个体系的法律证立是一种特别证立。它不符合普遍性与一般性的前提，因而也不符合正义的基本要求。这个句子是有效的：正义要求将法律证立置入一个尽可能融贯

① 黄茂荣：《法学方法论与现代民法》，中国政法大学出版社2001年版，第45页。

的体系之中。"①当立法体系清晰展现之后，法官会首先在体系中寻找法律概念的依归，而不是任意地创设新的概念与原则，从而起到促进裁判标准的作用。当知识产权的专门规范没有给出明确答案时，法官会上溯至民事权利的通用规范，如果还不能解决，则继续上溯至民法的总则性规定，包括民法的基本原则。换言之，在同一体系中找依据，可以最大限度地避免法官各行其是、造成裁判的不统一。

（三）提供新问题的解决思路

立法不可能穷尽一切问题，但法官不得拒绝裁判。由于立法体系中不仅包含具体的规则，还包含抽象的原则与隐含的价值目标，体系化思维可以帮助裁判者从法律原则与价值目标中推演出新的规则。按照体系化的方法，面对新问题而缺少直接相应的具体规则时，法官可以从既有规则回溯至规则背后的原则与价值，而后推演出适合新情况的规则。

知识产权界对知识产权救济中停止侵害责任的认识过程就是一个很好的例子。侵害知识产权的归责原则一度成为法学界争论的问题，后来学者们发现，物权救济中的物上请求权行使是无须考虑过错的。回溯物上请求权制度的理据，物权请求权的效力来自物权的绝对性。一切支配权都具有绝对效力，由"物权派生物上请求权"之原理，可以推出"一切支配权派生回复其效力圆满状态之请求权"。所以，民法学者认为，"凡属支配性质之权利，均具有与物上请求权相关之请求权。"②知识产权作为支配性财产权也不例外。于是学者借助物上请求权理论解释知识产权保护中"停止侵害请求权"的性质，并逐渐为实务界认可。这是利用已有的物权原理解决后来出现的知识产权问题，是典型的体系化的思维方法，反映了体系化

---

① ［德］罗伯特·阿列克西：《法：作为理性的制度化》，雷磊译，中国法制出版社2012年版，第127页。

② 谢在全：《物权法论》，中国政法大学出版社1999年版，第40页。

思维的"温故知新"功能。

三、非体系化思维对我国知识产权审判的制约

尽管知识产权是民事权利之一种，但知识产权法学与民法学的隔膜是不争的事实。①这一现象体现于法学研究和教育的格局之中，也直接影响到为法学教育和法学理论所濡染的法官。相比其他法律领域，知识产权的理论与实务在体系化方面的欠缺更为严重。其中一个重要原因是，知识产权与技术和商业模式的联系非常密切，而技术与商业模式又是变动极为频繁的因素，导致知识产权保护不断地面临新的问题，法律界忙于应付各种具体问题，导致思维的碎片化，欠缺整体观，并且将知识产权法的变动作为质疑体系化的理由，担心体系化会束缚新规则的产生。一面与民法隔离，一面欠缺整体观，两个因素叠加，使知识产权审判中非体系化的弊端非常突出，主要表现如下：

（一）浪费已有经验

前文已述，体系化思维具有减负功能，对于体系中储藏的经验，不必从头论证。而在知识产权实务中，有些民法中已经解决的问题，却被当作新问题重新讨论。最典型的例子当属对侵害防止请求权的误解。所谓侵害防止，是指侵害尚未实际发生时给予的消除侵害危险的权利救济。知识产权界借用英美法系的概念"imminent infringement"，将侵害之虞称为"即发侵权"。不少人认为"即发侵权"挑战了传统民法理论，因为民法理论中的侵权构成应当包含实际的侵

---

① 李琛：《论知识产权法的体系化》，北京大学出版社 2005 年版。

权行为，从而认为侵害知识产权有别于一般的民事侵权。① 在"北京天朝公司诉北京通州运河化工厂"案②中，为了预防侵害商标权的行为发生，法院判令被告销毁已经购买的带有原告商标标识的包装桶，该案被称为"国内即发侵权第一例"。因为此案中被告的侵权行为尚未发生，所以该判决被奉为对传统民法中"侵权四要件"理论的新突破（不要求具备损害后果）。

以体系化思维观之，所谓的"即发侵权"，不过是为了预防侵害的发生，侵害防止并非知识产权特有的救济方式，作为物上请求权类型之一的"妨害预防请求权"即属于侵害防止。因此，"即发侵权"相当于物权理论中的"侵害之虞"。侵害防止请求权属于支配力回复请求权，类似于物上请求权，与侵权请求权无关，当然不必满足"侵权四要件"，突破之说无从谈起。此类司法创新，实为经验浪费。

（二）裁判语言与标准的不统一

这个问题是由上述"浪费经验"现象所派生的。由于欠缺体系化思维，无法认清体系内已经存储的经验，就容易盲目地引入各种新概念，导致裁判语言的混乱。一个成熟的法律共同体，应当尽量保证立法语言、学术语言与裁判语言的统一性。由于脱离了对整个民法体系的观照，知识产权的理论与实务界从其他法域引入了大量的冗余且与我国民法术语体系不相容的概念。例如，我国《民法通则》和《著作权法》中只有"著作人身权"的表述，而不少司法文书中却使用"精神权利"的表述。有判决行文如下："著作权是一系列精神权利和财产权利的集合……《中华人民共和国著作权法》第10条规定的精神权利包括发表权、署名权、修改权和保护作品完

---

① 孙玉：《即发侵权与知识产权保护》，载中国法院网，2002年4月1日发布。
② 北京市二中院（1998）二中初字第124号民事判决书。

整权四项。"①看不出有何特别理由需要回避立法中的"著作人身权"表述。我国经典教科书认为："主观的东西不可能受到侵犯,任何人都不能对他的主张享有垄断的支配力,法律既无须也无法为'精神'设置权利。我国民法理论和民事立法称之为著作人身权,这种称谓符合我国的立法传统,也易于被人理解。"② 另一个例子是"间接侵权"概念的引入。无论是《侵权责任法》还是知识产权单行法,都没有使用"间接侵权"概念,但大量的裁判文书都使用了这一表述。③我国的民法术语体系中只有"共同侵权",引入一个与之不相容的新概念是需要特别证立的。从逻辑上分析,根据主体数量划分,侵权可分为单独侵权与共同侵权,不可能出现第三种类型。没有任何侵权行为既不是单独侵权,也不是共同侵权,这在逻辑上是不可能的。"间接侵权"或是单独侵权,或是共同侵权,不存在我国既有侵权术语体系无法解决的缝隙,问题的关键只不过是对单独侵权或共同侵权的解释。"间接侵权"必然是一个冗余概念。④

能够在现有的立法术语体系内找到裁判的依据,是法官说理能力的体现。任意地引入新概念,绝不是值得鼓励的司法创新,这恰恰是欠缺体系化思维、找法能力薄弱的反映。

裁判语言的分裂并不仅仅是一个形式问题,也会在实质上造成裁判标准的不统一。因为"新概念"的表象会使法官错认为这是一个独立于现有概念体系的新问题,从而忽视了本应遵守的体系约束。例如,"避风港"一词是从美国法引入的表述。所谓"避风港规则",是指信息网络服务提供者在某些无过错的情形下,只要根据权利人的通知删除侵权内容或停止链接,则不负损害赔偿责任。若以

---

① 广西壮族自治区高级人民法院（2013）桂民三终字第 65 号民事判决书。

② 刘春田:《知识产权法》（第五版）,中国人民大学出版社 2014 年版,第 69 页。

③ 截至 2016 年 10 月 30 日,知产宝数据库中检索出包含"间接侵权"关键词的知识产权判决书有 443 篇。

④ 对此问题的详细论述,见李琛:《论中国民法典设立知识产权编的必要性》,载《苏州大学学报（法学版）》2015 年第 4 期。

民法的理论术语表述之，即行为人无过错时，只要停止侵害即可，无须赔偿损失。"避风港规则"是把网络服务提供者的无过错情形进行了立法上的类型化，实为过错责任的具体适用。这一概念既无立法上的依据，也没有独立的理论意义。有的判决书中把"避风港"视为一项独立的法律原则："所谓'避风港原则'针对的是提供网络接入服务的、提供缓存服务的、提供信息存储空间服务的、提供搜索和链接服务的四类网络服务提供者的免责情形。"[1]一旦误认为"避风港规则"具有独立的价值、忽略了该规则与过错责任之间的关联，就有可能得出错误的判断。有的法官把"避风港规则"误认为归责要件，以为不符合"避风港规则"的行为就必然构成侵权。从逻辑上分析，不符合立法类型化列举的无过错行为，未必就是过错行为，因为立法无法穷尽无过错的行为。而具备体系化思维的法官则清醒地认识到："'避风港'是免责条款……但是不符合或不完全符合其规定的免责条件的，可能承担侵权责任也可能不承担侵权责任，是否承担责任，仍然需要根据侵权责任构成的要件判定，'避风港'本身不具有侵权判定规则的功能和作用。"[2]"避风港规则"这一冗余新概念的引入，对法官的体系化思维有可能起到干扰的作用。

另一个例子是知识产权审判中对"在先权利"理解的分歧。有的判决认为，"在先权利"不包括法定权利之外的法益。例如，"万宝路"商标行政诉讼案一审判决认为，"《商标法》第 31 条所指的在先权利应当为在先商标权之外的其他法定权利。……但'商品化'权并非法律规定的法定权利……"[3]有的判决则认为，"在先权利"包括法定权利和法益。例如，"驯龙高手"商标行政诉讼案一审判决认为，"该条款所指的'在先权利'包括根据《民法通则》和其他

---

① 北京知识产权法院（2016）京 73 民终第 402 号民事判决书。
② 陈锦川：《著作权审判：原理解读与实务指导》，法律出版社 2014 年版，第 265 页。
③ 北京市第一中级人民法院（2014）一中知行初字第 3954 号行政判决书。

法律的一般规定而应予保护的民事权益。"①这个问题只有回复到民法视野中去思考权利与法益划分的意义，才能作出正确的选择。民法学者一般认为，权利与法益有划分的必要。②没有被预先设定为权利的利益，在受到保护时应当更为谨慎。"法益之生活资源必须为法律所消极承认。所谓消极承认，一方面肯定其合法性，他方面则提供相对薄弱之保护。"③ 有观点援引《侵权责任法》的第 2 条"侵害民事权益，应当依照本法承担侵权责任"之规定，论证权利与法益的无差别。④《侵权责任法》的功能是确定责任，如果一项利益被确定为应受保护之法益时，从责任承担方式的角度而言，与权利没有区别，因此，《侵权责任法》将侵害权利与侵害法益的责任一并规定。而在判定对一项事实利益是否予以保护时，其是否属于法定权利，会影响法官的审慎程度。对于法定权利之外的利益，给予保护应更为慎重。所以，从《侵权责任法》的视角不重权利与法益之分，不等于任何情况下二者的区分都无足轻重。如果权利当然地包括法益，《侵权责任法》就不必用"民事权益"之表述，可以直接用"民事权利"。"民事权益"用语本身，恰恰表明了立法对权利和法益的区分。但遗憾的是，由于缺乏体系关照，不少判决书随意地使用"商品化权""商业秘密权""包装装潢权"等概念，这些原本局限于个案解决的表述，一旦形成风气，就可能使知识产权审判在整体上疏离了划分权利与法益的民法价值，从而助长司法的任意设权。而且从前引反对"商品化权"概念的判决也可以看出，任意扩张权利的做法并未得到司法者的普遍认同，由于缺乏一致的体系认同，裁判标准必然会不统一。

---

① 北京市第一中级人民法院（2014）一中行（知）初字第 8924 号行政判决书。

② 龙卫球：《民法总论》，中国法制出版社，第 36 页。对此问题的详细论述，见李琛：《论知识产权法的体系化》，北京大学出版社 2005 年版，第 172—174 页。

③ 曾世雄：《民法总则之现代与未来》，中国政法大学出版社 2001 年版，第 62 页。

④ 北京市高级人民法院知识产权审判庭：《商标授权确权的司法审查》，中国法制出版社 2014 年版，第 318 页。

（三）欠缺温故知新的能力

技术发展迅速以及相应的法律新问题频发，是知识产权法学质疑体系化价值的主要理由。事实上正好相反，越是新问题频发的领域，越要重视体系化。由于人的预见力有限，专门针对新问题的特别规则只能是事后发展起来的。在特别规则颁布之前，裁判者最佳的解决途径就是在体系中寻找已有的规则或原则，用类比或演绎的方式得出解决方案。因此，越是变动频繁的领域，越依赖体系的发展新知的功能。"它（体系）不仅有助于概观及实际工作；它也成为借助那些——透过体系才清楚显现的——脉络关联以发现新知的根源，因此也是法秩序继续发展的基础。只研究个别问题，而没有能力发现较广脉络关联的学问，并不能继续发展出新的原则……"①

例如，我国司法界曾对知识产权人的停止侵害请求权几乎不加分析地一概支持，后来这种做法的弊端逐渐引起注意，并得到修正。2009 年印发的《最高人民法院关于当前经济形势下知识产权审判服务大局若干问题的意见》指出："如果停止有关行为会造成当事人之间的重大利益失衡，或者有悖社会公共利益，或者实际上无法执行，可以根据案件具体情况进行利益衡量，不判决停止行为，而采取更充分的赔偿或者经济补偿等替代性措施了断纠纷。"其实学者对此问题早已结合民法理论给出过意见②。知识产权救济中的停止侵害请求权属支配力回复请求权，与物上请求权属同一性质。民法理论认为，物上请求权"受权利滥用、诚信原则、公共利益原则与相邻关系之限制，此乃因所有权社会化所造成所有权本质上之限制所使然。"③同理，知识产权中的停止侵害请求权也应受到禁止权利滥用等原则的限制，并非绝对应予支持。又如，委托创作合同的纠纷日

---

① ［德］卡尔·拉伦茨：《法学方法论》，陈爱娥译，商务印书馆，第45页。
② 李琛：《著作权的停止使用请求权与权利滥用之禁止》，载《知识产权片论》，中国方正出版社 2004 年版。
③ 谢在全：《物权法论》，中国政法大学出版社 1999 年版，第 38 页。

渐增多，而《著作权法》相关的条文非常简单，实务中不得不参照《合同法》。应当参照哪一种有名合同的规范，是正确找法的前提。不少判决书把委托创作合同称为"委托合同"，显然是错误的。委托合同的标的是完成一定的事务，而委托创作合同的标的是作品，应当属于定作合同。当然，传统的定作合同规则是以"物"作为标的预设的，在适用时可能需要根据物与作品的差异作适当的变通。但只要正确地运用体系化思维，就可以推陈出新。

相比知识产权法，民法的历史悠久，有着比较成熟与完整的概念体系，其中大量的规则与原则都是对民事法律关系的抽象与总结。现象的复杂并不改变社会关系的本质，知识产权领域的新问题未必都是本质性的"前所未有"。《黄帝内经》有云："智者察同，愚者察异"。回归民法源头，温故知新，较之动辄另立山头，是更为理性、务实的态度。

四、知识产权司法需求与民法典的回应

综上所述，从知识产权司法需求的角度考虑，我国的民法典很有必要设立知识产权编。在立法的过程中，可以梳理、审视已有的知识产权规则与民法典的相容性。例如著作人身权与人身权的关系，著作人身权是否具有专属性，对于著作人身权的特别规定如何作出合理的解释。①又如，司法解释对侵害知识产权之诉的诉讼时效作出了特别规定，该规定如何与民法衔接。以著作权为例，根据《最高人民法院关于审理著作权民事纠纷案件适用法律若干问题的解释》第 28 条："侵犯著作权的诉讼时效为两年，自著作权人知道或者应

---

① 在司法实践中，对于委托创作合同能否约定著作人身权的归属，态度不一。见陈锦川：《著作权审判：原理解读与实务指导》，法律出版社 2014 年版，第 71 页。

当知道侵权行为之日起计算。权利人超过两年起诉的，如果侵权行为在起诉时仍在持续，在该著作权保护期内，人民法院应当判决被告停止侵权行为；侵权损害赔偿额应当自权利人向人民法院起诉之日起向前推算两年计算。"物上请求权不罹于消灭时效，是民法学已有的理论，同一性质的停止侵害请求权类比适用，尚有法理依据。但损害赔偿请求权作为债权请求权，不适用消灭时效的法理依据何在，值得讨论。有人提出"持续性侵权"理论，该理论认为，如果侵权行为持续发生，可视为不断地产生新的侵权行为，每次侵权行为的实施都可以产生新的时效起算点。因此，两年以内的侵权行为的时效独立于两年以前的侵权行为。如果此理由成立，则知识产权司法解释确立的原则可适用于一切持续性侵权。此观点在学界受到质疑①，而且在实践中削弱了诉讼时效制度促使权利人及时行使权利的功能。在逻辑上，持续性侵害知识产权的诉讼时效制度或可以适用于一切持续性侵害民事权利的行为，或不合民法原理应予修正。而仅就停止侵害请求权而言，尽管不罹于消灭时效有民法理论依据，但民法上有取得时效等制度作为相应的限制。有民法学者指出，即便有的侵权请求权不适用诉讼时效，也并不意味着不受任何限制。"在我国民法学说以及民事习惯法上遵循诚实信用原则得到认可的失权期间，即可对其发挥限制功能。"② 虽然知识产权不适用取得时效，若在民法视角下整体审视，裁判者当注意知识产权保护与已有利益关系的稳定性之间的权衡，对于发生时间较长的侵权行为，或许会依据个案更为谨慎地对待停止侵害救济。

把知识产权纳入民法典，会深刻地影响司法者的裁判思维，引导司法者体系性地找法，并且在概念与规则运用方面受到体系约束。同时，针对新技术带来的挑战，司法者也会逐渐养成从体系中推演

---

① 有学者认为持续性侵权仅构成一个诉，权利人未在两年诉讼时效期间内起诉的，不应支持损害赔偿请求权。见姚欢庆：《知识产权上民法理论之运用》，载《浙江社会科学》1999 年第 5 期。

② 王轶：《民法原理与民法学方法》，法律出版社 2009 年版，第 79 页。

新知的良好习惯。对于前文分析可以自然推导的结论，本部分不再赘述，以下结合我国当前大力推动的案例指导制度，重点谈谈民法典对于知识产权裁判统一性的意义。

案例指导制度的主要目的是尽量消除裁判的不统一，增强裁判的说服力与可预见性。但本文作者认为，仅靠司法部门内部通过评选指导性案例等方法来实现裁判统一，效果是非常有限的。一个案子是否与指导性先例一致，是需要识别的。对案件所涉的法律问题本质的识别，归根结底还是要依赖法官的认知，即法官是否将自己审理的本案识别为与指导性先例类同的案件。此外，如果司法者之间的价值观分裂，即便某个案件被最高人民法院评选为指导性案例，在后案件的法官还是有可能因为内心的不认同而刻意将本案"识别"为与先例不同的情形。因为援引先例是为了增强裁判的说服力，没有人愿意去援引一个自认为没有说服力的先例来增强说服力。

因此，裁判思维与裁判语言的统一，才是促进裁判统一的根本途径，而这一目标的达成，最终要仰仗法教义学的成熟。法教义学的主要任务是"认识现行法，体系化地整理现行法和现行法规范背后的道理，用其来沟通和交流，以指导法律实践。"①现实中立法的体系化程度越高，法教义学的建构就越容易，各种法学理论之间的分歧也越小。受过成熟的法教义学熏陶的法官之间，话语与思维的一致性程度也较高。民法典的体例必将影响民法与知识产权教科书的编纂体例以及民法与知识产权法课程的讲授模式，经由法学教育而塑造法官的话语体系与思维模式。另外，不被主流教科书与法学理论接纳的指导性案例或经典案例，起不到太大的影响作用。英美法系被公认的经典判例，不仅在实务中被尊崇，也在教科书中被传递。那些随意运用概念、创设所谓新规则的案例，即便被评选为经典案例或指导性案例，在法学教育和法学研究中也只能作为批判对象而存在，无法通过法教义学的认可而真正地获得权威性。换言之，

---

① 纪海龙：《法教义学：力量与弱点》，载《交大法学》2015 年第 2 期。

越是有立法体系依归、符合体系化语言规则与思维规则的先例，也就是与立法、学说契合度最高的先例，才能真正地发挥指导作用。裁判统一的达成，不是司法部门可以单独完成的。

知识产权裁判已经出现了比较严重的不统一现象。①通过在民法典中设置知识产权编，推进知识产权法教义学的发展，深刻影响裁判者的思维方式与表达习惯，缩小立法、司法与学术之间的语言分歧，引导裁判者在体系依托中寻求裁判的正当性与说服力，节制无根基的所谓"司法创新"，才能从根本上推进知识产权裁判的统一性。

---

① 见李琛：《论商标禁止注册事由概括性条款的解释冲突》，载《知识产权》2015年第 8 期。

试论知识产权与民法典的关系

——以知识产权审判专业化趋势为视角

管育鹰[*]

摘　要　知识产权是民事权利,知识产权相关民事活动适用公平、意思自治、诚实信用、等价有偿、公序良俗等民法通用规则;在信息社会,知识产权无论对权利人还是对整个社会经济、科技、文化的发展都日益重要,我国制定统领信息社会经济生活的民法典,须明确对知识产权作出规定。但是,知识产权与同为财产权的物权相比具有特殊性,特别是行政或准司法机关的介入使得知识产权的属性更加复杂,为此注重民法体系化的绝大多数欧陆法系国家一直未将知识产权法的内容纳入其民法典。从审判实践看,世界各国的知识产权诉讼主要是解决民事争议,但也面对着专业技术强或事实复杂的授权确权争议,特别是民事诉讼往往夹杂着卷入行政机关的确权诉讼,为此形成了一套不同于一般民事案件的专门审判机制。在我国,知识产权诉讼还包括了针对行政执法的司法审查和侵犯知识产权的刑事救济程序,知识产权审判专业化趋势尤为明显。因此,民法典与知识产权法逻辑关系,应当是在拟定的《民法总则》中明确知识产权的概念、基本内容以及不同于物权的主要规则;既彰显

---

[*] 管育鹰,中国社会科学院法学研究所研究员,博士生导师。

知识产权在社会经济中的重要性，又为将来知识产权制度进一步体系化提供索引。

关键词 民法典 知识产权 知识产权审判 民法总则

编纂民法典是我国目前法学界面对的重大任务。作为我国民法典起草过程中引人关注和争论不休的主要议题之一，知识产权相关条款是否制定、如何制定至今仍然是民法典制定中一个绕不过去的难题。早在 1986 年，《民法通则》即已将知识产权明确为我国民事主体的基本民事权利。经过三十多年的社会主义市场经济建设，特别是《国家知识产权战略》的制定和实施，我国的知识经济日益壮大，产业形态升级越来越倚重高新科技创新；同时，先进文化的建设和市场经济秩序的规范，也离不开知识产权制度所保障的原创力和诚信、正当竞争的商业道德。当前，国家明确了创新驱动发展的战略，在将"大众创业、万众创新"作为发展动力之源的政策引领下，知识产权的观念及其相关法律规则将更加深层次地嵌入社会经济关系和民众日常生活。民法是民商事法律制度的浓缩，是规范社会经济活动和市民生活的基本法；在信息社会，知识产权无论对权利人还是对整个社会经济、科技、文化的发展都日益重要，我国民法典的编纂不能回避知识产权问题。

民法典制定中如何看待和处理与知识产权的关系，不仅需要加强理论基础方面的论证，更需要从立法技术方面进行分析并提出方案，本文尝试从知识产权基本属性和知识产权审判的专业化趋势角度提出一些自己的看法。

一、作为民事权利的知识产权及其特殊性

（一）知识产权制度基础的理论探讨

知识产权是为知识财产——人的智力创造和经营成果在法律上设立的财产权利。知识财产是与传统的物（包括动产和不动产）并列的财产类型，其本质是无形的可复制的信息。[①]

将知识产权视为民事权利是世界各国的主流观点，世界贸易组织的 TRIPS 开宗明义即指出知识产权是"私权"；这一观点的理论基础是将洛克关于财产权的自然权利学说适用于知识产权领域：人对无主物或公共物添附自己的劳动所获得的成果享有天然权利，那么，有什么比自己脑力劳动创造成果更应该属于自己的财产呢？当然，知识产权作为财产权的正当性，还在于这一论断不仅符合洛克的自然权利说，也与康德、黑格尔的个人意志论和罗尔斯正义论的哲学框架相容[②]。不过，即使在引领知识产权制度及其国际化的美国，关于知识产权制度的反思和争论一直存在。为应对实践中反对知识产权制度的呼声、解决理论上的疑惑，财产权制度应当促进社会公共利益最大化的功利主义思想逐渐兴盛，而这一思想显然受法律经济分析学派的影响。就知识产权而言，立法者应当寻求保障专有权以激励创新和部分削减其专有性以使公众能够享受这些创新成果的最

[①] 相关阐述见世界知识产权组织编：《知识产权纵横谈》，世界知识出版社 1992 年版，第 3—4 页。

[②] Justin Hughes, "The Philosophy of Intellectual Property," Georgetown Law Journal, 77 (1988): 287, at 299-330; also see Merges, R. "Justifying Intellectual Property," Cambridge, Massachusetts, Harvard University Press (2011), at 289-311.

优平衡。①

可见，知识产权虽然是私权，但其是否如人身权、物权那样属于典型的自然民事权利？答案并非一致。不可否认，相较传统的针对有形物的财产权概念，知识产权具有明显的特殊性，即基于知识产权客体的非物质性，权利人无法阻止他人享受该财产所带来之好处，而且，使用他人的知识财产并不会使该财产在物理上有所减损。从知识产权制度的发展历史来看，在法律未将知识财产加以保护之前，使用他人的创新和经营成果，因为该成果本身实质上并未受消耗和损害，并不能够依据传统民法的侵权行为之规定获得救济。当科技成为第一生产力，商业竞争日益频繁，文化精神生活需求日渐增长，创新和正当经营的智力成果需要得到法律制度的保障。这样，国家选择以赋予这些成果的主人私权主体的地位，使其获得支配性的财产权以作为法律保护的手段、促进知识产权之投资。在这个意义上，知识产权制度的建立和发展，既以自然权利说为理论基础，又综合了功利主义的考量。

我国法学界大多数观点都认为知识产权属于民事权利，强调知识产权的私权是其本源性。比如，吴汉东教授认为劳动价值学说为解释知识产权的合理性提供了必要的理论基础："知识产品是智力劳动的产物，智力劳动者应对其知识产品享有财产权，即知识产权。"② 但同时，在我国知识产权法学界，多数观点也承认知识产权与一般民事权利相比具有特殊性。比如，郑成思教授指出："知识产权本身，在当代，是民事权利的一部分……传统民法的大多数原则，适用于知识产权……不过，由于知识产权的依法保护与一般民事权利，尤其与同样属于绝对权（对世权）的物权相比，出现较迟，新问题较多，所以我认为无论从事研究的研究生、学者，还是立法与执法者，既已进入这一研究领域之后，主要精力应放在研究知识产

---

① William Landes & Richard Posner, "An Economic Analysis of Copyright Law," Journal of Legal Studies, Vol. 18 No. 2 (1989), at 325.

② 吴汉东：《知识产权的私权与人权属性》，载《法学研究》2003 年第 3 期。

权与传统民事权利的不同，即研究它的特殊性。"①

传统民法的财产权规范主要是针对有形财产设定的，有形财产处于权利人的实际控制和支配之下，所有权人可根据自己的自由意志对所有物行使占有、使用、收益和处分的权利，并得排斥他人对其所有物进行不法侵占、妨害和毁损。从历史上看，无论沿袭于罗马法的大陆法系，还是英美法系的普通法有关财产法，都是植根于个人对有形物（不动产和动产）的支配占有而探讨财产权分配的问题。这些既有的有形财产规则在适用无形知识财产时帮助有限。知识产权是典型的无形财产所有权，其特殊性主要表现在其客体的非物质性；相对于权利保护范围确定的有形财产权，知识产权权利保护范围的界定要困难得多，为此需要法律设计更加复杂灵活的规则加以辅助，比如介入行政机关的专利商标授权确权机制，这些规则对传统民法来说，的确十分陌生。除此之外，知识产权的客体随着科技的迅猛发展而不断扩展，也给权利保护范围的确定带来了困难，特别是信息时代各种创新知识产品的涌现和多元文化与可持续发展思潮的影响，知识产权客体范围呈现与有形财产权明显不同的扩张性。

在我国历年来关于民法典的讨论中，民法学界不赞成民法典规定知识产权的意见占多数，主要的理由也是知识产权的特殊性使其不容易与民法协调一致、吸收知识产权相关内容会破坏民法典的美观和稳定性："知识产权法已经长成枝繁叶茂的大树，且有不同于物权法、债法、继承法等传统民法的特色，不要说民法总则无法容纳它，就是民法典分则依逻辑也不适它。例如，知识产权体现产业政策明显、突出和迅速，知识产权制度中的行政法因素较为浓厚。所有这些，在整个民法典中都难以得到尽如人意的反映。知识产权法若被'装入'民法典，会处处受制于民法典内在要求的种种'清规戒律'，难免束手束脚，不利于自己的'自由'发展，不如依其

---

① 郑成思：《民法、民诉法与知识产权》，载《法律适用》2001 年第 1 期。

现状继续存在，效果更佳。"①

（二）知识产权审判专业化的实践探索

如前所述，知识产权客体的本质是无形的可复制的信息，知识财产作为典型的无形物具有不同于有形物的特殊性，而这一特殊性决定了知识产权诉讼在整个知识产权法律体系中举足轻重的作用。以专利法为例，某一发明专利作为一种技术方案，其本身以权利要求等专利文献来描述具高度的抽象性，事关专利法最重要的议题，如是否具备创造性可获专利权，是否构成等同侵权的分析判定等，专利法本身不可能设有具体执行的条文，只有通过法官的判决才能形成具体阐述专利法宗旨和其他抽象法律概念的案例，从而成为指导产业界今后行为准则的具体规范。商标法上的"近似""混淆"等概念，也无不需要司法实践提供判断的标准和具体阐释、为今后类型化的行为作出明确的示范。著作权法领域的实质性相似判断、思想与表达的区分、合理使用等重要法律概念也是如此。近些年来的一些经典案例，无论是众说纷纭的三星与苹果手机屏幕设计，或是轮番上演的加多宝和王老吉红罐争夺战，还是公众喜闻乐见的于正与琼瑶电视剧剧情克隆，尤其是那些艰涩难懂的专利确权和侵权争议，无不关乎知识产权权利边界的争议。可以说，知识产权法自诞生以来就无可避免地呈现一种动态本质，知识财产的无形性决定了其权利人无法像有形物权利人通过占有、不动产通过占有和四至测量登记一样宣示自己权利的边界范围，也难以让他人清晰认识并避免侵入自己的权利范围。这种知识财产本身具有的静态模糊性和不确定性，需要通过法律规则运用的动态性和个案裁判的终局性来弥补。易言之，若没有丰富多变的案例和法院的个案判决来阐述、演绎和确认，知识产权法的生命无法借由诉讼所延伸，也就无法顺应现实需求，诉讼对知识产权制度价值实现的重要性，遵循判例法

---

① 崔建远：《知识产权法之于民法典》，载《交大法学》2016 年第 1 期。

的英美法系先行者很早就关注到。郑成思教授在介绍知识产权特性的时候指出："有些英美法系国家，则把它称为'诉讼中的准物权'。这些不同的表述均反映出知识产权具有不同于其他财产权，尤其不同于有形财产权的特点。"① 我们看到，在主导世界知识产权制度的美国，知识产权法律规范虽然以成文法形式颁布，但诉讼形成的判例才是其知识产权法的精髓。

我国知识产权制度建立后，各级人民法院为认真执行各项知识产权法律作出了不懈的努力，在吸收美国等国外审判经验的基础上，审理了一大批知识产权案件。在最高人民法院指导下，1993 年 7 月以来，为了加强对知识产权的保护力度，总结积累审判经验，提高法官的办案水平，依法公正审判知识产权案件，自北京开始②，我国各地陆续在省级高级人民法院和主要地市级中级人民法院设立了独立出一般民事审判庭的知识产权审判庭，集中审理发生在本地区的涉及专利权、商标权、著作权（版权）、计算机软件著作权以及不正当竞争方面的纠纷案件；1996 年 10 月，最高人民法院正式建立知识产权审判庭，标志着我国法院建立了以高级法院和中级人民法院为主，最高法院统率的知识产权审判新格局。在知识产权纠纷频发的地区，也陆续建立了专门审理知识产权案件的审判庭，审理中级人民法院专属管辖的专利等技术性案件之外的知识产权纠纷。2000 年前后，我国的知识产权专业审判组织的名称从"知识产权审判庭"变更为"民事审判第×庭"（通常简称"民×庭"）③，以服从"大民事"格局的机构改革要求。与此同时，1996 年上海市浦东新区人民法院首次将涉及知识产权的民事、刑事、行政问题的案件统一由知识产权庭审理，开创了"三审合一"的知识产权案件审判"浦东

---

① 郑成思：《知识产权法教程》（高等学校法学教材），法律出版社 1993 年版，第 4 页。

② 见北京市高、中级人民法院知识产权审判庭简介，载《法律适用》1993 年第 11 期封 2。

③ 蒋志培：《我国知识产权庭的设立与发展》，发表于 2008 年 10 月，见智慧财产网：http：//www.ezhicai.com/news/56073.htm，2016 年 10 月访问。

模式"；2008 年的《国家知识产权战略纲要》更明确提出要研究设置统一受理知识产权民事、行政和刑事案件的专门知识产权法庭。此后，这一基于知识产权案件专业性强等特点而提出的"三审合一"模式逐渐在各地法院试点展开；截至 2016 年 7 月，全国法院共有 6 个高级人民法院、95 个中级人民法院和 104 个基层法院先后开展了知识产权审判"三合一"试点工作，积累了丰富的经验。为此，最高人民法院下发了《关于在全国法院推进知识产权民事、行政和刑事案件审判"三合一"工作的意见》（法发〔2016〕17 号），各级人民法院知识产权审判部门将不再称为"民事审判第×庭"，统一更名为"知识产权审判庭"。

知识产权案件的专业审判组织名称再次回归为"知识产权审判庭"，这一司法体制内的探索实践，回应了知识产权这一民事权利的特殊性：知识产权案件通常表现出较高的专业技术特点，特别是涉及高新技术的专利、商业秘密以及网络传播的复杂案件，其审判难度远高于普通的民事案件；而知识产权案件同时涉及民事、行政、刑事领域，这更是有别于其他的民事纠纷。从"三审合一"的性质看，知识产权庭事实上是一个综合审判庭，其目的是要充分发挥知识产权专业化审判队伍的优势，优化审判资源，整合审判力量，统一裁判标准。

知识产权审判的专业化趋势的增强，更多表现在专门的知识产权法院之建立。在我国，关于知识产权专门法院议题的讨论由来已久。在知识产权法律制度建立之初，学界就建议应当借鉴国际经验，简化知识产权确权程序，设立知识产权专门法院以解决专利、商标侵权诉讼因无效或撤销程序的介入而使案件久拖不决的问题。21 世纪以来，建立知识产权专门法院的呼声日高。一方面，国内产业发展模式逐渐由劳动密集和高能耗、高污染的粗放型向节能环保的高科技型转化，企业愈加认识到知识产权的运用和保护事关其切身利益；另一方面，在全球经济一体化的背景下，涉外知识产权案件往往牵涉重大经济利益，极易引发国际贸易争端，我国知识产权审判工作承受着越来越大的压力。因此，完善知识产权审判体制，优化审判资源配置，简化救济程序，适当集中专利等技术性较强案件的审理管辖权，探索建立知识产权上诉法院等问题逐渐成为共识，并写入了 2008 年的《国家知识产权战略纲要》。

　　尽管国外没有我国知识产权行政主管机关查处侵权假冒的行政执法引起的行政案件①，也少有知识产权刑事案件，但他们的法院与我国的法院同样面对着这样的问题：一方面专利、商标纠纷中本身就有一部分是针对授权与否的争议，另一方面知识产权（尤其是发明专利）侵权民事案件更常常难免与相关的确权争议纠缠在一起。就世界范围来看，与普通民事权利的司法保护不同，各国的知识产权案件也具有不同于一般民事案件的复杂性和专业性，因此知识产权审判机制也呈现出明显的专业化趋势，典型的表现是知识产权专门法院的建立。值得注意的是，国外的知识产权专门审判机制主要针对专利权而设置，这主要是由于专利权保护客体、特别是发明专利的无形性和权利边界的不确定性带来的复杂、疑难的纠纷，不仅需要提升法官的专业化审判技能，还需要不同于一般民事、行政案件的专门程序和专业技术人员辅助等配套措施来解决。由于法律传统的不同，世界各国针对知识产权的特殊性设置的司法保护机制也不尽相同。诉讼制度不受公、私法二元论影响的美国等英美法系国家对由同一法院审理专利无效及专利侵权诉讼上诉案件、法院的最后判决即可确定权利的有效与否这一制度设计并无理论上的障碍；但德国等大陆法系国家则倾向于知识产权的效力判定属于主管行政机关的职能，同时为了简化知识产权确权行政案件程序，可设立专门的相当于高级法院的知识产权专门法院来直接审理不服知识产权

---

　　① 海关边境措施除外：虽然在多数国家作为民事权利的知识产权主要遵循民事权利的私权保护模式，但基于知识产权在国际贸易中的特殊性，各国都建立了海关行政执法制度，以监管有形货物的方式保护无形的知识财产；当然，这些国家的海关执法并不介入当事人之间的民事争议，其强制性执法措施的目的是制止涉嫌侵权的物品流入国内市场，而不是像司法保护那样提供永久禁令和侵权损害赔偿等救济。

行政机关裁决的审案件。另外，在东亚国家，在"知识产权立国"的战略思想引导下，知识产权专门法院被寄予了更多的期望；相对于德国的专利法院仅审理确权行政诉讼的模式，日本的知识产权专门法院还增加了对技术性民事上诉案件的集中管辖。我国台湾地区更是确立了知识产权案件的"三审合一"模式；其"智慧财产法院"所管辖的案件包括了民事案件一审和二审、行政案件一审、刑事案件二审，以及依法可以管辖的知识产权案件，而且像日本一样，我国台湾地区糅合、借鉴了英美法系的经验，允许审理专利侵权民事案件的法院对专利无效抗辩作出裁决以提高审判效力①。

　　虽然域外针对知识产权的特殊性建立专门审判机构的经验对我国有参考作用，我国的知识产权专门法院也只能依据国情来设置。2014年8月31日第十二届全国人民代表大会常务委员会第十次会议通过了《关于在北京、上海、广州设立知识产权法院的决定》，随后的2014年11月6日、12月16日、12月29日，北京、广州、上海知识产权法院先后挂牌成立并开始运行。人大常委会《关于在北京、上海、广州设立知识产权法院的决定》的主要思路，是集中优势审判资源，突破现有省级行政区划内的区域性法院设置体系，将技术性强的复杂知识产权案件一并交由拟设立的相当于中级人民法院层级的知识产权专门法院受理，以保证疑难知识产权案件的审判质量和裁判尺度的统一；《关于在北京、上海、广州设立知识产权法院的决定》还为这三个专门法院的运行设定了3年试验期。从北上广知识产权法院的建设经验看，北京知识产权法院所进行的审判权运行机制改革、案例指导制度，上海知识产权法院专业化审判组织、审判机制、诉讼制度、审判队伍以及保障支持等方面推进的专业化审判新格局，广州知识产权法院在技术调查官制度、法官遴选制度以及审理者负责等方面的改革均作出了有益尝试；不过，在知识产权

---

　　①　管育鹰：《专利无效抗辩引入与知识产权法院建设》，载《法律适用》2016年第6期。

案件管辖制度的进一步科学化、技术审查意见的采信、民行交叉案件的审理等方面仍需要深入研究和探索。[①]

以知识产权审判的专业化为视角审视，我们发现，尽管理论上知识产权作为民事权利的本质没有改变，但由于知识产权相对于其他民事权利、特别是同为财产权的物权有着明显的特殊性，将知识产权、特别是专利等技术性强的案件审判从一般的民事审判中独立出来成为各法域的共同实践经验。这一事实值得我们在讨论民法典与知识产权关系问题时深思。

二、民法典接纳知识产权及一般规则的方式

（一）我国民法典与知识产权法的衔接问题

早在 21 世纪初有关中国民法典的讨论中，就有不少学者认为知识产权法不宜整体放在民法典中，因为现代知识产权法技术性强、变动频繁、国际化趋势显著，其规范内容难以与一般以平稳、可预期为价值取向的民事法律制度规范相协调。正因为此，郑成思教授赞成"法国式的知识产权法典与民法典的分立"，[②] 并对全国人大法工委在 2002 年 1 月 11 日的会上确定由其主持起草中国民法典知识产权篇"确实感到这是一个难题"；不过，他并不反对在民法典中规

---

① 见北京知识产权法院课题组：《关于审判权运行机制改革的思考与探索——以北京知识产权法院为分析样本》，载《法律适用》2015 年第 10 期；黎淑兰：《论知识产权专业化审判新格局的构建与实现——以上海知识产权法院专业化建设为视角》，载《法律适用》2015 年第 10 期；林广海：《广州故事：知识产权法院多棱镜》，载《法律适用》2015 年第 10 期；朱理：《我国知识产权法院诉讼制度革新：评价与展望》，载《法律适用》2015 年第 10 期。

② 郑成思：《从直接走向间接——对现代合同制度再认识的三次升级》，载《国际贸易》1999 年第 5 期。

定对知识产权这一当代重要财产权利形式的保护，指出"于 2002 年 12 月 23 日提交九届全国人大常委会第三十一次会议的《民法（草案）》规定了知识产权的保护范围，同时又没有将'知识产权'按照原计划作为专篇列入法中，是一个十分令人满意的选择。"[1] 梁慧星教授明确反对在民法典中规定知识产权法，在其主持起草的民法典草案中未列入知识产权一编。[2] 不过，也有观点认为知识产权法可以整体放进民法典，且单独成为一编，如"从理论上讲，知识产权作为无体物，应该被纳入物权编作为无体物规定。因此，我们的民法典草案把知识产权放在紧接物权编的一编加以规定，把它理解为一种特殊的所有权。这样，既可以昭示知识产权与普通物权的联系，也可以揭示两者的不同"。[3] 还有观点认为"知识产权与民法典连接模式，分离式是不可能的，纳入式是不成功的，糅合式是不可取的；唯有链接式，即采取民法典作原则规定与单行法作专门规定的二元立法体系，有可行之处"。[4]

笔者认为，知识产权在当今社会的民商事活动中扮演着重要角色，已经成为信息社会中民事主体财产权的主要类型，《民法典》不应对此视而不见；《民法总则》是整个民商法体系的总纲领，不仅应当规定传统民法的基本原则和一般规则，还应建立起与商法、知识产权法等民事特别法的逻辑联系。当然，知识产权法律制度内容庞杂，特别是涉及一些复杂的确权程序、相关规则的设立和变迁远比民事一般法律制度快，因此将知识产权法的所有内容都纳入民法典也是不现实的。比较适当的思路是，编纂中的《民法典》之《民法总则》不能仅仅点到为止地在民事权利客体中提及知识产权，而是

---

① 郑成思：《民法草案与知识产权篇的专家建议稿》，载《政法论坛》2003 年第 1 期。

② 梁慧星：《中国民法典草案大纲》，载梁慧星：《民商法论丛》第 13 卷，法律出版社 2000 年版。

③ 徐国栋：《民法典草案的基本结构》，载《法学研究》2000 年第 1 期。

④ 吴汉东：《知识产权"入典"与民法典"财产权总则"》，载《法制与社会发展》2015 年第 4 期。

应当尽量体现知识产权体系的开放和灵活性，并建立起知识产权法属于民事特别法、凡无特别规定均适用民法一般规则的逻辑关系。就目前阶段而言，拟制定的《民法总则》可以就知识产权的概念、范围、效力、利用、保护、权利限制与禁止滥用等基本内容和一般规则作出概括性的规定。换句话说，知识产权法与《民法典》的衔接方式主要是通过《民法总则》明确知识产权之民事权利的基本属性；同时，将现有知识产权法的通用规则提取出来作出一般规定，并指明在各知识产权单行法或其他相关法律没有规定的情况下均适用《民法典》相关规则。

按此思路，目前提交全国人大常委会审议的《中华人民共和国民法总则（草案）》中，仅以第108条规定民事主体依法享有知识产权，并列举知识产权类型是不够的。这一规定虽然比现行《民法通则》更明确、具体、与时俱进，但该草案没有任何其他条款能够建立起《民法典》与知识产权法的关系，不足以体现知识产权作为信息社会主要财产权的重要性，也无法满足知识产权法进一步体系化的需要。

当然，这一简单化处理的缺憾并非仅针对知识产权这一新型财产权利，事实上这部草案整个民事权利体系的框架设计都不够明晰。民事权利在民法中有着十分重要的作用，这在我国民法学理论界已是通识；比如，有学者指出，"权利是民法的核心概念，民法最基本的职能就在于对民事权利的确认和保护。民法体系的建构以权利为基本的逻辑起点，民法就是一部权利法"；[1] "民法实际上就是以民事权利为核心而设置的各项制度，就是关于权利人如何取得权利，如何行使权利以及权利受到侵犯时如何进行保护等方面的法律制度"。[2] 就立法实际需要看，目前我国涉及民事权利的法律规范分散在各种层级的法律法规中，《民法典》的制定正好是完善我国民事权

---

① 王利明：《民法总则研究》，中国人民大学出版社2003年版，第66页。
② 江平：《民法教程》，中国政法大学出版社1988年版，第171页。

利体系的时机；况且，民事权利本来应当是整部民法典的核心内容，正如该草案的说明所指出的："保护民事权利是民法的核心。按照党的十八届四中全会关于实现公民权利保障法治化的要求，为了凸显对民事权利的尊重，加强对民事权利的保护，同时也为民法典各分编和民商事特别法律具体规定民事权利提供依据，草案继承了民法通则的做法，设专章规定民事权利的种类和内容"。① 不过，至少从目前的条文和内容看，此草案对民事权利这一重要的内容却着墨不多，甚至少于现行《民法通则》的相应部分。

笔者认为，制定中的《民法典》之《民法总则》的主要内容，除了民法基本原则和一般规则外，还应当包括民事主体、民事权利、民事法律行为、代理、时效等民事活动涉及的基本概念和相关规则；其中，民事权利是十分重要的内容，不宜以目前几条简单地罗列民事权利的基本类型，而是应当进一步明确民事权利客体内容和民事权利行使的一般规则。同时，在拟制定的《民法总则》中进一步将现有的分散的关于民事权利的法律规范协调统一，有助于民事主体全面了解自己的权利义务、有助于围绕民事权利义务产生和变动的各类民事活动的顺利开展，有助于分散在各相关法律法规中的民事权利法律规范得到贯彻，也有助于体现国家对所有民事权利的重视与保护。就知识产权而言，可以在"民事权利"中抽象出现有知识产权的概念，列举现有知识产权客体的种类，并在"民事权利一般规则"中制定专门针对知识产权这一民事权利的通用规则；这样，既可以明确知识产权作为基本财产权利在民法中的地位，又可以初步建立知识产权法与民法的逻辑关系，以《民法总则》的相关规定统领我国知识产权法的下一步体系化。

---

① 见中国人大网 2016 年 7 月 5 日发布公开征求意见的《中华人民共和国民法总则（草案）》及其说明，网址：http://www.npc.gov.cn/npc/lfzt/rlyw/node_ 30514. html, 2016 年 9 月 25 日访问。

(二) 民法典可体现知识产权及其一般法律规则

制定民法典的域外经验对于现今我国民法典的编纂固然有重要的参考意义，但是，大陆法系各国的民法典都是在有形物作为主要财产形式时期制定的，到无形财产兴盛时期这些民法典在修订时已到形成相对封闭的体系，难以吸纳规则相对灵活多变的知识产权法律制度，例如，荷兰民法典中关于知识产权编的设计后来由于立法技术上的困难而被取消。① 因此，我国制定民法典不宜受德国等大陆法系民法典的固化传统思维所左右。另外，从国际知识产权制度的建立和发展来看，尽管知识产权制度发源于欧洲，但由于其与高新科技和先进文化的天然联系，知识产权已然成为美国这一新兴国家的重要财富；没有成文法传统的美国是知识产权法律规则的主要创制者和推广者，其缺乏内在体系化的立法思维模式显然难以为我国民法典中如何写入知识产权提供有效借鉴。

考虑到我国整个民法沿袭了德国等大陆法系，而知识产权制度却深受美国影响的事实，我国民法典如何对待知识产权需要结合中国当下社会经济生活和未来国家发展方向作出制度上的创新，以有效解决目前知识产权法缺乏体系化与知识财产的重要性不符的问题，并搭建知识产权法的基本框架以满足今后创新驱动发展战略实施的需要。

在知识产权与民法典的关系方面，俄罗斯的经验也许值得我们关注。《俄罗斯民法典》将知识产权作为独立一编，并废除了原先六部主要的知识产权单行法，使其民法典 "知识产权编" 成为知识产权领域的统一法律规范。② 但是，这一立法模式是否法典编纂形式，与法律汇编模式的法国《知识产权法典》有何区别，对我国民法典

---

① 亚瑟·S. 哈特坎普：《荷兰民法典的修订：1947—1992》，载《外国法译评》1998 年第 1 期。

② 张建文：《俄罗斯知识产权立法法典化研究》，知识产权出版社 2011 年版，第 68 页。

编纂是否有实质借鉴意义？这些问题还需要进一步研究。从体例上看，《俄罗斯民法典》第四部分第七编（知识产权编）的标题是"智力活动成果和个性化识别标记的权利"，其中第六十九章对整个知识产权编作了"一般规定"①；如果我国民法典之民法总则中要明确知识产权的概念、内容和一般规则，可以对这些具体条款进一步研究并加以提炼。

制定一部影响深远的民法典，需要社会各界广泛的关注和深入的讨论。在这方面，至少在我国学界，还未形成能够迎接民法典制度创新挑战的合力。21世纪以来，一方面人们认识到知识产权这一民事领域新的财产形态在社会经济生活中越来越重要，另一方面关于知识产权法与民法的关系这一重要问题，我国学界却鲜有更深入翔实的研究。主要的原因，既有观念方面的障碍，也有立法技术上的障碍；目前来看，技术上的障碍带来的困惑更多。在观念方面，21世纪初民法典起草过程中的那场讨论，当时几乎所有民法学界和知识产权法学界的权威学者均已参与、一时难以产生更有深度的创新性学术观点。技术方面的原因，主要是由于21世纪以来我国的知识产权法学界一直处于应对科技、经济和文化领域之快速变化带来的法律规则的制定和完善的状态，无暇顾及对知识产权法与民法的关系问题作进一步研究，从而形成了与传统的民法学研究日益脱离的现状。另外，民法学界对知识产权这一新兴财产权利的法律规则如何运用民法理论加以抽象、归纳也本能地排斥。对此，曾有学者不无尖锐地指出："某些民法学者对于超出自己理解能力之外的知识产权所自然具有的排斥心理，以及某些知识产权法学者由于对民法基础理论的欠缺而发生的逃离心理，至少在祖国大陆学术界，民法

---

① 《俄罗斯民法典》第四部分知识产权编于2006年12月18日通过、2008年1月1日实施；根据WIPO网站提供的英文版，知识产权编的题目直译为"智力活动成果和个性化识别标记的权利"（Rights to the Results of Intellectual Activity and Means of Individualization），"个性化经营成果"包括商标、字号、地理标记等各类商业标识，网址：http://www.wipo.int/wipolex/en/text.jsp?file_id=202567，2016年10月11日访问。

学者和专攻知识产权法的学者之间，基本上难以建立真正的沟通和交流：但凡自称为民法学者的学者，通常以不研究知识产权为特征；而凡自称为知识产权法学者的学者，则大都不会同时认为自己是民法学者。"① 这种知识产权法研究与民法研究之间的关系描述，在一定程度上反映了从理论上将知识产权制度完美地融入民法体系在技术上具有相当的难度。遗憾的是，随着知识产权法律制度的发展，这一隔阂不是日益渐缩、而是越来越明显。本轮中国民法典制定工作的重启，正置国家实施创新驱动发展战略的历史时机，如果民法典不能科学地反映知识产权这一重要财产权的基本保护规则，我们在很大程度上仅仅是步大陆法系民法典的后尘，还未完成即很可能已经过时，更谈不上中国特色民事法律体系的制度创新。

我国民法典的编纂，国家投入了相当大的精力，人民抱有相当多的期望；我们所需要的是反映和规范我国 21 世纪社会经济生活的具有中国特色的民事法律体系，这在世界范围内并无先例可循。因此，制定中国民法典，必须立足现实、面向未来，建立制度创新的自信；当然，这一重任也极具挑战。如何避免"使人们感到其中的民商法结构只有与二百年前的《法国民法典》、一百年前的《德意志民法典》相当，或有所进步，而应使人们感到它确实是能够适应电子商务时代（或'知识经济'时代）的法制体系"，② 还需要聚集各方的智慧和力量。

民法典是统领整个社会民商事活动的母法，在民法典中以适当方式体现对知识产权的保护不仅符合现实的需求，也是完善有中国特色的民事法律体系的制度创新。同时，我国知识产权法本身缺乏体系化，民法典的编纂为消除各知识产权相关立法中的不协调甚至相互矛盾之处，弥补现有知识产权制度的遗漏，以及抽象出并明确知识产权特有的基本法律规则提供了有利的契机。简言之，我国起

---

① 尹田：《论物权与知识产权的关系》，载《法商研究》2002 年第 19 卷第 5 期。
② 郑成思：《中国民法典知识产权编条文（专家建议稿）与讲解》，载《厦门大学法律评论》第 4 辑，厦门大学出版社 2003 年版，第 3 页。

草民法典应为知识产权法体系化预留制度空间。

三、我国知识产权及其一般规则的设想

（一）明确知识产权是民事权利的一种

不同的学者对民事权利的划分不同，但无论如何，学者们都承认，知识产权是当今社会民事权利的一种。现行《民法通则》第五章"民事权利"中规定了所有权及相关财产权、债权、知识产权、人身权，其中关于债权和人身权的规定在此次《民法典》的编纂中存有争议；但是，其中关于知识产权属于民事权利的观念在我国随着《民法通则》的实施已经过 30 年，至今并无异议，继续将"知识产权"列为与"所有权及相关财产权"并行的民事权利类型具有可行性。当然，鉴于现行《物权法》已将所有权及相关的财产权包括在内，知识产权内容是否整体纳入民法典也争议较大，拟定的《民法总则》可以适当简化物权法一般规定、增强知识产权法的一般规定，以更灵活的民事权利框架适应今后的发展。总的思路是，将民事权利类型分为人身权和财产权，进而将财产权再细分为物权和知识产权等其他无形财产权，并对无形财产权分别作出一般性规定。

具体地说，建议在拟制定的《民法总则》的"民事权利"一章中，设"民事权利种类"一节，规定"人身权""物权""知识产权"以及"股权"等其他民事权利类型，并明确"知识产权是指权利人依法就下列客体所享有的权利"（以现草案第 108 条[①]为基础）：

① 草案原文：第 108 条 民事主体依法享有知识产权。知识产权是指权利人依法就下列客体所享有的权利：（1）作品；（2）专利；（3）商标；（4）地理标记；（5）商业秘密；（6）集成电路布图设计；（7）植物新品种；（8）数据信息；（9）法律、行政法规规定的其他内容。

1. 作品；

2. 发明创造；

3. 产品外观设计；

4. 商标、商号、特有名称和商业外观等商业性标识；

5. 地理标志；

6. 商业秘密；

7. 集成电路布图设计；

8. 植物新品种；

9. 传统知识、遗传资源信息、传统文化表达；

10. 法律、行政法规规定的其他内容。

以上列举的 10 项知识产权保护客体与 2016 年 7 月全国人大公布的《民法总则草案（征求意见稿）》第 108 条稍有不同。笔者分析如下：

草案列举的第（2）项为"专利"，笔者认为专利通常指已经经过授权确权程序赋予智力成果权利人的专有权利，不宜以此指保护客体本身；结合我国现行《专利法》保护发明、实用新型、外观设计三种"发明创造"的实际和今后外观设计单独立法的可能性和必要性，可将草案所说的"专利"分解为"发明创造"和"产品外观设计"两类。

关于草案列举的第（3）项"商标"，笔者认为根据我国目前商标法，"商标"一词容易与"注册商标"相等同，这样就有可能遗漏现行《反不正当竞争法》中对未注册商标等知识产权客体进行保护、禁止商业假冒或仿冒不正当竞争行为的内容；因此，应当尽量将"商标"作广义上的解释，可以增加商号、特有名称和商业外观等商业性标识的内容。对于"地理标志"，目前我国虽然对地理标志的管理有并列的几套体系，但"地理标志"一词在 TRIPS 之后基本已经统一，不再采用"原产地标记"而采用"地理标志"。

关于草案列举的第（8）项列举的"数据信息"，笔者认为至今我国民法学界和知识产权法学界均未对此概念的内涵及外延达成理论上的共识，不宜直接明文放在知识产权客体中，而是与虚拟财产一样并列为无形财产的一种。当然，数据信息中反映创新和经营成果的部分，当然可以一一与列举出的知识产权保护客体相对应，也可通过第（10）项弹性条款来实现保护。事实上，知识产权的客体实质虽然可归纳为无形的"信息"，但并不能反过来推演出所有的"信息"或"数据信息"均可成为知识产权客体。可以明确的是，随着信息社会的发展，人们对所有一切有形物质的认识几乎都可以以无形信息的形式体现出来；但这种认识如果并非出自人们的智力创造或苦心经营，其本身即是具有一定的经济价值，也不是知识产权客体。比如，目前个人信息已经无处不在，每个人的一举一动形成的行为轨迹都会以数据信息形式汇集起来，以大数据方式存在于整个网络系统；从某种意义上说，这些数据信息都是有价值的，这与非信息时代的电话号码、家庭住址、收入等个人信息通常可以买卖一样（尽管这种买卖通常是非法的），尤其是那些花费相应金钱、时间和精力获得的网络游戏操作获得的相关数据信息，更是明显具有经济价值，还有因网络资源稀缺有限性而形成的信息，均可构成虚拟财产而获得民法保护。但是，目前这些个人数据信息仍然没有摆脱传统民法人格权或物权的控制范围，只有采取保密措施的数据信息，才能明确属于知识产权的保护客体；当然，这一客体已经有"商业秘密"（也称"未披露的信息"，包括技术秘密）作为概括。

草案没有列举、而笔者建议列入知识产权客体的第（9）项为"传统知识、遗传资源信息、传统文化表达"。之所以列举这一特殊客体，是因为我国作为传统资源丰富的大国，这方面积累的创作成果和知识是我国的长项，从知识产权作为国际贸易竞争工具的角度看，我国在这方面有重要的利益；同时，在实践中，创造和保有这些知识成果的我国传统族群也有了私权化的需求，而现行知识产权法在应对方面却不尽如人意。尽管知识产权领域的司法审判对法律规则的演绎之灵活性已远甚于其他民事审判领域，以至于早就有了

"法官造法"之嫌,① 但过于原则的条文却使知识产权司法的能动性大打折扣。如果说"乌苏里船歌"案尚能给创作和传承民间艺术的族群一点精神安慰的话,"千里走单骑"案则使非物质文化遗产的保留地人民在感情上难以接受②。随着中华文化世界影响力的逐步提高,中医药、传统农产品和食品、传统生态养生知识、传统民间文艺等相关产业需要借助于保真、反假冒的知识产权制度及保质、标准化等现代化管理方式显著提升附加值,并走向国际市场。目前我国在这方面的立法仅有一些宣誓性的、散见于不同法律法规中的条款,在民法典制定过程中,如果在对知识产权客体进行列举时明确对这一优势资源的保护,将对相关立法有推进作用。

(二) 民法总则设立知识产权一般规则的方式

首先,建议在《民法总则》的"民事权利"一章中,除了"民事权利种类"外,再增设民事权利的取得、变更、消灭,民事权利的行使及义务,民事权利的限制与保护等不同小节,规定民事权利的一般问题。在相应小节里,可将知识产权作为主要的权利类型并抽象出其具有特殊性的一般规则作出明文规定。同时,关于知识产权的一般规则应当尽量精炼,仅规定已经通过实践获得共识的特殊规则,以"提取公因式"方式③建构知识产权特别法一般规则优先适用,知识产权法无明确规定则适用民法一般规则的逻辑关系和制度空间。

---

① 见崔国斌:《知识产权法官造法批判》,载《中国法学》2006 年第 1 期。
② "乌苏里船歌"案中,由于作曲者在创作中吸收了两首最具代表性的赫哲族传统民歌曲调,因此,法院判决被告以后在使用《乌苏里船歌》时须标注该歌曲根据赫哲族民歌改编,"千里走单骑"案中,由于原告主张的署名权是针对"安顺地戏"而非《千里走单骑》这一剧目,因此被法院驳回;见北京市高级人民法院 (2003) 高民终字第 246 号民事判决书,北京市第一中级人民法院 (2011) 一中民终字第 13010 号民事判决书。
③ "提取公因式"的提法见《孙宪忠:编纂民法典须解决三大问题》,2015 年 4 月 21 日财新网:http://china.caixin.com/2015-04-21/100801992.html,2016 年 10 月 11 日访问。

知识产权的一般规则是由于知识产权的特殊性而专门制定的区别于其他民事权利一般规则的规定，具体可包括以下内容：①

1. 关于权利的取得与消灭

- 知识产权是民事权利，知识产权的权利边界须经一定程序才能确认的，具体程序由单行法律规定。经任何行政程序作出的关于知识产权授权确权的决定，均应接受司法审查。
- 知识产权包括精神权利和经济权利。若无相反证据，在权利载体或证书上署名的，推定为知识产权相关权利的主体。
- 知识产权的取得和行使必须尊重公序良俗原则，不得侵害他人的在先权利。
- 知识产权客体的本质是信息，不适用占有、取得时效等针对有形物的物权规则。
- 须经行政程序获得权利确认的知识产权权利人，依照法律与相关国际条约享有国际优先权。在知识产权保护上，应依照中国与相对国家或地区共同参加或缔结的条约，为相对国家或地区的国民或居民，提供国民待遇及最惠国待遇。

2. 关于权利的行使与继承

- 知识产权的许可或转让，不意味着相关信息的有体介质（载体）的出租、出售及其他转移，反之亦然。知识产权人在他人的有形物上添附自己的权利客体，视为同意对方依法处置该有形物。法律或合同另有规定的除外。
- 由于知识产权客体的非物质性，其转让或独占性许可的对世效力应当经相应国家主管机构登记备案才能产生。

---

① 本部分参考郑成思：《民法典知识产权篇第一章论述》，载《科技与法律》2002年第2期。

- 知识产权不属于夫妻共同财产，但在婚姻存续期间，知识产权的收益属于夫妻共同财产。夫妻关系解除时，知识产权人对对方持有知识产权有形载体并无异议的，视为同意对方在行使该有形载体的物权时不可避免地行使部分知识产权。当事人另有约定的除外。
- 在权利保护期内，知识产权可以依法继承或继受。
- 在特定情形下，国家可依法颁发知识产权的强制许可。

3. 关于权利的保护与限制

- 知识产权人有证据证明他人正在实施或即将实施侵犯其知识产权的行为，如不及时制止，将会使其合法权益受到难以弥补的损害的，可以在起诉前向人民法院申请采取责令停止有关行为和财产保全的措施。
- 为制止侵权行为，在证据可能灭失或以后难以取得的情况下，知识产权人或利害关系人可以在起诉前向人民法院申请证据保全。
- 正在或者即将实施的侵犯知识产权的行为，应予制止，并可根据情况要求行为实施人承担交出、销毁或封存侵权物品的责任。行为实施人不能证明没有过错的，还应当承担赔偿责任。
- 知识产权的独占被许可人有权独立地对侵犯知识产权的行为起诉、请求赔偿及请求其他法律救济；知识产权的非独占被许可人，依照与许可人订立的合同，也可以享有上一款所述权利；如果无合同或合同无明确规定，则只有在被许可人告知权利人或独占被许可人，而被告知者仍不作为、其不作为已经或必将使被许可人遭受损害的情况下，被许可人方享有第 1 款所述权利。
- 在侵犯知识权纠纷中，如果难以追究直接侵权人的责任，被侵权人可以向法院请求直接追究帮助侵权人或者转承责任人的责任。帮助侵权人只负过错责任，转承责任人因直接侵权人的行为而获利的，应当承担责任。

- 侵犯知识产权的诉讼时效为二年，自权利人或者利害关系人知道或者应当知道侵权行为之日计算；权利人或者利害关系人超过二年起诉的，如果侵权行为在起诉时仍在继续，在该项权利有效期内，人民法院应当判决被告停止侵权及负其他民事责任，但侵权赔偿数额只能自权利人向人民法院起诉之日起向前推算二年计算。

- 知识产权适用法律规定的权利限制规则。知识产权权利人不得滥用权利，尤其不得借助知识产权在转让和许可中实施不合理的限制竞争行为。

结　语

知识产权在本质上是民事权利。在信息时代，知识产权在社会经济生活中的地位日趋重要，完善知识产权法律制度对保障国家创新驱动发展战略的实施具有不可替代的作用。民法是保护包括知识产权在内的各项人身权、财产权的基本法，是统领民商事和社会生活有序进行的行动指南，我国编纂民法典应当关注知识产权及其相关规则的纳入问题。拟制定的《民法总则》确立了一系列民事基本原则，如平等、公平、意思自治、诚实信用、公序良俗等，这些民法的一般规则适用于知识产权领域是不言而喻的。不过，知识产权与传统的其他财产权不同，知识产权审判的专业化趋势更是知识产权特殊性的明显体现。鉴于此，将整个知识产权法体系纳入民法典的思路是有待商榷的；当然，这并不是说知识产权法本身不可体系化，相反，应当尽快考虑并启动知识产权法典的编纂。就民法典的编纂而言，为体现知识产权法与民法的关系，有必要在拟定的《民法总则》中通过搭建民事权利保护的框架，将知识产权的概念、内容及其不同于其他民事权利的一般规则加以明示，从而为我国知识产权法的进一步体系化预留制度空间。本文的建议是在拟制定的《民法总则》之"民事权利"一章中，设"民事权利的种类""民事权利的取得、变更、消灭""民事权利的行使""民事权利的保护与限制"几节，将知识产权的概念和基本内容以及前述几个方面的一般规则分别纳入相应部分。当然，正如前文所述，"民事权利"一章不仅仅关系到知识产权法如何与民法典的衔接问题，还涉及其他民事领域，需要整个法学界共同研究并提出方案。

西南知識產權評論
Southwest Intellectual Property Review Vol.7（第七辑）

互联网领域
知识产权保护
…… ……

互联网开放创新的专利困境及制度应对

张 平 *

摘 要 开放创新在全球范围内已成必然趋势，然其自由、开放、共享的理念与保护私权至上的现代专利制度格格不入。来自反叛专利制度的开源技术领域终究也抵挡不住企业申请专利和专利诉讼的洪流，亦开始聚集专利权人构筑专利长城。在专利权与开源许可证层层叠叠的复杂关系面前，创新与市场竞争异常残酷，专利诉讼频率和数量成井喷式增长，诉讼标的动辄数十亿美元。人们开始反思专利制度的社会功能。本文通过互联网开放创新中面临的专利困境，结合中国《专利法》第四次修改探讨专利制度如何在互联网时代加以修正与完善。

关键词 互联网 开放创新 专利

引 言

互联网开放创新展示着无限的发展空间，从自由软件理念开始

---

* 张平，北京大学法学院雅虎—方正讲席教授，北京大学法学院互联网法律中心主任。

发展到开源软件的广泛应用：安卓系统手机全球普及以及私家车经济（Uber/滴滴快车）、私人住房经济（Airbnb/GoVocation）都是开放创新的结晶。开放创新成就了一批共享经济企业，也借助互联网经营着每个人的资源。在中国政府提出"万众创业、大众创新"的口号下，自由、开放、共享的创新理念更是促进实现这样目标的原动力。

然而，开放创新也面临着巨大的知识产权困扰，其开放、共享的创新理念与以保护私权至上的现代知识产权法律制度志道不同。

早期，自由软件为了规避"专利丛林"而强烈排斥专利申请，但是发展到开源软件产业化时，为了守卫自由的 Linux 世界，众多专利权人聚集百万件专利以构建专利长城，① 却依旧秉持不收费、不起诉的主旨，表现出何等的专利纠结。

互联网服务商（ISP）在提供分享软件和云存储服务时也遭遇到前所未有的著作权挑战，从 P2P、BT 到各种云盘，即使著作权法为其设立了"通知—删除"义务的"安全港"原则，缓解了音乐、视频、图片、文档等分享网站的著作权侵权风险，但 ISP 们在接到"通知"后终究还是无法彻底"删除"侵权作品，在海量诉讼面前，ISP 们已经没有了所谓的"安全港"。今日，"微信"类的通信软件更是面临着著作权困境：对于微信公众号还可以由服务商介入直接删除未经授权的传播内容，而对于朋友圈之间的微信传播可以说每时每刻都在传播他人的作品，但服务商已经无法净化这片空间了，这些"非法"复制件在微信中的传播能否逃避著作权法的"利剑"？

互联网开放平台亦遇到严重的商标侵权风险，亚马逊、阿里巴巴、唯品会这类经营网站以及各类"海外代购"的经营模式一直被平行进口的商标侵权问题所困扰，在贸易全球化和"互联网+"时

---

① 开放创新网络（Open Invention Network，OIN），集合了全球 1500 余家公司的 160 余万件专利和专利申请，筑起了一道围绕开源操作系统的专利长城，该组织在全球范围内开展让 Linux 远离专利诉讼的活动。正所谓是"恨也专利，爱也专利"。见 http://www.openinventionnetwork.com/.

代，是否还存在平行于商标权人"第一市场"的"灰色市场"？全球电子商务环境下是否还有"水货""行货"的问题？

基于开放创新理念的 Uber、滴滴快车更是与传统出租车、公交车开展一场拉拢乘客之战，各种折扣、红包、免费已经引起全球规模的市场准入及反不正当竞争之诉。

开放创新成就的共享经济在带给人们便利的同时，也卷入了无尽的知识产权纠纷。本文限于篇幅，仅以开放创新带来的专利问题展开讨论，期望法律能在私权保护与产业发展的平衡之中寻求一种共赢的制度设计。

一、从"专利丛林"到"许可证丛林"

在信息技术领域，由于创新的激烈竞争，一件产品往往汇集了成百上千件专利，涉及众多的专利权人，所谓的"专利丛林"就是指制造一件这样的产品所涉及的专利越来越密集，众多专利之间互相纠结、制约，专利权人之间无法达成一致的谈判条件以至于最终不能顺利实施这些专利产品，这些相互纠缠的专利形成"灌丛"，不仅阻止后续发明，也让后发企业在商业竞争中寸步难行。"专利丛林"现象对软件技术的开发和应用尤为明显，所以，在软件领域首先开始反叛现代知识产权制度，反对软件著作权和软件专利保护，诞生了著名的以自由软件为标志的开源许可证（General Public License，GPL）。

GPL 强烈排斥专利，为避免开源软件的再传播者以个人名义取得专利授权而使程序专有化的风险，GPL 始终提醒利用开源资源的人们不要去申请专利。如果取得专利，GPL 亦要求：任何专利权人都必须为了他人自由使用而开放许可，否则就不应申请专利。可见，基于 GPL 开发的软件，要么不申请专利，要么申请专利后免费许可给所有用户。①

然而，在商业社会里，完全洁身自好的开放社区是不存在的，随着应用程序的开发，开源软件越来越多地和商业软件结合，生长出上百种不同条件的许可证。② 今天，互联网公司提供开放平台，当大家都利用底层代码的开放资源，而在接口和上层应用程序中依然允许部署专利，并且有不同条件的许可证发布，一定会导致后来者在编程接口、组合产品中无法厘清众多复杂的许可证关系，使其掉进"许可证丛林"。"专利权和许可证在法律结构上层层叠叠互相覆盖。弄清两者对开源软件的作用就像是穿越雷区。"③ 如果说商业软件是专利权和著作权许可、收费的一种显性竞争，那么，基于开放创新技术的法律风险是隐性的许可证冲突和违约责任、侵权责任混交在一起的法律大战。

美国法官波斯纳在其博文中反思专利权和著作权是否过度使用时指出："软件领域专利过度保护带来的问题是最有利的说明。这是一个充满发明的、先进的、有活力的产业。但是在药品领域中存在的专利保护必要性在软件这里消失了。现在，大部分的软件创新是由一段代码来体现，软件创新逐渐变得支离破碎，不是一个整体，而是很多个零件，以至于某个软件设备（手机、平板电脑等）或许有成千上万件理论上可以申请专利的独立零件（一段软件代码或者一组硬件）。结果就是庞大的专利灌丛，给市场主体创造了无数的机

---

① 见 Open Source Initistive 网站 GPL 许可证，http：//opensource. org/licenses/gpl-2. 0. php。中文翻译可参考百度百科词条 GPL 许可证。

② 开源许可证的种类可分为：以使用开源软件的代码再散布（redistribute）时，源码也必须以相同许可证公开有：GPL，AGPL；以使用开源软件的代码并且对开源代码有所修改后再散布时，源码必须以相同许可证公开的类别有：LGPL，CPL，CDDL，CPL，MPL；以使用开源软件的代码（包括修改）再散布时，没有特殊限制，只需要明确标记的许可有：ASL，BSD，MIT 等，资料来源于开源运动 OSI（Open Source Initiative）网站，http：//opensource. org/。

③ 见 Jack M. Germain 文：Defending the Free Linux World，http：//www. linuxinsider. com/story/Defending-the-Free-Linux-World-81512.html。

会提出侵权诉讼、质疑专利的有效性。"①

　　基于开放创新的技术在产品转让和公司兼并中发生的权利义务转移也会改变开源软件的许可规则。2010 年 8 月，甲骨文指控谷歌公司在构建 Android 系统时非法使用了 JAVA 程序的代码，侵犯了其拥有的七项与 JAVA 有关的专利权及其相关版权，要求赔偿 60 亿美元。这七项专利包括：US6125447、US6192476、US6530080、US6910205、US6061520、US7426720、USRE38104。实际上这些专利是甲骨文公司早前在收购太阳微系统公司（Sun Microsystems）时从太阳微系统公司取得的。太阳微系统公司作为 JAVA 程序的开发者，也是开源框架的最大拥趸，其始终为客户提供有关开放 JAVA 源代码的免费版本，但是依旧维持着专利权的有效。在甲骨文收购太阳微系统公司之后，部分代码的开放许可证被甲骨文终止，甲骨文利用收购的专利和著作权对互联网公司发起了诉讼。谷歌公司的 CEO 曾在太阳微系统公司任高级经理数年，帮助把开源软件的理念引入了谷歌公司，并在 Android 系统中使用了 JAVA 技术，一些科学家、软件工程师也都指责甲骨文违背了诚信和契约，甲骨文可以对其收购之后的改进技术申请专利，但是对收购之前已经确立的开放许可证应当继承其法律义务，这些证据让谷歌公司最终避免了专利侵权，但是在是否构成著作权侵权方面法官存在分歧。② 无论该案结果怎样，互联网公司已经被复杂的知识产权授权产生的"许可证丛林"所捆绑。

---

　　① 资料来源：波斯纳法官博客，Becker - Posner blog, Do patent and copyright law restrict competition and creativity excessively? http: //www. becker-posner-blog. com/2012/09/ do-patent-and-copyright-law-restrict-competition-and-creativity-excessively-posner. html.

　　② 见 May 9, 2014 Decided, UNITED STATES COURT OF APPEALS FOR THE FEDER-AL CIRCUIT, ORACLE AMERICA, INC., Plaintiff-Appellant, v. GOOGLEINC., Defendant-Cross-Appnt. ella.

二、来自传统 IT 厂商对互联网企业的专利威胁

新兴的互联网企业往往没有很雄厚的专利储备，特别是新近崛起的电商，它们在纠结各种开源许可的法律关系时，更无法应对传统 IT 厂商的专利威胁。

以 Facebook 为例，在其商业经营如日中天的时候，专利诉讼也接踵而来，仅在其提出 IPO 申请前后，Facebook 就遭遇了 5 件专利诉讼：3 件来自非专利经营实体（Non-Practicing Entities，NPEs），1 件来自其他公司，1 件则来自雅虎，同时 Facebook 也遭到了亚马逊的诉讼。实际上，这均是由于 Facebook 的专利基础较为薄弱造成的。一些著名的咨询公司如埃森哲公司在网络社交/电子商务领域也拥有相当多的专利权，根据美国专利商标局公布的数据，埃森哲拥有 2700 多个专利组合，在电子商务相关的专利中，其数量已经超过 eBay。随着 Facebook 与其他公司的专利战不断升温，不排除埃森哲公司、高盛等咨询公司也会加入其中。[①]

2009 年以来，B2B 网站 eBay 又卷入一些重大专利纠纷，如 Actus 诉 eBay、Amazon. com、花旗集团、苹果等 15 家公司专利侵权案，计算机澄明公司诉 eBay、波音公司、爱普生美国公司等 44 家企业专利侵权案，PartsRiver 公司诉 eBay、PriceGrabber. com、雅虎、微软等 5 家公司专利侵权案等。美国著名电子商务网站 Autotrader. com 也被 GraphOn 公司两度控告专利侵权。Cars. com 仅在美国联邦地区法院就曾卷入十多起专利诉讼。

2009 年 4 月，平行网络公司起诉谷歌公司、亚马逊、Kayak 软

---

① 毕春丽、李梅：《Facebook 频遭专利诉讼的启示》，资料来源：中国信息通信研究院知识产权中心网站，http://ipc.catr.cn/zjsd/201303/t20130304_908069.htm.

件公司侵权，涉案专利为 US6446111，该专利主要保护客户端与服务器端之间的通信方法，包含 27 项权利要求，其权利要求几乎覆盖所有的互联网公司的基本业务。

2009 年 4 月，Actus 公司控告谷歌公司、美国银行、Visa 公司、万事达卡国际公司、沃尔玛超市、迪士尼公司、M&T 银行、Javien 数字支付方案公司等 20 家企业侵权。涉案专利有 4 件，全部保护用电子令牌实施电子商务交易的方法和设备。

2009 年 5 月，API 技术公司控告谷歌公司、亚马逊、Amazon 网络服务公司、美国在线、百思买公司、汤姆森-路透公司、雅虎等 24 家企业专利侵权。涉案专利是一种在数据传播网络上通过机器执行的服务数据的提供方法。[1]

互联网企业遭遇的专利纠纷，大部分与上述已有案件相同或来自相同专利家族。这些集通信软件及商业方法于一体的专利，其保护范围之大，让后续的创新很难在现有的技术路径上超越。

软件专利权人还有一个更强的控制力，就是将软件专利与技术标准结合或者形成行业习惯。他们一旦在某个领域捷足先登，就意味着在互联网空间有了制定技术规则的权利，而如果再将其专利以国际标准的面目出现，就有了进行全球许可的平台，或许现在存在的侵权现象有可能还是培育市场的绝好途径，20 年的专利保护期足以让他们在市场发育良好后坐收标准必要专利的许可使用费。

面对专利短板带来的威胁，互联网公司不得不在关键技术领域如社交网络服务、搜索服务、地理位置服务、安全保障、云计算等方面展开始专利布局，试图通过用户黏度的优势与传统 IT 企业来一场专利博弈。[2] 但这也仅是近几年才开始的专利申请。在我国，号称

---

① 前述发生的案例资料整理来源于笔者主持的研究项目"开源软件知识产权及法律风险研究报告" 2011 年、2015 年。

② 见笔者主持的研究项目："北京大学法学院互联网法律中心 2014 年《互联网技术创新观察报告》"，http://www.cneip.org.cn/emphasisshow.aspx? CateID = 19&ArticleID = 13222.

高新技术公司的互联网企业，在其核心业务方面的基础专利也远弱于之前的 IT 公司，IBM、甲骨文、诺基亚、微软、华为、中兴等公司在文件管理、存储、安全保障方面的专利比互联网公司在专利的积累上具有绝对的优势，它们一旦进入移动互联网业务，传统的互联网公司是没有专利招架之力的，这也是为什么会出现互联网公司近年来大量收购专利的现象。互联网公司通过收购专利，一方面壮大自己的实力，更多的是为了应对法律诉讼，做防御性储备，特别是应对近年兴起的众多 NPEs 的诉讼。

三、NPEs 对互联网企业的专利攻击

NPEs 是近年开始活跃的专利经营实体，相对于之前的"专利蟑螂"（patent troll）来说，NPEs 更是指那些专利巨无霸①。NPEs 让专利领域中的创新活动成为一种商业投资行为，向发明投资与向其他领域投资一样可以直接从市场盈利。聚集了成千上万件专利"资本"的巨人们在专利应用的模式上也不同于传统的专利授权方式。这种"投机"性创新总是伴随诉讼回收其前期投资，于是在激烈的市场竞争中搅起了寻租式的诉讼浑水。

NPEs 并不进行生产制造或产品销售，主要是针对市场行情，选择竞争活跃的技术领域，从其他公司或个人手上购买专利，或者看好"猎物"之后有针对性委托研究获得专利，然后通过诉讼索要高额专利赔偿予以牟利。《美国财富杂志》2014 年 2 月报道：2013 年被 NPEs 攻击的公司排名（在美国被诉）：AT&T 70 次；谷歌公司 43

---

① 见 TOM EWING & ROBIN FELDMAN 发表在《斯坦福大学科技法评论》2012 年第 1 期的文章：The Giants Among Us, http://stlr.stanford.edu/pdf/feldman-giants-among-us.pdf.

次；Verizon 42 次；Apple 41 次；Samsung/Amazon 39 次；Dell/Sony 34 次；华为 32 次；BlackBerry 31 次。上述公司每 12 天至少被诉 1 次。2013 年 NPEs 大量起诉 4800 个被告，诉讼数量高达 2008 年的 6 倍，诉讼数量已占全部专利诉讼的 67%。

NPEs 通过市场分析进行的选择创新活动，使原来既有的创新市场发生了变化，也改变了同业竞争者的专利战略方向。专利正在成为一种可流通的大宗商品，至于其中的技术是否核心、是否有重大创新价值，已少有人关心。

NPEs 的惯常做法是：①找到能够应用到多家公司的产品和服务的专利；②在同一个诉讼中起诉数十家甚至上百家公司；③诉状通常只包括适用于每个被告的通用主张；④主张被告故意侵权以获取多倍的赔偿金；⑤支付尽可能少的诉讼费，律师风险代理；⑥执行统一的取证计划；⑦提出的和解数额大大低于诉讼费用和支出；⑧起诉之后马上联系被告要与之和解；⑨先拿大公司开刀，取得战绩后，再陆续以此为找上其他厂商；⑩连带威胁向厂商合作的客户提告；⑪对与之较早达成和解的被告提供比较优惠的条件，以便对其他要和解的被告提供动力；⑫与为潜在陪审员所知悉的著名被告达成和解，以便给人以该专利很强的印象；⑬总是强调，"大"公司正在利用"弱小发明人"的技术赚得大量金钱却不肯为该技术付费。

在美国这样法律繁复、诉讼冗长的国家，NPEs 不惜破耗大量时间、金钱策动诉讼，足以看出其一旦专利侵权成立的严重后果给当事人带来的威胁以及起诉之后迅速和解的"轻松"盈利的模式是非常诱人的。在技术频繁更新的 IT 界和互联网领域，NPEs 更喜欢在关键时期抛出专利武器攻击对手。

NPEs 的行为使专利权完全脱离产品，独立地被交易和货币化。大量资金流入早期阶段投机性的科技公司，投资者也乐于抬高此类公司的价值，以期这些公司的专利能被证明具有市场前景。这种非理性的专利繁茂导致大量创新泡沫，科技产业会像股票市场那样动荡不安，产品制造商也因为忌惮 NPEs 提起专利权诉讼而退让，引发专利所有者与使用者脱节，制造业被 NPEs 控制的尴尬局面。①

四、专利制度的修正与完善

基于开放创新诞生的互联网企业具有极强的专利追赶能力。腾讯、阿里、百度等企业已在国内提交数千件有关电子商务、安全管理的专利申请。许多专利已经与传统 IT 领域的专利构成互补竞争，如信息商品交易模式、音乐消费行为分析方法、采用第二代身份证绑定银行卡进行支付的方法、侵权作品甄别汇报方法、数字产品奖励方法等。在这样的专利竞赛下，企业之间的专利纠纷亦必然加剧。2015 年，我国在北京、上海、广州设立了专门的知识产权法院，专利诉讼已经成"井喷"势头，以海外 NPEs 对中国市场的觊觎以及中国"专利大跃进"效应，如果没有一个理性的制度应对，会严重影响我国经济和科技进步的效果。这一点，美国波斯纳法官的预言应当引起我们的重视：

"当专利保护给发明者提供的更多是一种与竞争的隔离，而非发明人需要的充分激励，那么结果将是市场价格高于生产效率，引起资源分配的扭曲；并将出现大量浪费性的专利竞赛，这里说浪费性，是因为重复的劳动与无法激励发明（尽管这些竞赛提升了发明的速度）"；

"高效、优质的专利制度不仅能够有效激励本国创新，还能够遏制专利海盗公司的滥诉以及其他不正当竞争行为。实践中，应严格控制授权标准，提高专利质量，防止专利海盗公司利用垃圾专利威胁企业正常经营活动。慎用专利禁令，在发明所有人为非专利实施

---

① 见笔者 2012 年主持的研究项目："开放平台的知识产权问题"，参加者：何为、沈冲、陈佳佳、刘永伟。

主体的情况下，应综合考虑案件具体情况以作出是否发布专利禁令的决定"；

"软件领域进一步阻碍专利机制发挥效力的障碍包括：缺乏具备必要技术背景的专利审查员、有限的技术型法官与陪审团、产品某部分而不是全部产品的侵权损失难以计算，以及软件产业自身技术活跃性带来的不稳定性，这种技术活跃性同时激励了专利申请与侵权，这就造成了司法成本的增加"；

"迄今为止，虽然在社会利益与专利保护成本的问题上，药品与软件产业仅是两个极端。但我认为，大量的学术研究证实专利保护整体过度，重大的改革势在必行。"[①]

美国政府针对专利应用中出现的这些问题，已经采取了应对措施。2013 年 6 月 4 日，奥巴马政府宣布采取 5 项行政措施和 7 项法律措施：提高专利审查和诉讼的透明度、清晰度；减轻消费者和终端用户的专利侵权责任；加重败诉方的诉讼成本；修订 ITC 专利侵权禁令规则等。美国在专利法修改时也考虑到计算机软件和生物基因专利保护带来的不良后果，在专利审查方面更加严格。但是，这些措施发布以来并没有看出美国的 NPEs 行为有减弱的趋势，大公司的专利竞争更加严重，对进入美国本土的外国公司起诉依然猛烈，美国在海外的专利政策也与其国内不尽相同，依然以专利强保护的势头对其他国家施加压力。

2014 年，德国马普所向全世界发出《专利保护宣言》，该宣言的序言写道："作为创新市场的框架性规章，专利制度应当与其为之服务的创新进程以及赖以运行的竞争环境相适应。为了确保专利制度作为一项发明政策工具能够发挥其有效的功能，专利权应该在参

[①]　资料来源：波斯纳法官博客，Becker - Posner blog, Do patent and copyright law restrict competition and creativity excessively? http://www.becker-posner-blog.com/2012/09/do-patent-and-copyright-law-restrict-competition-and-creativity-excessively-posner.html.

考社会经济成本与收益的前提下，加以界定、证成以及不断反思。"①。马普所的这份《专利保护宣言》从 TRIPS 第 7 条、第 8 条出发，强调 WTO 成员在制定知识产权制度时拥有高度的自由裁量权来调整国内的创新市场，特别是在具体的制度设计：可专利性与公开、专利保护范围的确定、权利用尽、专利权限制于例外、强制许可、政府使用、专利侵权救济、临时过境、刑事责任等方面，WTO 成员都有立法的自由选择权。

尽管在 TRIPS 中这些内容都有白纸黑字的陈迹，但是，在实施 TRIPS 的过程中，人们似乎已经忘记了这些政策空间，完全被引导至"专利神圣不可侵犯"的道德遵从。马普所的《专利保护宣言》让人们从盲从中"清醒"，让专利制度回归初衷。也提醒那些专利保护过度膨胀的国家回归到 TRIPS 的国际规则上来，不要期望在知识产权保护方面另辟区域协定（如 TPP 等）、双边协定（如 FTA），要充分给本国创新和竞争留有发展空间。

中国正值《专利法》第四次修改，一方面要解决多年来专利保护不力的问题，另一方面也要考虑蔓延全球的专利恶性竞争，尽可能遏制那些准备在中国"大干一场"的 NPEs 发动的寻租诉讼。

开放创新已经成为互联网技术的发展趋势，不使用开源软件已经成为行业内不可能的事，开源社区丰富的开发者及软件资源是每一个互联网企业不可忽视的创新源泉，基于封闭的工业革命诞生的专利制度在开放的互联网时代进行根本的变革是大势所趋。

---

① 德国马普所的《专利保护宣言》由马普创新与竞争研究所所长 Reto Hilty 主持拟订，中文译本：张文韬、肖冰译，林秀芹校，资料来源于 2015 年 7 月 8 日中国人民大学《专利保护宣言》研讨会。

网络游戏直播画面的作品属性及其
相关著作权问题研究

冯晓青[*]

摘　要　随着网络游戏产业的发展，相关主体之间的利益之争也愈发明显，其中关于网络游戏直播画面是否为受著作权保护的作品，未经许可直播他人网络游戏画面侵犯了何种主体的何种权利抑或不构成侵权，在我国知识产权理论与实务中存在较大分歧。基于《著作权法》对独创性作品保护的精神和规定，网络游戏直播画面应当成为受著作权保护的作品，其相关权利主体则由于网络游戏种类的不同而不同。明确网络游戏直播画面受著作权保护，有利于协调网络游戏设计者、直播平台、玩家和其他相关主体之间的利益关系，促进我国网络游戏产业的发展与繁荣。

关键词　网络游戏　直播画面　作品　著作权　邻接权

我国网络游戏产业方兴未艾，网络游戏基于其极强的竞技性和娱乐性而赢得了大量社会公众，尤其是青年一代的青睐。网络游戏蕴含了巨大的利益空间，随着其急剧发展，网络游戏市场也吸引了投资商的眼光，时下网络游戏产业呈现欣欣向荣的景象。然而，由

＊　冯晓青，中国政法大学教授、博士生导师，中国知识产权研究会学术顾问委员会委员。

于网络游戏领域存在的巨大商机，围绕网络游戏直播、转播等也产生了法律上的争议。2015 年，广州斗鱼网络科技有限公司与上海耀宇文化传媒有限公司著作权侵权及不正当竞争纠纷上诉案就较为典型。在该案中，原告明确主张其网络游戏直播界面具有作品属性，应当受到著作权保护，但法院否认了网络游戏直播画面的作品属性和被告著作权侵权主张，转而认可原告关于不正当竞争行为的主张，适用《反不正当竞争法》追究被告从事不正当竞争行为的法律责任。该案判决后，在我国知识产权学术界和实务界引起了较大争议。本文则主张网络游戏直播画面具有作品属性，是受到《著作权法》保护的具有独创性的作品。本文拟从网络游戏及其作品属性入手，对网络游戏直播画面成为受到《著作权法》保护的作品的合理性进行论述，并对涉及网络游戏直播画面的著作权相关问题进行探讨，以就教于同人。

一、网络游戏及其作品属性

网络游戏属于游戏的范畴，而游戏开发、设计的目的在于追求娱乐性。在当代网络信息社会，游戏的传播和使用更多地以网络游戏形式存在。作为游戏的范畴，网络游戏的开发、制作、设计也离不开基本的策划、美术设计、计算机程序设计和音效。其中，策划是针对游戏的定位、适用对象、风格和市场差异化竞争优势等方面的综合考量和决策；美术设计又称美工，是设计游戏的各种道具、场景以及特定环境，并通过一定的画面形式呈现出来；计算机程序设计是通过撰写前端代码和后端代码形式将呈现出来的画面转化成计算机语言；音效是配置音乐、音响效果等事宜。网络游戏形式和类型多样，有的较为简单，有的较为复杂，有些存在直播，有些甚至具有比一般电影还复杂的情景和剧情。无论如何，网络游戏开发的目的是提供娱乐性质的使用，并通过这一使用和传播赢得商机，最终形成一个庞大的网络游戏产业。

网络游戏从作品著作权方面的属性讲，可主要定位于计算机软件。在该软件中，游戏软件和游戏资源库是基本的构成，其中游戏资源库是涵盖了游戏人物背景、游戏角色、音效、道具、运行游戏的算法等。网络游戏本身具有著作权法意义上的作品属性，这一点通常没有争议。网络游戏是在借用一定的数据库程序将设计者事先安排和配置的要素调出来进行不同形式的组合，最后以画面形式呈现出来的。根据上面对网络游戏设计、开发和制作的过程分析可知，网络游戏中单独的设计元素、成分，可以单独作为一类作品给予著作权保护。这些单独设计的元素、成分包括美术作品、音乐作品，以及游戏人物、游戏名称、游戏道具和装备。就网络游戏著作权而言，涉及网络游戏各个单独的要素、成分以及通过运行网络游戏数据库程序，从而使单独要素与成分组合在一起形成画面。构成网络游戏的单个要素成为受著作权保护的作品，这一点比较容易理解。但是，对于将网络游戏从"游戏作品"的角度去认识和理解，则不能局限于这些单个要素的作品属性，而是需要认识到单个要素的作品属性不能体现由这些要素构成的网络游戏整体所展现的综合性视听效果。正如"电影作品和以类似摄制电影的方法创作的作品"（以下简称"类电作品"）包含了诸多构成作品的要素，但类电作品是作为一个独立类型的作品受到著作权保护的。当然，我国现行《著作权法》并没有规定专门的游戏作品类别，在类电作品的规定中也没有明确其是否可以纳入其范畴。本文主张，网络游戏如果达到了类电作品所具备的独创性，可以构成类电作品。这类游戏，尤其是大型电子竞技类游戏，其需要投入大量的人、财、物资源，如确定主播、现场表演、玩家、针对画面优先选择后台编辑人员等，这些不同主体分工协作，最终结果是产生网络游戏直播画面。还如，有些网络游戏需要游戏脚本，设计复杂的剧情，网络游戏直播画面的过程与类电作品没有差别，将其纳入类电作品具有合理性。

进言之，很多网络游戏之所以能够成为类电作品，是因为其总体上符合类电作品的条件。根据我国现行《著作权法实施条例》的解释："电影作品和以类似摄制电影的方法创作的作品，是指摄制在一定介质上，由一系列有伴音或者无伴音的画面组成，并且借助适当装置放映或者以其他方式传播的作品。"该定义强调，创作的手段是"摄制在一定介质上"，实际上是机械适用《伯尔尼公约》第2条第1款的结果，因为根据李明德教授的观点，类电作品的制作并不考虑其工艺方法，只要在屏幕上显示都应当受到保护。① 实际上，将类电作品限于"摄制"的方法会大大限制其适用范围。《著作权法》第三次修改草案征求意见稿就明确废除了"摄制"这一制作要件，并将作品名称修改为"视听作品"，规定"视听作品，是指由一系列有伴音或者无伴音的连续画面组成，并且能够借助技术设备被感知的作品，包括电影、电视剧以及类似制作电影的方法创作的作品"。该规定借鉴了国际上其他国家和地区的经验，不再限制以"摄制"作为手段创作视听作品，实为可取。

实际上，国外司法判例已有将电子游戏作为视听作品保护的先例。例如，美国第二巡回上诉法院在1981年1月的一份判决中，法院针对游戏玩家每次操作不同而不能满足美国版权法上作品固定性要求的抗辩指出，虽然不同玩家在每次玩游戏时基于不同的选择而会呈现不同的界面和音效，但都是由图像与音效构成，这一点是相同的。法院最后确认了电子游戏作为视听作品的著作权保护地位。②

不过，在我国司法实践中，法院判决将游戏认定为类电作品的并不多，代表性的如广西桂林市中级人民法院审理的捕鱼达人游戏著作权侵权纠纷案，上海市浦东区人民法院审理的《奇迹MU》纠纷案，以及上海市第一中级人民法院审理的"卧龙传说"著作权纠纷案等。以"卧龙传说案"为例，上海市第一中级人民法院认为，

① 李明德：《美国知识产权法》（第2版），法律出版社2014年版，第917页。见《电子知识产权》2016年第2期。

② 夏家明：《电子游戏直播中知识产权保护研究》，载《电子知识产权》2016年第2期。

原告请求保护的游戏视频和动画特效是由一系列画面构成的，因而符合以类似摄制电影的方法创作的作品的条件，可以作为类电作品获得著作权保护。[①] 之所以如此，可能是认为游戏不够满足类电作品独创性要求，即如果独创性程度不高，则不构成类电作品。而能够作为类电作品受到保护的，一般多见于剧情类游戏。

二、网络游戏直播画面的法律性质

（一）网络游戏画面的内涵

在探讨网络游戏直播画面著作权问题时，有必要先了解一下网络游戏画面的概念和内涵。

网络游戏画面不同于网络游戏直播画面，前者是由网络游戏设计者设计的网络游戏各种素材、元素、布景、特定场景等组成的，根据我国《著作权法》规定，这些设计只要具备独创性要件，就可以成为受著作权保护的作品。通常，网络游戏画面涵盖的作品有美术作品、文字作品、音乐作品等。

（二）网络游戏直播画面的作品属性

网络游戏直播画面能否构成作品，这是涉及网络游戏直播法律方面争议最大的问题。在认定构成著作权法意义上的作品的情况下，则势必存在独创性判断和作品作者判断问题。不仅如此，在认定构成作品的情况下，还涉及属于什么类型作品的问题。从目前发表的成果和有关学术研讨[②]的观点来看，大致存在作品属性说与非作品属

---

① 见上海市第一中级人民法院（2014）沪一中民五（知）初字第23号民事判决书。
② 近年来，国内相关机构组织了网络游戏画面直播性质的学术研讨，观点不大统一。例如，2016年11月12日在广州举行的网络游戏直播画面法律问题研讨会（以下简称"广州研讨会"）；同年12月18日在清华大学法学院举行的学术研讨会中，也有专节涉及网络游戏画面直播问题的讨论。讨论的结果是，理论界、实务界及其相互之间存在较大的分歧。

性说。在主张作品属性说的观点中，则又有类电作品、计算机程序、美术作品、汇编作品等不同观点。另外，在承认网络游戏直播画面属于作品的前提下，还涉及网络游戏直播画面是独立创作的作品还是演绎作品的不同看法。至于主张网络游戏直播画面不属于作品的观点，多强调其是玩家按照网络游戏开发者事先设计好的程序和既定的游戏规则自然呈现的画面，不具有独创性。此外，网络游戏直播画面也可以从单幅画面的角度加以理解，① 不过本文探讨的主要还是网络游戏被动态直播形成的动态画面，而不限于从网络游戏直播视频中截取一个静态的画面。

从网络游戏直播画面实际情况来看，为了提高"人气"，网络游戏直播中通常会有现场主持人对游戏比赛过程进行现场解说，同时在播放的直播画面中还配上字幕和相关信息，以及音乐。对于精彩环节，经常还会有慢镜头回放。根据网络游戏直播画面广州研讨会上广东省高级人民法院陈国进庭长的介绍，网络游戏直播分为游戏主播录制的游戏节目与大型的电子竞技直播。其中前者"直播的连续画面，玩家特别是主播在里面应该是一种融合，所以作品著作权应归于游戏开发商，主播在里面应该没有什么独创性的贡献，他加上音频、音像的这些因素能否成为邻接权就要从音像制品角度去保护"。该观点实际上是承认了网络游戏直播画面的作品属性。

由于文字解说可以归结到口述作品范畴、字幕可以归结到文字作品范畴，播放的音乐本身是一种艺术作品，本文对网络游戏直播画面是否构成著作权法意义上作品的探讨并不针对这些明显可以属于著作权保护的作品的部分，而是针对这些口述作品、文字作品和音乐作品以外的、单纯地由游戏玩家按照网络游戏设计程序和游戏规则操作游戏软件展示的直播画面是否构成著作权法意义上的作品进行探讨。

---

① 即使从单幅画面的角度理解，实践中也有判例主张其属于智力劳动成果而构成摄影作品。见上海市高级人民法院（2006）沪高民三（知）终字第35号民事判决书。

有一个相关的概念需要区分，就是网络游戏画面本身与网络游戏直播画面不是完全相同的概念。从实际情况来看，游戏画面本身可分为单机游戏与网络游戏两类，在单机游戏情况下，不同的玩家遵守同一游戏规则、调用游戏程序中的资源，所展示的游戏画面结果差别不大。但在网络游戏中，涉及不同玩家的对阵，这些不同的玩家玩游戏展现的画面不同。网络游戏直播则需要利用摄像机等设备对玩游戏的过程进行现场直播，网络游戏直播画面就是这种现场直播的产物。① 不过，网络游戏直播还有一些流行的做法，如玩家允许他人在其网络游戏平台上开设一个窗口，他人可以通过这一窗口欣赏玩家打游戏的全程，他人的这一行为也可以视为网络游戏直播。进言之，网络游戏有些本身自带直播功能，有些则不带直播功能，即使是后者，玩家一般希望能够将其打游戏的过程通过直播形式积攒更多人气，展示其高超的游戏技巧。在自带直播功能的网络游戏中，玩家在注册直播软件后，就可以通过点击直播菜单将其玩游戏过程直播给其他玩家观看。在不具备直播功能的网络游戏中，玩家则可以通过下载专门的直播软件，通过这个直播软件实现将玩游戏过程同步直播，其他玩家得以同步观看玩家玩游戏过程。本文主要探讨的也就是在玩家或者用户参与下，直播网络游戏过程的画面是不是作品的问题。广州研讨会上广东省高级人民法院知识产权庭张学军副庭长也指出："网络游戏直播画面就是玩家在线或者单机去进行游戏闯关活动的表演或者竞技的直播画面。" 实际上，它就是网络游戏直播形成的画面。在很多情况下，它是对网络游戏竞技活动直播形成的动态画面，是玩家基于运行网络游戏程序而展现出来的连续画面。本文认为，网络游戏直播画面可以构成作品，但不同的网络游戏直播画面独创性程度有所差异，有些网络游戏设计侧重于竞技性或对抗性，追求玩家在对抗中的娱乐性；而有些网络游戏则具有较强的剧情色彩，玩家注重在游戏情节走向中获得满足与愉悦。

---

① 见广州研讨会上深圳市中级人民法院知识产权庭祝建军副庭长的观点。

对于后者，动态的网络游戏直播画面可以定性为类电作品。当然，从我国现行《著作权法》第 15 条第 1 款的规定来看，网络游戏直播画面定位于类电作品有一定障碍，因为该款规定的内容是："电影作品和以类似摄制电影的方法创作的作品的著作权由制片者享有，但编剧、导演、摄影、作词、作曲等作者享有署名权，并有权按照与制片者签订的合同获得报酬。"其强调了制作手段需要类似摄制电影的方式。不过，值得注意的是，《著作权法》第三次修改草案征求意见稿采用了"视听作品"的概念，并且强调借助技术设备被感知以及连续活动的画面，不再强调摄制等手段存在与否。①

关于网络游戏直播画面是否构成作品的问题，一种观点将其简单地类比于体育赛事节目直播画面，认为当前网络游戏直播很多属于竞技类，而国家体育总局已经明确将电子竞技列为我国第 99 项体育比赛，而由于体育赛事节目直播画面不能认定为作品，网络游戏画面也不构成作品。本文认为，网络游戏直播画面与体育赛事直播画面颇不相同，而这一不同也是基于网络游戏与体育赛事的根本不同之处：前者始终是在网络游戏设计者预设的程序和范围内进行的操作和运行，后者则完全是选手身体与个人技巧的高度组合，并不存在受制于预设程序的问题，当然在遵守共同规则这一点上是相同的。这一区分使得不能基于体育赛事节目的非作品性②而否认网络游戏直播画面的作品性。同时，"网络游戏直播画面与网络游戏玩的本质不是一个东西，直播画面是需要主办方通过各种技术、视频截取

① 具有剧情类的网络游戏直播画面定位于视听作品，这在国外立法中已可以找到依据。例如，根据《俄罗斯民法典》对视听作品的界定，只要能够供视觉或者听觉感知，就可以构成视听作品。

② 从司法实践的情况看，体育赛事直播画面一般并不被视为作品。不过，近年也有法院判决体育赛事直播画面构成作品、受著作权保护。例如，北京朝阳区人民法院在一起涉及中超足球赛事直播纠纷案中，认定体育赛事直播画面构成作品。无独有偶，北京新浪互联信息服务有限公司诉北京天赢九州网络技术有限公司擅自转播体育赛事侵犯著作权及不正当竞争纠纷案中，法院也认定体育赛事直播画面构成作品，其理由是"从涉案赛事转播呈现的画面看，满足上述分析的创造性，即通过摄制、制作的方式，形成画面，以视听的形式给人以视觉感应、效果，构成作品"。

或者是通过各种垄断性的方法形成一种新的作品，这种作品可以看作类竞作品或者美术作品等来保护。这个网络游戏直播画面当中由于有了选取或者截取的独创性劳动在里面，构成一个独创性，可以构成著作权的保护。具体用哪一种作品，因为目前还很难把它归入到著作权法里的明确的规定上，在草案的修改当中，可以把它当成视听作品，毕竟是一个有动态的平面。"①

从国内外相关司法实践来看，明确肯定网络游戏画面作为受著作权保护的作品的案件并非罕见。例如，在美国 Stern Electronics 诉 Kaufman 宇宙飞船游戏著作权侵权纠纷案②中，原告指控被控游戏画面和操作体验与其高度雷同，尽管其为实现同样的效果而使用了不同的代码。被告则认为，游戏软件系记载在电路板上的计算机程序，玩家通过操作该程序，形成能够被视听的画面和音效，因此玩游戏不是纯粹播放视频影像，而是游戏中的影像随着玩家的操作而变化。基于此，原告主张的涉案游戏画面并非艺术创作。法院则认为，虽然原被告游戏软件程序代码不同，但当游戏表现形式雷同时，游戏中不断出现的画面以及声音的聚合可以成为受著作权保护的视听作品。③

明确否认网络游戏画面作品属性的案件也有先例。例如，在斗鱼案中，一审法院否认了网络游戏直播画面的作品性，理由是"直播过程具有随意性、不可复制性，结果有不确定性"。该案案情大致如下：2015 年 1 月 5 日至 2 月 9 日，DOTA2 网络游戏竞赛亚洲邀请赛举行。上海耀宇文化传媒有限公司（以下简称"耀宇公司"）在取得权利人许可后，对涉案赛事在其游戏直播网站上进行了网络直播。在此期间，广州斗鱼网络科技有限公司（以下简称"斗鱼公

---

① 广州研讨会上张晓阳法官的观点。

② Stern Electronics, Inc. v. Kaufman, 669 F. 2d 852, 865 (2d Cir. 1982).

③ Stern Electronics, Inc. v. Kaufman, 669 F. 2d 852, 865 (2d Cir. 1982). 引自王丽娜：《网络游戏画面是否构成作品之辨析》，载《中国版权》2016 年第 2 期。国内也有判决认为，游戏画面是具有审美意义的平面造型艺术作品。见《北京市高级人民法院知识产权参阅案例》，www. guo-jin. org/news/gjdt/736. html，最后访问日期：2016 年 12 月 20 日。

司"）在其直播网站实时直播了 DOTA2 亚洲邀请赛。耀宇公司诉斗
鱼公司称，后者未经许可直播 DOTA2 亚洲邀请赛的行为，既侵犯了
其游戏比赛直播画面的著作权，也构成不正当竞争。一审法院认定
涉案游戏比赛直播画面不构成受著作权保护的作品，但被告的行为
构成了不正当竞争行为，遂以不正当竞争判决被告承担法律责任。
在该案中，一审法院否认游戏竞技比赛画面的作品性质，其理由是：
"由于涉案赛事本身并无剧本之类的事先设计，比赛画面是由参加比
赛的双方多位选手按照游戏规则，通过各自操作所形成的动态画面，
系进行中的比赛情况的一种客观、直观的表现形式，比赛的过程具
有随机性和不可复制性，比赛结果具有不确定性，故比赛画面并不
属于著作权法规定的作品，被告使用涉案赛事比赛画面的行为不构
成侵害著作权。"①

　　本文认为，该案否认网络游戏比赛画面作品的性质值得商榷。
其上述理由存在的问题在于，将游戏竞技比赛画面简单地类比于体
育赛事节目画面，进而认定其不构成受著作权保护的作品。就体育
赛事节目直播画面而言，由于参赛者是在遵守体育比赛规则的前提
通过形体、动作所完成的特定竞技类活动，其赛事画面是体育比赛
的直观记载和反映，一般认为不具有作品的独创性。网络游戏直播
画面则不同，它需要借助于网络游戏软件事先设计好的场景，调用
游戏中的人物、道具、服装等，通过游戏中高超的技巧，使得游戏
中的人物、场景、情节活生生地展现出来。网络游戏直播画面确实
不同于体育赛事直播画面，玩家也不等同于体育比赛的选手，因为
整个直播画面的过程是包含了网络人物、事件、情节，尤其是剧情
类网络游戏，公众欣赏网络游戏直播动态画面，如同在观看一部动
漫电影，其作品属性应当得到肯定。"网络游戏赛事基于游戏展开，
游戏比赛画面来源于游戏本身，为直接呈现在计算机屏幕上的具有

　　① 该案二审维持了一审判决。二审强调被告对涉案赛事组织运营未进行任何投入，
也未取得视频传播权的许可，而是免费坐享原告投入了大量的人、财、物取得的商业成
果，因此是一种不正当竞争行为。

可感知性和可复制性的连续画面"，因而网络游戏画面应当构成作品。①

进言之，上述判决否认网络游戏直播画面作品属性的一个理由"比赛的过程具有随机性和不可复制性，比赛结果具有不确定性，故比赛画面并不属于著作权法规定的作品"，也存在问题。实际上，网络游戏比赛的随机性、不可复制性以及结果不确定性，并不能从著作权法意义上的作品的角度否认网络游戏直播画面作为作品的固定性和可复制性。这是因为，在现有技术条件下，完全能够通过技术手段将网络游戏动态过程以直播形式固定下来，形成网络游戏比赛视频，并可以在此基础上进行无限制的复制。实际上，相关问题国外司法判例早就有定论，例如，在美国 1982 年 Artic 国际公司与 Midway 制造公司涉及游戏软件的著作权纠纷中，法院认为游戏的视听画面可以在很长时间内被反复复制。②

在解决了网络游戏直播画面作品属性问题后，值得进一步探讨的是其属于我国《著作权法》中的哪一类作品？本文认为，将其归入类电作品具有合理性，主要是因为网络游戏直播画面与网络游戏作品本身一样，是通过以声音或者图像为聚合体、有一系列有伴音或者无伴音的画面组成，符合类电作品的本质属性。不过，应当指出，如同前述关于网络游戏作品性质的阐述一样，将其归入类电作品在我国现行《著作权法》关于类电作品的规定中难以完全"对号入座"，因为它没有被事先"摄制"在一定的介质上，而是事先由网络游戏开发者设计计算机程序并通过网络游戏的玩家调用而得以显现出来。不过，需要进一步看到，对于观众来说，最后呈现的画面效果是大致相同的。而且，著作权法律制度也处于不断发展之中。以我国著作权法为例，如前所述，《著作权法》第三次修改草案征求

① 欧修平、孙明飞、吴东亮：《庖解中国网络游戏直播第一案：权利属性及责任归属》，访问链接：www.zhichanli.com/article/16303/，最后访问日期：2016 年 12 月 20 日。

② Midway Manufacture Co. Artic International, Inc. 547, F. Supp. 999（N. D. III 1982）.

意见稿已经采用了"视听作品"的概念，取代现行的"电影作品和以类似摄制电影的方法创作的作品"的提法，而且取消了"摄制"手段的限制。这一立法修改具有合理性，正如有学者指出：视听作品与传统电影之间的不同在于制作技术，从法律属性来说并没有必要将其与主要使用摄像机摄制的电影作品加以区别。[①] 从国外立法来看，即使保留电影作品的概念，也不再强调电影作品以"摄制"为前提，如日本著作权法即规定，电影作品包括由产生类似电影中视觉或听觉效果的方法表现的，并且固定于物质载体的作品。[②]

三、玩家在网络游戏直播画面中的法律地位

关于玩家在网络游戏直播画面中的法律地位，一般而言，由于玩家在注册时受到网络游戏开发者格式合同的制约，其不能主张相关的著作权、邻接权或者其他民事权益。然而，从现实中发生的纠纷案件来看，也有缺乏有效的合同安排的情况。在缺乏合同约束的情况下，玩家就可能对其打游戏产生的直播画面主张权利。因此，有必要专门针对玩家在网络游戏直播画面中的法律地位进行探讨。

（一）玩家是否为网络游戏直播画面的作者

网络游戏由玩家完成，在竞技类网络游戏中，可以将玩家称为"选手"。网络游戏直播画面显然是由玩家根据游戏规则，调用事先预置的道具、场景等完成的。因此，这很容易使人认为网络游戏直播画面这一作品是由玩家创作完成的，玩家就是网络游戏直播画面的作者。如果认可玩家是网络游戏直播画面这一作品的作者，则实

---

① 王迁：《著作权法》，中国人民大学出版社 2015 年版，第 107 页。
② 王丽娜：《网络游戏画面是否构成作品之辨析》，载《中国版权》2016 年第 2 期。

际上是认定玩家玩游戏的过程就是创作网络游戏直播画面作品的过程。根据这一观点，玩家进入游戏界面开始游戏时，是将网络游戏当成是自身创作的工具。但是，从现有研究成果和学术研讨的观点来看，一种颇有影响的观点认为：无论网络游戏的玩家有多高的玩游戏技巧，也无论其怎么调用网络游戏中的资源完成游戏，其都是在网络游戏程序设计者事先已经设计好的成千上万种预设范围内的一种结果，就像孙悟空再有本领，也无法跳出如来佛的手掌心一样。

如前所述，游戏，包括网络游戏本身构成作品是毫无疑问的，问题是玩家玩游戏的过程是不是著作权法意义上的创作作品的过程、玩家玩游戏是不是创作作品的行为。对此，从目前讨论来看，主流的观点是主张玩家玩游戏的行为是在遵循游戏设计者预设的规则和可能的结果的前提下调用游戏设计元素和场景，并以动态画面呈现出来的，因此不能成为著作权法意义上的作者。例如，在广州研讨会上，实务界有专家即指出："我们要看玩家在整个画面生成的过程中具体起到一个什么作用？这个玩家仅仅是将游戏的静态数据通过开发商预先设定的游戏规则调取出来，呈现为动态的游戏画面，这是游戏玩家的作用，他仅仅只是遵守开发商预先设定的游戏规则，把静态的游戏数据发出指令调取出来，最终呈现为动态的游戏画面，这就是他起的全部作用。而且所有的游戏数据和游戏画面都是开发商预先设定的，虽然不同的游戏玩家玩游戏呈现的画面可能不同，但是不同的玩家遵循相应的游戏规则呈现的画面本身是一致的。"[1] 也有学界专家认为：玩家玩游戏时，网游公司并没有提供给其个性化表达空间，玩家玩游戏只是在网络游戏设计者的程序设计预设范围内，因为玩家玩网络游戏的所有的可能性都是在网络游戏设计者程序设计前已经策划好的，玩家展现的只是技巧的高低，难言有个性表达的空间。该学者还谈道，玩家只是将各种可能性表演

---

[1] 见广州研讨会上周高见先生的观点。

出来，不需要从表演的角度加以思考。① 在关于玩家是否为网络游戏直播画面的作者时，还有一种观点类比体育竞赛中的运动员，认为玩家不过是展现自己的游戏技巧和操作经验，与体育运动员没有多少区别，给予著作权保护缺乏理由。②

　　根据前述观点，网络游戏直播画面成为作品是没有问题的，即使否认玩家是网络游戏直播画面的作者，也仍然成立。而且，本文也主张玩家对网络游戏直播画面可以成为演绎作者，而不仅仅是简单地调用网络游戏中已经存在的资源，不存在个性化表达空间的问题。主流观点确实看到了网络游戏直播画面是在玩家运用网游公司设计好的网络游戏元素并遵循游戏规则所实现的结果，正如有专家在学术研讨会中发表的类似观点"玩家在玩游戏的时候，他所呈现的画面基本上就是在游戏公司已有的制作范围内。比如说各种武器装备的性能、打斗时候的呈现效果，不管是低级玩家、高级玩家，虽然画面不一样，都是在游戏的设计范围内"。③ 这些观点至少说明如果说网络游戏直播画面是作品，它是网游公司创作出来的。虽然网络游戏直播画面形成的基础仍然是玩家完成的被直播画面，这些动态画面是玩家遵循网络游戏开发者设定的既有的游戏规则、按照既定的模式实现的。并且玩家无论怎样调用网络游戏中的数据库，利用其中的场景、人物角色、道具、背景音乐等，其展现的都是具有图像和音效的活动画面，因此可以认为，玩家打游戏最后呈现的活动画面具有作品属性，玩家首先还是在已有作品基础上进行的，不是其独立的行为。但是，根据各国著作权法规定，并不排除他人在已有作品基础之上进行再创作而形成演绎作品。就网络游戏直播

---

① 见广州研讨会上中山大学法学院李扬教授的观点。

② 否认玩家成为作者还有一些理由，如一种观点主张玩家在玩游戏前或者玩游戏过程中，根本不存在所谓创作的动机和目的。不过，这不能成为否定玩家取得作者身份的理由，因为根据著作权法原理，创作作品是一种事实行为，只要在客观上有符合著作权保护条件的作品产生，就可以成为作者，并不以意思表示为前提。

③ 见广州研讨会上张剑平先生的观点。

画面而言，玩家在玩游戏过程中最终呈现的画面是在网游公司既有的制作范围之内，一方面体现了玩家不是完全独立的自由创作过程，另一方面则体现了玩家是在已有作品基础之上进行的再创作，包括汇编和改编等形式。可能有观点会认为，玩家的行为主要还是一种操作行为和过程，这种操作行为和过程，不是一个创作行为。固然，并非在任何情况下玩家打游戏的行为能够视为演绎性质的创作行为，玩家打游戏过程是不是参与了网络游戏直播界面的创作，与网络游戏开发者设定的权限和能够调用的网络游戏资源直接相关。一般而言，网络游戏设计的重要理念是尽量体现玩家的智慧和操作技巧，以吸引更多的玩家参与网络游戏，形成人气，乃至网络游戏产业。这样就有必要重视网络游戏开发中根据特定游戏的目的设置尽量大的自由活动空间。例如，如果网络游戏开发者没有开放创作剧情的权限，则玩家就不能基于网络游戏剧情取得著作权法意义上的独创性创作身份。至于有的游戏软件设置了 UGC 功能，即能够使玩家在玩游戏过程中享有个人的操作空间，如允许玩家利用画图软件绘制作品并置于游戏画面中，更是具备作品的属性。不过，本文对网络游戏直播画面作者的分析，主要还不是针对这种情况。

当然，本文主张网络游戏直播画面的玩家可以享有演绎作者身份，也并不是针对任何情况下网络游戏玩家都可以取得这一作者资格，关键还是看其在打游戏过程中的行为根据我国《著作权法》的规定是否具有独创性。一般而言，玩家打游戏的目的是为了赢，这在竞技类网络游戏中尤其如此。通过玩家调用网络游戏程序中的元素，玩家将网络游戏以直播画面形式动态地展现出来，玩家的行为与原始的创作行为有所不同，正如前面引用专业人士的观点，无论怎么玩，都避不开既已设定的框架，因此网络游戏直播画面包含了网络游戏开发者的智力创作成果在内。但是，毕竟该网络游戏直播画面是在玩家操作之下实现的，而不是对网络游戏软件自动运行产生的结果进行直播形成的画面。因此，在探讨玩家是否构成作者时，即使认可构成作者，充其量也只能是在已有作品基础上进行再创作而形成的演绎作者。这就需要进一步明确网络游戏开发商，或者说设计者，对玩家打游戏的行为能够提供何种内容与工具。从著作权保护的原理来看，又取决于游戏本身给玩家操作能够提供多大的个性化表达空间。早期的游戏可能比较简单，创作性的空间比较少，无论谁玩，展现的结果都表达得很有限。由于表达形式雷同，难以构成著作权保护的作品。但问题是现在的游戏越来越人性化，给玩家很多的个性化表达空间，这样就不能轻易否定玩家参与网络游戏直播画面创作的可能性了。游戏开发商给玩家提供了引擎、操作平台和各种要素，虽然这些都是事先设计好的，但当玩家打开游戏去运行的时候，会有很多想象、游戏的选择和编排，不同玩家通过不同个性化的选择、编排，会显现出很多不同的结果，这使得最后呈现的动态画面不一样。换言之，网络游戏设计者可能为玩家提供富有个性化表达的元素和工具，玩家在玩游戏过程中，不仅仅是纯粹竞技性行为，还可以适当利用网络游戏中的工具和操作平台，创造一些新的游戏故事情节，因此可以认为玩家是在现有游戏作品基础之上所作出的演绎性创作，此时玩家玩游戏的行为也是一种创作行为。正如有观点主张：如果一种电子游戏体现的某种思想具有千万种自由发挥自身独创性表达的空间，玩家就能在既定的圈子内发挥自身独创性表达，融入自己的智力投入，只要这一智力投入符合著作权法中对作品的独创性要求，就可以成为作者。[1] 通过将玩家打游戏行为界定为演绎性创作，并不排除网络游戏设计者本身提供的工具、元素等各种创作素材的作用，这些创作素材与玩家行为合为一体，使网络游戏直播画面得以最终呈现。

　　此外，尽管本文主张玩家可以成为网络游戏直播画面的演绎作者，也并不认为网络游戏直播画面作品的著作权由玩家享有，并可以由其主张对网络游戏直播画面的控制，而是认为基于网络游戏设

---

[1]　夏家明：《电子游戏直播中知识产权保护研究》，载《电子知识产权》2016年第2期。

置的目的和网游公司为网络游戏付出了巨大成本代价的事实，以及玩家在网游公司注册时接受的不享有著作权的合约规定，玩家不应取得网络游戏直播画面的著作权。这里不妨先分析一下网络游戏直播画面涉及的相关利益主体，再具体探讨玩家为何不能主张对网络游戏直播画面的控制权。网络游戏直播画面涉及的相关利益主体有网络游戏开发者、玩家和网络游戏直播平台商等主体。网络游戏开发商为开发游戏无疑需要付出巨大的成本，网络游戏直播平台为提高直播画面效果也需要投入较大的成本，至于玩家或者主播也当然作出技术投入。但是，相对于网络游戏开发商和网络游戏直播平台商，玩家的投入较小，难以支持其控制网络游戏直播画面传播的主张。具体理由如下：首先，从玩家从事网游的行为来看，并没有取得著作权的目的，玩家不是将其自身定位于创作者，而是定位于一个游戏参与者，试图通过参与游戏获得愉悦、人气。当然，没有取得著作权的目的并不是否定著作权的法定理由。不过，这也可以做一个侧面考虑。其次，相比网络游戏开发商，玩家为网络游戏支付的成本极低，如果由玩家享有网络游戏直播画面作品的著作权，并可以以此禁止网络游戏开发者使用该直播画面，则会造成网络游戏开发者与玩家之间权利义务关系严重不对等，有失公平和合理，不符合知识产权法上的利益平衡原则。再次，由玩家享有著作权会对网络游戏开发者和第三方使用网络游戏带来严重障碍，不利于网络游戏产业发展。最后，从现实情况来看，玩家已经通过注册用户协议处分了针对网络游戏产生的实体权利，则可以视为玩家放弃作为网络游戏直播画面作者（无论是否为演绎作者）享有的著作权等权利。即使没有事先的合同约定，玩家主张控制对网络游戏直播画面的传播也难以获得支持。在特定情况下，即使法院支持玩家享有对网络游戏直播画面的控制权，一般也不宜判决网络游戏直播平台商停止直播行为，而是可以基于利益平衡考虑判决作出一定的经济补偿或赔偿，以更合理地协调玩家与网络游戏开发商和网络游戏直播平台之间的利益关系。

　　（二）玩家是否为网络游戏画面的表演者

　　在关于网络游戏直播画面著作权问题的讨论中，有一种观点主张玩家是网络游戏直播画面的"表演者"。这种观点认为类似体育赛事。也有主张认为"在游戏包括体育赛事里用不上表演权和表演者权，这是著作权法的基本原理。不是说所有的作品著作权都可以行使表演权，所以表演权一般针对的就是词曲来行使的权利。像打游戏，我把游戏画面打出来，展示出来，绝不是著作权法上的表演。"① 该观点认为，游戏中不应有表演者和表演权的概念，否则会破坏著作权法的统一性。

　　本文则主张，当网络游戏玩家的行为不构成前述演绎性创作、达不到著作权法对创作作品要求的独创性时，在一定条件下可以构成表演行为。在网络游戏中，玩家的行为虽然主要不是意图展示艺术之美，而是通过操作网络游戏中的元素和资源库，展示其高超的玩游戏技巧，但其在客观上具有展示技艺之美以及获得竞技等方面愉悦的目的。有观点主张，网络游戏之竞技行为难言为竞技表演，参与竞技者也不是表演，玩家欣赏的还是竞技，尽管可能增加美的要素，但竞技的秉性还是保留的。但也应看到，受网络游戏开发者开发权限的限制，有时网络游戏玩家在既有程序的限制范围内难以形成带有创作性劳动的成果，难以成立作品作者，但其仍然具有相当的智力投入，对这一智力投入也应当给予重视，因为网络游戏玩家的行为对于被直播出去的网络游戏直播画面的形成具有基础性价值和意义。

　　当然，将不具备演绎性创作条件的玩家玩游戏行为视为著作权法中表演者表演意义上的表演行为，需要扩张对表演者概念的规定，因为在我国现行《著作权法》关于表演者权的规定中，表演者的内涵较为狭窄，难以涵盖网络游戏直播画面的玩家操作游戏的行为：根据 2013 年修订的《著作权法实施条例》第 5 条第（6）项规定，

---

　　① 广州研讨会上祝建军法官的观点。

表演者"是指演员、演出单位或者其他表演文学、艺术作品的人"。从各国立法来看，表演者的内涵也是处于逐渐扩张之中的，甚至有著作权法意义上的表演者也可以针对非作品表演，如法国将杂耍和马戏纳入表演范畴，巴西将足球运动视为表演等。此外，不是针对已有作品的表演还有一种情况，即即兴表演，这种表演的特点是作品创作与表演同时发生，如即兴朗诵一首诗、即兴表演相声等。网络游戏尤其是其中的竞技类游戏，已被视为体育节目之一。否认网络游戏玩家表演者身份，一种理由是这个表演权应当由著作权人控制，如果没有经过同意则构成侵权。实际上，这种情况在实际中难以发生，因为网络游戏开发者开发和推销游戏的目的，就是用于玩家打游戏，故玩家打游戏的行为应视为事先获得了一种默示许可。

（三）玩家是否仅为网络游戏的普通消费者

关于网络游戏玩家的法律地位，还有一种观点主张他只是网络游戏中的一个普通消费者而已，既不能构成作者，也不能成为表演者。[①] 也就是说，玩家不享有我国《著作权法》上著作权人或者邻接权人地位。本文认为，如前所述，网络游戏玩家在一定情况下可以成为演绎作者或表演者。在一个特定的网络游戏中，如果玩家不能满足演绎作者或者表演者的条件，则确实只能是一个网络游戏的普通消费者。

四、网络游戏直播画面著作权的侵权问题

网络游戏直播画面相关主体包括网络游戏开发者、主播、玩家、

[①] 2016 年 12 月 16 日北京君策知识产权发展中心成立五周年庆典上，国家版权局版权司原司长许超先生的观点。

现场表演者等。通常，网络游戏运行相关权利义务的确定是通过各类合同实现的。在发生著作权侵权纠纷时，也有一些不是基于合同关系而形成的。故以下可以根据玩家与第三方直播平台是否签订了协议而大致分两种情况加以探讨。在玩家与第三方网络游戏直播平台签订了协议的情况下，玩家与第三方网络游戏直播平台的权利义务是通过协议形式加以明确的。通常根据协议，玩家授权网络游戏直播平台同步直播网络游戏画面，玩家则取得一定的报酬。网络游戏直播平台为了赚取人气，往往需要对玩家玩游戏呈现的画面进行一定的包装和补充，包括解说、配音乃至互动画面、回放等，以此吸引更多用户，赚取流量和广告收益。根据前面的阐述，玩家在网络游戏直播画面中可以成为演绎作者，在不能成为演绎作者时，在一定情况下还可以成为表演者，如果连表演者标准也不符合，则只能成为网络游戏的普通消费者。以下不妨以这三种情况分别对玩家玩某款网络游戏的行为与第三方网络游戏直播平台合约直播是否构成对网络游戏开发者著作权的侵害加以分析。

玩家在网络游戏直播画面中成为演绎作者时，其与第三方网络游戏直播平台签订了协议直播网络游戏画面，并按照协议的安排实现各自的利益，此时玩家与第三方网络游戏直播平台属于共同提供作品的行为，因为"构成共同提供行为，除了要求以合作协议等方式有意思联络外，还在内容提供、针对内容提供的利益分享等方面有深度合作"。[①] 由于网络游戏画面直播行为未经网络游戏开发者许可，根据我国《著作权法》关于行使演绎作品著作权的规定，第三方直播平台未经原作品著作权人许可实施的行为构成著作权侵权。玩家尽管作为演绎作品著作权人，仍无权单独授权第三方直播平台播放该直播画面。在上述情况下，玩家与第三方直播平台可以构成共同侵害网络游戏开发者对网络游戏直播画面的著作权。在玩家不

① 孔祥俊：《网络著作权保护法律理念与裁判方法》，中国法制出版社 2015 年版，第 164 页。

具备演绎作者身份而可以认定为表演者身份时，由于网络游戏开发者享有表演权等著作权，玩家的表演者权不能对抗网络游戏开发者的表演权，第三方直播平台在未取得网络游戏开发者许可的情况下，其直播行为也会与玩家一起构成共同侵权。至于很多情况下连表演者也够不上时，共同侵权也成立。

当然，玩家也可能开设直播间、直播动态的网络游戏画面，供用户观赏，此种情况是否属于侵犯网络游戏开发者的对网络游戏画面的著作权，这取决于直播间播放行为是否会损害著作权人的游戏市场。如果直播间直播行为损害了著作权人的游戏市场，则需要考虑是否构成对网络游戏开发者著作权的侵害。在关于直播间行为方面，出现了是否属于合理使用问题的主张。①

在玩家没有与第三方直播平台签订网络游戏画面直播协议时，通常情况下是玩家将事先录制好的网络游戏视频上载到第三方网络平台，供用户下载和观看。这种情况下的网络游戏视频实际上是玩家玩游戏时的原始录制品在第三方平台的播放和传播。由于玩家上载的行为未经网络游戏开发者同意，其构成侵害网络游戏开发者对网络游戏画面享有的著作权应当成立。至于第三方平台提供网络游戏视频上载和用户下载行为是否构成侵害网络游戏开发者对网络游戏画面的著作权，则应当考察其是否对上载的网络游戏视频未获得合法许可具有主观过错。2013 年 1 月 1 日实施的《最高人民法院关于审理侵害信息网络传播权民事纠纷案件适用法律若干问题的规定》第 12 条规定："有下列情形之一的，人民法院可以根据案件具体情况，认定提供信息存储空间服务的网络服务提供者应知网络用户侵害信息网络传播权：（1）将热播影视作品等置于首页或者其他主要页面等能够为网络服务提供者明显感知的位置的；（2）对热播影视作品等的主题、内容主动进行选择、编辑、整理、推荐，或者为其设立专门的排行榜的；（3）其他可以明显感知相关作品、表演、录

---

① 王迁：《电子游戏直播的著作权问题研究》，载《电子知识产权》2016 年第 2 期。

音录像制品为未经许可提供,仍未采取合理措施的情形。"尽管第二方平台不可能对被上载的所有文档是否侵犯他人合法民事权利进行审查,但如果其可以明显感知玩家上载的网络游戏视频是未经许可并未采取合理措施的,则根据上述规定应当承担侵害著作权的法律责任,具体而言是侵害了网络游戏开发者的信息网络传播权。

结　　语

随着网络游戏及其相关衍生产业发展,网络游戏直播也逐渐成为一个颇具市场前景的行业。由于我国现行《著作权法》并未对网络游戏、网络游戏直播画面在著作权法中的地位作出界定,无论是在理论上还是司法实践中,对此均有不同认识。本着保护相关主体利益、平衡利益关系和促进我国网络游戏产业发展的宗旨,本文主张网络游戏直播画面构成著作权法上意义的作品,并且针对玩家在不同类型网络游戏直播以及其在网络游戏中发挥的作用,将其分别定位于演绎作者、表演者和普通消费者等类型。为保护相关主体的合法权益,促进我国网络游戏产业发展,需要对网络游戏直播平台商侵害网络游戏开发者等主体合法权益的行为予以规制。至于不同情况下玩家和网络游戏直播平台是否存在侵权责任豁免,将另行探讨。

论禁止规避技术措施的范围

王　迁[*]

摘　要　虽然国际条约要求缔约方制止规避技术措施的行为，但对禁止规避的范围，各国有不同理解和做法。考虑到国际条约的立法原意和提供规避手段造成的严重后果，我国禁止对技术措施提供规避手段有充分理由；但我国没有必要禁止直接规避技术措施的行为，因为直接规避技术措施行为并非对著作权的直接或间接侵权，而且直接规避技术措施之后实施的侵权行为本已受到立法的规制，禁止直接规避行为缺乏实际意义而且很难执行。不禁止直接规避行为可以为"合理使用"留下适当空间，也不违反条约的要求，是符合我国国情的合理选择。

关键词　技术措施　提供规避手段　直接规避行为　合理使用

引　言

"技术措施"是在数字环境中维护版权人利益的技术性手段。例

＊　王迁，法学博士，华东政法大学教授、博士生导师。本文原载于《法学家》2016年第6期。

如，在 DVD 中加入防止复制的技术措施，就可防止将 DVD 中的数字电影拷贝至硬盘中，从而避免了对电影未经许可的复制和网络传播。但是，用于防护的技术与用于规避的技术总是相伴而生。世界上很难找到无法攻破的技术堡垒，网络中针对各类技术措施的规避工具也比比皆是。因此，要在数字环境中维护版权人的利益，就必须保护技术措施，防止其被随意规避。为此，《世界知识产权组织版权条约》（WCT）要求缔约方对特定技术措施提供保护。WCT 第 11 条规定："缔约各方应规定适当的法律保护和有效的法律补救办法，制止规避由作者为行使本条约或《伯尔尼公约》所规定的权利而使用的、对就其作品进行未经该有关作者许可或未由法律准许的行为加以约束的有效技术措施。"《世界知识产权组织表演和录音制品条约》（WPPT）第 18 条以相似的措辞，要求缔约方对用于表演和录音制品中的技术措施加以保护。

作为国际条约，WCT 和 WPPT 仅对技术措施的保护作出了原则性规定，即要求缔约方针对规避技术措施的行为"规定适当的法律保护"。对于何种技术性手段应作为"技术措施"受到保护，以及将何种行为界定为受禁止的"规避行为"，各国有不同的做法。技术措施根据其功能被分为两类：第一类是防止未经许可阅读、欣赏文学艺术作品或运行计算机软件（防止未经许可"接触"作品）的技术措施，简称"接触控制措施"。如卫星电视信号中的加密手段，没有购买卫星电视服务的用户无法正常地收看电视节目，也即无法"接触"作品的内容。第二类是防止未经许可以复制、传播等方式利用作品（阻止版权侵权行为）的技术措施，简称"版权保护措施"，如上文提及的 DVD 中的防复制技术措施。同时，"规避行为"既可以被狭义地理解为仅指直接规避行为，① 即出于为自己使用作品的需要而动手破解密码等技术措施，也可以被广义地理解为包括向他人

---

① 国外一些法院也使用了"直接规避行为"（direct circumvention）的表述，See RealNetworks v. DVD Copy Control Association, 641 F. Supp. 2d 913, 942 (N. D. Cal., 2009).

提供规避手段的行为，如出售解密所用的软件或硬件工具、设备和
应客户要求为其提供破解密码等规避服务。① 目前，一些国家的版权
立法同时禁止对两类技术措施实施直接规避行为和向公众提供规避
手段，但另一些国家对两类技术措施区别对待，对于"接触控制措
施"，同时禁止直接规避行为和向公众提供规避手段，而对于"版权
保护措施"，只禁止向公众提供规避手段，不禁止直接规避行为。②

　　我国《著作权法》和《信息网络传播权保护条例》对"接触控
制措施"和"版权保护措施"提供同等保护，并且同时禁止直接规
避行为和向公众提供规避手段，从而达到了较高程度的保护水平。
这就引发了这种保护是否适当的问题。为此，本文试对我国禁止规
避行为的范围作出分析和论证。

一、各种立法模式的差异

　　各国对于反规避条款禁止的行为类型所作的规定，既有共性也
有差异。共性在于均禁止提供规避手段，差异在于有些国家不禁止
直接规避行为，或只禁止直接规避"接触控制措施"而不禁止直接
规避"版权保护措施"。然而，WCT 和 WPPT 的用语是"制止规避"

---

　　① 这种行为也被称为"间接规避行为"，国务院法制办公室编写的《信息网络传播
权保护条例释义》有如下表述："规避技术措施的行为包括三类：一是避开或者破坏技术
措施。……二是制造、进口或者向公众提供主要用于避开或者破坏技术措施的装置或者部
件。……三是为他人避开或者破坏技术措施提供技术服务……上述三类行为中，第一类属
于直接规避技术措施的行为……第二、三类属于间接规避技术措施的行为"，张建华：
《信息网络传播权保护条例释义》，中国法制出版社 2006 年版，第 16—17 页。由于"间接
规避行为"的表述使用较少，下文并不使用这一表述，而使用"提供规避手段"。
　　② 澳大利亚 2000 年《数字议程法案》（《版权法修改草案》）、日本 1999 年著作权
法和新西兰现行版权法均只禁止向公众提供规避手段，而不禁止直接规避行为。但澳大利
亚版权法和日本著作权法经过再次修改之后，也已禁止一部分直接规避行为，下文对此会
有分析。

行为。表面上看只要求缔约方制止直接规避行为，并未明确要求禁止提供规避手段。那么，为什么对技术措施提供保护的国家无一例外地禁止提供规避手段，反而在是否禁止直接规避行为，以及禁止的范围问题上存在不同做法？下文将对此进行分析，以合理地界定我国反规避条款禁止的行为范围。

各国根据 WCT 和 WPPT 的要求在版权立法中增加的反规避条款大致分为三种模式。第一种模式以澳大利亚 2000 年《数字议程法案》、日本 1999 年著作权法①和 2008 年新西兰版权法为代表，只禁止提供规避手段，完全不禁止直接规避技术措施的行为。

澳大利亚《数字议程法案》禁止进口、制造用于规避技术措施的设施，以及向公众提供用于规避技术措施的服务。② 但该法案并不禁止直接规避技术措施的行为。日本 1999 年和 2012 年修改后的著作权法也仅禁止下列两种行为：（1）制造、进口、向公众出售、出借，或为向公众出售或出借目的而占有，或许诺向公众提供主要功能在于规避技术措施的设备（包括该设备的系列组件，只要其能够被轻易地组装），或者主要功能在于规避技术措施的计算机程序，或在网络中向公众传输或提供该程序。（2）作为业务活动，应公众的要求而规避技术措施。③ 新西兰 2008 年修改后的版权法规定的"与技术措施有关的受禁止的行为"只有三种，即制造、进口、销售、散发、出租、许诺销售、许诺出租或者以其他方式宣传推销规避设备；向他人提供用于规避或协助规避技术措施的服务；公布能够规

---

① 2012 年日本修改著作权法之后，虽然将特定的"接触控制措施"纳入了保护范围，但仍然不禁止直接规避技术措施的行为。

② Copyright Amendment（Digital Agenda）Act 2000, Section 98, Australia Copyright, Section 116A. 资料来源：澳大利亚联邦政府网站，https://www.legislation.gov.au/Details/C2004A00702。

③ Japan Copyright Law, Article 120bis（i）（ii）. 资料来源：日本"著作权研究与情报中心"网站，http://www.cric.or.jp/english/clj/doc/20151001_ October, 2015_ Copyright_ Law_ of_ Japan.pdf。

避或协助规避技术措施的信息。① 根据这些立法，虽然向公众提供规避手段是违法的，但自行规避技术措施或使用他人提供的规避手段去规避技术措施，如使用"算号器"等软件破解软件中的"序列号"并不构成违法行为。

第二种模式以欧盟《版权指令》和加拿大版权法为代表，不但禁止提供规避手段，还禁止直接规避技术措施，且对于直接规避"接触控制措施"和"版权保护措施"的行为均加以禁止。

欧盟《版权指令》禁止对所有技术措施实施直接规避行为，并不区分该技术措施是"接触控制措施"还是"版权保护措施"。《版权指令》规定："成员国应规定充分的法律保护，制止对任何有效技术措施的规避，只要行为人明知或有合理的理由知道自己正在实施规避行为。"② 同时，《版权指令》也禁止对两类技术措施提供规避手段，即禁止对特定的用于规避技术措施的设备、产品或部件进行进口、散发、销售、出租或宣传。③ 加拿大《版权法》也有类似规定。④

第三种模式以美国 1998 年的《千禧年数字版权法》（DMCA）为代表，DMCA 对技术措施采取的保护手段较为独特，其提供的保护水平介于前两种模式之间。该法禁止对所有技术措施提供规避手段，并不区分该技术措施是"接触控制措施"还是"版权保护措施"。⑤ 但禁止直接规避行为的范围，则取决于技术措施的类型。

---

① New Zealand Copyright Act, 226A. 资料来源：世界知识产权组织法律数据库，http://www.wipo.int/wipolex/en/text.jsp?file_ id=229608。

② Directive on the Harmonisation of Certain Aspects of Copyright and Related Rights in the Information Society, Article 6 (1). 资料来源：欧盟法网站，http://eur-lex.europa.eu/legal-content/EN/ALL/?uri=CELEX: 32001L0029。

③ Directive on the Harmonisation of Certain Aspects of Copyright and Related Rights in the Information Society, Article 6 (2).

④ Canada Copyright Act, Section 41, 41.1. 资料来源：世界知识产权组织法律数据库，http://www.wipo.int/wipolex/en/text.jsp?file_ id=408730。

⑤ 17 USC 1201 (a) (2), (b). 资料来源：美国国会网站，http://uscode.house.gov/view.xhtml?req=granuleid: USC-prelim-title17-section1201&num=0&edition=prelim。

DMCA 不禁止对"版权保护措施"的直接规避行为，只禁止对"接触控制措施"的直接规避。① 由此可见，DMCA 对"接触控制措施"的保护是全方位的，既禁止直接规避行为，也禁止提供规避手段。与此形成鲜明对比的是，对"版权保护措施"，DMCA 并不禁止直接规避行为，而只是禁止向公众提供规避手段。② 可见，DMCA 对"版权保护措施"的保护水平显著弱于"接触控制措施"。需要说明的是，澳大利亚在与美国签署《美澳自由贸易协定》后，便对其版权法有关保护技术措施的内容进行了修改，修改后的新法完全采用了美国 DMCA 的立法模式。③

我国《著作权法》和《信息网络传播权保护条例》对技术措施的保护水平与欧盟和加拿大相当。《信息网络传播权保护条例》第26 条第 2 款将受保护的"技术措施"定义为："是指用于防止、限制未经权利人许可浏览、欣赏作品、表演、录音录像制品的或者通过信息网络向公众提供作品、表演、录音录像制品的有效技术、装置或者部件。"其中，"用于防止、限制未经权利人许可浏览、欣赏作品、表演、录音录像制品的……有效技术、装置或者部件"明显是指"接触控制措施"。而"用于防止、限制未经权利人许可……

---

① 17 USC section 1201（a）（1）（A）. 资料来源：美国国会网站，http://uscode. house.gov/view.xhtml? req = granuleid: USC - prelim - title17 - section1201&num = 0&edition = prelim。

② DMCA 规定：任何人不能制造、进口、向公众提供、或交易任何以下技术、产品、服务、装置、部件和其中的组成部分：（A）设计和制造的主要目的是为了规避能够有效保护版权人依本法享有的权利的技术措施；（B）除用于规避能够有效保护版权人依本法享有的权利的技术措施之外，仅具有有限的商业价值；或（C）由明知其将被用于规避能够有效保护版权人依本法享有的权利的技术措施的人单独销售或与他人协同销售。17 USC section 1201（b）(1). 资料来源：美国国会网站，http://uscode.house.gov/view.xhtml? req = granuleid: USC-prelim-title17-section1201&num = 0&edition = prelim。

③ 修改后的澳大利亚版权法第 116AN 条规定：对于保护作品或其他客体的"接触控制措施"实施规避行为，导致该技术措施被规避的，只要行为人明知或有合理理由知道自己行为的后果，作品或其他客体的版权人或专有被许可人就可以对其提起诉讼。资料来源：世界知识产权组织法律数据库，http://www.wipo.int/wipolex/en/text.jsp? file_ id = 374261。

通过信息网络向公众提供作品、表演、录音录像制品的有效技术、装置或者部件"则当然是指"版权保护措施"。① 这说明我国立法中的"技术措施"包括"接触控制措施"和"版权保护措施"。

同时，我国立法规定反规避条款时，并不区分两类技术措施，而是一并保护。2001 年修改的《著作权法》第 47 条第（6）项规定："未经著作权人或者与著作权有关的权利人许可，故意避开或者破坏权利人为其作品、录音录像制品等采取的保护著作权或者与著作权有关的权利的技术措施的行为"属于侵权行为。②《信息网络传播权保护条例》第 4 条规定："……任何组织或者个人不得故意避开或者破坏技术措施，不得故意制造、进口或者向公众提供主要用于避开或者破坏技术措施的装置或者部件，不得故意为他人避开或者破坏技术措施提供技术服务。……"可见，我国立法同时禁止直接规避两类技术措施及提供规避手段的行为。问题在于，这种较宽范围的禁止性规定是否合理？

二、我国禁止提供规避手段的规定具有合理性

在讨论是否应当禁止提供规避手段之前，需要澄清这一行为的范围。"直接规避行为"和"提供规避手段"是各国公认的行为分类，我国立法者也予以承认。然而，细究起来，对这种分类却存在一个疑问："直接规避行为"是否包括应他人的要求为他人规避技术措施的行为？例如，为 iPhone 等智能手机提供"刷机"服务的门店可谓比比皆是，这种"技术服务"究竟应当被归为直接规避行为，还是向他人提供规避手段的行为呢？

---

① 由于《信息网络传播权保护条例》属于授权立法，仅能对涉及信息网络传播权保护的问题作出规定，因此此处的"版权保护措施"特指保护信息网络传播权的技术措施。
② 2010 年修改《著作权法》之后，原第 47 条成为第 48 条，内容不变。

笔者认为：从各国立法区分两种行为的目的来看，对"直接规避行为"和"提供规避手段"的区分，并不是以"自己动手完成规避过程"为标准，而是以行为的后果为标准。如果仅是出于自己"接触"或利用作品的目的规避技术措施，行为的后果是"内向型"的，即只有规避者未经许可实施后续行为，如阅读、欣赏文学艺术作品、运行计算机软件（"接触"作品）或以复制等方式利用作品，对权利人的影响是相对较小的。相反，如果是应他人请求，为他人提供规避服务，行为的后果则是"外向型"的。由于这种服务可以反复提供，能够对作品实施后续"接触"或利用行为的人数可以不断累积，对权利人的影响就会相对较大。上文提及的一些国家的版权立法之所以只禁止提供规避手段而不禁止直接规避行为，也是考虑到二者可能导致的后果存在差异。如澳大利亚政府认为："对版权最大的威胁来自于规避的准备行为，诸如制造、进口、在网上提供，以及销售（规避工具），而不是分别实施的规避技术措施的行为。"① 因此，在这些国家，为他人提供规避服务，包括为他人的需要而实施规避技术措施的行为，均属于受禁止的行为。为自身需要而实施规避技术措施的行为，则不受禁止。如日本著作权法被认为是不禁止"直接规避行为"的立法典型，但其中明确规定：禁止"作为业务活动，应公众的要求而规避技术措施"。② 显然是将提供规避服务的行为纳入了"提供规避手段"的类别。因此，"直接规避行为"的用语应仅指为自身需要而规避技术措施，而应他人请求，

---

① The Attorney-General's Department And The Department Of Communications, Information Technology And The Arts, Joint Submission to The House of Representatives Standing Committee on Legal And Constitutional Affairs Inquiry Into The Copyright Amendment (Digital Agenda) Bill 1999, para. 3. 46, http：//www. aph. gov. au/Parliamentary_ Business/Committees/House_ of_ Representatives_ committees? url = laca/digitalagenda/sub75. pdf, 2014 年 2 月 1 日访问。

② Japan Copyright Law, Article 120bis (i) (ii). 资料来源：日本"著作权研究与情报中心"网站, http://www. cric. or. jp/english/clj/doc/20151001_ October, 2015_ Copyright_ Law_ of_ Japan. pdf。

为他人的需要而规避他人指定的技术措施的行为应属于"提供规避手段"的范畴。

对于我国而言，禁止提供规避手段，无论从现实需要还是从法理依据上其正当性都是非常充分的。首先，与出于自己"接触"作品或利用作品的目的而直接规避技术措施相比，向公众提供规避技术措施的工具或服务对权利人的影响要大得多。因为普通人掌握的计算机技术非常有限，如果想要规避技术措施，一般只有两种方式，一是去找"高手"，由其代为规避；二是利用规避工具。例如，普通用户没有能力破解试用软件中的"注册码"，但如果有人编写了一个专门用于破解"注册码"的"注册机"软件并通过网络提供，普通用户就可以下载"注册机"并破解"注册码"，从而达到长期免费使用软件的目的。这就像一个普通人遇到打不开的锁时，只能去找锁匠开锁，或者用"万能钥匙"开锁。换言之，向公众提供规避手段的结果，是使公众得以未经许可"接触"作品（如观赏电影作品、收听音乐作品或运行计算机软件）或实施版权侵权行为（如复制作品并将作品上传至网站传播）。显然，向公众提供规避手段对版权人利益造成的损害，远大于为自己"接触"或利用作品而自行规避技术措施的行为。

其次，禁止提供规避手段的立法并非新生事物。在 WCT 和 WPPT 要求缔约方保护技术措施之前，许多国家已有立法禁止制造或出售用于破解收费电视节目信号加密措施的设备或提供破解服务。① 欧共体 1991 年通过的《计算机程序保护指令》已经禁止针对软件中的技术措施提供规避手段。该指令规定：对于任何唯一设计目的在于为未经许可移除或规避用于保护计算机程序的技术措施提供便利的工具，如为商业目的持有，或将其投入流通领域，则成员

---

① Peter Schønning etc, National Reporter for Denmark, submitted to ALAI 2001 Congress, Adjuncts and Alternatives to Copyright, http：//www. alai－usa. org/2001_ conference/Reports/Denmark_ ic_ en. doc, pp. 2–3, 2014 年 2 月 1 日访问。

国应当对权利人提供适当的救济措施。①

最后，从 WCT 和 WPPT 的起草过程来看，提交外交会议讨论的有关保护技术措施的条款草案只针对提供规避手段的行为。这说明禁止提供规避手段是条约起草者最希望实现的目的。WCT 草案第 13 条规定：（1）缔约方应当将进口、制造或散发用于规避（技术措施）的设备的行为，或提供、实施能达到相同效果的行为定为非法，只要任何人知道或有合理理由知道该设备或服务将被用于行使本条约规定的，而未经权利人或法律授权的权利。（2）缔约方应当针对第（1）项规定的非法行为提供适当和充分的救济措施。

WPPT 草案第 22 条用相同措辞规定了对表演者和录制者使用的技术措施的保护。虽然在外交会议上，两条约有关技术措施的规定被换成了更为概括的用语，只要求缔约方"制止规避"用于作品、表演和录音制品的技术措施，并未明确要求禁止提供规避手段。这使得有观点认为两条约并不禁止此种行为。② 但世界知识产权组织编写的《世界知识产权组织管理的版权与相关权条约指南》对此指出："缔约方只有在能够针对以下行为，（为技术措施）提供保护和救济的情况下，才能确保其履行 WCT 第 11 条下的义务：……使规避行为能够实现的所谓'预备行为'（即制造、进口和散发规避工具和为规避而提供服务）……"③

这就等于将禁止提供规避手段作为满足两条约要求——对技术措施提供充分保护的方法来对待。一些学者也持同样观点，全程参

① Directive on the Legal Protection of Computer Programs, Article 7（1）. 资料来源：欧盟法网站，http://eur-lex.europa.eu/legal-content/EN/TXT/?uri=CELEX%3A31991L0250。

② Séverine Dusollier, Situating Legal Protections for Copyright-related Technological Measures in the Broader Legal Landscape: Anti Circumvention Protection outside Copyright, in International Literary and Artistic Association（ALAI）Congress, Adjuncts and Alternatives to Copyright, New York: ALAI-USA, 2001, p. 142.

③ World Intellectual Property Organization（WIPO）, Guide to the Copyright and Related Rights Treaties Administered by WIPO: and Glossary of Copyright and Related Rights Terms, World Intellectual Property Organization, Geneva: WIPO Publication No. 891（E）, 2003, p. 218.

加外交会议的欧盟代表团团长 Reinbothe 博士和欧盟代表团成员
Lewinski 博士也就此指出：（为履行）WCT 第 11 条规定的提供"充
分保护"的义务……缔约方的国内法应当禁止为规避技术措施而制
造或散发设备、产品、部件以及提供规避服务的行为。①

有关版权国际条约的权威著作《国际版权和邻接权：〈伯尔尼公
约〉及对其的超越》对此持同样观点：那种将认为受禁止的行为……
不包括提供规避设备行为的解释，并不符合 WCT 第 11 条的要求，即
成员国"应当针对规避提供充分的法律保护和有效的法律救济"。②

因此，目前凡是对技术措施进行保护的立法，均毫无例外地禁止
这类行为，包括禁止制造、进口、销售、出租、许诺销售或出租、通
过网络提供规避工具，或者提供规避服务，甚至禁止对规避工具或服
务的广告宣传。即使是在保护技术措施方面最为保守的澳大利亚《数
字议程法案》、日本著作权法和新西兰版权法，也明文禁止提供规避手
段。各国在保护技术措施问题上，争议的焦点从来都不是是否应当禁
止提供规避手段，而是是否应当禁止直接规避行为。

我国在起草《信息网络传播权保护条例》的过程中，曾经就是
否禁止提供规避手段发生过争议。有的意见认为，禁止提供规避手
段的规定过于严格，使得保护的天平倾向权利人一方；有的意见认
为，确定一项装置或者部件是否属于主要用于避开或者破坏技术措
施的装置或者部件在实践中缺乏可操作性。③ 但是，基于"作为技
术措施的技术、装置是中性的，禁止间接规避技术措施行为，对技

---

① Jörg Reinbothe, Silke von Lewinski, The WIPO Treaties 1996: The WIPO Copyright
Treaty and the WIPO Performances and Phonograms Treaty: Commentary and Legal Analysis,
London: Butterworths, 2002, pp. 144–145.

② Sam Ricketson, Jane C. Ginsburg, International Copyright and Neighbouring Rights:
The Berne Convention and Beyond, 2nd ed, Oxford: Oxford University Press, 2006, p. 977.

③ 这种行为也被称为"间接规避行为"，国务院法制办公室编写的《信息网络传播
权保护条例释义》有如下表述："规避技术措施的行为包括三类：一是避开或者破坏技术
措施。……二是制造、进口或者向公众提供主要用于避开或者破坏技术措施的装置或者部
件。……三是为他人避开或者破坏技术措施提供技术服务……上述三类行为中，第一类属
于直接规避技术措施的行为……第二、三类属于间接规避技术措施的行为"，张建华：《信

术的发展可能会造成一定影响，但可以有效地保护权利人的利益"的考虑，《信息网络传播权保护条例》最终规定禁止提供规避手段，也即规定"不得故意制造、进口或者向公众提供主要用于避开或者破坏技术措施的装置或者部件，不得故意为他人避开或者破坏技术措施提供技术服务"。① 可见，我国与其他国家一样，禁止提供规避手段，这一规定是适当的。

《著作权法》本身并没有明确禁止提供规避手段，而只是笼统地禁止规避技术措施。《信息网络传播权保护条例》虽然明确禁止提供规避手段，但该条例属于授权立法，② 只能根据《著作权法》的授权范围，对涉及信息网络传播权的技术措施提供保护，因此该条例只能禁止针对保护信息网络传播权的技术措施提供规避手段，对于保护其他专有权利的技术措施就无能为力了。2014 年由国务院法制办公开征求意见的《中华人民共和国著作权法（修订草案）》（以下简称《著作权法（修订草案）》不仅明确规定了"接触控制措施"和"版权保护措施"这两类技术措施，③ 还规定"不得故意制造、进口或者向公众提供主要用于避开或者破坏技术保护措施的装置或者部件，不得故意为他人避开或者破坏技术保护措施提供技术或者服务"，从而解决了《信息网络传播权保护条例》的保护范围过窄的问题，是值得赞许的。

（接上注）

息网络传播权保护条例释义》，中国法制出版社 2006 年版，第 16—17 页。由于"间接规避行为"的表述使用较少，下文并不使用这一表述，而使用"提供规避手段"。

① 《信息网络传播权保护条例》第 4 条第 2 款。

② 《著作权法》第 59 条规定："计算机软件、信息网络传播权的保护办法由国务院另行规定。"

③ 《著作权法（修订草案）》第 68 条第 1 款规定："本法所称的技术保护措施，是指权利人为防止、限制其作品、表演、录音制品或者广播电视节目被复制、浏览、欣赏、运行、改编或者通过网络传播而采取的有效技术、装置或者部件。"

三、我国无须禁止直接规避行为

与各国版权立法均禁止提供规避手段的情况不同，各国对于是否禁止直接规避行为有不同做法。笔者认为：国际条约并未设定必须禁止直接规避行为的义务。同时，禁止直接规避行为的立法不具有现实可行性，也容易与"合理使用"机制产生冲突。而直接规避行为对权利人造成的影响多数都可以通过版权法中的其他机制解决。因此，没有必要在我国的立法中禁止直接规避行为。

（一）不禁止直接规避行为并不违反国际条约

如上文所述，WCT 和 WPPT 中有关保护技术措施的条款草案只针对提供规避手段的行为。虽然最后变为笼统地要求缔约方制止"规避"行为，但既然"规避"有不同的含义，很难说两条约设定了必须禁止直接规避行为的义务。"澳大利亚数字联盟"针对《数字议程法案》不禁止直接规避行为的规定就曾提出：仅禁止提供用于规避技术措施的设备和服务，而不禁止规避技术措施的行为，完全符合澳大利亚所承担的国际义务。① 当然，各国学者对于不禁止直接规避行为是否符合 WCT 的要求可以存在不同观点，但同为发达国家的日本和新西兰至今也没有在立法中禁止直接规避行为，至少说明国际社会对此问题并不存在统一的认识。

---

① Australian Digital Alliance, Copyright Amendment（Digital Agenda）Bill 1999: Response from the Australian Digital Alliance（ADA）, pp. 1-2, 资料来源："澳大利亚数字联盟"网站，http://digital.org.au/sites/digital.org.au/files/documents/daexposure.pdf, 2014 年 6 月 1 日访问。

（二）直接规避技术措施本身并非直接侵权或间接侵权

如果立法者认为直接规避技术措施构成对著作权的直接或间接侵权，则无论保护技术措施的国际条约是否要求禁止此种行为，我国著作权法也当然会予以禁止。目前，《著作权法》和《信息网络传播权保护条例》均将"故意避开或破坏技术措施"的行为界定为"侵权行为"。① 学术界也根据立法的用语，普遍认为直接规避技术措施是一种侵犯著作权的行为。如认为规避技术措施"是利用高科技手段侵害著作权或者邻接权"，② 是"其他侵犯著作权的行为"。③

这实际上是认为直接规避行为构成版权直接侵权，但该观点是不能成立的。直接规避技术措施的行为本身，与规避之后再对作品进行后续利用的行为并非同一行为。在版权法中，"侵权行为"有其特定的含义，它与"专有权利"是有对应关系的，"专有权利"控制特定行为，如"复制权"控制复制行为，"发行权"控制发行行为等。只有他人未经许可实施了受专有权利控制的行为，同时又缺乏法定抗辩理由，才构成对专有权利的直接侵权。直接规避技术措施的行为，本身并不涉及对作品的复制、发行和网络传播，不可能构成直接侵权。

有观点认为：从著作权法对技术措施的保护中，可以看出著作权法赋予了版权人"技术措施权"④。如果以此认为直接规避行为构成了对"技术措施权"的直接侵权从而应当受到禁止，则会陷入循环论证的怪圈，更是无法成立的。

权利人使用技术措施防止他人未经许可"接触"作品或以复制、传播等方式利用作品，是一种维护自身利益的自力救济手段，属于

① 《著作权法》第48条第（6）项、《信息网络传播权保护条例》第18条。
② 来小鹏：《知识产权法学》，中国政法大学出版社2011年版，第163页。
③ 张玉敏、张今、张平：《知识产权法》，中国人民大学出版社2009年版，第177页。
④ 李扬：《数据库法律保护研究》，中国政法大学出版社2004年版，第102页。

行动自由，即"法无禁止皆可行"，并不是基于著作权法专门赋予的一项所谓新权利。例如，某人买了一幢房子之后给房门装上了锁。这把锁的作用是保护此人对房子及其中财产的所有权，是一种对所有权的私力保护手段。法律当然禁止他人将锁撬开的行为，但这并非因为物权法赋予了购房者对房子及其中财产所有权之外的一项新权利——"上锁权"，而是因为这本来就属于所有权人行动自由的范围。而且，绝大多数国家只是在 1996 年 WCT 和 WPPT 缔结之后，才开始在著作权立法中增加保护技术措施的规定。美国国会参议院司法委员会的报告中也提到，在 DMCA 之前，美国版权法从来就没有将规避技术措施的行为规定为非法行为。[①] 那么在此之前，权利人是否有权在软件或数字化作品中加入"密码"或"序列号"等技术措施，保护自己在版权法中的正当利益呢？答案当然是肯定的。微软公司早在 1993 年推出 Windows 93 时，就在软件中加入了"序列号"，远远早于美国 DMCA 诞生的 1998 年。如果认为是 1998 年的 DMCA 创设了"技术措施权"，那么在 Windows 93 中使用技术措施，岂不成了"无源之水""无本之木"？显然，权利人在作品中设置技术措施，并不是基于所谓的"技术措施权"，而是基于其通过自力保护手段捍卫自己在版权法中正当利益的自由。认为直接规避技术措施的行为侵犯了"技术措施权"的观点是站不住脚的。

还有一种观点认为，直接规避技术措施可以构成间接侵权。在美国发生的"RealNetworks 诉 DVD 复制控制联盟案"中，法院认为：DMCA 创设了新的责任形式，该责任来源于以便利版权侵权的方式对接触控制措施的规避。[②]

这显然是将直接规避行为视为后续直接侵权行为的帮助行为，笔者认为，"直接规避行为"不可能构成间接侵权，这是因为"直

---

① Senate Report 105-190, 105th Congress, 2nd Session, p. 12. 资料来源：美国国会网站，https://www.congress.gov/congressional-report/105th-congress/senate-report/190/1。

② at 941. 类似的观点见 Storage Technology Corporation v. Custom Hardware Engineering & Consulting, 421 F. 3d 1307, 1318-1319 (Fed. Cir. 2005)。

接规避行为"是指为了自身需要而规避技术措施的行为，并不涉及应他人请求为他人规避其指定的技术措施（这种行为属于前文所述的"提供规避手段"）。如果一个人在先实施了直接规避行为后，又对作品进行未经许可的复制和传播，即使后一行为构成直接侵权，前一行为也不是间接侵权。因为本人对自己的"帮助"不能构成间接侵权。

即使是在禁止直接规避行为的国家，其著作权立法也区分了"侵权之诉"（copyright infringement claims）与"规避技术措施之诉"（circumvention claims）。① 在美国发生的"RealNetworks 诉 DVD 复制控制联盟案"中，被告被控破解了 DVD 中的技术措施。法院明确指出：本案不涉及版权侵权之诉，只涉及规避技术措施之诉。② 《著作权法（修订草案）》也不再将"故意避开或者破坏权利人采取的技术保护措施"列入"侵权行为"，而是列入与"侵权行为"并列的"违法行为"。③ 虽然笔者并不赞成禁止直接规避行为，但从这一修改中，至少可以看出立法者已不再认为直接规避行为属于对著作权的直接或间接侵权行为。

（三）直接规避技术措施之后实施的侵权行为本已受到法律规制

由于"直接规避行为"是指出于行为人自己"接触"或利用作品的目的而规避技术措施，并不包括应他人的要求向他人提供规避服务，因此这种行为本身对权利人的影响相对较小。例如，为了证明或炫耀自己具有规避他人技术措施的能力，或者出于技术爱好而

---

① 例如，美国版权法对于侵犯专有权利行为的民事责任由第 504 条规定。而对于直接规避技术措施和提供规避手段的行为的民事责任，则由第 1203 条单独规定。

② See RealNetworks v. DVD Copy Control Association, 641 F. Supp. 2d 913, 942 (N. D. Cal., 2009), at 933-934.

③ 见《著作权法（修订草案）》第 78 条。

规避技术措施,① 在未公布解密手段、未向他人提供规避服务（此类行为属于"提供规避手段"）或作品的情况下,不会损害权利人的利益。因此,权利人真正在乎的,并非直接规避行为本身,而是对"破解版"作品实施的后续行为。

在绝大多数情况下,直接规避"版权保护措施"的目的就是实施复制等受专有权利控制的行为。即行为人在规避"版权保护措施"之后,又未经许可地复制、传播或以其他受专有权利控制的方式利用作品。如先破解电影 DVD 中防止复制的技术措施,再将 DVD 中的电影拷贝到计算机硬盘,然后将该视频文件压缩后上传至互联网传播。除非这些未经许可实施的后续行为构成"合理使用",否则就是侵权。换言之,版权法原本就提供对专有权利的保护,技术措施只是使权利人在原先就享有的法律保护的基础上,另行增强权利人的自力保护能力。在权利人本来就可以追究行为人的侵权责任的情况下,禁止直接规避行为并无实际意义。美国国会参议院司法委员会在对 DMCA 的报告中,对于只禁止直接规避"接触控制措施",而不禁止直接规避"版权保护措施"的原因作出了如下解释:第 1201 条（a）款（1）项禁止规避"接触控制措施"的规定是必要的,这是因为在本法通过之前,规避（"接触控制措施"）行为从未被定为非法。……而版权法早已禁止版权侵权行为,所以不需要禁止规避"版权保护措施"的新规定。②

显然,即使版权法不禁止直接规避技术措施,权利人也仍然可以就其专有权利享受版权法提供的保护。这应当是 DMCA 只禁止直接规避"接触控制措施",而不禁止直接规避"版权保护措施"的深层原因。

---

① 郭禾:《规避技术措施行为的法律属性辨析》,载沈仁干:《数字技术与著作权:观念、规范与实例》,法律出版社 2004 年版,第 51 页。

② Senate Report 105-190, 105th Congress, 2nd Session, p. 12. 资料来源:美国国会网站, https://www.congress.gov/congressional-report/105th-congress/senate-report/190/1。当然,该报告没有考虑上文所述的具有间接防止版权侵权作用的"接触控制措施"。

　　某些"接触控制措施"可以间接起到防止版权侵权的作用。例如，中国期刊网中的用户名和密码是典型的"接触控制措施"，因为它可以阻止那些未获得使用权限的用户浏览其中的作品，但它也可以间接防止这些用户下载作品并通过网络传播。同样道理，计算机软件中的"序列号"也是"接触控制措施"，因为它可以阻止用户未经许可地运行软件，由于商业使用盗版在我国被定为侵权行为，①"序列号"也可以间接起到防止版权侵权的作用。如果行为人在规避了这类"接触控制措施"之后，接着实施了侵权行为，则这类侵权行为同样会受到版权法的规制。对于这类侵权行为而言，规避技术措施仅是同一行为人实施的预备行为，在可以对侵权行为追究责任的情况下，禁止预备行为并追究该预备行为的责任并无必要。

　　在"上海地创网络技术公司等诉北京万户名媒科技公司案"中，原告开发出了名为"易图 WebDraw"的软件，可用于进行名片设计。原告许可被告使用该软件并提供了序列号。但原告根据许可期限对序列号的有效期进行了限定，在到期之后，被告需要另行付费以继续使用软件。在许可期结束后，原告发现被告继续使用该软件向客户提供名片设计服务，认为其破解了序列号，便起诉被告侵权。法院认为：两被告在许可期限到期后，为了能继续使用软件，采用技术手段破解了软件的序列号。两被告的行为，侵犯了两原告对系争软件享有的著作权……至于两被告应赔偿的损失，因两原告的损失和两被告的获利情况无法确定，由本院参照……许可费用的标准、两被告在被许可期限届满后擅自使用的期限、两被告的过错程度合理酌定。②

　　在此案中，被告实际上实施了两个行为，一是"破解了软件的序列号"，也即对技术措施进行了直接规避，二是"在被许可期限届

---

　　① 《最高人民法院关于审理著作权民事纠纷案件适用法律若干问题的解释》第 21 条规定："计算机软件用户未经许可或者超过许可范围商业使用计算机软件的，依据著作权法第47 条第（1）项、《计算机软件保护条例》第 24 条第（1）项的规定承担民事责任。"

　　② 上海市浦东新区人民法院（2008）浦民三（知）初字第 453 号民事判决书。

满后擅自使用"软件，也即侵犯了软件著作权。追究第二个行为的法律责任已足以弥补权利人遭受的损失。至于被告为什么能够未经许可使用软件，即究竟是其自己动手规避了技术措施，还是在市场上购买了盗版软件，与其未经许可使用软件行为的定性和相应的法律责任并无关系。由于《著作权法》禁止直接规避行为并将其界定为"侵权行为"，法院以被告实施前一行为作为认定侵权的依据，而以被告实施后一行为作为赔偿的依据，这一有欠妥当的做法就是禁止直接规避行为所导致的问题。

如果直接规避行为针对的是"接触控制措施"，而且后续行为是未经许可阅读、欣赏文学艺术作品或非商业性运行计算机软件，则由于后续行为并不构成侵权，因此无须禁止这种直接规避行为。诚然，此类未经许可实施的"接触"行为也会损害权利人的利益，因为这毕竟会使权利人丧失原本可以获得的销售收入（如销售正版图书产生的利润分成）或许可费（如向正版软件的个人用户收取的许可费）。但单独的个人未经许可阅读、欣赏作品或非商业性运行计算机软件，对权利人的影响是相当有限的。权利人的损害主要体现在不特定多数用户行为的积累效应，而防止这种损害的最佳方法是禁止提供规避手段，而非禁止分别实施的直接规避行为。

（四）禁止直接规避行为的规定缺乏现实可行性

直接规避行为是在规避者的私人空间实施的，具有很强的隐蔽性。在规避者不对外发行或传播"破解版"作品的情况下，权利人很难发现个人实施的直接规避行为并追究其法律责任。如果权利人能够发现直接规避行为，一般是因为规避者对"破解版"作品实施了后续侵权行为，如在网络中传播等。如上文所述，此时权利人完全可以就后续侵权行为提起诉讼，无须单独就直接规避行为追究责任。在国内外发生的有关技术措施的案例中，极少涉及单纯的直接规避行为，多数是规避之后对相关作品进行了后续利用。在这种情况下，法律禁止直接规避行为，仅有象征意义而缺乏实际价值。

（五）不禁止直接规避行为可为"合理使用"留下空间

技术措施与"合理使用"天然存在冲突。这是因为技术措施是一种"非此即彼"的解决方案，无法智能到可以自动判断直接规避行为是为了侵权还是对作品进行"合理使用"，只能阻止所有未经许可的相关行为。如果禁止直接规避行为，则不可避免地会影响对作品的"合理使用"。

DMCA 并不禁止直接规避"版权保护措施"，美国版权局对此的解释是：这是为了"保证公众能够继续对受版权保护的作品进行'合理使用'"。① 这一解释是能够成立的，如果公众获得含有"版权保护措施"的作品之后，完全不能为"合理使用"的目的而复制作品，则"合理使用"就形同虚设了。因此 DMCA 不禁止规避"版权保护措施"，以免使已合法获得作品者无法对作品进行"合理使用"。例如，用户如果已付费下载了一本含有防复制措施的电子书，可以为了对作品进行"合理使用"（如摘出片断制作教学材料）而规避该防复制措施（"版权保护措施"）。权利人毕竟已经从用户支付的价款中获得了经济回报，用户对作品的"合理使用"对其利益的影响是有限的。

对于"接触控制措施"而言，其所限制的未经许可"接触"作品的行为，本身与"合理使用"无关。这是因为"合理使用"并不是积极权利，即并非请求权，而是对侵权的抗辩，即可以对抗专有权利。"合理使用"意味着对作品的特定利用无须经过权利人许可，并不意味着对作品的获取（对内容的"接触"）一定是免费的。例如，一名影评人无须经过电影权利人许可，就可以在影评中适当地引用电影中的对话，因为为评论目的而对作品的适当引用构成"合理使用"。但他不能以要写影评为由，要求影院允许其免费入场，或

---

① Copyright Office of United States. the Digital Millennium Copyright Act of 1998, p. 4. 资料来源：美国版权局网站，https://www.copyright.gov/legislation/dmca.pdf。

是要求音像店赠予其电影 DVD。同样道理，这名影评人在视频网站中在线观赏电影（"接触"电影）的行为，与"合理使用"无关。一旦禁止直接规避"接触控制措施"，任何人都不能以"合理使用"为由，对"接触控制措施"实施直接规避行为。国外的司法实践也表明，"合理使用"并非直接规避"接触控制措施"的免责理由。如在美国的"RealNetworks 诉 DVD 复制控制联盟案"中，法院指出："合理使用从来都不是对未经许可接触作品的抗辩"。①

对于数字化作品而言，"接触"作品是对其进行"合理使用"的前提。一旦禁止直接规避"接触控制措施"，由于"合理使用"本身不能成为实施直接规避行为的合法理由，为了实现利益平衡，版权法必须同时规定例外情形，即规定在何种条件下可以对"接触控制措施"实施直接规避行为。目前，凡是禁止直接规避"接触控制措施"的立法都作出了此类规定。如 DMCA 针对第 1201 条禁止直接规避"接触控制措施"的条款，详细列举了 7 种例外情形，包括反向工程、加密研究和安全测试例外等。② 同时，美国国会图书馆还每 3 年根据美国版权局的建议公布新的例外情形。③ 在 2000 年至 2015 年的 16 年时间里，美国国会图书馆已先后 6 次公布了针对禁止规避技术措施的例外情形。澳大利亚根据与美国签订的《美澳自由贸易协定》修改版权法后，也采取了明文规定例外情形，④ 辅之以不定期

---

① See RealNetworks v. DVD Copy Control Association, 641 F. Supp. 2d 913, 942（N. D. Cal., 2009），at 942.

② 17 USC 1201（a）（2），（b）. 资料来源：美国国会网站，http://uscode.house.gov/view.xhtml?req=granuleid: USC-prelim-title17-section1201&num=0&edition=prelim, section 1201（d）。

③ 17 USC 1201（a）（2），（b）. 资料来源：美国国会网站，http://uscode.house.gov/view.xhtml?req=granuleid: USC-prelim-title17-section1201&num=0&edition=prelim, section 1201（B）（C）。需要说明的是，美国版权局是美国国会图书馆的下设机构。

④ Australia Copyright Act, Section 116AN（2）-（8）. 资料来源：世界知识产权组织法律数据库，http://www.wipo.int/wipolex/en/text.jsp? file_ id=374261。

公布新的例外情形的机制。① 即使暂不质疑这些例外情形能否真正实现利益平衡，这种烦琐、复杂的立法方式与我国目前的立法体制也是难以兼容的。

《信息网络传播权保护条例》在禁止直接规避行为（包括禁止直接规避"接触控制措施"的行为）的同时，仅规定了4种例外情形，② 在数量上远远少于美国等发达国家，很难实现利益平衡。《著作权法（修订草案）》虽然将《信息网络传播权保护条例》规定的例外情形纳入了《著作权法》，使之能够适用于与"信息网络传播"无关的技术措施，扩大了原有例外情形的适用范围。但《著作权法（修订草案）》仅在《信息网络传播权保护条例》规定的4种例外情形基础上增加了一种例外情形，③ 基本属于守成，改善力度不大。由于我国立法机关修改《著作权法》的频率很低，④ 且每次修改的幅度有限，寄希望于《著作权法》能够及时根据技术的发展不断增加例外情形是不现实的。同时我国也缺乏美国和澳大利亚那样定期颁布新例外的机制。与其耗费大量立法资源列举允许直接规避行为的例外情形，不如只禁止提供规避手段，不再禁止直接规避行为。

---

① Copyright Regulations 1969, Statutory Rules 1969 No. 58 as amended, Schedule 10A (Prescribed acts). (Regulation 20Z). 资料来源：世界知识产权组织法律数据库，http：//www. wipo. int/wipolex/en/text. jsp？file_ id = 305912。

② 《信息网络传播权保护条例》第12条规定：属于下列情形的，可以避开技术措施，但不得向他人提供避开技术措施的技术、装置或者部件，不得侵犯权利人依法享有的其他权利：（1）为学校课堂教学或者科学研究，通过信息网络向少数教学、科研人员提供已经发表的作品、表演、录音录像制品，而该作品、表演、录音录像制品只能通过信息网络获取；（2）不以营利为目的，通过信息网络以盲人能够感知的独特方式向盲人提供已经发表的文字作品，而该作品只能通过信息网络获取；（3）国家机关依照行政、司法程序执行公务；（4）在信息网络上对计算机及其系统或者网络的安全性能进行测试。

③ 《著作权法（修订草案）》第71条除保留《信息网络传播权保护条例》第12条规定的4种例外情形（用语做了适当调整）外，还增加了一种例外情形——"进行加密研究或者计算机程序反向工程研究"。

④ 我国自1990年颁布《著作权法》以来，至今只修订了两次，其中第二次修订主要是为了解决《著作权法》原第4条第1款被WTO争端解决机构认定为违反国际条约的问题，因此只改了两条。这样的修改频率，不仅远低于欧美国家，也低于日本、韩国和我国台湾地区。

　　除上述考虑之外，对于我国这样一个发展中国家而言，对技术措施提供较美国和澳大利亚①更高的保护水平，似并不符合我国的国情。因此，在《著作权法（修订草案）》中不再禁止对技术措施的直接规避行为，应是较为合理的选择。

　　在著作权法禁止提供规避手段而不禁止直接规避行为的情况下，如果希望对数字化作品进行"合理使用"的人具有相应的技术能力，当然可以自行规避技术措施。然而，多数人缺乏规避技术措施所需的专业性技术，如果不能获得规避工具或服务，他们也无法为了实现"合理使用"而规避技术措施。对此问题，采取了相同立法模式的澳大利亚《数字议程法案》采用的对策值得我国借鉴。该法案规定：在符合下列条件的情况下，可以向他人提供规避手段：此人签署书面声明，说明如果不规避技术措施，就无法从《版权法》规定的特定限制与例外中受益，如教育机构为法定目的而复制作品等，同时提供自己的身份证明和联系方式。② 为了防止随意向他人提供规避手段，《数字议程法案》明确规定：故意作出内容虚假或引人误解的声明将导致刑事责任，对声明人应处 1 年以下监禁。③ 如果声明人有严重过失，则处 6 个月以下监禁。④ 在声明的保存期间届满前，故意或出于严重过失丢弃和毁损声明，也要处 6 个月以下监禁。⑤ 这些规定确保了规避手段提供者只有在确信接受者有权接受规避服务时，才能提供规避手段。这样的规定一方面确保了"合理使用"不会因技术措施的存在而被架空，另一方面也防止了规避手段被滥用，是

---

　　① 这里是指修改后的澳大利亚版权法（对技术措施的保护水平更高），不是指 2000 年的《数字议程法案》（对技术措施的保护水平较低）。

　　② Australia Copyright Act（2001），Sec 116（A）（3）（a）. 资料来源：澳大利亚联邦政府网站，https：//www. legislation. gov. au/Details/C2004A00702。

　　③ Australia Copyright Act（2001），Sec 116（A）（3）（a）. 资料来源：澳大利亚联邦政府网站，https：//www. legislation. gov. au/Details/C2004A00702，Sec 203G（1）。

　　④ Australia Copyright Act（2001），Sec 116（A）（3）（a）. 资料来源：澳大利亚联邦政府网站，https：//www. legislation. gov. au/Details/C2004A00702，Sec 203G（2）。

　　⑤ Australia Copyright Act（2001），Sec 116（A）（3）（a）. 资料来源：澳大利亚联邦政府网站，https：//www. legislation. gov. au/Details/C2004A00702，Sec 203G（3）。

较为可取的。①

结　　论

基于上述分析，建议对《著作权法（修订草案）》第 69 条进行修改。该条第 2 款规定：未经许可，任何组织或者个人不得故意避开或者破坏技术保护措施，不得故意制造、进口或者向公众提供主要用于避开或者破坏技术保护措施的装置或者部件，不得故意为他人避开或者破坏技术保护措施提供技术或者服务，但是法律、行政法规另有规定的除外。

建议将该款改为：未经许可，任何组织或者个人不得故意制造、进口或者向公众提供主要用于避开或者破坏技术保护措施的装置或者部件，不得故意为他人避开或者破坏技术保护措施提供技术或者服务，但是法律、行政法规另有规定的除外。他人书面声明规避技术保护措施的唯一目的是实施本法允许的行为，而且不规避技术措施就无法实施时，可以为其避开或者破坏技术保护措施提供技术或者服务，但明知或有合理的理由知道声明内容虚假的除外。

据此，《著作权法》将不再禁止对技术措施的直接规避行为，而是只禁止提供规避手段，并规定相应的例外情形，从而适当降低了对技术措施的保护水平。这既不违反我国承担的国际义务，也符合我国国情，同时可以为对作品的"合理使用"留下适当的空间。

---

① 遗憾的是，澳大利亚在根据与美国签订的《美澳自由贸易协定》修改版权法的过程中，完全删除了《数字议程法案》中的上述规定，改为采用美国式机制，也即——列出允许提供规避手段的情形。

论网络服务提供者间接侵权责任的过错形态

冯术杰 *

摘　要　著作权法将"明知"和"应知"都规定为网络服务提供者间接侵权责任的过错形态，商标法则明确规定仅知道（"故意"）可为该过错形态，而侵权责任法用于规定该过错形态的"知道"仍被在故意和过失之间做着摇摆不定的解释和适用。从法律体系化的角度对著作权、商标权和人格权网络侵权制度的考察表明，网络侵权法领域的"应知"应涵盖过失和（很可能知道意义上的）故意两种过错形态。既有的法律规则将欧美法上网络服务提供者免责条款中的过错概念用于侵权责任构成条款，导致法律解释和适用的混乱以及免责条款的适用范围扩大。网络服务提供者过错认定的根本条件有两个：一是它是否注意到了（故意）或者应当注意到（过失）与网络用户侵权行为相关的事实；二是它对网络用户的行为是否具有违法性认知，即网络用户行为的侵权性质是否明显或容易判断。对于网络服务提供者的"过失"，应以"采取合理、有效的侵权预防措施"的注意义务来定义，而不必考察其对网络用户侵权行为的实际知晓情况。即便不构成帮助侵权，过失间接侵权产生连带责任的规则也符合我国侵权责任法的理论和规范体系。

关键词　过失　过错　网络服务提供者责任　间接侵权　帮助侵权　网络侵权

---

* 冯术杰，法学博士，清华大学法学院副教授。

从相关法制的发展历程来看，著作权法领域的理论和实践是我国网络服务提供者民事责任制度的先行者，在商标法及其他民事法律对著作权法相关制度的碎片化借鉴之后，《侵权责任法》第36条参照著作权法的制度经验，为统一网络服务提供者民事侵权责任制度提供了一般性法律基础。但这些法律制度之间仍存在未被协调的体系化矛盾，形成了差异并存而又互相影响的局面，这主要就体现在网络服务提供者间接侵权责任的过错形态方面。关于网络服务提供者就网络用户的侵权行为应承担的责任，商标法、著作权法和侵权责任法均适用过错责任原则，但三者就"过错"的规定却存在未被调和的差别甚至矛盾。商标法采用的是帮助侵权规则，它规定"故意"为商标侵权行为提供便利（含网络平台服务）才产生侵权责任。[1] 著作权法借鉴美国法创设了不同于帮助侵权的特殊制度，即，如果网络服务提供者"明知"或"应知"网络用户侵害信息网络传播权而未采取删除、屏蔽或断开链接等必要措施，则构成帮助侵权，[2]因此，"明知（故意）"和"应知"（一般理解为"过失"）都可以构成著作间接侵权的过错形态，但"应知（过失）"的认定规则与一般侵权法差异很大。[3] 侵权责任法在立法形式上是为网络服务提供者这类主体或网络侵权这类行为设置了特殊规则，[4] 但实质

---

① 见 2002 年颁布的《商标法实施条例》第 50 条第（2）项，2013 年修正后的《商标法》第 57 条第（6）项，2014 年修正后的《商标法实施条例》第 75 条。

② 见最高人民法院 2000 年颁布并于 2003 年和 2006 年两次修正的《最高人民法院关于审理涉及计算机网络著作权纠纷案件适用法律若干问题的解释》，以及 2012 年替代和废止该司法解释的《最高人民法院关于审理侵害信息网络传播权民事纠纷案件适用法律若干问题的规定》（以下简称《信息网络传播权司法解释》）第 7 条，国务院 2006 年颁布、2013 年修正的《信息网络传播权保护条例》第 22 条、第 23 条。

③ 见《信息网络传播权司法解释》第 9—12 条。

④ 王利明：《侵权责任法研究》（下卷），中国人民大学出版社 2011 年版，第 25—27 页。

上采用的仍是帮助侵权（及共同侵权①）的规则，因为该法第 36 条第 3 款明确将 "知道" 规定为网络服务提供者连带责任的过错要件。②

目前的司法实践一直努力地按著作权法的特殊制度安排来解释和适用侵权责任法和商标法，目的是能够有效推广和利用在网络著作权侵权领域积累的经验。③ 北京市高级人民法院于 2013 年制定出台的《网络交易平台涉嫌侵犯知识产权纠纷若干问题的解答》，即尝试在知识产权法的范畴内建立网络服务提供者间接侵权责任的体系化制度；最高人民法院 2014 年颁布的《最高人民法院关于审理利用信息网络侵害人身权益民事纠纷案件适用法律若干问题的规定》（以下简称《网络人身权司法解释》）对网络服务提供者的过错界定也很大程度上借鉴了信息网络传播权领域的规则。④ 尽管借鉴和推广司法实践中形成的 "较为成熟的" 著作权间接侵权责任制度显然是最便捷的路径，但取该路径也面临着几个必须回答的问题：既有制度和实践中的 "应知" 在侵权法理论上应被如何定性；其认定规则是否清晰完备；网络服务提供者承担注意义务的条件是什么；网络服务提供者因过失为网络用户的侵权行为提供帮助是否产生连带责任？⑤ 通过对著作权法、商标法、人身权法中相关规则与实践的考察，本文拟对网络服务提供者间接侵权责任的过错形态，尤其是

---

① 见《信息网络传播权司法解释》第 4 条关于网络服务提供者与网络用户分工合作构成侵犯信息网络转播权的规定。

② 王利明：《侵权责任法研究》（上卷），中国人民大学出版社 2011 年版，第 338—339 页。

③ 最高人民法院原副院长奚晓明在第三次全国法院知识产权审判工作座谈会上提出，深入研究和探索网络交易平台等网络环境下知识产权侵权问题，既要在类似情况下参考借鉴网络著作权司法解释的有关原则和精神处理该类纠纷，又要注意其差别，研究和总结其侵权判断规则的特殊性，不简单参照使用网络著作权司法解释的有关规则。

④ 《网络人身权司法解释》第 9 条、第 10 条。

⑤ 帮助侵权仅在帮助提供者与被帮助者之间存在意思联络的情况下才成立，即帮助者主观上对于被帮助者的侵权行为应当是知道的状态。见程啸：《论意思联络作为共同侵权行为构成要件的意义》，载《法学家》2003 年第 4 期。

"应知(过失)"的性质、认定及责任性质进行探讨,以期推进相关制度的体系化。

一、著作权法上的过错条件——"明知"和"应知"

在著作权法领域,根据《信息网络传播权保护条例》① 及《信息网络传播权司法解释》②,如果网络服务提供者明知或应知网络用户利用其提供的网络服务侵害信息网络传播权,而未采取必要措施,就构成帮助侵权。这里的"应知",在理论层面一般被按"过失"来解释③,但在规则层面主要被以故意来界定,而在实践层面却是被以故意与过失两种过错形态来适用。那么,网络著作权侵权领域的"应知"究竟对应着哪种过错形态?其认定标准应如何确定?

(一)"应知"在规则层面仅包含"故意(很可能知道或推定的知道)"

在涉及更广泛民事权益保护的《侵权责任法》中,第 36 条第 3 款④使用"知道"来定义网络服务提供者的过错形态。这里的"知道"在实践中也常被从"明知"和"应知"的意义上来解释,而对其"应知"的讨论也总是与网络著作权间接侵权领域的前述"应知"一并进行。在这些讨论中,相对于"明知"[实际知道(actual knowledge)],"应知"被赋予了两种不同的含义:一是指推定的知道(constructive knowledge),区别于客观上的实际知道。它在证据

---

① 见《信息网络传播权保护条例》第 22 条、第 23 条。
② 见《信息网络传播权司法解释》第 7 条、第 8 条。
③ 陈锦川:《网络服务提供者过错认定的研究》,载《知识产权》2011 年第 2 期。
④ 该款规定:网络服务提供者知道网络用户利用其网络服务侵害他人民事权益,未采取必要措施的,与该网络用户承担连带责任。

法上表现为：不能确定无疑地证明但可以依据达到高度盖然性证明标准的证据来认定当事人很可能知道有关事实。二是指应当知道而不知道，即过失——因违反注意义务而不知道。①

在网络著作权领域，从"应知"的认定规则来看，《信息网络传播权司法解释》第9条规定，应当根据网络用户的具体侵权行为是否明显，综合考虑多种相关因素来认定网络服务提供者的应知。② 其中，网络用户的具体侵权行为是否"非常"明显，是判断"应知"的前提，③ 这实际上是要求能够认定网络服务提供者很可能知道或可以推定其知道网络用户侵权行为的存在。在这个意义上，"应知"就属于知道的一种类型，构成故意而不是过失。《信息网络传播权司法解释》第10条规定，如果网络服务提供者推荐或编辑、审核并提供下载热播影视作品，则构成应知的情形。第12条规定，如果网络服务提供者将热播影视剧置于首页并提供下载，也构成应知的情形。这两种情形是《信息网络传播权司法解释》第9条的"应知"的认定规则的两个"实施例"，均属于"很可能知道或可以推定的知道"的情形。这表明，网络著作权侵权领域的"应知"针对的是故意的过错形态。

将"应知"作推定的知道的解释与美国著作权法和《欧盟信息社会指令》就有关网络服务提供者免责条款中的规定相一致。美国法对于信息存储和信息定位服务提供者④或欧盟法对于信息存储服务

---

① 吴汉东：《论网络服务提供者的著作权侵权责任》，载《中国法学》2011年第2期，第38—47页；胡晶晶：《论"知道规则"之"应知"——以故意/过失区分为视角》，载《云南大学学报（法学版）》2013年第6期，第56—64页；李雨峰：《迷失的路——论搜索引擎服务商在商标法上的注意义务》，载《学术论坛》2009年第8期，第61—68页。

② 见《信息网络传播权司法解释》第9条。

③ 陈锦川：《网络服务提供者过错认定的研究》，载《知识产权》2011年第2期；张新宝：《侵权责任法》，中国人民大学出版社2006年版，第177页。

④ United States Code, Title 17, Chapter 5, Section 512（c）INFORMATION RESIDING ON SYSTEMS OR NETWORKS AT DIRECTION OF USERS. — (1) IN GENERAL. — A service provider shall not be liable for monetary relief, or, except as provided in subsection (j),

提供者的免责条件之一①，就是它们既不知道（actual knowledge）某信息或某活动侵害他人权益，也不知晓那些表明侵权行为很明显的事实或情形（constructive knowledge）。在《信息网络传播权司法解释》将"应知"界定为"推定的知道"的背景下，网络服务提供者的注意义务就是一个不相关的因素，因为侵权法对"故意"的认定是按照侵权主体的实际知晓能力和知晓的信息来确定其是否知道致害行为，② 而不是按照拟制的合理人、标准人或善良家父的标准来认定其应当具有的知晓能力和应当知晓的信息。正如有学者所指出的，知道是一种现实的认识，而不是潜在的认识，不包括应当知道某事

（接上注）

forinjunctive or other equitable relief, for infringement of copyright by reason of the storage at the direction of a user of material that resides on a system or network controlled or operated by or for the service provider, if the service provider— (A) (i) does not have actual knowledge that the material or an activity using the material on the system or network is infringing; (ii) in the absence of such actual knowledge, is not aware of facts or circumstances from which infringing activity is apparent; or... (d) INFORMATION LOCATION TOOLS. — A service provider shall not be liable for monetary relief, or, except as provided in subsection (j), for injunctive or other equitable relief, for infringement of copyright by reason of the provider referring or linking users to an online location containing infringing material or infringing activity, by using information location tools, including a directory, index, reference, pointer, or hypertext link, if the service provider— (1) (A) does not have actual knowledge that the material or activity is infringing; (B) in the absence of such actual knowledge, is not aware of facts or circumstances from which infringing activity is apparent; or...

① Article 14 Hosting 1. Where an information society service is provided that consists of the storage of information provided by a recipient of the service, Member States shall ensure that the service provider is not liable for the information stored at the request of a recipient of the service, on condition that: (a) the provider does not have actual knowledge of illegal activity or information and, as regards claims for damages, is not aware of facts or circumstances from which the illegal activity or information is apparent.

② 《美国数字千年版权法》即在该意义上认定网络服务提供者对于侵权事实是否"应知（很可能知道）"。如，该法第 512 节 (c) 项关于信息存储系统或网络服务（information residing systems or networs at direction of user）提供者和 (d) 项关于信息定位工具（information location tools）服务提供者的免责条件中规定，服务提供者既不明知侵权行为的存在，也不知道那些表明侵权行为很明显（apparent）的事实或情形（facts or circumstances）。

实的存在，否则就是混淆了故意与过失。①

（二）"应知"在实践层面也包含"过失"

尽管《信息网络传播权司法解释》第 9 条将"应知"做"推定的知道"解释，但该解释第 8 条规定，法院应当根据网络服务提供者的过错，确定其是否承担教唆、帮助侵权责任，过错包括明知或者应知。一方面，这一规定是从侵权行为主观过错的角度规定了应知，而过错在一般侵权法理论上是包含过失的，对该规则的解释也不能偏离一般法②；另一方面，司法实践中，如果仅在网络服务提供者明知或可以被推定知道的情形下才让其承担侵权责任，则意味着完全免除了此类主体的注意义务，有失公平。基于这两个理由，法院在司法实践中也将"应知"作"过失"来解释和适用。

在大量有关网络著作权侵权案件中，法院更多的是分析网络服务提供者是否应负有注意义务以及是否尽到注意义务，并据此认定其是否有过错，而并不总是按照《信息网络传播权司法解释》第 9 条的规定探寻其对侵权行为的主观知晓状态，因为网络用户的侵权行为在很多案件中并不"非常"明显。③ 于是，网络服务提供者的注意义务是否存在及其范围和程度就成为"过失"认定中的关键点，也正是在这个关键点上，法院既掌握着很大的自由裁量权，又生怕该裁量权的行使出现纰漏。从有关网络著作权侵权的很多判决书中

① 张明楷：《刑法分则解释原理》，中国人民大学出版社 2004 年版，第 53 页。
② 亓蕾：《著作权侵权中审查注意义务的司法认定—— 以民法上的注意义务为基石》，载《山东科技大学学报（社会科学版）》，2009 年第 11 卷第 4 期。
③ 比如，在广东中凯文化发展有限公司与广州数联软件技术有限公司、上海卡芙广告有限公司著作权纠纷案［（2008）沪高民三（知）终字第 7 号民事判决书］中，作为一个专业提供 P2P 软件的网站，被告宣称其是中国绝对领先的免费电影、音乐、动漫等多媒体分享平台，千万好友分享无限量影音资源；被告在其"影视交互区"内，设置了电影交流区、电视剧交流区等栏目，其中电影交流区按电影的类型又细分为动作片、科幻片等子栏目，涉案电影作品就来源于电影交流区的动作片一栏资源列表中。在这种情形下，被告就应当对网络用户上传或分享的作品进行一定审核，未采取适当的侵权预防措施就违反

可以看到，法官对于网络服务提供者是否存在注意义务以及尤其是注意义务的内容和范围的论证往往说理不够充分。在有些判决中，法官直接断言网络服务提供者已经尽到注意义务或者没有尽到基本的注意义务。

（三）"应知"：两种过错形态与一种认定规则

这样，《信息网络传播权司法解释》将故意和过失两种过错形态收置于"应知"这一个词汇里，并将两者的认定标准不加区分地糅合在一个规则中。这不仅引起理论上的混乱①和法律适用相对于法律规则的错位，并且导致了某些情况下法律适用的不合理结果。比如，处于同样情形下的甲、乙两个网络服务提供者，都没有对同一情形下的某网络用户的侵权行为采取删除、屏蔽、断开链接等必要措施，但甲积极采取了合理的侵权预防措施，而乙没有采取任何侵权预防措施。在严格适用该司法解释规则所作的裁判中可能会发生以下情况：在网络用户的侵权行为明显符合《信息网络传播权司法解释》第10条和第12条（类型化适用）所规定情形的情况下，甲和乙都构成"很可能知道"的故意侵权，这样的适用结果将不利于鼓励侵权预防措施的采用。在侵权行为"表面看起来"不明显的情况下，法院应先确定甲由其所采取的侵权预防措施所获得的信息和事实，再由此确定该侵权行为对甲而言是否明显，如是，则甲的过错形态就是故意（很可能知道）。乙未采取任何侵权预防措施，法院应认定由乙所掌握的信息不能认定侵权行为对其是明显的，因而不能推定

（接上注）

了注意义务，存在过失。在华纳唱片有限公司诉北京世纪悦博科技有限公司案［北京市高级人民法院（2004）高民终字第1303号民事判决书］中，法院认为，世纪悦博公司在其所提供的链接服务的情况下，完全有能力对被链接信息的合法性进行逐条甄别。同时，世纪悦博公司作为专业性音乐网站，其提供服务亦具有明显的商业目的，理应负有对所提供服务的合法性的注意义务。

① 比如，这导致了信息网络传播权领域的"过失"与一般著作权法和一般侵权法领域的"过失"不再是同一个概念。

其很可能知道；但法院会进而从"过失"的角度分析乙应承担何种范围和程度的注意义务，并假设乙履行了这些注意义务会知晓哪些信息，再由这些信息确定该侵权行为是否是明显的，从而认定其过错形态为"过失"。通过对比会发现，采取了侵权预防措施的甲在过错形态上比乙更严重，这是不合理的。① 再假设法院认定侵权行为是不明显的，则甲和乙均不构成侵权，因为根据《信息网络传播权司法解释》第 9 条，网络用户侵权行为的明显性是认定"应知"的前提，而原则上网络服务提供者又不负有一般性的注意义务。② 这一适用结果也不利于鼓励侵权预防结果的采用。

因此，在网络著作权侵权领域，规则和实践层面上都应当承认网络服务提供者的间接侵权责任存在两种过错形态：故意（明知+"推定的知道意义上的"应知）和过失（违反注意义务意义上的应知）。在厘清了这一关系的情况下，就不应再将"网络用户的侵权行为明显"这一条件适用于对过失意义上的应知的认定。北京市高级人民法院在 2012 年年底发布的《关于审理电子商务侵害知识产权纠纷案件若干问题的解答》（以下简称《电子商务解答》）中，对网络服务提供者"应知"的解释已经明显有向这一区分演变的迹象。《电子商务解答》第 7 条规定，如果网络服务经营者与侵权的网络用户合作经营或者从侵权的交易信息传播或相关交易行为中直接获利，则可以推定其在被控侵权交易信息公开传播前知道侵权行为的存在；其第 9 条规定，在网络用户对于其交易行为未经权利人许可作出明确自认的或知名商品或服务以明显不合理的价格出售的等足以使人相信侵权的可能性较大的情况下，可以推定网络服务提供者知道网络用户的侵权行为。根据上述分析可见，第 7 条规定的是违反注意义务的过失行为，第 9 条规定的是"很可能知道"的故意行为，两

---

① 叶名怡：《侵权法上故意与过失的区分及其意义》，载《法律科学》2010 年第 4 期。

② 从这个角度来看，《信息网络传播权司法解释》第 8 条第 3 款仅仅是对第 9 条关于"网络用户侵权行为明显"这一条件的反面规定，而不构成对于后者的免责例外规定。因为第 9 条的规定表明，侵权行为不明显的情况下网络服务提供者就不存在过错。

处所用的"推定"并不具有同一法理含义。

二、商标法上的过错要件——从故意到过失

(一) 法律规则

就《侵权责任法》与《商标法》在适用上的关系而言,《侵权责任法》出台之前,网络服务提供者的商标侵权责任应当适用《商标法》关于故意提供便利构成帮助侵权的规定,① 《商标法》和《民法通则》② 作为特别法和一般法都以帮助侵权制度调整此类行为。《侵权责任法》出台后,则应当适用该法第 36 条,因为该条在帮助侵权制度之外单独为网络服务提供者这类侵权类型设置了特殊条款③。而原《商标法》关于故意提供便利构成侵权的规定一般被理解为对应于《侵权责任法》和《民法通则》的帮助侵权规则,因

---

① 2002 年《商标法实施条例》第 50 条第 (2) 项。

② 《民法通则》第 130 条和《民通意见》第 148 条。

③ 帮助侵权的规则在《侵权责任法》第二章,该章的内容是关于责任构成和责任方式的。在责任构成方面,该章第 8 条至第 12 条的 5 个条文专门针对数个侵权主体的责任作出了规定,除教唆和帮助侵权之外,包括共同加害行为、共同危险行为和无意思联络的共同侵权。而关于网络服务提供者和网络用户的责任规则位于该法第四章,该章是关于责任主体的特殊规定。该章第 34 条至第 40 条也是针对数个侵权相关主体的责任构成作出的规定,除网络用户和网络服务提供者的责任之外,还包括用人单位的替代责任、劳务接受人的替代责任、公共场所的管理人或者群众性活动的组织者的安全保障义务及补充责任、幼儿园和学校对于无民事行为能力人和限制民事行为能力人的安全保障义务及补充责任。这表明,在涉及数个可能的侵权主体的责任认定方面,《侵权责任法》第二章规定的是一般规则,而第四章是针对某些特殊类型的主体作出的单独安排。这两章及相关规范并行不悖,有着各自的适用范围。回到网络服务提供者的侵权责任问题,我们就可以由此得出结论,凡是涉及网络服务提供者和网络用户利用网络侵害他人民事权益的责任认定问题,应当适用《侵权责任法》第 36 条,而不能适用该法关于帮助侵权责任的第 9 条。

此，不应被适用，除非对其作新的解释。① 2014 年修改后的《商标法实施条例》即对该条款作了扩充性的新解释从而将网络服务提供者纳入到了其适用范围。② 因此，新《商标法》及其修订后的实施条例生效后，网络服务提供者的商标侵权责任应适用《商标法》关于故意提供便利构成商标侵权的规定，而不应再适用《侵权责任法》第 36 条，因为前者相对于后者构成特别法。③

就《商标法》与《侵权责任法》的相关实体规则而言，2002 年《商标法实施条例》第 50 条第（2）项或现行《商标法》第 57 条第（6）项均明确规定，故意为商标侵权人提供便利才构成帮助侵权。对比《侵权责任法》第 36 条第 3 款和《商标法》中该规则的适用条件，也会发现二者没有差别：前者的适用条件是知道网络用户的侵权行为+（不采取必要措施＝仍然或继续提供网络服务＝提供便利）（从而希望或放任侵权发生），后者的适用条件是（故意＝知道商标侵权行为而希望或放任其发生）+提供便利。④ 这明确表明，过失提供帮助不产生商标侵权责任。

（二）司法实践

在司法实践中，商标权人能够证明网络服务提供者明知网络用

---

① 杜颖：《网络交易平台商标间接侵权责任探讨》，载《科技与法律》2013 年第 6 期。

② 该条例第 75 条规定："为侵犯他人商标专用权提供仓储、运输、邮寄、印制、隐匿、经营场所、网络商品交易平台等，属于商标法第 57 条第 6 项规定的提供便利条件。"

③ 根据一般法与特别法关系的区分方法，特别法一般是针对特定的主体、事项、时间或地域范围而对一般法作出不同规定。因此，就网络服务提供者的商标侵权责任而言，相对于《侵权责任法》第 36 条，商标法的规定属于针对商标权这一特定民事权利（特定事项）作出的规定。王竹：《论实质意义上侵权法的确定与立法展望》，载《四川大学学报（哲学社会科学版）》2011 年第 3 期，第 101—111 页。也有学者主张适用《侵权责任法》第 36 条，见张今、郭思伦：《商标间接侵权责任中电子商务平台商的过错认定》，载《电子知识产权》2013 年第 9 期。

④ 故意包括直接故意和间接故意，即知道侵权行为却希望或放任其发生或存在。由于提供便利的帮助侵权者对于侵害的发生本身并不需要有直接利益，而仅通过提供便利而获利。因此，放任的状态即可，不需区分直接故意或间接故意。

户的商标侵权行为的案件毕竟为少数，在多数案件中，法院只能根据相关情形来推定网络服务提供者的知晓状态，而对于这种"推定的知道"经常以"应当知道"来表述，从而形成了将故意（知道—应知）的认定和论证滑向了注意义务和过失的现象。在衣念（上海）时装贸易有限公司诉浙江淘宝网络有限公司、杜某侵害商标权纠纷案①中，原告七次向作为网络销售平台的淘宝公司投诉杜某的网店售假，而淘宝也多次删除或屏蔽杜某的侵权产品信息，但却没有采取进一步措施制止或预防该网店继续发布假货信息。法院认为，在同一网店重复侵权的情形下，淘宝公司有条件、有能力针对特定侵权人采取预防措施，但淘宝公司依然为其提供网络服务，这是对其继续实施侵权行为的放任、纵容，属于故意为杜某销售侵权商品提供便利条件，构成帮助侵权。实际上，该案中淘宝公司的过错形式更是过失而不是故意，因为淘宝公司的过错核心在于其未对重复侵权者采取预防措施，这是对特定注意义务的违反；网络服务提供者间接商标侵权责任的过错要求的是其对具体侵权信息的知晓，② 而重复侵权者再度发布侵权信息的可能性较大仅是一种一般性的认知，在未采取特定预防措施的情况下，淘宝公司对于具体侵权信息客观上是不知道的，而这正是过失。

法院在审判实践中对于网络服务商利益、商标权人利益和公众利益的平衡政策和做法，已经使得将故意滑向过失的做法成为网络商标侵权领域过错认定实践的常态。正如有研究者指出的，法院在此类案件中需要确定网络服务提供者是否应当知道侵权行为而未采取必要措施。而是否应当知道的判断，并非单纯的事实认定，其前提是界定电子商务交易平台应当承担的知识产权审查义务。在界定了审查义务后，如果认定电子商务交易平台违反了其应当承担的义

① 一审见上海市浦东新区人民法院（2010）浦民三（知）初字第426号民事判决书，二审见上海市第一中级人民法院（2011）沪一中民五（知）终字第40号民事判决书。
② 孔祥俊：《网络著作权保护法律理念与裁判方法》，中国法制出版社2015年版，第199页。

务，就应当认定其有过错。① 在这方面，典型的案件就是"大众搬场诉百度"网络商标侵权案②。在该案中，两被告通过购买百度公司的竞价排名服务以实现使用原告的商标作为搜索关键词的广告推广目的。法院认为，与搜索引擎通常采用的自然排名相比，"竞价排名"服务不仅需要收取费用，还要求用户在注册时必须提交选定的关键词，因此，百度网站有义务也有条件审查用户使用该关键词的合法性，在用户提交的关键词明显存在侵犯他人权利的可能性时，百度网站应当进一步审查用户的相关资质，如要求用户提交营业执照等证明文件，否则就是未尽到合理注意义务，从而主观上存在过错，应与网络用户共同承担商标侵权责任。可见，尽管法院适用的是《民法通则》关于帮助侵权的规则，但却是明确地将过失作为了网络服务提供者帮助侵权责任的过错形态，而对于过失何以作为帮助侵权责任的过错形态则未予说明，对于注意义务的范围和程度也语焉不详。实际上，法院在这里适用的美国法上替代责任（vicarious liability）的法理：百度公司从网络用户的侵权行为中直接获利同时有能力和权利对其行为予以监控，因此应当承担责任。

北京市高级人民法院在 2012 年 12 月 28 日发布的《关于审理电子商务侵害知识产权纠纷案件若干问题的解答》在第 2 条中明确规定，电子商务平台经营者应当承担必要的、合理的知识产权合法性注意义务；能够以更低的成本预防和制止侵权行为的权利人或电子商务平台经营者应当主动、及时采取必要措施，否则应当承担不利后果。其第 5 条进一步规定，网络平台服务商对于网络用户的侵权行为的"应知"，是指按照利益平衡原则和合理预防原

---

① 石必胜：《电子商务交易平台知识产权审查义务的标准》，载《法律适用》2013年第 2 期。

② 见（2007）沪二中民五（知）初字第 147 号判决书。另见黄武双：《搜索引擎服务商商标侵权责任的法理基础——兼评"大众搬场"诉"百度网络"商标侵权案》，载《知识产权》2008 年第 5 期；邓宏光、易健雄：《竞价排名的关键词何以侵害商标权——简评我国竞价排名商标侵权案》，载《电子知识产权》2008 年第 8 期。

则的要求，电子商务平台经营者在某些情况下应当注意到侵权行为存在。

综上，司法实践和司法文件都表明，尽管商标法和侵权责任法仅将故意或知道作为网络服务提供者间接侵权责任的过错心态，但实际中和理论上①都认为并且已经接受过失作为第二种过错形态，而且这种过失在司法实践中的适用频率要远高于故意。

三、侵权责任法上的过错要件 —— "知道"

（一）《侵权责任法》第 36 条中的 "知道" 的解释

《侵权责任法》第 36 条第 3 款规定，网络服务提供者知道网络用户利用其网络服务侵害他人民事权益，未采取必要措施的，与该网络用户承担连带责任。关于该款的争论主要集中在 "知道" 的解释：它仅指 "明知（知道）" 还是也包括 "应知"；"应知" 是指推定的知道还是指过失？与知识产权司法界的观点相反，② 目前民法学界的多数观点认为《侵权责任法》第 36 条中的 "知道" 不包括 "应知"，即不包括因违反注意义务而不知的过失。③ 法律解释学的

---

① 胡开忠：《网络交易平台商标间接侵权责任探讨》，载《法学》2011 年第 2 期。

② 关于《侵权责任法》第 36 条的适用，目前尚没有有权解释。最高人民法院副院长奚晓明 2010 年 4 月 28 日在全国法院知识产权审判工作座谈会上的讲话中指出，《侵权责任法》第 36 条第 3 款规定的 "知道" 这一主观要件，包括 "明知" 和 "应知" 两种情形，这与《信息网络传播权保护条例》第 22 条和第 23 条的规定精神并无本质不同。但该观点也只是从知识产权法角度的看法，并且受信息网路传播权保护制度及其现阶段司法实践影响很大。

③ 吴汉东：《论网络服务提供者的著作权侵权责任》，载《中国法学》2011 年第 2 期，第 38—47 页；胡晶晶：《论 "知道规则" 之 "应知" ——以故意/过失区分为视角》，载《云南大学学报（法学版）》2013 第 6 期，第 56—64 页；王胜明：《中华人民共和国

多种论证也支持这一观点。首先，从文意解释来看，知道是一种事实状态，知道就是知道，不知道就是不知道。过失意味着"应当知道而不知道"，实际上是不知道。如果把"知道"解释为包括"过失"，就是把"知道"解释为包括"不知道"，这在逻辑上也是不通的。知道的事实需要用证据来证明：如果有关证据能够确定无疑地证明网络服务提供者实际知道网络用户利用其网络服务侵害他人权利，[①] 该情形就属于"明知"（actual knowledge）；如果不能证明"明知"，但当事人的举证达到了民事诉讼中所适用的高度盖然性证明标准，那就属于前面所说的"推定的知道"或"很可能知道"（constructive knowledge）的情形。因此，这里的"知道"包括实际知道和推定的知道或很可能知道两种情形，后者是前者在证据法上的一种衍生类型。[②] 其次，从立法资料的角度来看，《侵权责任法（草案）》第一稿和第二稿均使用"明知"，第三稿改为"知道"，第四稿改为"知道或应当知道"，而最终改为"知道"。这似乎表明，要么"知道"应当广于"明知"而不包括"应当知道"，要么是立法者故意回避"明知"和"应知"的选择问题而采用"知道"，从而为法律的解释留下了空间。再次，从上下文解释的角度来看，《侵权责任法》第6条规定，行为人因过错侵害他人民事权益，应当承担侵权责任，而过错包括故意和过失，该法第36条"知道"的用语表明其过错类型仅限于故意。最后，从《侵权责任法》第36条第

（接上注）

侵权责任法释义》，中国法制出版社 2010 年版，第 159 页；张新宝、任鸿雁：《互联网上的侵权责任：〈侵权责任法〉第 36 条解读》，载《中国人民大学学报》2010 年第 4 期；杨明：《〈侵权责任法〉第 36 条释义及其展开》，载《华东政法大学学报》2010 年第 3 期；李雨峰：《迷失的路——论搜索引擎服务商在商标法上的注意义务》，载《学术论坛》2009 年第 8 期，第 61—68 页。袁雪石、陈怡：《〈侵权责任法〉第 36 条第 3 款研究》，载《电子知识产权》2012 年第 2 期。

①　比如，有电子邮件或聊天记录证据表明，某音乐网站的版主或编辑曾明确表示知道某个网络用户所上传的某热播新歌的音频是盗版的。

②　胡晶晶：《论"知道规则"之"应知"——以故意/过失区分为视角》，载《云南大学学报（法学版）》2013 年第 6 期，第 56—64 页。

3 款的规则与帮助侵权规则的关系来看，《侵权责任法》出台之前，网络服务提供者就网络用户的侵权行为所应承担的责任，（应当）适用的是《民法通则》及《民通意见》所规定的帮助侵权的一般规则。《侵权责任法》出台后，尽管它通过第 36 条为网络服务提供者就网络用户的侵权行为所应承担的责任设置了独立于帮助侵权的规则，但这一单独规定的立法体例并不表明该规则与侵权责任法中的相关的一般规则迥然不同，这种单独规定的立法选择也不一定是因为法理层面的原因，而是立法者对于新兴民事活动领域的一种特别关注。① 另外，对于网络服务提供商责任本来就适用帮助侵权规则的历史渊源却表明，网络服务提供者和网络用户之间的关系仅是帮助者和直接侵权者关系中的一种类型而已，应适用同样的法理。如果一般帮助侵权规则采用故意作为过错形态，那么为什么能够对网络服务提供者这类主体适用过失的过错形态？这需要在理论上被证成，并在立法上被单独规定。

但也有人认为这里的"知道"包括"明知"和"应知"，网络服务提供者在故意和过失的过错形态下都要承担责任。② 在"应知"的情况下，网络服务服务提供者承担一定的注意义务，采取措施来预防和阻止侵权行为的发生，这样才有利于保护民事权益，③ 而且适当的注意义务并不会加重其负担。④ 尽管理论上对《侵权责任法》第 36 条第 3 款中的"知道"是否包括过失仍存在争论，但实践中，面对种类繁多且层出不穷的网络服务商业模式，司法者需要围绕着公平的理念为网络服务提供者的行为与责任划定具体的边界。司法实践经验表明，就网络用户侵害他人权益的行为，如果一概免除网

---

① 《侵权责任法》第 36 条第 1 款关于网络服务提供者和网络用户自己责任的规定仅是对自己责任一般规则（《侵权责任法》第 6 条）的宣示就是我们这一判断的明证。

② 孔祥俊：《网络著作权保护法律理念与裁判方法》，中国法制出版社 2015 年版，第 224—226 页。

③ 程啸：《侵权责任法教程》，中国人民大学出版社 2014 年版，第 176 页。

④ 王胜明：《中华人民共和国侵权责任法释义》，法律出版社 2010 年版，第 194—195 页。

络服务提供者的注意义务，则有失公平。比如，在网络人身权侵权领域，无论是最高人民法院的司法解释，还是处理侵权纠纷的司法判决都认定：网络服务提供者就网络用户的侵权行为应根据具体情形承担一定范围和程度上的注意义务。①

（二） 网络人身权侵权领域的实践

2014 发布的《网络人身权司法解释》没有从法理的角度对《侵权责任法》第 36 条第 3 款中的"知道"作出解释，而是直接对这一过错要件的认定标准给出了规则。该解释第 9 条规定了法院在认定网络服务提供者是否"知道"时应当综合考虑的若干因素。尽管《网络人身权司法解释》的制定重点参考了《信息网络传播权司法解释》，但可以看到，在网络服务提供者的主观过错形态的规定上，前者的规定已经与信息网络传播权领域的规定明显不同。这主要体现在，一方面，前者没有使用"明知"和"应知"来解释《侵权责任法》第 36 条第 3 款中的"知道"；另一方面，前者没有把"网络用户的侵权行为是否明显"作为认定网络服务提供商是否"知道"的必要条件。该司法解释的主要起草者就该文件的解释和适用所给的权威解读也明确表明，促进网络服务提供者履行注意义务是过错认定标准宽严的决定因素。② 该解释第 9 条就是对于过错的认定作出了"指引性规定"，它列举了法院在认定网络服务提供者是否"知

① 杨临萍、姚辉、姜强：《〈最高人民法院关于审理利用信息网络侵害人身权益民事纠纷案件适用法律若干问题的规定〉的理解与适用》，载《法律适用》2014 年第 12 期。

② 《网络人身权司法解释》第 9 条规定，人民法院依据《侵权责任法》第 36 条第 3 款认定网络服务提供者是否"知道"，应当综合考虑下列因素：（1）网络服务提供者是否以人工或者自动方式对侵权网络信息以推荐、排名、选择、编辑、整理、修改等方式作出处理；（2）网络服务提供者应当具备的管理信息的能力，以及所提供服务的性质、方式及其引发侵权的可能性大小；（3）该网络信息侵害人身权益的类型及明显程度；（4）该网络信息的社会影响程度或者一定时间内的浏览量；（5）网络服务提供者采取预防侵权措施的技术可能性及其是否采取了相应的合理措施；（6）网络服务提供者是否针对同一网络用户的重复侵权行为或者同一侵权信息采取了相应的合理措施；（7）与本案相关的其他因素。

道"时应当综合考虑的若干因素，其中，仅能作为注意义务（过失）的认定依据的因素包括：网络服务提供者应当具备的管理信息能力、网络服务提供者采取预防侵权措施的技术可能性及其是否采取了相应的合理措施。在不能认定网络服务提供者对其明知或"很可能知道"的情形下，依据相关因素来确定网络服务提供者的注意义务存在、范围和程度就成为关键。比如，被侵害的人身权益的类型这一因素。首先，由于人身权与知识产权的性质不同，前者处于更高的权利位阶，也因此应受到更高程度的保护，网络服务提供者也因此应承担比在知识产权领域更高的注意义务。《网络人身权司法解释》即体现了对人身权益极端重要性的高度重视："在各项民事权益中，人身权益是最重要的民事权益之一，它涉及自然人、法人的尊严、名誉等基本人格利益，严重的甚至涉及生命权。利用信息网络侵害人身权益的案件对当事人影响巨大，其损害后果的深度、广度和速度，都与传统侵权手段不可同日而语。"①此外，各项人身权益之间也存在差异，网络服务提供者的注意程度也会因此而不同。比如，网络服务提供者对于名誉权和隐私权应承担较姓名权、名称权、荣誉权和肖像权更高的注意义务。

最高人民法院在发布《网络人身权司法解释》的同时，还公布了该领域的 8 个典型案件，其中多个案件涉及网络服务提供者的过错认定。但是，即便在这些典型案件中，法院对于网络服务提供者注意义务的认定依据和标准也与一般侵权法上的理论和实践相去甚远，值得商榷。在蔡继明与百度公司侵害名誉权、肖像权、姓名权、隐私权纠纷案②和闫某与北京新浪互联信息服务有限公司、北京百度

---

① 杨临萍、姚辉、姜强：《〈最高人民法院关于审理利用信息网络侵害人身权益民事纠纷案件适用法律若干问题的规定〉的理解与适用》，载《法律适用》2014 年第 12 期。

② 北京市第一中级人民法院（2011）一中民终字第 5934 号判决书。该案中，原告作为政协委员公开发表假日改革提案后，引起社会舆论关注。网络用户于百度贴吧中开设的"蔡继明吧"内，发表了具有侮辱、诽谤性质的文字和图片信息，且蔡继明的个人手机号码、家庭电话等个人信息也被公布。百度公司在"百度贴吧"首页分别规定了使用"百

网讯科技有限公司侵犯名誉权、隐私权纠纷案①中，要解决的核心问题都是，作为个人博客或网络贴吧的网络服务提供者，百度和新浪是否应就网络用户对他人的名誉权侵权行为承担连带责任。尽管由于两案发生在《侵权责任法》生效前因而法院没有将该法第 36 条作为裁判依据引用，但两案实际上都适用了该条中的三个规则。法院在两案中均认为审理的焦点之一是，被告是否存在"知道网络用户利用其网络服务侵害原告民事权益且未尽到法定注意义务的过错"。这里对于"过错"的内容表述是很独特的，因为，《侵权责任法》第 36 条第 3 款中的过错要件仅是"知道"，而这里还将"未尽到法定注意义务"作为另一个要件。其实应该用"或"替代"且"，即要认定被告是否既无故意也无过失。法院在说明被告面对海量信息而又无逐一审查的义务和可能性的情况下，认为不能推定被告知道侵权信息；而原告又没有证明被告对涉案侵权行为明知，因此法院认定被告不存在"知道"的过错形式。

随后，法院分析了新浪公司和百度公司在日常运营过程中是否尽到了法定注意义务。而对于法定注意义务的存在、范围和程度，

（接上注）

度贴吧"的基本规则和投诉方式及规则。其中规定，任何用户发现贴吧帖子内容涉嫌侮辱或诽谤他人，侵害他人合法权益的或违反贴吧协议的，有权按贴吧投诉规则进行投诉。蔡继明委托梁文燕以电话方式与百度公司就涉案贴吧进行交涉，但百度公司未予处理，梁文燕又申请作"蔡继明贴吧"管理员，未获通过，后梁文燕发信息给贴吧管理组申请删除该贴吧侵权帖子，但该管理组未予答复。2009 年 10 月 13 日，蔡继明委托律师向百度公司发送律师函要求该公司履行法定义务、删除侵权言论并关闭蔡继明吧。百度公司在收到该律师函后，删除了"蔡继明吧"中涉嫌侵权的网帖。蔡继明起诉百度公司请求删除侵权信息，关闭蔡继明吧、披露发布侵权信息的网络用户的个人信息以及赔偿损失。

① 北京市海淀区人民法院（2011）海民初字第 00987 号判决书。该案中，某新浪博客博主发表涉及原告个人隐私的文章，原告先后向新浪公司和百度公司发出律师函要求采取必要措施，新浪公司在诉讼中未提交证据证明其采取了删除等必要措施，百度公司则提供证据证明采取了断开链接、删除等措施。原告起诉要求两公司提供博主的个人信息。

法院都援引了《互联网电子公告服务管理规定》第10条①，认为网络服务商仅需对其电子公告平台上发布的涉嫌侵害私人权益的侵权信息承担"事前提示"及"事后监管"的义务，提供权利人方便投诉的渠道并保证该投诉渠道的有效性。法院认定，百度公司尽到了法定注意义务;②新浪公司未能证明尽到了上述法定义务，应承担相应不利的法律后果。法院进而判决新浪公司承担侵权责任。这里存在三个主要问题。其一，作为过失认定依据的注意义务不应仅限于法定注意义务，还应包括法院根据案件具体情形确定的注意义务，除非法定注意义务条款明确表明其是针对某些情形或某类法律关系中的全部注意义务。③ 因此，即便该案审理时还不存在《互联网电子公告服务管理规定》这样的文件，法院也不能认为被告没有注意义务;该规定所不能涵盖的非电子公告服务提供者也不应因为没有具体规定而被一概免除注意义务;同时，即便百度公司履行了前述所谓法定注意义务，也仍要根据案件情形分析其是否存在其他注意义务。其二,《互联网电子公告服务管理规定》要求电子公告服务提供者采取的事前提示和事后监督措施，并不能作为民法上"过失"的认定依据。过失，是指因主体的疏忽没有注意到其本应注意到的违法行为而导致损害发生的过错，注意义务就体现在其应采取的能使其注意到违法行为的有关措施，而前述事前提示行为与过失意义

---

① 《互联网电子公告服务管理规定》第10条规定："电子公告服务提供者应当在电子公告服务系统的显著位置刊载经营许可证编号或者备案编号、电子公告服务规则，并提示上网用户发布信息需要承担的法律责任。"根据该规定第2条第2款，该规定所称电子公告服务，是指在互联网上以电子布告牌、电子白板、电子论坛、网络聊天室、留言板等交互形式为上网用户提供信息发布条件的行为。

② 百度公司在百度网站首页权利声明中公示了权利人的投诉渠道和投诉步骤，"百度知道"首页设置了"知道协议"及"百度知道投诉吧"的链接，在"百度百科"首页公示了"百科协议""百度百科投诉中心""百度百科吧"及权利声明，在"百度空间"首页设置了"百度空间协议"等，并明确提示网络用户不得发表法规禁止发表的信息及网络用户应对发布的信息负责，故百度公司已尽到了法定的事前提示和提供有效投诉渠道的事后监督义务。

③ 屈茂辉:《论民法上的注意义务》，载《北方法学》2007年第1期。

上的这种注意义务功能不符。至于事后监督措施，则属于《侵权责任法》第36条第2款适用范围内的条件，与第36条第3款的过错认定没有关系。其三，前述所谓注意义务的违反也与损害的发生及后果不具有侵权责任法意义上的因果关系。民法上的过失应是针对具体某一侵权行为而言的，而不是一般性的或广泛性的侵权风险，其与损害的发生也应当有紧密的和直接的因果关系。就好比，如果法律要求旅馆经营者要告知入住者不能从事违法活动，那么某个没有做告知的酒店不会因此而对入住者侵害他人权益的行为承担责任。《互联网电子公告服务管理规定》第18条对违反前述条款的经营者规定了停业整顿、吊销经营许可证和关闭网站等行政责任，法院所说的"违反该义务的不利后果"应当仅限于此。

可见，尽管《网络人身权司法解释》参考《最高人民法院关于审理涉及计算机网络著作权纠纷案件适用法律若干问题的解释》制定了网络服务提供者间接侵权责任过错认定的新规则，但司法实践对于过失的认定仍基本停留在之前民法学界对《侵权责任法》第36条第3款中"知道"的解释论中，即原则上认为该知道不包含过失的过错形态。司法实践的新近发展又表明，法院并没有将网络服务提供者的注意义务排除在过错认定之外，只是对于注意义务的存在、范围及程度的认定上仍在探索之中。在《网络人身权司法解释》生效后，法院对网络服务提供者的注意义务或应知的认定开始发生变化。比如，在何某等与北京百度网讯科技有限公司名誉权案纠纷案[①]中，一审法院仍沿用以前的思路认为百度公司履行了事前提示和事后通知删除义务，因此没有过错；二审法院则更清楚地指出，百度公司对于百度贴吧提供的是网络存储空间服务，不对网络用户发布的信息以推荐、排名、选择、编辑、整理、修改等方式作出处理，侵权帖子的被浏览量和影响力并不很大，因此没有注意义务。但未

---

① 一审见北京市海淀区人民法院（2014）海民初字第20808号民事判决书，二审见北京市第一中级人民法院（2015）一中民终字第03452号判决书。

分析网络服务提供者应当具备的管理信息的能力，以及所提供服务的性质、方式及其引发侵权的可能性大小。实际上，百度公司对于某些贴吧是有推荐的，也有针对性广告投放并从中直接获利，因而并非单纯的信息存储服务提供商。在某些案件中，法院需要分析百度公司对于涉案的具体贴吧是否承担注意义务。在时间更近的案件中，法院进一步强化了根据网络服务提供者的注意义务来认定其过错的做法，对于网络服务提供者的注意义务程度也有了更符合司法解释的认识，尽管规则解释层面的论证仍有待细化。比如，在曾甲和曾乙诉北京古城堡图书有限公司名誉权纠纷案①中，网络用户在被告经营的旧书网络交易平台上拍卖两原告的父亲在"文化大革命"中的政治材料和自杀照片，两原告认为该交易平台经营者应承担侵权名誉权的法律责任。法院认为，尽管网络服务提供者不应对海量信息承担实质性的审查义务，但对于明显涉及违法、违禁、违背公序良俗的内容和侵犯个人隐私权的物品负有审查义务。被告的商品审核规则中明确规定：涉及新中国成立后数次政治运动内容的图书资料禁止销售。法院据此认为，被告没有履行审核义务导致涉案资料上传销售，因此违反注意义务，应承担侵权责任。可见，法院按照司法解释的精神将名誉权保护列为与公法违禁同一位阶的注意义务产生缘由，但对于注意义务的内容和范围却是借助被告自己制定的商品审查规则来确定的，这种捷径的选取揭示了注意义务规则适用的不确定性和不可预见性：如果被告没有制定该商品审查规则，其就不负有此种内容和范围的注意义务？此外，尽管判决书中没有论述，但法院在该案中为被告设置了程度很高的注意义务，在性质上甚至是一种结果义务。根据被保护权益的性质和重要性来确定注意义务的高度是正确的，但是否要将其设置为一种结果义务以及在何种情形下可以设置到结果义务的高度仍需要根据多种因素论证确定类型化

---

① 一审见海淀区人民法院（2015）海民初字第 10889 号判决书，二审见北京市第一中级人民法院（2015）一中民终字第 07710 号判决书。

适用的条件。

在对网络服务提供者的注意义务认定方面，网络著作权侵权和网络商标权侵权领域的司法实践倒是走在前面，具有一定的参考价值。如果沿着这一路径发展，那么在著作权、商标权、人身权甚至其他民事权益的网络侵权领域，网络服务提供者间接侵权责任的过错形态理论、规则和实践就能渐趋统一。但是，对于"过失"作为这一责任制度中的过错形态的确立和施行，仍有一定的理论障碍需要破除。

四、过失作为网络服务提供者责任的过错形态

从以上对著作权、商标权和人格权网络侵权领域的规则和实践考察可见，实际上，在网络用户侵犯他人权益的情况下，网络服务提供者间接侵权责任的过错形态包括过失，即应当在违反注意义务的情况下承担责任。[①]这意味着网络服务提供者对于网络用户的侵权行为是承担注意义务的。这一结论似乎与网络服务提供者不负有一般审查义务的原则相矛盾，因为，借鉴国外制度的理论观点认为，网络服务提供者没有对网络用户上传或发布的信息进行主动审查的义务，原因是该义务会给网络服务提供者造成沉重的负担，从而不利于互联网产业的良好发展。其实不然。

首先，根据侵权法的一般理论，危险是注意义务产生的根源，危险的制造者或管控者应承担损害预见义务和损害防止义务。[②] 由于

---

① 吴伟光：《网络服务提供者对其用户侵权行为的责任承担——不变的看门人制度与变化的合理注意义务标准》，载《网络法律评论》2011 年第 1 期。

② 屈茂辉：《论民法上的注意义务》，载《北方法学》2007 年第 1 期。廖焕国：《注意义务与大陆法系侵权法的嬗变——以注意义务功能为视点》，载《法学》2006 年第 5 期。《侵权责任法》也是遵循这一法理，比如该法第 37 条规定的安全保障义务，第 38 条至第 40 条规定的教育机构管理职责，第 51 条规定的拼装或改装机动车引发的交通事故责任及第九章的高度危险责任。

网络的便捷性、广泛覆盖性和网络用户高度的行为自由性，网络服务不仅给侵权行为提供了便利或必要条件，极易扩大侵害后果，而且在很多情况下诱发网络用户的侵权行为。另外，尽管范围和程度不同、技术手段和成本要求不同，网络服务提供者对于其提供的服务范围内的风险具有管控的能力，而且网络服务提供者总是直接或间接从网络用户对其服务的使用（包括被用于合法行为和非法行为的服务）中获得利益（经济利益和非经济利益）。因此，作为危险的制造者、管控者和获利者，不采取措施预防和控制其服务给他人和社会带来的风险，是不公平、不合理的。[①] 在著作权法和商标法领域，由于既有立法与司法实践的原因，网络服务提供者的注意义务与过失侵权责任已经基本被接受。涉及更广泛民事权利（包括商标在内）的网络侵权司法实践也并不排斥网络服务提供者注意义务的存在，而且总是通过审查该义务的履行情况来认定网络服务提供者过错的存在与否。这表明，在政策和实践层面，网络服务提供者对网络用户的侵权行为负有的注意义务是被认同的。[②]在目前的司法实践中，法院在很多情况下给网络服务提供者设置了不同程度的注意义务，但没有现象表明这给相关的互联网产业发展造成不利影响。这种注意义务是一种采取有关措施的行为义务，而非一定要发现侵权行为的结果义务，而且法院在确定注意义务的程度和范围时需要考虑特定网络服务提供者在特定情形下应承担的对他人和社会的责

[①] 网络服务提供者的注意义务与安全保障义务在性质上是不同的：从发生原因来看，公众场所的管理者或群众性活动的组织者仅是危险的管控者而非制造者，并且它们不会从第三人的侵害行为中获利反而会受害。从保护对象来看，安全保障义务所保护的是义务人管控范围内的主体，而网络服务提供者的注意义务保护的是适用网络服务的网络用户之外的第三人。将这两种义务做同质看待的观点，见刘文杰：《网络服务提供者的安全保障义务》，载《中外法学》2012 年第 2 期。

[②] 比如，《信息网络传播权司法解释》第 1 条即明确指出，法院依法行使裁量权时，应当兼顾权利人、网络服务提供者和社会公众的利益。这里的裁量权除了涉及损害赔偿的数额斟酌，更涉及侵权行为认定中对网络服务提供者注意义务的确定。北京市高级人民法院在《电子商务解答》第 5 条也指出，应知是指按照利益平衡原则和合理预防原则的要求，电子平台经营者在某些情况下应当注意到侵权行为存在。

任与其应具备的对危险的管控能力。①

其次，一般审查义务免除规则在法律适用上仅意味着：如果网络服务提供者未对网络用户侵害信息网络传播权的行为主动进行审查，法院不能把这一事实本身作为依据来认定其具有过错②。但是，法院可以而且应当根据有关因素来认定其是否负有主动审查的义务，而现实的情况往往是，很多网络服务提供者同时也实施了基本而单纯的网络服务之外的其他行为，正是这些其他行为给它们创设了注意义务，这适用的就是民法上根据具体情形确定注意义务以认定过失的一般做法③。纽约南区法院在 Tiffany 案④中指出，根据帮助侵权（contributory liability）的法理，法律并不要求 eBay 公司基于"假冒商品有可能在其网络平台销售"这一笼统的认知来采取一般性预防措施，而是要求其基于哪个商品侵权和哪个商家侵权这一更具体的认知来采取行动。而对于具体侵权商品和侵权主体的认知，就存在明知（actual knowledge）和有理由知道（have reason to know）两种过错状态，美国第七巡回上诉法院在 Hard Rock 案⑤中指出，帮助侵权制度中的"有合理理由知道"，就是要求跳蚤市场就其中店铺的商标侵权行为要能注意到一个合理的谨慎人（reasonbly prudent person）会注意到的情况；而且，如果跳蚤市场对于其中店铺的侵权行为

---

① 《信息网络传播权司法解释》第 9 条和第 11 条中所列举的多种因素其实是为了规范和引导有关注意义务的自由裁量权的行使的。这些用于认定网络服务提供者注意能力和注意责任的因素包括，网络服务提供者基于其提供的服务的性质、方式及其引发侵权的可能性大小而应当具备的管理信息的能力，其是否主动介入到侵权客体的选择、编辑、推荐等，其是否直接从网络用户提供的作品、表演、录音录像制品中获利、被侵害权利的性质（比如人身权）等。

② 见《信息网络传播权司法解释》第 8 条第 2 款。

③ 殷少平：《论互联网环境下著作权保护的基本理念》，载《法律适用》2009 年第 12 期。

④ Tiffany, Inc. v. eBay, Inc. [576F. Supp. 2d 463 (S. D. N. Y. 208)]. 该案涉及网络拍卖 eBay 公司就网络平台用户的商标侵权行为而应承担的责任问题。

⑤ Hard Rock Café Licensing v. Concession Services [955 F. 2d 1143 (1992)]. 该案涉及跳蚤市场对于其中的店铺的商标侵权行为所应承担的责任的问题。

"故意视而不见"（willful blindness），则其主观过错就与明知相当。不论是"合理的谨慎人"还是"故意视而不见"的认定，都要以相关案件中的具体情形作为前提或依据，比如 eBay 网络平台上或跳蚤市场里的假货概率。这里涉及的其实就是根据这些事实因素来认定帮助提供者对特定侵权行为的特定注意义务。因此，一般审查义务免除规则并不一概免除网络服务提供者在所有情形下的注意义务。这实际上是注意义务的范围和程度问题。《信息网络传播权司法解释》和《电子商务解答》明确否定主动审查义务的普遍性存在，但同时又规定网络服务提供者"在某些情况下"负有注意义务。①

最后，就欧美法上的一般审查义务免责条款而言，其适用范围也仅限于特定的几种网络服务提供者，更准确地说，是仅适用于特定的几种网络服务。根据《欧盟信息社会指令》第 15 条的规定，（欧盟）成员国不得要求三类网络服务提供者承担监控其所传输或存储的信息或主动发现表征非法活动的事实或情形的一般性义务，这些服务包括网络接入和信息传输服务、缓存服务或存储服务②。这意味着，对于其他类型的网络服务，法院需要根据一般法来确定其是否承担审查网络信息和活动的义务。在同一网络服务主体同时提供多种服务的情况下，就不能将一般审查义务免除规则适用于非法定的服务类型。正如巴黎大审法院（Tribunal de grande instance de Paris)③ 在 eBay 案中所指出的，对于 eBay 作为网络拍卖平台所提供

---

① 而"某些情况"被界定为两种情况：一是网络用户的侵权行为明显或足以使人相信侵权的可能性较大的情况（这种情况属于"很可能知道"意义上的故意，与注意义务无关）；二是网络用户与经营者合作或从侵权活动直接获利等情况。

② Directive 2000/31/EC of the European Parliament and of the Council of 8 June 2000 on certain legal aspects of information society services, in particular electronic commerce, in the Internal Market, Article 15 No general obligation to monitor 1. Member States shall not impose a general obligation on providers, when providing the services covered by Articles 12, 13 and 14, to monitor the information which they transmit or store, nor a general obligation actively to seek facts or circumstances indicating illegal activity. (…)

③ TGI Paris, 3e ch., 3 e sec. jgt, 13 mai 2009, L'Oreal et autres c/ eBay France et autres, legalis. net.

的多种服务应当分别予以定性：其所提供的商品信息和交易信息存储服务属于信息存储服务，但其同时也提供了商品促销和广告相关的服务，性质上的差别决定了对不同的服务应适用不同的责任制度。

　　网络服务提供者的注意义务似乎也与相关的免责条款①相冲突，也不然。网络服务提供者的注意义务，是在过失作为侵权责任的主观要件的角度而存在的。而免责条款是侵权责任构成条款适用中的特殊规则，这就存在一个"两步走且二选一"的操作过程：对免责条款所针对的情形，应优先适用免责条款，而不再适用侵权责任构成条款；免责条款所不能涵盖的情形，一律适用侵权构成条款，此时就需要根据有关因素确定网络服务提供者的注意义务及其履行情况以确定其是否存在过失。② 第二步的过程中包括两种情形：一是网络服务行为不满足免责条款的适用条件（比如，缓存服务提供者修改了所存储的信息），这就需要适用侵权构成规则来认定信息修改行为是否赋予缓存服务者注意义务或可以由此推定其对存储信息侵权的知晓；二是网络服务行为符合免责条款的适用条件，但网络服务提供者还提供了其他的网络服务或者实施了其他非网络行为，这就需要适用侵权构成条款要认定其过错（故意或过失）。在欧莱雅诉eBay 公司的案件③中，欧盟法院认定，eBay 所提供的信息存储服务满足《欧盟信息社会指令》第 14 条所列的免责条件，但是其所提供的拍卖信息优化和促销服务使其对出售信息有所了解和控制，这使该公司产生注意义务。

---

　　① 见《信息网络传播权条例》第 20 条、第 21 条、第 22 条。See Directive 2000/31/E，articles 12，13，14 and United States Code，Title 17，Chapter 5，Section 512（a）（b）（c）（d）.

　　② 司法实践中，法院对于侵权责任构成条件和免责条件整体上是明确区分的，比如，华纳唱片有限公司诉北京世纪悦博科技有限公司案 [北京市高级人民法院（2004）高民终字第 1303 号民事判决书]。见陈锦川，前引文。

　　③ CJEU Case C-324/09，12 July 2011，L'Oréal SA，Lancôme parfums et beauté & Cie，Laboratoire Garnier & Cie，L'Oréal（UK）Limited v. eBay International AG，eBay Europe SARL and eBay（UK）Limited.

一般民法上的"过失"作为网络服务提供者侵权责任的过错形态之所以会成为一个问题并导致诸多混乱，主要原因就在于，在借鉴欧美网络著作权法特殊制度的时候，我们忽视了存在于该特殊制度之外的所在国的一般制度，[①] 并将特殊制度一般化。这主要表现在，在确立网络服务提供者侵权责任构成条款的时候，《信息网络传播权司法解释》不应当地采用了欧美法上作为免责条款之条件的主观过错概念（"明知"和"应知"）及其定义，加之对网络服务提供者一般审查义务免除条款的理解偏差，最终导致在规则层面排除了一般侵权法中的过失作为网络服务提供者的过错形态。

五、以注意义务来认定网络服务提供者的过失

采用主观标准判定过失是古典侵权法的做法，现代侵权法采用过失认定客观化的理论，过失被定义为未尽应尽之注意义务。[②] 正如有学者指出的，"从归责的意义上说，民事过失的核心不在于行为人是否处于疏忽或懈怠而使其对行为结果未能预见或未加注意，关键在于行为人违反了对他人的注意义务并造成对他人的损害，行为人对受害人应负的注意义务的违反，是行为人负过失责任的根

---

① 美国法上，除了《美国数字千年版权法》所设置的特殊免责条款外，网络服务提供者的责任认定适用教唆和帮助侵权责任规则（contributory liability）和替代责任规则（vicarious liability）。欧盟国家则在免责条款之外适用一般侵权责任法及可以类比适用的下位法规则（比如，法国对于网站编辑者的过错认定类推适用 1982 年 7 月 29 日的视听传播法中的编辑者责任认定规则）。See Castets-Renard C., Droit de l'internet：droit français et européen, Montchrestien, 2012, pp. 310-311. 王迁：《〈信息网络传播权保护条例〉中"避风港"规则的效力》，载《法学》2010 年第 6 期。

② 屈茂辉：《论民法上的注意义务》，载《北方法学》2007 年第 1 期。

据"。① 根据注意义务的一般理论，注意义务包括致害结果预见义务和致害结果避免义务，与之相对应的就是网络服务提供者采取合理、有效措施预见侵权行为的义务和采取必要措施制止或避免侵权行为的义务。但《信息网络传播权司法解释》第 7 条及《侵权责任法》第 36 条第 3 款的结构表明，制止侵权行为的义务（采取删除、屏蔽、断开链接等必要措施）与过失侵权的客观行为（为网络用户的侵权行为提供帮助）相对应，因此，需要考虑的就是对侵权行为的预见义务。

从《信息网络传播权司法解释》的规定本身来看，网络服务提供者仅在侵权行为明显的情形下才负有采取合理措施予以预防的义务［第 9 条第（4）项］。但是，这种预防义务实际上没有现实意义：一是明显的侵权行为不需要预见措施就能被发现；二是哪些行为需要被采取预见措施和哪些行为构成明显侵权，对于网络服务提供者来说是同一个判断。也正是在这个意义上，作为司法解释第 9 条所规定的应知认定的必要条件，"网络用户侵害信息网络传播权的具体事实是否明显"，不应被从网络服务提供者能否发现与侵权相关的事实的角度来理解，而应当从网络服务提供者能否很容易地判断所发现的网络信息或网络用户的行为构成侵权的角度来理解和适用。只有在有关信息或行为明显构成侵权的情况下，网络服务提供者对于其所帮助的行为的违法性才能有所认知，也才具有过错。②《信息网络传播权司法解释》第 8 条第 3 款规定，网络服务提供者能够证明已采取合理、有效的技术措施，仍难以发现网络用户侵害信息网络传播权行为的，人民法院应当认定其不具有过错。该条款可以被认为是以隐含的方式规定了网络服务提供者在网络用户的侵权行为不明显的情况下也负有采取合理、有效的技术措施来预见侵权的义

---

① 王利明：《民法·侵权行为法》，中国人民大学出版社 1993 年版，第 157 页。

② 违法性认知不是直接侵权或共同侵权责任的必要条件，但应当是帮助侵权或间接侵权责任的必要条件。比如，甲和乙共同实施从超市盗窃财产的行为，则加害人对其行为的违法性认知并不影响对其侵权责任的认定。但如果甲给乙提供推车服务以搬运乙从超市盗窃的财产，则只有在甲对乙的行为违法性存在认知的情况下才构成帮助侵权。

务，否则该条文中的"已"字前面应当加上"即使"一词表示假设。① 这里的"难以发现"包含两种情况：一是网络服务提供者所采取的措施履行了注意义务，但不能发现表征侵权活动的事实或情形；二是履行注意义务的措施使其得以发现这些事实或情形，但从这些事实或情形并不能明显地判断网络用户的行为构成侵权。② 前者其实是注意义务的程度和范围问题，而后者是网络服务提供者对于网络用户行为的违法性认知问题。在司法实践中，法院其实也是通过判决来确立可以类型化适用的注意义务规则，尽管判决只针对具体个案。③正是从法律适用的社会效果来看，即便注意义务的违反与对致害行为的预见或致害后果的发生没有必然因果关系，它仍然是应予惩罚的过错行为，因为这增加了权利被侵害的社会风险。④ 而过失认定的客观化也将借助法律规范的引导功能促进侵权法从裁判法学向预防法学的转变，⑤ 这一积极效果对于网络侵权行为的法律规则再好不过。因此，应当将网络服务提供者的过失定义为注意义务的违反，而注意义务仅指应当采取合理、有效的措施预防网络用户利用信息网络服务从事侵权行为，而不应考虑网络服务提供者是否因

---

① 如果加上"即使"以做修改，其适用就会出现不合理的结果：甲网络服务提供者实际履行了注意义务，但仍难以发现侵权行为，因而没有过错；而处于同样境况下的乙网络服务提供者未履行注意义务，也无过错，因为即便履行了注意义务也不能发现侵权行为。

② 比如，在李某诉吴某与北京微梦创科网络技术有限公司名誉权纠纷案件中，被告吴某在新浪微博发表了关于原告抄袭他人作品的言论，被法院认定侵害原告名誉权。该案中，名誉权侵权的认定取决于抄袭言论的正当性认定，而抄袭的认定技术性很强，因此，涉案侵权行为的违法性不明显，网络服务提供者的注意义务不能适用于此类行为。法院尽管没有展开论证，但正确地直接适用了《侵权责任法》第36条第2款而没有适用第3款。一审成都市锦江区人民法院（2014）锦江民初字第2620号判决书，二审成都市中级人民法院成民终字第2947号判决书。

③ 实际上，法院针对个案设置的注意义务同样具有一般性意义，处于同样情形下的其他网络服务提供者尽管不是被告，但也会参照判决形成的规则采取或修改其对网络用户侵权行为的预防措施。否则，下一个败诉的就是他们。

④ 周光权：《结果假定发生与过失犯——履行注意义务损害仍可能发生时的归责》，载《法学研究》2005年第2期。

⑤ 廖焕国：《注意义务与大陆法系侵权法的嬗变——以注意义务功能为视点》，载《法学》2006年第5期。

注意义务的履行而知道侵权行为的存在。

六、网络服务提供者的过失与连带责任

如前所述，将过失作为帮助侵权的过错形态是侵权法理论上尚不被广泛认可，但这并不意味着过失侵权不能产生连带责任，后者的适用范围远不限于帮助侵权和其他要求侵权者之间有意思联络的情形。[①]

首先，从连带责任本身的理论来看，连带责任的目的是惩罚侵权人和保护受害人。[②] 这里的惩罚不是针对主观恶意的责任加重，保护受害人也不是让其获得更多的赔偿，而是让侵权人一方做风险分配的不利承担，从而让受害人尽可能从多个来源（连带责任人）获得赔偿，而让连带责任人之间分担赔偿不能的风险。在网络用户利用网络服务侵害他人权益的法律关系中，一方是无辜的权利人，另一方是直接实施侵权的加害人，提供了诱发和（或）便利侵权或作为侵权行为必要条件的服务并从中获利的网络服务提供者。由于网络用户的分散性和隐蔽性，赔偿不能的风险始终是该领域的重要问题。为保护被侵害人的利益，让网络服务提供者与其网络用户承担连带责任符合该制度的目的。至于有观点认为连带责任会让网络服务提供者难以从网络用户处最终求偿从而影响互联网行业发展，[③] 这是多虑了。连带责任制度并不需要考虑连带责任人之间的赔偿不能问题，赔偿不能的风险是一种社会风险，法律不能消除，只能安排其分配机制。

---

① 李永军：《论连带责任的性质》，载《中国政法大学学报》2011 年第 2 期；杨立新：《论不真正连带责任类型体系及其规则》，载《当代法学》2012 年第 3 期。

② 李永军：《论连带责任的性质》，载《中国政法大学学报》2011 年第 2 期；杨立新：《论不真正连带责任类型体系及其规则》，载《当代法学》2012 年第 3 期。

③ 徐伟：《网络服务提供者连带责任性质之质疑》，载《法学》2012 年第 5 期。

其次，为评价连带责任适用于网络服务提供者的恰当性，我们也可以将网络服务提供者的间接侵权形态与《侵权责任法》中无意思联络但承担连带责任和补充责任的其他过过失间接侵权形态做个对比，如下表所示。

就第三人所实施的侵权行为而担责的责任形式	侵权行为	责任主体	客观上诱发侵权、为侵权提供便利或必要条件	危险的制造者和/或管控者	从侵权活动中直接或间接受益	意思联络	过失
连带责任	网络侵权	网络服务提供者	是	制造者和管控者	是	否	是
	高度危险物致害（《侵权责任法》第74条、第75条）	危险物所有人/管理人			否		
补充责任	安全保障义务（《侵权责任法》第37条）	公共场所的管理人或群众性活动的组织者	否	管控者	否		
	幼儿或学生在校受侵害（《侵权责任法》第40条）	教育机构					

通过对比可以发现，安全保障义务人与网络服务提供者都是过失责任，但所处的情形差异很大：前者不是侵权危险的制造者而后者是；前者的过失行为仅给第三人侵权增加了机会，而后者的网络服务客观上为侵权行为提供了必要条件；前者不从第三人侵权活动中受益反而受害，而后者直接或间接从侵权活动中获利，利益机制本身决定了前者不会希望或放任侵权行为发生，而后者在法律责任过轻的情况下对侵权活动会至少持放任态度。因此，补充责任对网络服务提供者显然过轻。① 高度危险物的所有人或管理人在危险的制造和管控、对侵权行为的必要条件提供和侵权诱发、过错等方面都与网络服务提供者相同。两者的差别在于：高度危险物的所有人或管理人不从第三人的侵权行为中获利；网络服务的危险性比高度危险物小，这决定了网络服务提供者的注意义务在程度上要低于高度危险物的所有人或管理人。因此，与高度危险物的所有人和管理人相比，网络服务提供者仅在注意义务的程度上为低（网络服务的危险性低于高度危险物），但客观上对侵权风险的诱发和管控、侵权行为必要条件的提供、过错责任等方面均类似，而且网络服务提供者还直接或间接从侵权活动中受益，因此，对其适用连带责任是符合侵权责任法制度安排的。

七、结　语

"明知"和"很可能知道"作为网络服务提供者间接侵权责任的过错形态，对其认定的核心标准有两个：一是网络服务提供者是否注意到了或者应当注意到与侵权行为相关的行为或事实，二是从

---

① 相反的意见，见张凌寒：《网络服务提供者连带责任的反思与重构》，载《河北法学》2014 年第 6 期。

它所注意到或应当注意到的行为或事实来看，网络用户行为的侵权性质是否明显或容易判断。① 司法解释的相关规则应当按此完善，即应进一步明确：网络用户行为的侵权性质明显性或易于判断性是这两种过错的必要认定条件，因为对于直接侵权行为的违法性认知是间接侵权责任或者帮助侵权责任的必要构成要件。

将过失明确为网络服务提供者间接侵权责任的过错形态，基于四点理由：一是承认网络服务提供者应采取合理、有效措施预防网络用户利用其网络服务侵害他人权益，该义务的违反产生连带责任（即便不构成帮助侵权），因为网络服务增加了侵权的风险，网络服务提供者对该风险有一定管控能力，客观上为网络侵权提供了必要条件，并从侵权活动中直接或间接获利；二是过失宜采客观主义定义方式，以作为行为义务（合理、有效的措施）而非结果义务的注意义务的设置为核心，以此引导网络服务提供者预防侵权行为；三是网络服务提供者的注意义务范围和程度取决于被保护的权利类型、网络服务的性质、网络服务提供者应具备的风险管控权利和能力、其客观上对侵权行为的参与程度、其从网络用户侵权行为的获利情况等；四是网络服务提供者的该注意义务不与网络服务提供者一般审查义务的免除原则相冲突，也不与网络服务提供者免责条款相矛盾，其性质也不因被侵害的民事权益不同而不同。② 基于此，网络服务提供者过失间接侵权责任制度可以在整个侵权责任法体系内做一般性适用。

---

① 网络服务提供者间接侵权责任的这一过错认定标准与一般侵权法理论中的帮助侵权制度并没有本质差别。另见王迁：《论版权"间接侵权"及其规则的法定化》，载《法学》2005 年第 12 期。

② 尽管被侵害的民事权益的性质将影响到网络服务提供者注意义务的范围和程度的确定。比如，网络服务提供者对于名誉权、隐私权等人格权，负有高度关注义务，如同海滨浴场瞭望台里的救生员；对于普通的商标权、著作权、邻接权等负有一般的关注义务；对与大众日常用品或服务领域驰名或知名商标负有较高的关注义务。

西南知識產權評論
Southwest Intellectual Property Review Vol.7（第七辑）

专利制度改革

……　……

专利权无效宣告制度的改造与
知识产权法院建设的协调

——从《专利法》第四次修订谈起

郭　禾[*]

　　摘　要　在我国，专利法中专利权无效制度的性质一直存在争议，由此导致包括法院的司法救济当属行政诉讼还是民事诉讼的争论。在现行制度下，专利复审委员会与法院在判定专利有效性问题时分别使用不同的程序规则。类似的问题还有不少。要解决这些问题，最为简捷的做法就是结合知识产权上诉法院的设计，赋予知识产权上诉法院同时管辖全国侵犯专利权的上诉案件和专利无效宣告决定的案件；且知识产权上诉法院可就专利有效性直接作出裁判；并将专利复审委员会视作一级司法审判机关，进而不再将其作为上诉案件的被告。通过这几个方面的变革，即可克服目前专利法中存在的问题。

　　关键词　专利权　无效　知识产权上诉法院

---

　　[*] 郭禾，中国人民大学知识产权学院教授，博士生导师。

一、引　言

2015 年 12 月 2 日，国务院法制办和国家知识产权局分别公布了《中华人民共和国专利法修订草案（送审稿）》①，向社会各界征求意见。这是国务院法制办和国家知识产权局在本次《专利法》修改工作中第二次公布专利法草案的送审稿。此次送审稿中修改的内容，未就宣告专利权无效制度做较大幅度的调整，除专利复审委员会可依职权审查外，其他修改内容更多是形式意义的。②

然而三十年来，专利无效制度一直是影响我国《专利法》实施效果的一个重要问题。2000 年第二次修改《专利法》时，将各类专利权无效宣告决定的终审全部交给法院之后，这一制度中的问题也随之更加突出。在第三次《专利法》修改过程中，宣告专利权无效制度曾引起包括国家知识产权局、国务院法制办和最高人民法院等国家机关的重视。国家知识产权局曾在第三次修订《专利法》之前委托三个课题组就此问题专门进行研究③。在这期间，还有诸多学者也就此问题提出过建议或意见 ④。如将宣告专利权无效的诉讼由行政诉讼改为民事诉讼，建立专利上诉法院等。只因当时的整体环境，这些建议或意见未能在 2008 年第三次修改《专利法》的过程中被采纳，以致这一制度中的问题一直存续至今。

---

① 见国务院法制办网站：www.law.gov.cn/；国家知识产权局网站：www.sipo.gov.cn/，最后访问日期：2016 年 1 月 30 日。

② 见《中华人民共和国专利修订草案（送审稿）》第 46 条和第 47 条。第 46 条中添加的"维持专利权"和第 47 条中新增的"处罚"均为表意的周延。

③ 见国家知识产权局条法司编：《〈专利法〉及〈专利法实施细则〉第三次修改专题研究报告》，知识产权出版社 2006 年版，第 710—835 页。

④ 何伦健：《专利无效诉讼程序性质的法理分析》，载《知识产权》2006 年第 4 期。邰中林：《知识产权授权确权程序的改革与完善》，载《人民司法》2010 年第 19 期。

如今，整个国家的状态已经不同于八年前。对这样一个老生常谈的问题，在这次修改《专利法》的过程中显然不应该熟视无睹或者避而不谈。有鉴于此，结合当下环境，尤其是党中央已经确立"创新驱动发展"战略，并明确试点成立知识产权法院的背景下，旧话重提，希望国家立法有关方面能够予以关注，进而结合知识产权法院的建设彻底解决专利权无效宣告制度中的问题。

二、我国专利权无效宣告制度存在的问题及其解决途径

现行制度存在的问题早在 10 年前就已经有专家做过详细的归纳和描述。[①] 其中最为重要的至少包括以下几个方面：

第一，专利复审委员会在审查无效宣告请求所适用的程序法与法院审理无效宣告诉讼所适用的程序法不一致。到目前为止，宣告专利权无效的决定均是应相关当事人的请求，由专利复审委员会在请求人与专利权人之间居中裁判而作出的。复审委在审查宣告专利权无效的请求时，请求人与专利权人构成案件两造，采用的程序类似民事诉讼的相关程序。即复审委根据请求人提交的证据和主张以及专利权人提交的证据和答辩意见，综合判断并作出决定。而在法院的专利权无效诉讼按现行做法属行政诉讼，适用的是行政诉讼法。此时，不服无效宣告决定的一方为原告，专利复审委员会为被告，另一方当事人则为第三人。同一案件在不同的审级分别适用不同的

---

① 李隽、程强等：《专利无效宣告请求诉讼程序的性质》，载国家知识产权局条法司编：《〈专利法〉及〈专利法实施细则〉第三次修改专题研究报告》，知识产权出版社 2006 年版，第 741 页。程永顺：《无效宣告请求诉讼程序的性质》，载国家知识产权局条法司编：《〈专利法〉及〈专利法实施细则〉第三次修改专题研究报告》，知识产权出版社 2006 年版，第 710 页。

诉讼程序法，这种状态可能直接导致案件审理的方法和路径不同，进而直接影响案件的结果。

第二，专利复审委员会在法院的无效诉讼中冲锋陷阵，此属角色错位。当一个宣告专利权无效决定作出后，直接的利益相关者应当是专利权人和无效宣告的请求人。专利复审委员会在该纠纷中事实上并无任何自身利益。然而依照现行制度，不服复审委无效宣告决定一方提起行政诉讼时，被告为专利复审委员会。诉讼时，专利复审委员会的地位便显得非常尴尬，因为当专利复审委员会为维护其决定在诉讼中竭尽其全力时，其在事实上的形象一定就如同另一方当事人的代理人。若是专利复审委员会仅仅把专利无效诉讼当作例行公事，走走程序，又存在懒政或者行政不作为的嫌疑，且最终不利于建立公平的社会秩序。

第三，诉讼周而复始、循环往复、周期冗长，以致关于专利权有效性的社会关系长期处于不确定状态。在现行制度下，复审委对于每个无效宣告请求的审查不一定会把请求人提出的全部对比文献逐一评价。只要复审委认为，已经审查的对比文献足以得出宣告专利权全部无效的决定时，便可径行作出决定。而法院在行政诉讼中也并不能直接作出专利权无效或者有效的判决，只能维持或者撤销专利复审委员会的决定。这种制度或做法致使一个无效宣告案件可以在专利复审委员会和一审法院、二审法院之间来回转上几圈。一些案件从提起专利诉讼到最终确权案审结，耗费的时间达十余年之久①。

当然，现行的无效宣告制度还存在其他一些问题。比如，专利复审委员会将针对同一专利提出的无效宣告请求合并审理，即使提

---

① 程永顺：《无效宣告请求诉讼程序的性质》，载国家知识产权局条法司编：《〈专利法〉及〈专利法实施细则〉第三次修改专题研究报告》，知识产权出版社 2006 年版，第 723—724 页；李隽、程强等：《专利无效宣告请求诉讼程序的性质》，载国家知识产权局条法司编：《〈专利法〉及〈专利法实施细则〉第三次修改专题研究报告》，知识产权出版社 2006 年版，第 750—751 页。

出无效宣告的请求人不同，或者提出的理由、证据以及时间都不同。这种做法可能在后续的行政诉讼中带来法律关系的混乱。又如一些专利权人在发现自己专利存在问题后，采取自己提出无效宣告的做法来达到修改权利要求的目的。这实际上是无效宣告制度功能的异化，原因在于我国现行法中没有相应的制度。

对于上述三个主要问题的出现固然可以从多个方面找到原因。但归根结底，还是将宣告专利权无效的诉讼当作行政诉讼所致。专利权被授予之后，如果出现授权不当情况，依照法律，任何人都可以提出宣告专利权无效的请求，这种做法在各国专利法中可谓通例。然而对宣告专利权无效决定不服，如何寻求司法救济，各国的法律规定就不尽相同了。我国现行制度选择了行政诉讼，进而导致了上述三方面的问题。

我国《专利法》从 1985 年开始，就是将不服宣告发明专利权无效决定的诉讼当作行政诉讼来处理的①。即任何当事人对专利复审委员会决定不服的，都可以以专利复审委员会为被告向有管辖权的法院提起行政诉讼。按照这种模式，专利复审委员会作出决定后，无效宣告的请求人和专利权人都存在就该决定提起行政诉讼的可能性。由于将这一案件定性为行政诉讼，原告的诉讼请求显然只能针对专利复审委员会的决定；法院在审理该行政诉讼时，也只能在行政决定的范围内作出裁判，即或者判决维持复审委决定，或者判决撤销其决定，而不能直接针对专利权的有效性作出判决。这种做法被解释为法院不应代替行政机关直接作出决定。这在专利法实施的初期，国内的相关当事人甚至包括专利代理人对于专利法的实际操作经验都不甚丰富，由专利复审委员会担当被告角色可以在一定程度上提高诉讼质量，进而达到保证专利质量的效果。但在《专利法》实施已经三十年有余的今天，依旧采用这种模式的必要性已经不复存在

---

① 在当时，有关实用新型和外观设计专利的无效宣告决定是不能寻求司法救济的，专利复审委员会的决定就是终局决定，直到 2000 年修改《专利法》。见 1984 年和 1992 年《专利法》第 49 条。

了。明知司法实践中暴露出来这些问题，而不利用此次修法正面回应，其结果不仅大大降低了法院在息诉止争方面的工作效率，造成国家司法资源的浪费，而且不利于营造鼓励创新的积极环境。一些法官为了解决这一问题，只能从理论层面上尝试突破传统的做法，但也仅仅停留在学术研究领域，比如有法官认为，专利无效诉讼行政与侵权民事诉讼的二元划分已经不适应现实需求①。

不仅如此，当法院在专利无效诉讼中判决撤销原决定，专利复审委员会重新作出新的决定时，如果新决定引入了原决定中未曾涉及的新的对比文献作为证据②，则该新决定又可能引发新的一轮行政诉讼。现实中，因侵犯专利权案件引发的宣告专利权无效的案件罕有在5年之内解决的。这种致使社会关系长期处于不确定状态的制度，对于社会秩序的稳定和社会经济效益的提高均无益处，必须修改。

同样地，还是因为这类纠纷被界定为行政诉讼，致使法庭上经常出现专利复审委员会冲在第一线，第三人则在法庭上处于懈怠状态。很显然，这样的制度设计致使专利复审委员会在事实上成了一方当事人的利益代表。这不仅在逻辑上难以自洽，而且也影响了行政机关在公众中的形象，因为此时的专利复审委员会已经不再处于居中裁判的地位，而是在直接维护反映了第三人利益的行政决定。对于前述三方面的问题只要改变宣告专利权无效所引发的诉讼的性质，问题存在的根源也就消失了。

由于现行专利法中没有复审委依职权启动宣告专利权无效的机制，因此宣告专利权无效程序的启动都必须有至少一个请求方。通常情况下，该请求方在专利权存废问题上与专利权人的利益正好相反。专利权作为一种对世权，尽管在法理层面上其义务人是不特定

① 朱理：《专利民事侵权程序与无效行政程序的二元分立体制的修正》，载《知识产权》2014年第3期。

② 该证据应当是请求人在提起无效宣告是就已经提交专利复审委员会，但在原决定作出时未予审查。

的公众，但作为财产权，真正受到这一义务约束的还是那些希望实施该专利权的人。从这种意义上讲，专利法中宣告专利权无效的制度所要保护的公共利益与诸如自然环境保护、食品安全等任何人都不可避免地要受其影响的、需要公权力加以保护的那种由不特定人利益组合所形成的狭义的公共利益存在不同。

这种由不特定人利益组合而成的、需要公权力保护的狭义的公共利益，从本质上讲当属人生存于社会中所必需的基本人权。而宣告专利权无效的制度，尽管在其解释上也扛着保护公共利益的大旗①，但这里的所谓公共利益除某些特殊情形（当作为禁止权的专利权妨碍了普通公众对于药品的可及性时，有学者将其解释为人权问题②）外，基本不涉及前述基本人权。具体而言，专利权并不禁止任何人自由地从事发明创造的行为，哪怕其完成的发明创造与他人在先获得专利权的发明相同。反过来讲的意思就是，即使完成了与他人享有专利权的发明创造相同的发明，完成发明的行为本身并不侵犯专利权。专利权所禁止的是发明完成以后的市场或商业行为。宣告专利权无效制度所维护的"公共利益"，仅限于对抗以不具备专利性的发明创造获取专利权。所以，宣告无效制度可能保护的公共利益并非涉及所有的公众，而是少数试图进入专利权人市场的竞争者的利益。换言之，无效宣告制度所保护的所谓公共利益实际上也是一种同专利权一样的市场利益。从这种角度看问题，将专利权无效诉讼以行政诉讼作为救济手段似有逻辑上难以自圆其说的嫌疑。

现实中，宣告专利权无效作为一个法律制度，是为因专利审查过程中的失误或者疏漏、错误批准不该授予专利权的申请而设立的一个法律救济途径。在制度层面上，任何人认为专利授权不当都可以请求宣告该专利权无效。然而在世界各国的具体案件中，提起宣告他人专利权无效之诉的，不是专利权人的竞争对手，就是被专利

---

① 汤宗舜：《专利法教程》，法律出版社 1988 年版，第 195 页。

② Duncan Matthews, Intellectual Property, Human Right and Development, The Role of NGOs and Social Movements, Edward Elgar, 2011, pp. 15-48.

权人控告侵权的被告。由此观之，这里的所谓公共利益无不是由每个不特定人的具体利益组合而成。事实上，专利权作为一种财产权只有在市场经济环境下才有存在的意义。因此，宣告专利权无效之诉本质上还是市场主体利用专利制度的一种市场竞争行为。根据《中共中央关于全面深化改革若干重大问题的决定》，市场是资源配置的决定性因素①，专利权作为一种资源无疑也应当将其置于市场环境下考察。无效宣告制度，乃至整个专利法的修改都应当被置于市场经济的环境下来加以考量。

三、建立全国统一的知识产权上诉法院是
解决专利宣告无效制度问题的一剂良药

早在 2000 年前后，国内就曾经有学者提出建立专门的专利法院②，将无效宣告引发的诉讼改为民事诉讼③。但因为两建议涉及多方关系以及专利法与其他法律之间的协调问题，故均未能被立法机构采纳。在此期间，亦有不少学者提出应当将专利复审委员会的属性界定为国家授权的准司法机构④。但在我国现行体制下，尚无任何

---

① 《中共中央关于全面深化改革若干重大问题的决定》，人民出版社 2013 年版，第 3 页、第 11 页。

② 见李隽、程强等：《"专利无效宣告请求诉讼程序的性质"中的介绍》，载国家知识产权局条法司编：《〈专利法〉及〈专利法实施细则〉第三次修改专题研究报告》，知识产权出版社 2006 年版，第 787 页。

③ 第二次修订《专利法》时，曾有一稿中明确对专利复审委员会宣告专利权决定不服的，可依民事诉讼法提起诉讼。这是国务院法制办征求意见时的一个稿子。

④ 李隽、程强等：《专利无效宣告请求诉讼程序的性质》，载国家知识产权局条法司编：《〈专利法〉及〈专利法实施细则〉第三次修改专题研究报告》，知识产权出版社 2006 年版，第 782 页。2006 年，中国社会科学院法学研究所在其承担的国家知识产权战略课题《改善国家知识产权执法体制问题研究》中亦提出完全相同的意见，即把专利复审委员会视作准司法机构。

法律规定过这类机构，由于担心混淆司法机关与行政机关的界限，因而这一建议也未被吸收①。2008 年，国务院公布《国家知识产权战略纲要》②，其中明确提出了"探索建立知识产权上诉法院"的举措，但因为没有涉及相关问题的配套改革方案，建立知识产权法院的问题依旧没有任何进展。直到 2013 年中共十八届三中全会通过的《中共中央关于全面深化改革若干重大问题的决定》，再次明确提出"探索建立知识产权法院"③，知识产权法院建设的问题才开始以超乎寻常的速度向前推进。全国人大常委会在 2014 年 8 月 31 日通过了《关于在北京、上海、广州设立知识产权法院的决定》④。2014 年年底前，北京、上海、广州先后成立知识产权法院。

从《全国人民代表大会常务委员会关于在北京、上海、广州设立知识产权法院的决定》和《最高人民法院关于北京、上海、广州知识产权法院案件管辖的规定》⑤ 的内容看，这三个知识产权法院均属中级人民法院，其设立除了实现将大部分知识产权案件集中审理和广州知识产权法院的案件管辖在一定程度上突破了辖区范围之外，包括专利无效制度在内的目前专利法实施中所面临的主要问题都没有得到解决。更为重要的是，《国家知识产权战略纲要》提出的举措、相关研究项目中的研究结果以及长期以来知识产权界一直呼吁建立的知识产权上诉法院的设想没有得到任何反映，尽管作为全国政协委员、最高人民法院主管知识产权工作的副院长陶凯元大法官也在相关场合提出应设立"国家层面的知识产权高级法院"的主张⑥。

① 尹新天：《中国专利法详解》，知识产权出版社 2011 年版，第 476 页。
② 《国务院关于转发国家知识产权战略纲要的通知》国发（2008）18 号。
③ http://www.gov.cn/zwgk/2008-06/10/content_1012269.htm，最后访问日期：2016 年 1 月 30 日。
④ 《中共中央关于全面深化改革若干重大问题的决定》，人民出版社 2013 年版，第 15 页。
⑤ 见中国人大网：http://www.npc.gov.cn/npc/xinwen/2014-09/01/content_1877042.htm，最后访问日期：2016 年 1 月 30 日。
⑥ 见人民网：http://ip.people.com.cn/n/2015/0310/c136655-26666441.html，最后访问日期：2016 年 1 月 30 日。

这件事情反映出时下国家公权力机构的两个极端、但却典型的行为模式，即消极僵化的不作为①和形式主义的敷衍。

关于知识产权法院的建设，环顾相关国家和地区，无论东亚的日本、韩国，西欧的德国、英国，还是幅员与我国基本相当的美国，尽管各自知识产权审判制度存在诸多差异，但这些国家无不在最高法院之下，设有面向全国的知识产权上诉法院，虽然各国法院所管辖的案件范围并不完全相同。这种统一上诉法院做法的好处是，在案件的二审层面上就由单一的法院来审理，尽早地避免了司法审判标准不统一或者同案不同判的情况出现。事实上在这些国家，案件都是可以上诉到最高法院的，因此即使没有统一的上诉法院也可以在最高法院层面上实现统一。即使在这种情况下，这些国家依旧建立了统一的上诉法院审理知识产权上诉案件。而我国实行二审终审，绝大部分案件根本不可能上诉到最高法院，因而更有必要在二审层级，同时也是终审层级上建立统一的知识产权上诉法院，以实现统一的司法标准。简言之，前述国家虽分属于不同法系，但却都采纳了统一的知识产权上诉法院的做法。这种做法对于我国知识产权法院的建设和完善应当是有参考价值的。

知识产权相对于其他各类财产权，因其存在的形态特殊和保护力度的政策性强，致使法官对相关纠纷的判断更需要理性、经验和宏观的大局意识。比如，对知识产权保护力度强弱的政策考量直接关系到一国的经济发展模式和整体利益。为了维护市场的宏观秩序和满足经济发展的长期需求，各国无不需要站在顶层来把握知识产权的保护问题。即使是一些微观层面上的问题，也直接对市场全局构成影响。比如，知识产权的价值评估，相对于其他财产权由于其存在诸多不确定性进而直接影响技术创新、技术转化或流通等关乎全局的问题②。正

---

① 也可能是机制或者结构的锈蚀，以致无法作为。

② 美国原巡回上诉法院首席大法官雷德2013年10月15日在中国人民大学法学院演讲时曾指出，每一个判决中所确立的赔偿额，会在很大程度上对市场中知识产权的价值确定具有引导作用；换言之，法官在知识产权领域具备给市场定价的作用。

因为这些因素的存在，相关国家和地区在知识产权法院的构建问题上均设立了管辖全国的知识产权上诉法院。欧盟即将建成的统一专利法院，更实现了欧盟内部超越国家的统一裁判制度。

对国家是这样，对一个企业也是一样。所有的跨国企业集团之所以被称作跨国集团，是因为它们在不同国家注册了相关机构，比如子公司、分公司等。换言之，跨国集团在各国均有其财产，但如果仔细看看这些财产的构成，绝大部分子公司或者其他分支机构所拥有的财产均为有体物。绝大多数的知识产权均掌握在总公司或者专门的知识产权运营公司手里。相对于有体财产而言，世界知名的跨国企业通常不会让其知识产权也"跨国"分属于其在各国设立的机构。这种知识产权"不跨国"①的现象也说明即使在企业内部知识产权也需要统一的政策和管理。

在改革开放三十余年后，我国经济的发展模式已经开始转型。党的十八大提出"创新驱动发展战略"，2015年中共中央、国务院又发布了《关于深化体制机制改革　加快实施创新驱动发展战略的若干意见》，所有这些大政方针都反映了国家未来的发展不能简单地靠扩大资源消耗来维持总体经济增长。我国的能源消耗已经是世界第一，而产出却不是第一，这直接反映出我国利用能源的能力不够高。造成能源利用率低下的主要原因除了我们在诸如管理制度等软技术方面技不如人之外，更为重要的是我们在诸多领域也不掌握核心的硬技术。我们曾经奉行的"以市场换技术"的做法，在实施多年后并未取得预想的效果。如今我们除了自力更生、自我创新，别无选择，即我国未来可持续发展的模式只有"创新驱动发展"之路。知识产权制度作为保障创新大环境的基础性制度，法院作为知识产权保护的最后屏障，如果不能在国家层面上解决好知识产权审判中标准不统一或同案不同判的问题，无疑会严重影响全体国民的创新

---

①　这里所称"不跨国"不是指知识产权的地域性，而是指大企业在筹划自己的知识产权战略时多将其知识产权交由一个法人统一管理，而不是各个法人各自为政。

积极性，进而阻碍"创新驱动发展战略"的实施以及"大众创新"举措的落实。建立全国统一的知识产权上诉法院，协调全国知识产权保护尺度，统一国家知识产权司法政策，无疑是落实前述大政方针的最为有效的措施之一。

与此同时，将知识产权上诉法院的建立与专利无效宣告制度的改造结合起来通盘考虑，对前述现行专利无效制度中相关问题的解决有着极为重要的作用。首先，赋予知识产权上诉法院对专利有效性可直接作出判决，这可在很大程度上避免循环诉讼。造成循环诉讼的原因除了专利复审委员会审查机制的问题①外，更为重要的是法院无权在现有机制下就专利权的有效性问题直接作出判决。在有的判决中，法官事实上已经对涉案专利权的有效性问题有明确的态度，但在行政诉讼体制下依旧只能在复审委决定的范围内作出判决②。赋予全国统一的上诉法院可就专利有效性直接作出判决，则可避免无谓的循环诉讼，从而减少司法资源的浪费，提高审判效率。

其次，赋予知识产权上诉法院对全国的侵犯专利权的上诉案件管辖权，可以在实现统一审判标准的同时，协调侵权与确权诉讼间的关系，这对因侵权案引发的专利权无效诉讼的审理有重要意义。这种设计不仅实现了所有侵犯专利权案件的二审由同一法院完成，在终审层面上实现了审判标准统一，最大限度地减少了同案不同判发生的可能性，更使相关联侵权案和确权案在专利标准层面上实现了统一。从操作效果进行评估，这种模式应当比不同法院分别审理关于同一专利权的侵权和确权案件的模式更为优越。

再次，将不服专利复审委员会的确权诉讼改为民事诉讼，则可避免同一案件前后分别适用不同的程序规则或法律。这不仅有利于

---

① 这里主要指专利复审委员会在针对无效宣告请求作出决定时，并不一定一次性地将请求人提出的全部证据或对比文献逐一审查完毕，以致当其决定被法院撤销后，还需重新审查遗留下的相关材料才能作出新决定。但这往往又会引发新的行政诉讼，以致产生循环诉讼。

② 如北京高级人民法院（2013）高行终字第 1368 号、（2014）高行（知）终字第 2980 号、（2014）高行终字第 1271 号行政判决书。

制度内在的自洽，更有利于案件处理的公平。

最后，将专利复审委员会的审查视作一级司法审查，将不服复审委决定的诉讼直接上诉到高级法院，从而改变目前事实上的三级审查①。这不仅大大缩短审判周期，也改变了目前不服复审委决定的司法救济无不以复审委为被告的局面。而在日本，对特许厅审判部决定不服的，则是由不服一方以另一方当事人为被告在东京高等裁判所提起诉讼。在德国，也不是以德国专利商标局为被告，而是以另一方当事人为被告向联邦专利法院提起诉讼。韩国也采用类似的制度。

四、结　语

现行专利法中的宣告专利权无效制度长期以来一直存在着问题，有关部门曾通过各种途径试图解决问题。但要彻底解决问题，必须结合知识产权上诉法院的设计一并考虑。这其中至少应当包括以下举措：知识产权上诉法院统一管辖全国侵犯专利权的上诉案件和不服复审委宣告专利权无效决定的诉讼；将不服复审委决定的上诉案从行政诉讼改为民事诉讼；专利复审委员会的专利权无效审查视作一级司法审查；赋予法院对专利权有效性直接判决的权力。

当然，在本次《专利法》修改稿中增加了复审委可依职权审查专利权的有效性问题，即复审委可以自己依照其职权直接启动宣告专利权无效的程序。这在法律规范层面上，可将这类只有一造的诉讼依旧作为行政诉讼，否则不利于查清案件事实。这就是说，对于有当事人提出无效宣告请求的，适用民事诉讼；而对于极少数专利复审委员会依职权启动的无效宣告，则可沿用目前的行政诉讼。

---

① 这里指同一专利无效宣告请求可能经过专利复审委员会、北京知识产权法院和北京市高级人民法院三次审查才算终审。

职务发明性质之约定和职务发明报酬及奖励

——我国《专利法》第四次修改中有关
职务发明若干问题讨论

陶鑫良 *

摘　要　本文对我国《专利法》第四次修改中"职务发明性质的界分及约定"与"职务发明创造的报酬与奖励"两个关键问题的立法安排提出了独立见解。认为立法应规定主要利用本单位物质技术条件所完成的发明创造为职务发明创造，但可通过合同约定其为非职务发明创造或者共有。职务发明创造奖酬立法应当遵循约定优先及重酬轻奖的基本原则，职务发明报酬标准不宜过高或者过低，应采用"上不封顶，下要保底"的模式，其保底下限应设定为不低于20%为佳。

关键词　职务发明创造　非职务发明创造　职务发明奖励　职务发明报酬

职务发明规范是专利制度建设及专利立法的重要基石之一，在已经持续数年的我国《专利法》第四次修改进程中，关于职务发明尤其围绕其两个瓶颈问题即"职务发明性质的界分及约定"与"职

---

* 陶鑫良，上海大学知识产权学院教授。

务发明创造的报酬与奖励"的专业论争与学术探寻此起彼伏,风起云涌,见仁见智,众说纷纭。其间更由于交叉穿插了我国《职务发明条例》的起草及其草案面向社会广泛征求意见的因素,引发了更为全面与深入的社会关注和专门讨论。

由国务院法制办于 2015 年年末公布以征求社会各界意见的《中华人民共和国专利法修订草案(送审稿)》(以下简称"送审稿")是我国《专利法》第四次修改的重要里程碑①。在送审稿中,相关职务发明立法的上述两个瓶颈问题也属首当其冲,引人注目。送审稿拟进行实质性修改的条文共 33 条,包括拟修改原有条文 18 条,新增条文 14 条,删除原有条文 1 条;而其中直接涉及职务发明方面的条文有 4 条,包括拟修改的有第 6 条(职务发明、非职务发明及其约定)、第 16 条(职务发明及约定发明的奖酬);拟增加的是第81 条(国立校所发明人协商后自行实施),这次修改唯一拟删除的就是涉及非职务发明的我国现行《专利法》第 72 条(侵夺非职务发明权益)。此外送审稿中原封保留的职务发明创造关联条款还有第 7条(不得压制非职务发明申请)、第 17 条(发明人署名)等。本文尝试结合送审稿中的拟修改条文,主要针对职务发明性质的界分及约定,职务发明报酬与奖励等职务发明创造相关问题,进行一些探讨。

一、对《专利法》第 6 条的相关分析以及修改建议

送审稿中关于"职务发明性质的界分及其约定"的修改内容,主要涉及第 6 条中规范的"主要利用本单位物质技术所完成的"的

---

① 见"国务院法制办公室关于《中华人民共和国专利法修订草案(送审稿)》公开征求意见的通知"。

发明创造。纵观我国《专利法》及其修改的历史轨迹，首先是 1984
年 3 月通过的我国第一部《专利法》，最先规定"主要利用本单位物
质条件所完成的"的发明创造属于职务发明创造性质，但未规定能
通过合同约定将其改为非职务发明创造性质。接着是 2000 年 8 月通
过的经第二次修改的我国《专利法》，进而规定允许通过合同约定将
"主要利用本单位物质技术条件所完成的"的发明创造由初始的职务
发明创造性质改变为非职务发明创造性质。然后就是当前在我国第
四次《专利法》修改的送审稿中，拟将"主要利用本单位物质技术
所完成的"的发明创造排除出初始之职务发明创造之列，并规定其
可以通过合同约定其"申请专利的权利和专利权"的归属。

（一）我国《专利法》第 6 条职务发明规范的来龙去脉①

我国《专利法》第 6 条或被称为"职务发明创造界分条款"。
自 1985 年 4 月施行的我国第一部《专利法》的第 6 条为："执行本
单位的任务或者主要是利用本单位的物质条件所完成的职务发明创
造，申请专利的权利属于该单位；非职务发明创造，申请专利的权
利属于发明人或者设计人。申请被批准后，全民所有制单位申请的，
专利权归该单位持有；集体所有制单位或者个人申请的，专利权归
该单位或者个人所有。在中国境内的外资企业和中外合资经营企业
的工作人员完成的职务发明创造，申请专利的权利属于该企业；非
职务发明创造，申请专利的权利属于发明人或者设计人。申请被批
准后，专利权归申请的企业或者个人所有。专利权的所有人和持有
人统称专利权人。" 1993 年 1 月施行的经第一次修改后的我国《专
利法》对第 6 条内容未作任何修改。而 2009 年 10 月施行的经第二
次修改后的我国《专利法》第 6 条就修改成为："执行本单位的任务
或者主要是利用本单位的物质技术条件所完成的发明创造为职务发

---

① 陶鑫良等：《专利申请权欲专利权归属及职务发明创造奖酬制度研究》，载国家知
识产权局：《〈专利法〉与〈专利法实施细则〉第三次修改专题研究报告集》。

明创造。职务发明创造申请专利的权利属于该单位；申请被批准后，该单位为专利权人。非职务发明创造，申请专利的权利属于发明人或者设计人；申请被批准后，该发明人或者设计人为专利权人。利用本单位的物质技术条件所完成的发明创造，单位与发明人或者设计人订有合同，对申请专利的权利和专利权的归属作出约定的，从其约定。"这次修改的主要内容一是不再将"单位"细分为"全民所有制单位""集体所有制单位"与"外资企业""中外合资企业"单位；而统称为"单位"。同时停止了其他主体"所有"和全民所有制单位"持有"专利权的区别表述。二是将原来的"主要是利用本单位的物质条件"增强为"主要是利用本单位的物质技术条件"。随着将"物质条件"修改为"物质技术条件"，相应在《专利法实施细则》第 12 条中增加了"专利法第 6 条所称本单位物质技术条件，是指本单位的资金、设备、零部件、原材料或者不对外公开的技术资料等"内容。三是增加了允许单位与发明人通过合同约定"利用本单位的物质技术条件所完成的发明创造"的申请专利的权利和专利权的归属。上述第二、第三方面的修改，应当是受到了我国1987 年《技术合同法》①及其实施条例的影响。1987 年 6 月通过的我国《技术合同法》第 6 条规定："执行本单位的任务或者主要是利用本单位的物质技术条件所完成的技术成果，是职务技术成果"。1989 年 3 月施行的我国《技术合同法实施条例》第 4 条中规定"技术合同法第 6 条所称本单位物质技术条件，是指单位提供的资金、设备、器材、未公开的技术情报与资料等。但是利用单位提供的物质技术条件，按照事先约定，返还资金或交纳使用费的不在此限"。2008 年前后在我国《专利法》第三次修改系列课题研究中曾经探讨过相关"主要是利用本单位的物质技术条件"的诸多问题，但最后立法结果是未对该第 6 条的条文作任何实质性修改，故我国《专利法》第二次修改后的第 6 条条文就一直延续使用至今。

---

① 《技术合同法》已于 1991 年失效。——编辑注

（二）对我国《专利法》第6条第3款的历史分析

在我国《专利法》第二次修改中增加的第6条第3款的文字表述为："利用本单位的物质技术条件所完成的发明创造，单位与发明人或者设计人订有合同，对申请专利的权利和专利权的归属作出约定的，从其约定。"而在之前已经存在的、并在该第3款增加以后共同使用至今的我国《专利法》第6条第1款的文字表述是："执行本单位的任务或者主要是利用本单位的物质技术条件所完成的发明创造为职务发明创造。"而对于第6条第3款中的"利用本单位的物质技术条件"与第6条第1款中的"主要是利用本单位的物质技术条件"两者之间的关系，多年来一直存有争议。究竟第3款之"利用"是否包含了第1款之"主要利用"？或者第3款之"利用"实质上等同于第1款之"主要利用"？从该条文出台以来十多年来始终见仁见智。故我国《专利法》第四次修改决定对我国现行《专利法》第6条第3款的修改原因之一，也就是在于"克服现行第6条第1款与第3款规定之间可能产生的矛盾，消除实践中对第3款规定的'利用'是否包含'主要利用'情形存在的不同理解"。① 据说在我国《专利法》第二次修改过程中，第6条该新的第3款的增加，"既非国家知识产权局所建议，也非国务院所建议，"而是全国人大常委会许多委员在审议过程中所提出后经全国人大法律委员会研究认同后予以表决通过的②。在会上针对第6条第1款之"主要利用"等而引发讨论，后来讨论到"如何区分是'主要利用'还是'次要利用'，往往会产生争议"，因而最后采用了不分"主要"还是"次要"的"利用"一词。据此也有观点认为第6条该第3款的增加发生在我国《专利法》第三次修改末期，可能鉴于立法时间局促和立法考量局限

---

① 国家知识产权局："关于《中华人民共和国专利法修改草案（征求意见稿）》的说明"。

② 尹新天：《中国专利法详解》，知识产权出版社2011年版，第82页。

等具体因素，临场仓促增加的第 3 款中的"利用"一词，应当理解为当时针对性讨论的第 1 款中的"主要利用"。

对于该法第 6 条第 3 款中"利用本单位的物质技术条件"的"利用"一词的含义，笔者在 2005 年承担我国《专利法》第三次修改相应研究课题中进行调研时就注意到有不同理解：第一种理解是整合第 6 条的立法本意和条款作用来解读，认为第 6 条第 1 款、第 2 款本就是为了明晰界分职务发明创造性质与非职务发明创造性质，故第 3 款所称"约定"只能顺应仅是关于职务还是非职务发明创造性质的约定，不包括专利权其他权利与义务处分的约定。因此，后来补强的该条第 3 款之"利用"，就是针对在前第 1 款之"主要利用"而起，应等同于"主要利用"或者至少包括"主要利用"。同时有意见认为第 3 款之"利用"不应包括"非主要利用"，因为根据第 1 款的规定，"非主要利用本单位物质技术条件"本身就是非职务发明创造，第 3 款当初的立法本意，只是想将"主要利用本单位的物质技术条件"的该部分职务发明创造可通过约定改性为非职务发明创造，并没有想将非职务发明创造通过约定改性为职务发明创造。我国《专利法》第 6 条本身一直就是界分职务发明创造与非职务发明创造的法律准绳，该条第 1 款和第 2 款原来的规定均系强制性规范，法无明文则不得以当事人之间的合同约定来排斥该法条关于职务发明创造性质与非职务发明创造性质的法定界分。而我国《专利法》第二次修改是在第 6 条第 1 款的基础上，增加了第 3 款予以补强和补白。这一修改其实就是在我国专利法原来仅仅划分"职务发明创造"与"非职务发明创造"的基础上，又进一步立法将"职务发明创造"再细分为"不可通过合同约定改变性质的基本职务发明创造"和"可通过合同约定改变性质的从属职务发明创造"。即将职务发明创造进一步界分为能通过约定改变的"基本发明创造"和不能通过约定改变的"从属发明创造"。换言之，"执行本单位的任务"完成的职务发明创造性质属于不可变的"基本职务发明创造"，其不能通过合同约定将其改变为非职务发明创造性质。但"主要是利用本单位的物质技术条件"完成的发明创造属于可变的"从属职务发明创造",可以通过合同约定将其改变为非职务发明创造性质。第二种理解几乎是望文生义的文义解读,其理由是第 3 款字面上"利用"的上位概念必然包含了"主要利用"和"非主要利用"的两方面下位概念,所以"利用"应当全面覆盖"主要利用本单位的物质技术条件"和"非主要利用本单位的物质技术条件"的情况;该条款中的"约定"也应当属于"双向"且"可逆"的约定模式,既可以将"职务发明创造"约定为"非职务发明创造",也可以将"非职务发明创造"约定为"职务发明创造",并甚至可以彼此反转,循环约定。

第一种理解者还"寻根溯源"来抗辩第二种理解者的"望文生义"。1985 年 4 月 1 日施行的我国第一部《专利法》的第 6 条中规定"执行本单位的任务或者主要利用本单位物质条件完成的发明创造,是职务发明创造"。随后 1987 年 11 月 1 日施行的我国原《技术合同法》第 6 条规定"执行本单位的任务或者主要是利用本单位的物质技术条件完成的技术成果,是职务技术成果"。后者除了将"技术成果"替换了"发明创造",将"物质技术条件"替代"物质条件"外,几乎照搬前者。接着 1989 年 3 月施行的原《技术合同法实施条例》第 4 条配套规定:"但是利用本单位提供的物质技术条件,按照事先约定,返还资金或者交纳使用费的不在此限"即不属于"职务技术成果"的明确规定。换言之,对"按照事先约定,将返还资金或者交纳使用费"者,即使其原来的确属于"主要利用了本单位的物质技术条件",但因已依法"事先约定"为非职务技术成果,则按照约定不再属于职务技术成果。2000 年修改《专利法》时新增加的这第 6 条第 3 款,应当就是《技术合同法实施条例》第 4 条上述表述的转用或者演进。寻根溯源,顺藤循流,我国现行《专利法》第 6 条第 3 款中的"利用",应当对应于在前已经存在的第 6 条第 1 款的"主要利用",至少包含了后者的"主要利用"。

因为"利用"顾名思义应当兼容或者覆盖"主要利用"和"非

主要利用"两方面。所以还有学者曾经担忧，如这样的文义理解其实就等同于认可法律允许将"非主要利用单位物质技术条件"所完成的本来不可改变性质的"非职务发明创造"，却通过合同约定改变为初始取得的"职务发明创造"。那会不会引发处于相对强势地位的单位，就此以"约定为职务发明创造"的原始取得方式，剥夺处于弱势地位的发明人之非职务发明创造权益，这样做既违背了公平原则，而制定这样的法律规范也缺乏法学理论基础①。实际上要处分本属法定"非职务发明创造"的权益，完全可以通过专利申请权转让或者专利权转让等方式进行，不必要通过合同约定方式将初始的"非职务发明创造"改变成"职务发明创造"，也没必要通过合同约定方式将初始的"非职务发明创造"改变成"职务发明创造"。

还曾有一种观点认为：如果仅仅"主要利用物质条件"，譬如仅利用"本单位的仪器、设备、装置、生产线和一般资料"等完成的发明创造，可以通过合同将职务发明创造约定为非职务发明创造。但对"主要利用本单位的物质技术条件"的情况下已包含使用了"本单位特有的重要技术资料或经验"（并且这些重要技术资料作为"不对外公开的技术资料"或者"未公开的技术情报与资料"，涉及技术秘密等知识产权保护的），则不能再简单通过合同约定来将本单位的职务发明创造转为非职务发明创造。②笔者认为，这种观点在2001 年之前即我国《专利法》第二次修改并施行之前，应当是符合当时的我国《专利法》第 6 条规定的。但在我国《专利法》第二次修改增加了第 3 款后，第 6 条第的综合规范已经允许将"主要是利用本单位的物质技术条件"的从属型职务发明创造，通过合同约定将其改变为"非职务发明创造"了。

---

① 叶建平、刘宇：《职务发明创造的专利权利之研究》，载《北京科技大学学报》（社科版）2003 年第 2 期。

② 汤宗舜：《专利法教程》，法律出版社 2003 年版，第 63 页。

(三) 对送审稿第 6 条修改方案的综合评论及修改建议

送审稿中所拟我国现行《专利法》第 6 条的修改方案, 既原封不动地保留了第 2 款; 又在第 1 款 "执行本单位的任务或者主要是利用本单位的物质技术条件所完成的发明创造是职务发明创造" 中, 删除了 "利用本单位的物质技术条件" 的 "半壁江山", 形成了 "执行本单位的任务所完成的发明创造为职务发明创造" 的单一表述; 同时还在针对 "利用本单位的物质技术条件所完成的发明创造" 情况的第 3 款尾端续接上 "没有约定的, 申请专利的权利属于发明人或者设计人" 的表述。送审稿对这一修改认为产生了两方面的效果, 一是重新划分了职务发明创造的范围, 二是明确了 "利用本单位的物质技术条件所完成的发明创造" 之权属, 全面贯彻了 "约定优先" 原则。细观送审稿对《专利法》第 6 条职务发明制度规范的修改, 在 "职务发明性质的界分及约定" 方面, 相比以前几乎是具转向性质的修改。因为根据我国现行《专利法》第 6 条, 第一, 将 "发明创造" 一分为二: 职务发明创造和非职务发明创造。第二, 将 "职务发明创造" 再一分为二: 一是 "执行本单位任务" 的不能通过合同约定改变为非职务发明创造的基本职务发明创造; 二是 "主要是利用本单位的物质技术条件" 的且可以通过合同约定改变为非职务发明创造的从属职务发明创造。第三, 原来在导向上明显是在全面规范职务发明创造与非职务发明创造的基础上, 倾向和偏重于引导职务发明创造。但是对照送审稿第 6 条拟修改法律条文, 并与修改前的原第 6 条的表述相比较, 似乎发生了转向状况。首先是送审稿第 6 条将发明创造从原来的职务与非职务的 "两分法" 改变为 "三分法", 除职务发明创造和非职务发明创造外, 还有一类 "对于 '利用本单位物质技术条件所完成的发明创造' 不再定义为职务发明或者非职务发明" 的 "第三种" 发明创造。其次是明确规定了 "利用本单位物质技术条件所完成的发明创造", "没有约定的, 申请专利的权利属于发明人或者设计人"①。将原来对"主要是利用本单位的物质技术条件所完成的发明创造"在没有合同约定时依法初始属于职务发明创造的情况，一下子反转为实质上已经属于非职务发明创造的状态。最后是送审稿第 6 条在导向上明显是倾向和偏重于引导非职务发明创造，与我国当前应当倾向和偏重于引导职务发明创造的原则相悖。

综上所述，笔者认为送审稿第 6 条中关于"利用单位的物质技术条件"的职务发明性质分类及其约定的立法安排，应当优化提升，对于送审稿中拟修改的第 6 条条文表述，应当予以调整。笔者基于上述综合分析，建议将我国现行《专利法》第 6 条修改为："执行本单位的任务所完成的发明创造为职务发明创造。主要利用本单位物质技术条件所完成的发明创造为职务发明创造，但发明人可以合同约定为非职务发明创造或者共有。职务发明创造，申请专利的权利属于该单位；申请被批准后，该单位为专利权人。非职务发明创造，申请专利的权利属于发明人或者设计人；申请被批准后，该发明人或者设计人为专利权人。"

二、对《专利法》第 16 条的相关分析以及修改建议

职务发明创造的奖励和报酬，是我国《专利法》历次修改中众所瞩目。见仁见智的关键问题和敏感问题，也是我国《专利法》第四次修改的重点领域之一。在我国《专利法》中，职务发明创造奖酬问题主要涉及第 16 条。

职务发明创造的奖励和报酬问题，表面上仅仅关系着职务发明

① 国务院法制办《中华人民共和国专利法修订草案（送审稿）》公开征求意见稿第 6 条第 3 款。

人与其所在的职务发明创造单位之间的经济上的利益冲突和利益平衡，但是在其背后深层次揭示的却是我们国家对于科技创新人才激励机制的政策导向，却是职务发明创造可能产生的经济效益之合理分配的法律保障，决定的将是未来若干年间我国科技创新社会气候的朝晖夕阴，决定的将是未来若干年间我国科技创新产出的总体数量和平均质量。其关系着能否推动将我国科技人员十分活跃的发明创造之能力、潜力、活力和我国企事业单位相对集聚的研究开发之物力、财力、实力进行最优化结合，以孕育一大批重大自主科技创新的发明创造，催生一批自主创新的战略性科技成果。其也关系着工作在跨国公司在华研发机构和企业单位内的我国科技人员的应有权益是否切实得到尊重和保障，关系着其中作出重大贡献的科技人员今后为国创业的物质准备和经济铺垫的基础建设状况，同时也关系着我国对跨国公司在华配置研发机构和进行经济投资的环境吸引和聚合程度。一般而言，作为职务发明创造单位，无论是跨国公司还是中国公司，无论是国有企业还是民营企业，利益取向一般总是促使其反对或者要求压低职务发明创造奖酬之分配强度，尤其不希望在法律层面上明确规范，尤其是不希望有明确量化的法律规范，唯恐因此损害职务发明创造单位的利益或者捆住职务发明创造单位的手脚。但是，如果在法律上不明确职务发明创造奖酬规则及其量化规范，那么，相对于职务发明人通常处于强势地位的职务发明创造单位，往往可能使法律上职务发明创造奖酬的原则规定变成一纸空文，由此职务发明人的法定职务发明创造奖酬权益也就变成镜花水月，得不到兑现和保障。

包括我国《专利法》第四次修改的职务发明创造奖酬规范的立法本旨，都是聚焦于如何将我国科技人员十分活跃的发明创造的能力、活力、潜力与我国企事业单位相对雄厚的物力、财力、实力相融合，给创新之火加上利益之油，为重大科技创新的引擎装填核动力燃料；合理地设计、改进、完善我国的职务发明创造奖酬制度，协调与平衡发明人与其所在单位以及相关第三方的利益冲突和利益平衡，明确、落实、保障职务发明人的合理奖酬权益，进而在立法、执法和司法诸方面厉行职务发明创造奖酬制度①。

（一）我国职务发明创造奖酬法律规范的历史沿革

我国《专利法》语境中的职务发明创造奖酬，包括职务发明奖励和职务发明报酬。职务发明奖励，是指在不管职务发明创造是否已产生经济效益的背景下，因单位与发明人的相互约定（包括视为约定的单位规定）或者法律直接规定，所产生的发明人与单位之间的权利义务关系。而职务发明报酬，则一定基于职务发明创造已产生的经济效益并随之"水涨船高"的背景，因单位与发明人的相互约定（包括视为约定的单位规定）或者法律直接规定，所产生的发明人与单位之间的权利义务关系。

1985年4月施行的我国第一部《专利法》第16条规定："专利权的所有单位或者持有单位应当对职务发明创造的发明人或设计人给与奖励；发明创造专利实施后，根据其推广应用的范围和取得的经济效益，对发明人或设计人给与奖励"。当时与其配套的《专利法实施细则》中的相关条文有第70条、第71条、第72条、第73条、第74条、第75条共六条，其中规定了我国国有企事业单位必须实施职务发明专利的奖励与报酬，中国的其他单位可以参照执行。也规定了职务发明专利的奖酬标准是：授予专利权后单位给予发明人"一项发明专利的奖金最低不少于200元；一项实用新型专利或者外观设计专利的奖金最低不少于50元"的职务发明奖励。单位自行实施发明专利或者实用新型专利后从获得的利润纳税后提取0.5%—2%、单位自行实施外观设计专利后从获得的利润纳税后提取"0.05%—0.2%"作为职务发明报酬。而许可他人使用职务发明创造专利后从收取的专利许可使用费纳税后提取5%—10%作为职务发

---

① 上海大学课题组：《职务发明创造的奖励和报酬制度研究》，知识产权出版社2008年版。

明报酬。

经第一次修改后于 1993 年 1 月施行的我国《专利法》及《专利法实施细则》对上述条文没有进行修改。我国《专利法》进行了第二次修改后自 2001 年 10 月施行，其第 16 条被修改为："被授予专利权的单位应当对职务发明创造的发明人或设计人给与奖励；发明创造专利实施后，根据其推广应用的范围和取得的经济效益，对发明人或设计人给与合理的报酬"。与之相匹配的《专利法实施细则》相关条文为第 74 条、第 75 条、第 76 条、第 77 条共四条。第二次修改后的《专利法实施细则》细化的职务发明创造奖酬规范，较之修改前的主要变化在于职务发明创造奖酬的提取比例有所提高。第一，提取职务发明报酬的比例发生了变化。例如从收取的专利许可使用费纳税后提取职务发明报酬，已从修改前"提取 5%—10%"改变成"提取不低于 10%"；又如，从单位自行实施发明专利或者实用新型专利获得的利润纳税后提取职务发明报酬，已从修改前"提取 0.5%—2%"改变成"不低于 2%"；从单位自行实施外观设计专利获得的利润纳税后提取职务发明报酬，已从修改前"0.05%—0.2%"改变成"提取不低于 0.2%"。第二，提取职务发明创造奖酬的比例，从原来的"×% 至××%"的闭口区间，改变成了"不低于×%"的开口区间。第三，授予专利权后单位给予发明人的授权奖励，也从原来的"一项发明专利的奖金最低不少于 200 元；一项实用新型专利或者外观设计专利的奖金最低不少于 50 元"，提升到"一项发明专利的奖金最低不少于 2000 元；一项实用新型专利或者外观设计专利的奖金最低不少于 500 元"。我国《专利法》进行了第三次修改后自 2009 年 10 月施行，对其第 16 条条文的文字没有修改。随后配套的《专利法实施细则》相关条文为第 76 条、第 77 条、第 78 条共三条。第三次修改后的《专利法实施细则》细化的职务发明创造奖酬规范较之修改前产生了重大变化，第一将我国职务发明奖励与报酬的支付主体由原来的"国有企事业单位必须全面执行，中国其他单位可以参照执行"修改成所有的单位都必须全面执行。

第二引入了"约定优先原则"，其第76条第一次提出了职务发明创造奖酬的优先约定规则："被授予专利权的单位可以与发明人、设计人约定或者在其依法制定的规章制度中规定专利法第16条规定的奖励、报酬的方式和数额。"第三提高了职务发明创造专利的奖励标准，从原来的"一项发明专利的奖金最低不少于1000元；一项实用新型专利或者外观设计专利的奖金最低不少于500元"；提升到了"一项发明专利的奖金最低不少于3000元；一项实用新型专利或者外观设计专利的奖金最低不少于1000元"；同时要求在3个月内支付。但对职务发明创造专利的报酬标准未作调整。

（二）对送审稿第16条修改方案的综合评论及修改建议

《专利法》第16条也被人称为"职务发明创造奖酬法条"，因为自我国诞生《专利法》以来第16条的内容一直只是涉及职务发明创造的奖励和报酬。

送审稿中拟对我国现行《专利法》第16条作出的修改方案，一是微调现有法律条文为第1款，二是新增添呼应送审稿第6条第3款的内容作为第2款。一方面是对现有的条文表述即"被授予专利权的单位应当对职务发明创造的发明人或者设计人给予奖励；发明创造专利实施后，根据其推广应用的范围和取得的经济效益，对发明人或者设计人给予合理的报酬"进行微调，拟修改成"职务发明创造被授予专利权后，单位应当对其发明人或者设计人给予奖励；发明创造专利实施后，单位应当根据其推广应用的范围和取得的经济效益，对发明人或者设计人给予合理的报酬。"其修改原因是："实践中，部分单位在申请专利之前将职务发明创造转让给其他单位，由其申请专利。在这种情况下，'被授予专利权的单位'不再是发明人或者设计人所在单位，而是受让单位。要求已经支付转让费的单位给予发明人或者设计人奖励和报酬，不具有合理性。为此，草案对该条进行了修改，规定给予发明人或设计人奖励报酬的主体是被授予专利权的发明人或设计人所在单位"①。笔者代理过类似的案件：M 跨国公司的子公司之一的中国 M 公司的研发人员 W 在华打破技术偏见形成了一项 R 发明构思，远在母国的 M 跨国公司研发人员获悉后迅速赴华会同研讨，然后返回母国进行相应实验室与工业性试验研究，W 也通过互联网积极参与，最后获得成功。再后以 M 跨国公司麾下的知识产权运营专业公司 MC 公司名义就 R 发明创造提出了 PCT 专利申请，获得了中国发明专利等；其发明人为 M 跨国公司母国的三位研发人员与 W；并在全球范围内推广应用取得了显著经济效益。而在中国被授予 R 发明专利权且推广应用获取显著经济效益的是 MC 公司，按照送审稿这一修改方案，这时应当支付给 W 以职务发明创造奖酬的义务主体应当不再是我国现行《专利法》所规定的"被授予专利权单位"即 MC 公司，而应当是中国 M 公司；而且中国 M 公司支付职务发明报酬的计算依据，似乎也只能是本公司由此"推广应用的范围和取得的经济效益"，即本公司利用 R 发明创造所获得的直接经济利益。如果这样，送审稿第 16 条第 1 款是否应该更贴切地进一步修改为："职务发明创造被授予专利权后，发明人或者设计人完成发明创造时所在单位应当对其给予奖励；发明人或者设计人完成发明创造时所在单位在其实施发明创造专利后，应当根据其推广应用的范围和取得的经济效益，对其给予合理的报酬。"

再一方面是为呼应送审稿第 6 条第 3 款的修改而新增添一段文字作为送审稿第 16 条第 2 款："单位与发明人或者设计人根据本法第 6 条第 4 款（是否应为'第 3 款'——笔者）的规定，约定发明创造申请专利的权利属于单位的，单位应当根据前款规定对发明人或者设计人给予奖励和报酬。"这一修改的前提是假设"'利用本单位物质技术条件所完成的发明创造'不再定义为职务发明或者非职

① 国家知识产权局"关于《中华人民共和国专利法修改草案（征求意见稿）》的说明"第四部分第（五）点。

务发明"，而需要在我国专利法语境下再创制一种区别于职务发明创造性质与非职务发明创造性质的"第三种"发明创造性质。如前所述，笔者认同我国专利法语境下现有的职务发明创造性质与非职务发明创造性质的二元化体系，觉得不必要也不可能新创"不再定义为职务发明或者非职务发明"的"第三种发明创造性质"，因此送审稿第 6 条第 3 款颇有画蛇添足之嫌，应当删除；那么，依托送审稿第 6 条第 3 款的该第 16 条第 2 款，也应当删除。具体理由如上所述，此处不再赘述。

（三）建议在第 16 条中增加职务发明创造奖酬"约定优先"法条

我国专利法下的职务发明创造奖酬制度之安排，经历了最初只由法律直接规定的阶段，再发展至当前的"约定优先，没有约定则适用法律直接规定"的阶段。"约定优先"原则应当是在我国《专利法》第三次修改过程中首先被确认并且写入我国《专利法实施细则》第 76 条。但"约定优先"这一我国现行职务发明创造奖酬制度之主要原则和重大规范，迄今仍然停留在《专利法实施细则》等行政法规的法律位阶上，尚未能登堂入室明确在《专利法》中。而第一次修改后于 2015 年施行的我国《促进科技成果转化法》第 45 条已经明确规定："科技成果完成单位未规定、也未与科技人员约定奖励和报酬的方式和数额的，按照下列标准对完成、转化职务科技成果作出重要贡献的人员给予奖励和报酬"。建议在送审稿第 16 条中增加职务发明创造奖酬"约定优先"的法律条款。譬如可以将现行《专利法实施细则》第 76 条第 1 款条文内容稍加修改后整体移植为《专利法》第 16 条中的一个法律条款，即将"被授予专利权的单位可以与发明人、设计人约定或者在其依法制定的规章制度中规定专利法第 16 条规定的奖励、报酬的方式和数额"的表述修改为"发明人、设计人完成职务发明创造时所在单位可以与发明人、设计人约定或者在其依法制定的规章制度中规定职务发明奖励、报酬的方式和数额",并作为《专利法》第16条"职务发明创造奖酬法条"的第2款。

在职务发明创造奖酬"约定优先"的履行过程中,可能产生争议的问题之一就是如果对职务发明创造奖酬量化数额或者计算方法的约定(包括"视同为约定"的单位规定)显失公平怎么办?由此带来的一个具体问题是遵循法律规定的"约定优先"原则与"无约定前提下的法定最低标准"之间是怎样的关系?我国现行《专利法实施细则》第76条中规定:"被授予专利权的单位可以与发明人、设计人约定或者在其依法制定的规章制度中规定专利法第16条规定的奖励、报酬的方式和数额"。第77条中规定:"被授予专利权的单位未与发明人、设计人约定也未在其依法制定的规章制度中规定专利法第16条规定的奖励的方式和数额的,应当自专利权公告之日起3个月内发给发明人或者设计人奖金。一项发明专利的奖金最低不少于3000元;一项实用新型专利或者外观设计专利的奖金最低不少于1000元。"第78条规定:"被授予专利权的单位未与发明人、设计人约定也未在其依法制定的规章制度中规定专利法第16条规定的报酬的方式和数额的,在专利权有效期限内,实施发明创造专利后,每年应当从实施该项发明或者实用新型专利的营业利润中提取不低于2%或者从实施该项外观设计专利的营业利润中提取不低于0.2%,作为报酬给予发明人或者设计人,或者参照上述比例,给予发明人或者设计人一次性报酬;被授予专利权的单位许可其他单位或者个人实施其专利的,应当从收取的使用费中提取不低于10%,作为报酬给予发明人或者设计人。"关键问题在于如依第76条进行"约定优先"的职务发明创造奖酬方案,能否极大幅度地远离根据第77条、第78条规定的"无约定前提下的法定最低标准"。一种观点认为:既然是"约定优先",也应该允许"任意约定",只要是上述约定行为,无论其约定方案比第77条、第78条规定的"无约定前提下的法定最低标准"高多少或者低多少,都受法律保护。另一种观点认为,"约定优先"只限于正当约定,如果约定显失公平,应当视为可撤销的民事行为从而产生撤销权。而显著背离第 77 条、第 78 条规定的"无约定前提下的法定最低标准"的约定结果，应当视为显失公平。譬如，第 78 条规定："被授予专利权的单位许可其他单位或者个人实施其专利的，应当从收取的使用费中提取不低于 10%，作为报酬给予发明人或者设计人。"但当事人合同约定只提取专利许可使用费的 0.5% 作为职务发明报酬而又没有任何正当理由。这种观点就认为如无正当合理理由却约定过低的"0.5% 专利许可使用费为职务发明报酬"的行为属于"显失公平"行为。进而也有人认为一般就不低于"无约定前提下的法定最低标准"的 1/2 数值内的约定，都不属于"显失公平"。笔者认为，在目前我国《专利法》规范职务发明报酬范围处于"下有保底，上不封顶"的开口模式下，当事人的约定适度偏离"无约定前提下的法定最低标准"的情况是正常且正当的，但过大偏离以致约定数值特别过低的行为仍属于涉嫌"显失公平"；对此是否可以明文规范以不低于"无约定前提下的法定最低标准"的 1/2 数值以上为正常与正当范围，超出即构成"显失公平"。当然这一量化标准的规范不必进入《专利法》，而可以考虑在《专利法实施细则》上明确规定。所以，笔者建议在送审稿第 16 条中增加一款，将现行《专利法实施细则》第 76 条第 1 款条文文字修改后移植为送审稿第 16 条："发明人、设计人完成职务发明创造时所在单位可以与发明人、设计人约定或者在其依法制定的规章制度中规定职务发明奖励、报酬的方式和数额"。随之在《专利法实施细则》第 77 条、第 78 条条文中增加涉及"显失公平"的法律条款。

（四）建议在《专利法实施细则》中明确职务发明奖酬的量化规范

综观世界各国，较少给予职务发明创造奖酬以具体的提成比例或者其他数值计算等量化规范的。譬如对职务发明报酬规范较重视的日本，也只是强化了落实职务发明创造奖酬的原则及其程序，并没有在法律层面上具体量化规定提取职务发明报酬的比例或者数额。但我国《专利法实施细则》与《促进科技成果转化法》等都已经有明确的职务发明报酬量化规范的法律条款。对于职务发明创造奖酬规范的模式选择，首先是考虑要不要量化规范？第一种选择是定性不定量，在法律层面上仅仅明确职务发明创造奖酬的原则条款，不具体量化规定提取职务发明创造奖酬的比例或者数额。第二种选择是定性又定量，在法律层面上不但明确职务发明创造奖酬的原则，而且具体量化规定提取职务发明创造奖酬的比例或者数额。第三种选择是既不定性又不定量，在法律层面上既不明确职务发明创造奖酬的原则，更不具体量化规定提取职务发明创造奖酬的比例或者数额。基于我国职务发明创造奖酬制度的历史惯性、时代需求与文化背景，也许目前我国仍然需要进一步延续与完善职务发明创造奖酬的量化规范。我国现行职务发明创造奖酬的量化规范几乎都是"下有保底，上不封顶"模式。如我国《专利法实施细则》规定了单位从职务发明创造专利的转让与许可收入税后利润中提取"不低于10%"作为报酬支付给职务发明人；又如我国《促进科技成果转化法》规定了单位从转让职务科技成果的税后利润中提取"不低于20%"奖励职务科技成果完成人及转化者；等等。鉴于职务发明创造整体形势十分复杂和个案情况各具特点，故我国职务发明创造奖酬制度的量化规定不宜过细，更不宜过死。当前我国的"下有保底，上不封顶"的量化模式有其合理性，"下有保底"体现了为保障国家利益和维护公序良俗，保障发明人合法合理权益，以法律的权威实现职务报酬的保底之下限，可以更多避免发明人有法难依或者单位有法不依，因而使得职务发明报酬制度系于空文，无法落到实处的尴尬；明确"上不封顶"，则留下了较大的个案空间，给当事人尤其给企业留有较大的自主权限。那么，"下有保底"的保底之下限究竟以多少为宜？对此我国很长时间以来"政出多门，量定各城"，各项法律与政策规定不一，国家规定与地方规定不一，各个地方之间的规定不一，亟待有机整合与统一。同时统一规范的职务报酬提取比例之保底下限标准需要考虑利益平衡和操作可行。譬如对专利许可与转让中提取职务发明报酬的比例，我国现行《专利法实施细则》规范为"不低于10%"；而这次修改前的《促进科技成果转化法》规范为"不低于20%"；但这次修改后于去年却一跃拔高至"不低于50%"；某省市最近拟出台的地方《促进科技成果转化条例》草案甚至于拟进一步拉高为"不低于70%"。我国对职务发明报酬的提取比例之保底下限的法律规范或者政策设计，一直有"过山车"痕迹，常常出现"从一个极端到另一个极端"的现象。职务发明报酬分配的法律规制需要协调与平衡发明人、单位与国家等多方相关主体之间的利益冲突、利益平衡和利益整合。法律规定其保底下限过高往往不敷合理性，缺乏操作性。[①] 笔者认为，我国第四次《专利法》修改中宜将职务发明报酬的提取比例之保底下限改为以"不低于20%"为好。考虑到我国地区发展的不平衡性，中西部等欠发达地区的地方法规或者政策规范可以沿用法律明确规定之"不低于20%"的保底之下限，而较发达地区的地方法规或者政策规范，可以根据本地区的实际需要将法律明确规定之"不低于20%"的保底之下限或有所往上调整；但也不能提升过高，以不高于30%为宜。地方法规乃至政策明文规定有"下有保底"之保底之下限的，当地企业在"优先约定"时及其执行中不要偏离其太远；但是因为"上不封顶"，企事业单位与发明人之间可以根据具体状况以及个案情况酌情提高发明人的经济待遇。由于职务发明奖酬的量化规范比较繁复，难以在我国《专利法》中详细展开并具体规范。但明确和详细的职务发明奖酬量化规范，又是我国《专利法》良性实施及其职务发明创造优化规制的必需。所以建议目前先在《专利法实施细则》中进一步明确规定和具体规范职务发明创造奖励与报酬的量化法律构架。期待在将来需要与可能的时间节

---

① 陶鑫良、张冬梅：《我国职务发明报酬现状分析及其改进探讨》，载《知识产权研究》，西安交通大学出版社2006年版。

点，在我国《专利法》层面上加入关于职务发明奖酬量化的法律规范。

（五）对送审稿第 16 条修改方案的修改建议

当前我国《专利法》第四次修改之送审稿中的第 16 条具体由两款组成，第 1 款即"职务发明创造被授予专利权后，单位应当对其发明人或者设计人给予奖励；发明创造专利实施后，单位应当根据其推广应用的范围和取得的经济效益，对发明人或者设计人给予合理的报酬"，该条款是在我国现行《专利法》第 16 条表述的基础上加以微调进行修改而成，修改的唯一内容是将职务发明创造奖酬的支付主体由现行规定的"被授予专利权人"改变为发明人所在"单位"。第 2 款即"单位与发明人或者设计人根据本法第 6 条第 4 款的规定，约定发明创造申请专利的权利属于单位的，单位应当根据前款规定对发明人或者设计人给予奖励和报酬。"此处所称第 6 条第 4 款的规定，即送审稿第 6 条中新增加的"没有约定的，申请专利的权利属于发明人或者设计人"这一段表述。笔者在前面已明确认为上述送审稿第 6 条第 4 款关于"没有约定的，申请专利的权利属于发明人或者设计人"的规定应当放弃或者删除。所以，皮之不存，毛将焉附，既然送审稿第 6 条第 4 款应当放弃或者删除，那么新增加的送审稿第 16 条第 2 款也就属于"皮之不存，毛将焉附"，同样应该放弃或者删除了。

在上述分析并且考虑将职务发明奖酬之"约定优先"原则写入《专利法》第 16 条的综合基础上，笔者建议我国《专利法》第 16 条条文修改如下：

"职务发明创造被授予专利权后，发明人或者设计人所在单位应当对其给予奖励。

发明人或者设计人所在单位实施发明创造专利后，应当根据其推广应用的范围和取得的经济效益，对其给予合理的报酬。

发明人、设计人可以与所在单位约定或者在所在单位依法制定的规章制度中规定职务发明奖励、报酬的方式和数额，但不得违反法律和显失公平。"

三、就我国《专利法》第四次修改中的三项修改建议

结合我国《专利法》第四次修改之送审稿，围绕我国《专利法》项下职务发明创造制度建设，针对其中"职务发明性质的界分及约定""职务发明创造的报酬与奖励"以及"维护非职务发明创造权益"三方面的问题，谨提出三项相关法律修改意见。

（一）对我国现行《专利法》第 6 条的修改意见

针对我国《专利法》第四次修改中的"职务发明性质的界分及约定"问题，建议将我国现行《专利法》第 6 条修改为：

"执行本单位的任务所完成的发明创造为职务发明创造。

主要利用本单位物质技术条件所完成的发明创造为职务发明创造，但发明人与其所在单位可以约定其为非职务发明创造或者约定双方共有。

职务发明创造，申请专利的权利属于该单位；申请被批准后，该单位为专利权人。非职务发明创造，申请专利的权利属于发明人或者设计人；申请被批准后，该发明人或者设计人为专利权人。"

（二）对我国现行《专利法》第 16 条的修改意见

针对我国《专利法》第四次修改中的"职务发明创造的报酬与奖励"问题，建议将我国现行《专利法》第 16 条修改为：

"职务发明创造被授予专利权后，发明人或者设计人所在单位应

当对其给予奖励。

发明人或者设计人所在单位实施发明创造专利后，应当根据其推广应用的范围和取得的经济效益，对其给予合理的报酬。

发明人、设计人可以与所在单位约定或者在所在单位依法制定的规章制度中规定职务发明奖励、报酬的方式和数额。但不得违反法律和显失公平。"

（三）对我国现行《专利法》第 7 条、第 72 条修改意见

针对我国《专利法》第四次修改中的"维护非职务发明创造权益"问题，建议不但删除我国现行《专利法》第 72 条，还应删除第 7 条。我国现行《专利法》第 7 条规定："对发明人或者设计人的非职务发明创造专利申请，任何单位或者个人不得压制。"第 72 条规定："侵夺发明人或者设计人的非职务发明创造专利申请权和本法规定的其他权益的，由所在单位或者上级主管机关给予行政处分。"也许是我国《专利法》立法初期存在着"非职务发明创造专利"亟待保护的形势，所以产生了这两条开宗明义保护"非职务发明权益"的"保护非职务发明创造"法条组合。但现在看来，"非职务发明创造专利"亟待保护的形势迄今从未出现过，今后也不会出现，法条规定严重背离当前实践情况，所以应当全面删除第 7 条和第 72 条。送审稿中已经安排要删除第 72 条。第 7 条与第 72 条是"维护非职务发明创造权益"的一对组合，现在更没有存在的必要，故建议一并删除。

挑战与回应：我国药品专利制度的未来

——以药品专利与健康权的关系为视角

王玫黎[*]　谭　畅[*]

摘　要　健康权是最基本的人权，提高药品的可及性是保障健康权的重要手段之一，也是各国的国际义务。药品专利制度垄断了专利药品的价格，提高了仿制药的行政审批门槛，阻碍了民众的药品可及性，间接地对健康权的实现起到了消极影响。美国借助 FTAs 在世界范围内推行高标准的药品专利保护，众多"超 TRIPS"标准的药品专利制度是美国 FTAs 的主要特征。这些逐渐具有国际化趋势的美式药品专利制度打破了药品专利与公共健康之间的脆弱平衡。我国面临严峻的公共健康问题，鉴于此，我们应当善用公共安全条款和强制许可条款，为保护健康权而适当放松仿制药的进口，同时简化仿制药审批流程，缩短仿制药的审批时间，努力实现药品专利与公共健康的平衡。

关键词　药品专利　健康权　药品可及性　自由贸易协定

---

　*　王玫黎，西南政法大学国际法学院教授，博士生导师；谭畅，西南政法大学国际法学院博士研究生。

近年来在世界范围内兴起的、由美国主导的自由贸易协定（以下简称FTAs）中的知识产权条款呈现明显的"超TRIPS"义务性质，为药品专利提供了比TRIPS更高标准的保护。在不少国际法学者看来，FTAs过度地强调对药品专利权的保护，甚至可能危及健康权这一基本人权的保障与实现。药品专利制度与健康权之间究竟存在怎样的关系？FTAs中典型的药品专利制度对健康权会产生怎样的影响？如何实现药品专利权与健康权的平衡？FTAs药品专利制度对我国专利法的改革有什么借鉴意义？这些问题是本文讨论的重点。

一、作为基本人权的健康权

（一）健康权的内涵和性质

第二次世界大战后，健康权作为一项最基本、最重要的普遍性人权，被明确地规定在一系列国际人权法律文件中。1946年《世界卫生组织宪章》首次从法律角度作出了"健康"的定义：

健康是指"生理、心理和社会福利方面的一种完好的状态，而不仅仅是没有疾病或虚弱的状态"。《世界人权宣言》是第二次世大战后通过的第一个基本人权文件，其中第25条首次规定了健康权是一项人人享有的基本人权，应当得到法律保障。目前关于健康权最全面的定义规定在《经济、社会及文化权利国际公约》（以下简称《经社文公约》）中：健康权是指"人人有权享有能达到的最高的体质和心理健康的标准"。此外，一些其他的国际性和地区性人权公约中也将健康权列为基本人权加以保障。① 根据《经社文公约》第12条的规定，健康权的内容主要有四个方面：一是享有母婴健康、儿童健康和生殖健康；二是享有健康的自然环境和工作环境的权利；三是享有预防、治疗和控制传染病、风土病、职业病以及其他的疾病的权利；四是在患病时能够得到适当的医疗照顾，使用医疗设施、物品和服务的权利。

健康权是最基本的人权，保障健康权是实现其他人权不可或缺的条件。应当注意的是，健康权（right to health）并不等同于"保持健康的权利"（right to be healthy）。《经社文公约》通过至今已有半个世纪，健康权的内涵不断丰富，但究其本质，健康权包含了若干相互联系的要素：第一，可得性，指国家应当为其民众提供数量充足、能够正常运作、并与国家经济发展水平相适应的公共健康和卫生保障设施、物品和服务，包括但不限于安全的饮用水、充足的卫生机构、专业的医护人员和重要的药品。第二，可接近性，指所有人都可以平等地、不受歧视地利用公共健康和卫生保障设施、物品和服务，这些设施、物品和服务在物理空间上应当容易为所有人所接触到，同时还应当表现为合理的价格。第三，可接受性，指所有的公共健康和卫生保障设施、物品和服务应当尊重医学伦理和文化适当性，例如尊重少数民族的文化，注意性别平等的要求，以及医学信息的保密性。第四，质量要求，指公共健康和卫生保障设施、物品和服务应当具备高质量，包括技术精湛的医护人员、安全有效的药品和医疗设备等。②

---

① 规定了保障健康权的国际性人权公约包括：1965年《消除一切形式种族歧视国际公约》（第5条）；1979年《消除对妇女一切形歧视公约》（第11—12条）；1989年《儿童权利公约》（第24条）；2006年《残疾人权利公约》（第25条）。规定了健康权的区域性人权公约包括：1961年《欧洲社会宪章》（第11条）；1981年《非洲人权和民族权宪章》（第16条）；1988年《关于经济、社会和文化权利的美洲人权公约附加议定书》（第10条）。

② See CESCR General Comment No. 14: The Right to the Highest Attainable Standard of Health（Art. 12），11 August 2000（Contained inDocument E/C. 12/2000/4），para. 12.

(二) 国家为实现健康权的义务

根据《关于侵犯经济、社会、文化权利行为的马斯特里赫特准则》第 6 段的规定，"与公民权利与政治权利一样，经济、社会、文化权利使得国家承担着三种不同类型的义务，即尊重的义务，保护的义务和实现的义务。"根据该准则的要求，国家对健康权承担尊重、保护和实现的义务。《经社文公约》第 2 条规定了国家为保障人权而承担的一般法律义务，包括实践义务和不歧视义务。国家的实践义务是指缔约国对于实现公约所载权利所承担的国家义务。健康权的实现较大程度上依赖于一国的经济发展状况和资源配置情况，国家在其有限的可利用资源范围内可以采取"逐步实现"的方式，通过采取慎重的、具体的、有针对性的措施和步骤，直到健康权的全面实现。① 国家的不歧视义务是指缔约国应当保障公约所载权利的普遍行使，不得对弱势群体加以歧视。不歧视和平等原则是国际人权法的基本要求，对于经济、社会、文化权利的享有至关重要，其原则之核心概念贯穿整个《经社文公约》的内容。② 缔约国应当确保消除形式上和实质上的歧视，前者是指法律、法规和政策上基于特定理由的歧视，后者是指由于历史原因而形成的延续性的歧视。③

---

① See CESCR General Comment No. 13, The Right to Education (Art. 13), 8 December 1999 (Contained in Document E/C. 12/1999/10), para. 43.

② See CESCR General Comment No. 20, Non-discrimination in Economic, Social and Cultural Rights (Art. 2, para. 2), E/C. 12/GC/20, 2 July2009, paras. 1–3.

③ See CESCR General Comment No. 20, Non-discrimination in Economic, Social and Cultural Rights (Art. 2, para. 2), E/C. 12/GC/20, 2 July2009, para. 8.

二、药品专利制度与健康权的关系

药品可及性是健康权的基本内涵之一，药品专利制度阻碍了民众的药品可及性，因此，药品专利制度间接地对健康权的实现和保护起到了消极的影响。然而，药品专利制度在一定程度上促进了医药行业的创新和发展，从某种意义上来说，药品专利制度对健康权也有积极作用。

（一）药品可及性是健康权的基本内涵之一

"药品可及性"是指通过能够负担得起的价格、持续不断地在公共和私立健康机构或药房获得药品的权利，这些健康机构或药房应当位于民众家庭的一小时路程之内。① 根据 WTO 的数据显示，迄今为止，能够正常享有药品可及性的人口数量占世界总人口的2/3，而完全不享有药品可及性的人口数量大概为 17 亿，主要集中在发展中国家。② 2001 年 4 月 23 日，联合国通过决议认定："在面对例如艾滋病等流行性疾病的情况下，药品可及性是实现每一个人享有最高可获得的生理和心理健康标准的权利的一项基础条件。"③

---

① See MDG Gap Task Force, Millennium Development Goal 8: Delivering on the Global Partnership for Achieving the MillenniumDevelopment Goals: MDG Gap Task Force Report 2008, New York: United Nations, 2008, p. 35.

② UN Millennium Project, Prescription for Healthy Development: Increasing Access to Medicines, Report of Task Force on HIV/AIDS, Malaria, TB and Access to Essential Medicines, Working Group on Access to Essential Medicines, 2005, p. 3.

③ Commission on Human Rights resolution 2001/33, Access to medication in the context of pandemics such as HIV/AIDS, UN Doc. E/CN. 4. RES/2001/33, 20 April 2001, para. 1. 该决议以 51 票赞成，0 票反对获得通过，美国是唯一一个投中立票的国家。

目前世界上至少有 135 个国家在其宪法中规定了健康权是一项基本人权,但是仅有 5 个国家在法律中明确了获得基本药品和技术手段是实现健康权的方式之一。① 尽管如此,根据国际人权法的要求,药品可及性是健康权的基本内涵之一,也是健康权的重要派生权利。② 对于民众而言,人人有权以便利的方式与合理的价格获得药品,以预防、治疗和控制疾病,实现健康权;对于国家而言,通过法律和政策保证药品的可及性,是一国政府确保公共健康、保障民众实现健康权的基本义务。

(二) 药品专利制度对药品可及性的影响

世界卫生组织将影响药品可及性的因素归纳为四种,包括:合理的选择和使用药品、可负担的药价、持续的财政以及可依赖的健康和供应体系。其中,药品价格受到知识产权,尤其是药品专利制度的决定性影响。专利制度导致药品价格维持在较高水平,不利于贫困的发展中国家民众实现药品可及性,③ 而仿制药的价格则比拥有专利权的药品价格便宜很多。④

专利制度是创新的利益驱动机制。⑤ 为鼓励制药企业的创新,新药品被 TRIPS 赋予了 20 年的专利保护期,以确保其不受竞争者的低

---

① See MDG Gap Task Force, Millennium Development Goal 8: Delivering on the Global Partnership for Achieving the MillenniumDevelopment Goals: MDG Gap Task Force Report 2008, New York: United Nations, 2008, p. 42.

② Stephen P. Marks. "Access to Essential Medicines as A Component of the Right to Health", in Andrew Clapham and Mary Robinson (eds.), *Realizing the Right to Health*, Zurich: Rüfer & Rub, 2009, pp. 82–101.

③ World Bank. *World Development Report 2000/2001, Attacking Poverty*, New York: Oxford University Press, 2001, p. 184.

④ Jayashree Watal. "Workshop on Differential Pricing and Financing of Essential Drugs", 2001, p. 14. https://www.wto.org/english/tratop_ e/trips_ e/wto_ background_ e.pdf, last visited on 1 January 2017.

⑤ 邵培樟:《实施创新驱动发展战略的专利制度回应》,载《知识产权》2014 年第 3 期,第 85—86 页。

价竞争。① TRIPS 得到了拥有大量专利权的发达国家拥护的同时，也遭到了原来不提供专利保护或仅提供低程度专利保护的发展中国家的反对。最终，发展中国家经过妥协接受了 TRIPS。TRIPS 在全球范围内设立了药品专利保护的最低国际标准，药品专利为创新药生产企业提供了在一定期限内合法垄断市场的地位，寡头垄断导致了药品市场竞争的缺失，药品价格被抬升至发展中国家普通民众难以接受的价位。②

（三）药品专利制度与健康权的关系

一方面，药品专利制度与健康权和公共健康存在矛盾和冲突。药品可及性与健康权保护之间呈现正相关的关系，药品专利制度由于提高了药品价格而阻碍了药品可及性，则其对健康权亦会产生消极作用。为了平衡 TRIPS 中药品专利权与健康权之间的矛盾关系，2001 年 11 月，WTO 第四次部长会议通过了《关于 TRIPS 与公共健康的宣言》（以下简称《多哈宣言》）。《多哈宣言》明确了公共健康保护优先于知识产权保护，TRIPS 的解读和适用应当促进各国的公共健康，特别是促进药品的可及性，TRIPS 不能、也不应当阻碍成员方采取措施来保护公共健康，特别是保障民众的药品可及性。③ 但是我们应当客观认识到，《多哈宣言》既不是 TRIPS 的修正案，也不是 TRIPS 的解释，而只是一份政治宣言，④ 其适用性与拘束

---

① 由于药品的研发具有难度高、周期长、投资大等特点，加上药品研发过程中大量的"沉没成本"（sunk costs），新药品的研发成本非常高。

② Kerry Williams. Pharmaceutical Price Regulation, *South African Journal of Human Rights*, Vol. 23, No. 1, 2007, p. 7.

③ See Declaration on TRIPS Agreement and Public Health, WT/MIN（01）/DEC/2, 20 November 2001, paras. 3-5.

④ See Steve Charnovits. The Legal Status of The DOHA Declaration. *Journal of International Economic Law*, Vol. 5, No. 1, March 2002, p. 207.

力并没有强制效果。① 而且，《多哈宣言》也没有彻底解决 TRIPS 与公共健康保护之间的根本矛盾。②

另一方面，从长远看来，药品专利制度促进了健康权和公共健康的保护。依照激励理论，如果个人的智力创造性成果受到法律的保护，这将激发智力创造者进行这样的创造，社会将从中获益。③ 专利制度是一项着眼于长远的制度，保护专利权的目的在于对未来创造的激励，而不仅仅考虑眼前的经济利益。④ 药品专利制度促进了医药行业的创新和发展，这对于攻克疾病、实现人类的长远健康而言是有益的。⑤ 授予新药研发者药品专利权，不仅在于回报其付出的创造性劳动和成本，更重要的是鼓励其服务于公共利益和促进科学技术进步的行为。这也是虽然药品专利制度在短期内对健康权产生了一定的负面影响，却仍然得到了全世界的广泛认可和接受的主要原因。

三、美国 FTAs 药品专利制度与健康权的冲突

近年来，美国主导的 FTAs 中的知识产权条款均体现了明显的

① 也有学者认为，虽然《多哈宣言》没有法律拘束力，它仍然构成一个具有实质性劝告效力的软法（soft law），能够对各国政府和国际社会施加政治压力。See James Thuo Gathii. The Legal Status of the DOHA Declaration on TRIPS and Public Health under the Vienna-Convention on the Law of Treaties, *Harvard Journal of Law & Technology*, Vol. 15, No. 2, 2002, p. 314.

② 周俊强：《与公共健康危机有关的知识产权国际保护》，载《中国法学》2005 年第 1 期，第 115 页。

③ 冯晓青：《知识产权法哲学》，中国人民公安大学出版社 2003 年版，第 192 页。

④ 陈文煊：《专利权的边界——权利要求的文义解释与保护范围的政策调整》，知识产权出版社 2014 年版，第 291—292 页。

⑤ 药品是一种针对性强、替代性差的商品，而人类的疾病谱正在发生不断的变化，只有不断研发新药对抗新的疾病，才能保证人类的生息繁衍。袁红梅、金泉源：《药品知识产权全攻略》，中国医药科技出版社 2013 年版，第 10—11 页。

"超 TRIPS"义务性质，规定了比 TRIPS 的保护要求更高的保护标准。美国认为，只有提供比多边框架下的知识产权保护更高标准的区域谈判才有意义。①

（一）美国 FTAs 中的药品专利制度

美国 FTAs 的发展经历大致经历了两个阶段：TRIPS 签订之前的《北美自由贸易协定》，对药品专利的保护水平与 TRIPS 相似；TRIPS 签订之后，美国将其国内法中"超 TRIPS"义务性质的药品专利制度通过 FTAs 的方式向其他国家推广。《跨太平洋伙伴关系协定》（以下简称 TPP）是历年来美国为知识产权设立最高标准保护水平的 FTAs，它延续了美国 FTAs 中呈现的三项"超 TRIPS"义务的制度。

第一，药品专利保护期限补偿制度。TRIPS 规定的专利保护期限最长为 20 年，自提交专利申请之日起算。而 TPP 第 18.48 条第 2 款则明确要求缔约国在 TRIPS 规定的 20 年专利权期限之外延长一定的时间，作为对专利权人获得专利授权以及药品销售许可过程中不合理延误的补偿，该条款的规定实际上是延长了药品专利权的保护期限。

第二，药品未公开试验数据的独占性保护制度。TPP 第 18.50 条和第 18.51 条规定，普通药品安全和效用的未公开试验数据或其他数据的保护期限为 5 年，若涉及有生物制剂，则保护期应当不少于 8 年。TRIPS 仅保护"经过相当努力"获取的化学药品试验数据，TPP 则扩大了保护范围，将与药品相关的所有数据予以保护，并且对生物制剂给予更长期限的排他性保护。

第三，药品专利的"专利链接"制度。TPP 第 18.53 条药品专

① David Vivas-Eugui, "Regional and Bilateral Agreements and A TRIPS-Plus World：The Free Trade Area of the Americas (FTAA)", TRIPSIssues Papers No. 1, Quaker United Nations Office, August 2003, p. 5. http://www.quno.org/sites/default/files/resources/FTAs-TRIPS-plus-English.pdf, last visited on 1 January 2017.

利的"专利链接"制度规定，在新药的销售许可申请过程中，如果缔约国允许申请人可以利用已获得专利授权之药品的安全与效用信息作为申请证据，那么该缔约国应当在该新药获得销售许可之前主动通知或以其他方式告知专利权人此种情况，缔约国同时应当提供充足的时间和机会让专利权人在可能侵权的新药的销售之前通过司法或行政手段获得救济。此外，在未获得专利权人同意或默许的情况下，对于受到专利权保护的药品，缔约国应当拒绝向任何第三人颁发销售许可。

（二）美国 FTAs 的药品专利制度对药品可及性的影响

与 TRIPS 相比较，以 TPP 为代表的美国 FTAs 的药品知识产权条款在数量、规制范围和保护水平上均呈现扩张之势。这种药品专利制度具有明显的产业导向性，其高强度的专利保护重点在于维护制药企业的利益，这不但无益于药品价格的合理竞争与产量的持续供应，还可能障碍世界各国，尤其是发展中国家缔约国为提高公众健康水平所作出的努力。[1]

第一，TPP 中的专利保护期限补偿制度延长了仿制药进入市场的时间。药品销售审批程序使得专利药品的专利保护期限的起算日期要早于药品上市销售的日期，因此，药品专利的有效保护期限实际上短于法定的保护期限。药品专利期限届满后，仿制药的上市销售同样需要履行审批程序。因此，药品专利权人获得了专利期限届满与仿制药上市销售之间的专利独占期间，弥补了药品专利权人损失的专利有效保护期间。但是 Bolar 例外使得药品专利权人的专利独占期被仿制药所侵蚀，为了补偿专利权人因专利药品销售审批程序造成有效专利权期限不合理的缩短，诞生了专利保护期限补偿

---

① 谢青轶：《〈跨太平洋伙伴关系协定〉（TPP）的专利条款研究》，载《知识产权》2016 年第 1 期，第 131 页。

制度。①

专利保护期限补偿制度虽然在一定程度上保护了药品专利权人的利益，但其不利影响也是显而易见的：对缔约国而言，这项规定可能迫使各缔约国将药品专利权的批准速度置于首要位置，而忽略药品安全性和专利有效性这些更加重要的问题；对缔约国的制药企业而言，这项规定在一定程度上对其他原研药企业的技术创新产生负面影响；对缔约国的民众而言，这项规定使得药品专利在事实上拥有了更长的保护期，延迟了仿制药品的销售时间，提高了民众的医疗成本，影响到民众的药品可及性。

第二，TPP 为新药未公开试验数据进行独占性保护，提高了仿制药品的制造门槛。为了确保新药的安全、质量和药效，制药企业必须在新药研发阶段进行大量试验，并将试验数据提交给专利机关和药品注册机构以获得药品专利权与销售许可。一般来说，当第三人为相同或相似的药品申请销售许可时，可以借鉴使用这些试验数据，而无须重新进行同样的临床试验。规定药品的数据排他性的目的在于禁止其他制药企业于一定时间内就相同效果成分的药品提出新药上市许可申请，以保护专利制药企业申请上市许可时提出的试验数据。② 在这一制度下，即使某一药品在缔约国未获得专利，相关的临床试验数据仍将获得 5—8 年的排他性保护，这给仿制药的生产和销售设置了额外障碍，不利于仿制药行业的发展。

第三，TPP 中的药品专利"专利链接"制度，将药品的批准注册和销售许可与专利授权和专利效力相挂钩，是知识产权领域的新发展。③ "专利链接"制度使得药品专利权人可以利用国家公权力来保障自己的专利垄断地位，甚至可以阻止药品注册机构和专利机关

---

① 罗军：《专利权限制研究》，知识产权出版社 2015 年版，第 168 页。

② 张磊、夏纬：《TPP 生物药品数据保护条款研究》，载《知识产权》2016 年第 5 期，第 117 页。

③ 张建邦：《议题挂钩谈判及其在知识产权领域的运用和发展》，载《政治与法律》2008 年第 2 期，第 103 页。

授予第三人药品销售许可或药品专利权，这项制度使得药品专利权人可以不断挑战和延缓仿制药的上市，加上与前两项制度相互作用，药品专利权人将获得时间更长且排他性更强的垄断权，市场地位得到进一步的巩固，延迟了仿制药企业的竞争。

（三）美国 FTAs 对保障健康权和公共健康的阻碍

TRIPS 的灵活性条款和《多哈宣言》实现了药品专利权人与民众健康权和公共健康之间的基本平衡。TPP 基本上沿用了 TRIPS 中限制专利权的例外性规定，另外，TPP 还移植了《多哈宣言》中关于公共健康保护的灵活性条款，单独设置了一个"公共健康条款"，即第 18.6 条"关于公共健康措施的谅解"。虽然 TPP 以单独条款的形式明确了缔约国对公共健康保护的义务，但是相较于 TPP 中数量众多、制度性义务明确的"超 TRIPS"性质药品专利条款，TPP "公共健康条款"的设计有明显的缺陷，其规定过于原则性和笼统化，难以在具体条款中作为例外规定加以适用，也可能使得发达国家与发展中国家在解释和适用的过程中产生不可调和的分歧。[1] 此外，TPP 框架下缺乏能够有效执行公共健康安排的设计，"公共健康条款"实质上沦为一纸空文，形式意义大于实际功效。[2]

总的来说，TPP 框架下的药品专利制度的"超 TRIPS"性质与宣示性质的"公共健康条款"之间难以维持平衡，TRIPS 和《多哈宣言》创设的药品专利权与公共健康保护之间的脆弱平衡关系已经被打破。全球知识产权保护水平随着"棘轮效应"的作用而不断提高。[3] TPP 中关于药品专利的"超 TRIPS"规则可能被当作今后

---

[1] 范文舟：《试论 WTO 的药品知识产权保护对健康权的影响》，载《河北法学》2014 年第 9 期，第 95 页。

[2] 陈瑶：《论美国 TPP 药品知识产权建议条款对公共健康之反作用——与 TRIPS 之比较》，载《国际经济法学刊》2014 年第 1 期，第 237 页。

[3] 杨静、朱雪忠：《中国自由贸易协定知识产权范本建设研究——以应对 TRIPS-plus 扩张为视角》，载《现代法学》2013 年第 2 期，第 150 页。

FTAs 谈判的模仿对象和新的起点，① 对世界各国的药品专利制度产生实质性的影响。②

四、我国药品专利制度的改革路径

截至目前，我国与其他国家和地区签署的 12 个 FTAs 中均没有关于药品专利权的具体制度。③ 与美国 FTAs 相比，我国 FTAs 中的知识产权制度体例上零散，内容简单。未来我国进一步发展 FTAs 的全球战略时，不可避免地会受到美国 FTAs 中"超 TRIPS"性质的药品专利规则的压力。因此，我国应当积极适应药品专利和药品数据日益严格保护的国际趋势，同时对现有制度及其适用进行改革，构建与我国国情相适应的药品专利制度。

（一）善用公共安全条款和强制许可条款

我国的知识产权法律体系对药品专利的强制许可授权有着明确的规定，④ 但是迄今为止，我国尚未正式批准任何的药品强制许可。首次将我国药品专利实施强制许可问题推到公众面前的是 2005 年的

---

① 梁志文：《美国自由贸易协定中药品 TRIPS-Plus 保护》，载《比较法研究》2014年第 1 期，第 134 页。

② 有学者认为，FTA 具有的连锁效应、集合效应、压制效应、模仿效应、解释效应和服从效应使得发达国家可以利用其推行"超 TRIPS"条款的国际化。李顺德：《自由贸易协定（FTA）与知识产权国际环境》，载《知识产权》2013 年第 10 期，第 22 页。

③ 中国 FTA 中有 7 个在强调应当平衡知识产权与公共健康之间的关系，除了最近签订的《中国—澳大利亚自由贸易协定》，明确规定"可以采取适当措施，保护公共健康和营养"之外，其余 6 个 FTA 只不过原则性地提及了《多哈宣言》。

④ 我国《专利法》和《专利实施强制许可办法》均明确规定了专利实施的强制许可制度，《涉及公共健康问题的专利实施强制许可办法》和《关于印发中国癌症防治三年行动计划（2015—2017 年）的通知》等行政规章中，也规定了在公共健康危机爆发时，通过利用专利实施强制许可制度提高药物可及性的可行性。

禽流感事件。在此次事件中，虽然广州白云山制药厂的专利强制许可申请未获得批准，但是该行动已经迫使药品专利权人作出授权仿制药的让步，药品供求关系恢复平衡，药品价格有所降低，这对于我国民众而言仍然是有益的。

专利权的强制许可不仅能够刺激药品价格下降，而且对实现健康权和公共健康具有重要的现实意义，还能保证专利权人获得适当的补偿，是一种平衡专利权人利益与社会公众利益的机制。此外，专利权的强制许可还具有对药品专利权人的威慑作用。事实已经证明，即便是威胁颁布药品专利权的强制许可，也可能达到与实际批准药品专利权的强制许可的类似效果。然而，药品专利的强制许可制度作为专利权的限制，应当严格控制其适用。若是单纯为降低药品价格而授权药品专利的强制许可，不但可能损害正常的市场秩序，还可能对整个社会造成更为深远的负面影响。[①]

结合近年来我国遭遇 SARS 和禽流感等严重流行性疾病袭击的现实，并考虑到将来类似流行性疾病或慢性病导致我国出现突发公共健康危机的可能性，我国应当从法律上做好预防性应对策略，如修改《专利法》或出台其他法律、法规，以明确在面对公共健康危机时，药品专利强制许可制度的适用情形和条件等问题，并从可操作性方面细化我国强制许可申请的理由和程序，[②] 使得我国的药品专利强制许可制度成为兼具威慑力和可操作性的策略和手段，在保障专利权人权利的同时，兼顾社会公共利益的需要。

（二）为保护健康权而适当"松绑"仿制药的进口

被称为"世界药房"的印度有着十分发达的仿制药产业，美国的昂贵专利药品一经上市，印度制药企业在印度专利法律的保护下，

---

① 刘强：《交易成本视野下的专利强制许可》，知识产权出版社 2010 年版，第 341 页。

② 文希凯：《印度授予第一例药物专利强制许可的启示》，载《中国发明与专利》2013 年第 3 期，第 86—87 页。

通过"反向工程"仿制同类产品。这些安全性和疗效几乎完全一致但价格却相对便宜的仿制药除了在印度市场合法销售，还被许多国际人道组织采购后用于对贫困和战乱地区的医疗救助项目。

我国是一个面临诸多公共健康问题挑战的国家，流行病与慢性病已经严重影响了我国民众的健康权，成为我国公共健康的隐患。然而，治疗这些疾病的药品的专利权几乎完全掌握在欧美制药企业手中，即使是授权仿制药的价格仍然难以为普通民众所接受。面对高昂的治疗费用，越来越多的中国人选择到印度购买仿制药，或者通过中介代购印度的仿制药。

根据 TRIPS 的规定，仿制药的国际贸易应当为"合法"的贸易。由于专利权存在地域性的问题，只有当仿制药在出口国和进口国均为合法药品时，其贸易行为才能被认为是合法行为。从外国流入我国的仿制药分为两种：一种是仿制药在其生产国被认为是非法的情况，我国《专利法》规定将违反专利权的仿制药进口到我国的行为构成专利权侵权，因此，对于这种情况我国应该予以禁止。另一种是仿制药在其生产国被认为是合法的情况。权利用尽的国际性原则是平行进口的合法性基础，[1] 我国《专利法》规定了专利权国际穷竭，即将已经出售的专利产品进口至中国的情况不属于侵犯专利权的行为。因此，在第二种情况下，进口外国合法生产的仿制药并不侵犯中国境内专利药品的专利权。尽管如此，药品的平行进口仅化解了专利法上的问题，这种没有获得国家批文的进口仿制药不是"合法"药品，[2] 对其进行销售不但违反药品行政管理规定，严重者还可能构成犯罪。[3]

根据 2014 年 11 月最高人民法院与最高人民检察院联合发布的

---

① 李双元、李欢：《公共健康危机所引起的药品可及性问题研究》，载《中国法学》2004 年第 6 期，第 83 页。

② 根据《药品管理法》的规定，任何药品在我国上市销售之前必须办理注册手续，并取得批准文号。

③ 2014 年，被称为"仿制药代购第一人"的陆勇被湖南沅江市检察院以涉嫌销售假药罪起诉，后因检察院主动撤诉而被释放。

《关于办理危害药品安全刑事案件适用法律若干问题的解释》，"销售少量未经批准进口的国外、境外药品，没有造成他人伤害后果或者延误诊治，情节显著轻微危害不大的，不认为是犯罪。"该解释被认为对少量代购他国的合法仿制药的行为"开绿灯"，但是仍然没有解决仿制药批量进口和销售的问题。出于保护民众健康权和维护公共健康的需要，我国可以考虑在限制药品种类和销售价格的前提下，适当扩大合法仿制药的进口规模。

（三）简化仿制药审批流程，缩短仿制药的上市时间

在我国，创新药从递交临床申报材料到拿到许可批件大概需要18个月，[①] 仿制药从递交临床申报材料到拿到上市批件的时间长达6至8年，冗长的审批流程造成大量仿制药审批申请的积压。[②] 行政审批过程花费时间过长，阻滞了价格低廉的仿制药的销售，影响了民众的药品可及性。

我国仿制药的审批程序为"两报两批"，即先申请临床审批，获准后再申请上市审批。在临床审批阶段，除了三期临床试验之外，仿制药还需要增加一项"生物等效性试验"。我国作为仿制药大国，市场上销售的药品中仿制药所占比重约为96%。然而，我国的仿制药质量却一直不如原研药。2007年新修订的《药品注册管理办法》将提高仿制药的品质作为仿制药注册审批的总目标，强调了"仿制药要同"的核心要素。[③] "生物等效性试验"的目的在于验证仿制药与被仿原研药是否生物等效，进而确认仿制药是否具有临床可替代

① 赵永新、吴月辉：《创新药临床审批为何这么慢?》，载《人民日报》2015年8月10日。

② 赵永新等：《仿制药审批太难了!》，载《人民日报》2015年8月17日。

③ "仿制药要同"是指，仿制药与被仿制药具有同样的活性成分、给药途径、剂型、规格，相同的品质，相同的体内代谢和作用过程，进而具有相同的临床疗效。张宁、平其能：《对建立我国仿制药注册审批按理配套制度的探讨》，载《中国新药杂志》2010年第11期，第921页。

性，是否达到审批要求。① 这项试验对仿制药的安全性没有影响，而只是考虑到我国仿制药制药水平良莠不齐，出于"仿制药要同"的要求而设定的质量要求。鉴于我国仿制药审批时间过长的问题，有专家建议放开"生物等效性试验"审批，将仿制药审批改为"一报一批"，即由制药企业提交生物等效性试验数据后直接申请上市，药监部门一旦认定数据不合格则直接取消其上市资格。这种方法可以大大缩短仿制药的审批时间，提高仿制药的审批效率，加速仿制药的上市，有益于民众公共福祉的实现。

---

① 张玉琥：《药品注册生物等效性试验中常见问题分析》，载《中国新药杂志》2011年第1期，第14页。

标准必要专利许可费司法定价之惑

马海生[*][**]

摘　要　标准必要专利许可费是 FRAND 原则的核心问题之一，也是当事人争议的焦点。影响专利许可费计算的因素比较复杂。专利价值评估理论虽然有不同的评估方法对专利价值进行定量评估，但尚没有公认的有效方法，评估结果也多不被认可。专利标准化加强了专利价值、专利许可费计算的复杂性。因此法院难以认定出符合 FRAND 原则的专利许可费。单许可费争议在合同法上不具有可诉性。反垄断之诉、强制许可均不会导致由法院裁定专利许可费。法院"以最低费率为准"裁定许可费有可能不符合 FRAND 原则，也有可能损害专利权人的正当利益。

关键词　标准必要专利　许可费　司法定价

---

[*]　马海生，法学博士，西南政法大学副教授。

[**]　调查统计分析，可参阅：马海生，《专利许可的原则：公平、合理、无歧视许可研究》，法律出版社 2010 年版。鉴于对 FRAND 模糊性的质疑，有些标准化组织已经修改了其专利政策，开始具体化 FRAND 的内涵。可参阅：http://patentlyo.com/patent/2015/02/amends-patent-policy.html。

引　言

自从产业界为解决专利标准化后可能出现的专利权人滥用技术标准给自己带来的强势地位问题，提出了公平、合理、无歧视（Fair, Reasonable and Nondiscriminatory, FRAND）专利许可的基本原则。其内涵的模糊性就具备了"迷人的困惑"。因其模糊，且符合人类本能的正义理念，公平、合理、无歧视许可原则迅速得到了产业界和理论界的公认，例如几十家标准化组织早早就接受了该原则，理论上也未见有人明确反对该原则。这种模糊性对 FRAND 原则在产业界的推广功莫大焉，因而对于指导标准必要专利的许可实践间接起到了作用。因其模糊，对于什么是 FRAND 许可没有任何明确的解释，又妨碍了公平、合理、无歧视原则在标准专利许可中功用的发挥，甚者已经导致了几场诉讼纠纷及反垄断执法案的发生。

在所有的争议当中，价格是核心问题、终极问题。除非蓄意地拒绝许可（技术实施方也有可能蓄意地拒绝接受专利许可），标准必要专利的权利人和实施方各种谈判条件最终都会归结为："多少钱"。

因此，相关学术理论、有关纠纷案件，标准必要专利许可费的数额都是探讨的焦点问题之一。它的重要性还体现在立法上。2015年《中华人民共和国专利法修订草案（送审稿）》第82条规定，参与国家标准制定的专利权人与标准的实施者不能达成专利许可使用费协议的，由地方人民政府专利行政部门裁决。《最高人民法院关于审理侵犯专利权纠纷案件应用法律若干问题的解释（二）》[①]第24条规定，推荐性国家、行业或者地方标准明示所涉必要专利的信息，经专利权人、被诉侵权人充分协商，仍无法就该专利的实施许

---

① 该司法解释实际具有立法的性质。

可条件达成一致的，可以请求人民法院确定。从该司法解释给出的考量"许可条件"的因素①看，许可费无疑是"许可条件"的核心。

从结果角度考察，由司法认定标准必要专利许可费，最终是要给出一个确定的许可费（率）数额，并推定这就是对当事人双方而言公平的、合理的、无歧视的许可费数额。

本文提出的疑问是，由法院或者行政部门②裁定的许可费（率），真的是公平的、合理的、无歧视的许可费（率）吗？

一、标准必要专利性许可费影响因素的复杂性

（一）专利许可费影响因素的复杂性

专利许可费就是专利实施方愿意为专利技术实施行为所支付的且专利权人愿意接受的对价，也近似于③是双方为标的专利定价。影响普通专利许可的许可费或者是专利价值的因素，通常对于标准必要专利许可费的确定也有影响。

---

① 综合考虑专利的创新程度及其在标准中的作用、标准所属的技术领域、标准的性质、标准实施的范围和相关的许可条件等因素。

② 即使裁决由专利行政部门作出，其性质也是准司法行为，而不是行政机关的行政管理行为。故下文讨论中统一以司法认定标准必要专利性许可费行为为研究对象。

③ 之所以是"近似于"，是因为从文义理解，专利的价值应该是专利权的全部价值，亦即转让的价值。但在专利许可中，被许可人众多（至少不确定），即使是独占许可或排他许可，被许可人也不享有专利权。因而专利许可的许可费，逻辑上的数额应该是少于专利转让的数额——专利权的全部价值。本文所谓"近似于"是从方法论角度言说，不是指两者的价值数额近似。研究中也发现，在专利价值评估中，名曰评估"专利价值"，实际上会考虑专利许可状况。可见，也未严格在语义上区分专利价值与专利许可价值。可能是因为两者的高度相关性，或者在实际许可中评估专利价值时，不言而明的是评估本许可的价值。基于前述方法论上的共通性，本文对于专利许可费确定的影响因素与专利价值确定的影响因素作同一考虑。

确定专利许可费所需要考虑的因素，亦是影响专利价值的因素，在司法实践及专利价值评估理论中，都得到了总结。

1. 司法实践中总结的影响专利许可费的因素——美国的经验

直接因许可费争议产生的司法诉讼案例极少①，法院处理的涉及专利价值的案件多是侵权案件引发的损害赔偿计算问题。在我国《专利法》中，"专利许可使用费的倍数"是侵权损害赔偿数额的法定第三顺位计算方式。但是，实践中专利侵权损害赔偿数额多是以法院酌定的方式确定，尚难以从判例中总结出我国法院确定专利许可使用费的方式。

美国《专利法》第 284 条规定：法院应判给原告足以补偿所受侵害的赔偿金，其不得少于合理的许可费。在美国，合理许可费方法（reasonable royalty）是专利侵权诉讼中计算损害赔偿的最主要方式。②是故，美国法院判例总结出了在专利侵权诉讼中确定侵权赔偿数额时假定当事人进行许可谈判时确定合理的专利许可使用费的方法，可供我们借鉴。

在美国判例中，影响最大的专利许可费计算判例是 Georgia - Pacific Corp. v. United States Plywood Corp. 案③，该案总结了 15 项在假定谈判中应考虑的因素。分别为：（1）专利权人对涉案专利曾收取的许可费数额；（2）被许可人为使用与涉案专利具有可比较性的其他专利所支付的许可费；（3）许可的性质和范围；（4）专利权人

---

① 笔者经查询"中国裁判文书网"，发现刊登的案由为"专利实施许可合同纠纷"的判决案件，皆是因为合同履行所引发，未发现因当事人双方不能达成许可费数额而起的争讼。

② 在美国的地方法院中，从 1990 年到 2004 年，超过 60% 的专利侵权损害赔偿是基于合理使用费方法计算得出的，另外，15.1% 的专利损害赔偿计算同时使用合理使用费方法和所失利润方法；而从 2002 年到 2009 年，约有 80% 的专利侵权损害赔偿案件使用了合理使用费方法，相比 1990 年到 2004 年的 75% 有所上升。阮开欣：《解读美国专利侵权损害赔偿计算中的合理许可费方法》，载《中国发明与专利》2012 年第 7 期，第 64 页。

③ Georgia - Pacific Corp. v. United States Plywood Corp., 318 F. Supp. 1116, 166 U. S. P. Q. （BNA) 235 (S. D. N. Y. 1970).

通过拒绝许可他人来维持专利垄断或者为许可设置特殊的条件来保护这种垄断的既定政策和营销安排；（5）许可人与被许可人之间的商业关系；（6）销售专利产品对被许可人的其他产品的促销效果，该发明对许可人在销售其他未受专利保护产品时的帮助效果；（7）涉案专利的有效期和许可期限；（8）生产专利产品的现行获利能力；其商业上的成功；当前的市场普及率；（9）涉案专利相对于类似的旧模式或设备的作用和优势；（10）涉案专利技术的性质；（11）有关侵权人使用涉案专利的程度，以及可证实的使用价值的证据；（12）使用涉案专利技术或相类似技术在特定行业或类似行业中惯用的产品售价或利润上占有的比重；（13）涉案专利实现的利润；（14）具有资格的专家的证言；（15）如果许可人和被许可人理性、自愿地协商，在侵权发生之时可能达成的许可费。

前述 15 项因素比较详尽，然而其适用必然面临如下问题：

第一，各因素影响因子的不确定性。适用 15 项因素判断许可费数额，在不同的个案中，15 项因素所起的作用是否相同？答案必然是否定的。甚至，在不同案件中，有些因素不存在，例如（1）、（2）、（4）、（6）、（11）、（13）、（14）诸项就未必在每个案件中都存在。在不同的案件中，考虑哪些因素，不考虑哪些因素，因素之间的比例关系如何都不可能一致。即使在一个案件中，15 项因素各自的影响因子调整后，许可费认定的结果也会不同。在个案中该如何确定 15 项因素的影响因子，也是一个极难的问题。考虑的因素越多，越难以解决前述问题，越可能违反"奥卡姆剃刀原理"①，可操作性及操作效果越值得担忧。

第二，可比性问题。第（1）项因素是以专利权人对涉案专利曾收取的专利许可费对比本次许可，这是一种纵向（时间上）的对比。第（2）项是以被许可人为其他专利所支付的许可费，这是一种横向（专利间）的对比。对比的前提是比较的对象具有可比性。但专利的

---

① 即"简单有效原理"，"如无必要，勿增实体"。

性质恰恰给可比性带来挑战。技术方案能够获得专利权的前提是具备新颖性、创造性，与现有技术比较具有非显而易见性的区别。这就给涉案专利与其他技术间的可比性判断带来困难。技术之间当然可能具有可替代性，但可比性与可替代性是不同的性质。可替代性并不仅仅考虑技术间的相似性，价格（成本）本身就是重要的考虑因素——原因因素。许可费确定中的技术可比性，价格却是结果因素。技术方案获得专利权以后，法律赋予的独占权因素对可比性也有影响。尤其是在不同的国家间，专利保护范围、保护强度存在差异，这种差异会对同一专利技术的实施结果产生影响。即使在一国内部，专利保护结果随着保护期的变化也会不同。更重要的是，即使是同一项专利技术的许可，被许可人不同，许可的市场、产品、实施量、预期也会不同，这些都会影响许可费。寻求这些前提条件皆基本一致的比较对象很困难。忽略掉某些"次要"因素，可以扩大可比对象的范围，但忽略某些因素的科学性又值得怀疑。

第三，定性而不定量。在个案中法官需要回答当事人：应付多少许可费/赔偿金。15 项因素只能是从"定性"的角度，给出确定许可费数额的参考。每个因素运用到个案之中，各能够产生多少许可费数额或比率？各因素加权之后，又能产生多少许可费数额或比率？显然，15 项因素无法从"定量"的角度帮助法官确定具体案件的许可费（率）。从"定性"到"定量"的跳跃是如何产生的，15 项因素本身难以给出答案。

2. 专利价值评估理论存在的问题。

在会计学、管理学领域，形成了系统的专利价值评估理论。重点包括专利价值影响因素、专利价值评估方法。

（1）专利价值影响因素方面的问题。

根据专利价值评估理论学者的研究，专利价值影响因素包括技术因素、法律因素和经济因素。技术因素包括先进性、行业发展趋势、使用范围、配套技术依存度、可替代性、成熟度；法律因素包括稳定性、不可规避性，专利侵权可判断性、有效期、多国申请、专利许可状况、依赖性；经济因素包括市场应用情况、市场前景规模、市场占有率、竞争情况、政策适应性。[①]

前面分析 Georgia-Pacific Corp. v. United States Plywood Corp. 案的 15 项因素时指出的缺陷，对上述因素也不同程度的存在，不再赘述。此外，专利价值评估理论构建评估体系，会为每个因素的影响力赋值，才能进行下一步的评估。例如，一篇研究文献对其总结的专利价值评估指标赋值如表 1 所示：

表 1　专利价值评估指标

一级指标	二级指标	三级指标
专利价值（1）	专利技术价值（0.4）	技术含量（0.15） 技术生命周期（0.15） 专利引证次数（0.1）
	专利经济价值（0.2）	同类专利市场价格（0.05） 专利实施概率（0.08） 剩余有效期（0.07）
	专利战略价值（0.4）	专利家族数（0.1） 专利贡献（0.15） 专利后续价值（0.15）

资料来源：王珊珊、王宏起、李力：《技术标准联盟的专利价值评估体系与专利筛选规则》，载《科技与管理》2015 年第 1 期，第 2 页。

每个因素的赋值只可能来自于经验和研究者对于某项（些）因素的偏好。这种赋值是否准确是一个既难以证实也难以证伪的问题，因为缺乏可比性。即使从事后看按照这个评估体系的确定的专利价

[①] 国家知识产权局专利管理司、中国技术交易所：《专利价值分析指标体系操作手册》，知识产权出版社 2012 年版。

值高了或低了或恰如其分，也无法知道是某项或全部的影响因素赋值准确导致，还是有偏离有准确但在整体上达到了最终的评估数值。因此，赋值会影响最终专利价值评估值，但难以说赋值是科学的。对于不同的专利、不同的市场、不同的许可条件，是否都应按照同一标准赋值是个不易回答的问题。如果 Georgia–Pacific Corp. v. United States Plywood Corp. 案确定的 15 项因素也按这种方式赋值，前述问题也会存在。

（2）专利价值评估方法方面的问题。

在专利价值评估理论和实践中，评估方法主要包括成本法、收益现值法、市场比较法、实物期权法等。

成本法主要基于专利技术的成本来确定专利价值。自创专利资产成本一般由研发成本、专利申请及维持费用以及交易成本构成。外购专利资产成本常使用重置成本法。在评估资产时按重置成本估价标准，以被评估资产的现行重置成本减去资产的损耗或贬值等因素，从而确定被评估资产价格。[①]成本法计算简单，数据来源相对可靠。然而，专利的价值并不能由其成本直接决定。成本法没有考虑专利技术所带来的预期收益，故往往会低估专利的价值，而且无形损耗测算复杂，难以准确计算。[②]

收益现值法是指通过估算被评估资产的未来预期收益并折算成现值，借以确定被评估资产价格的一种资产评估方法。[③]收益现值法虽然能更全面地考量影响专利价值的因素，在一定程度上兼顾了买卖双方的市场预期和价值判断，然而，预期收益额的预测难度较大，

---

① 程文婷：《专利资产的价值评估》，载《电子知识产权》2011 年第 8 期，第 76 页。

② 杨思思、戴磊：《专利价值评估方法研究概述》，载《电子知识产权》2016 年第 9 期，第 79 页。

③ 程文婷：《专利资产的价值评估》，载《电子知识产权》2011 年第 8 期，第 78 页。

受较强的主观判断和未来收益不可预见因素的影响。①

现行市价法是指按市场现行价格作为价格标准，据以确定资产价格的一种资产评估方法。②现行市价法仍然存在"可比性"的问题。研究者还指出了其他困难：市场波动较大，某些产业，尤其是诸如电子、通信等技术更新换代速度较快的产业，专利技术的价值易受市场环境影响，在不同时期、不同地域表现出较大差异。专利交易数量不足，我国技术交易市场不成熟，在某些特定领域完成技术交易的专利数量不多，难以寻找足够数量的参照专利。交易信息难获取，技术交易往往涉及交易双方的商业秘密，技术交易的细节通常不予公开，难以获得准确的交易金额。③

实物期权法是将现代金融领域中的金融期权定价理论应用于实物投资决策的分析方法和技术。企业可以取得一个权利，在未来以一定价格取得或出售一项实物资产或投资计划，所以实物资产的投资可以应用类似评估一般期权的方式来进行评估。同时又因为其标的物为实物资产，故将此性质的期权称为实物期权。学者把这种分析方法引入了专利价值评估领域，运用金融理论模型来为专利技术定价。例如有学者给出了如下模型④：

$$C = [P\,e^{qT} N(k_1) - V\,e^{-rT} N(k_2)] - \sum_{i=1}^{T} \frac{F_i}{(1+\mu)^i}$$

$$k_1 = \frac{\ln(P/V) + (r + q + \theta^2/2)\,T}{\theta\,\sqrt{T}}$$

$$k_2 = k_1 - \theta\,\sqrt{T}$$

其中，V 是生产专利产品的投资费用；F_i 是投资者准备生产专

① 许华斌、成全：《专利价值评估研究现状及趋势分析》，载《现代情报》2014 年第 9 期，第 78 页。

② 程文婷：《专利资产的价值评估》，载《电子知识产权》2011 年第 8 期，第 79 页。

③ 杨思思、戴磊：《专利价值评估方法研究概述》，载《电子知识产权》2016 年第 9 期，第 80 页。

④ 韩士专：《许可实施状态下的专利价值评估方法》，载《中国发明与专利》2008 年第 11 期，第 89 页。

利产品之前每年的费用；P 为投资者生产专利产品所产生总现金流的现值；θ 为相应的标准差；μ 为现金流的折现率；r 为无风险利率；T 年为投资者购买专利权到具体实施专利权、生产专利产品的时间年限；q 为专利实施许可费率。

对于该模型而言，存在的一个问题是：若专利实施许可费率正是双方争议待解决的问题，则无法预先确定，进而无法求出专利价值。对实物期权法，有研究者认为其缺陷是需要使用复杂数学公式，不确定性难以估算。[①] 同时，该方法对专利的法律属性和技术属性考虑不足，如法律状态的稳定性、专利保护范围大小、技术先进性高低、技术成熟程度、技术可替代程度等，导致评估结果出现一定误差。[②]

有研究总结指出，现有专利价值评估方法的现状和问题主要体现在以下几点：不同机构和组织提出的评估方法众多；目前没有能够得到公认效果的评估方法；经济体判断专利价值时机构或个人的主观影响大，评估方法的结论采信度小；专利价值评估没有行业或国家的规范和标准；专利评估方法的类型仍停留在一种或几种理论的结合上，方法体系本身没有突破；价值计算的参数以静态预测得出为主；计算依据的参考因素高度概括，数量少，无法实现与专利价值多种影响因素的拟合；计算方法定型后更新困难，计算方法没有自适应特性，无法快速处理变化的海量数据，不能适应专利诞生到发展期间外部环境中新影响因素的出现和变化需要。该研究给出的调研结果更令人尴尬。在 2015 年专利信息年会进行的专门调研中，调研中随机选取参会的 10 家专利代理公司（其中含 1 家台湾地区公司，9 家大陆公司）进行提问。对于"您公司的专利价值评估是否能够得到其他同行的认同"的问题，回答均为"不能"。其中

---

① 许华斌、成全：《专利价值评估研究现状及趋势分析》，载《现代情报》2014 年第 9 期，第 78 页。

② 杨思思、戴磊：《专利价值评估方法研究概述》，载《电子知识产权》2016 年第 9 期，第 81 页。

台湾地区一家参展代表明确表示，作为台湾地区最早开始研究和提供专利价值评估的智权公司之一，现在很少收到专利价值评估方面的业务，原因是自己苦心研究的价值计算方法得不到外界用户的认可。[①]

从专利价值评估理论自身的研究成果看，每一种主流的专利价值评估方法都有内在缺陷。专利价值评估结果难以获得实务界认可。面对这种情况，即使将能够"定量"分析的评估工具运用到司法实践中，也很难得出真正符合 FRAND 原则，对于双方当事人而言许可费（率）是公平的、合理的，且对第三人也是无歧视的这种效果。进一步反思，如果连定量分析都无法实现，只能靠定性分析裁决出的许可费更如何保障其符合 FRAND 原则呢？

（二）专利标准化增加的复杂性

困难并没有结束。除了具有普通专利的价值确定面临的问题外，专利标准化后，还会给标准必要专利价值的认定带来额外的问题。

1. 如何别除标准带给专利的价值增值

关于标准必要专利的价值，学者们普遍接受两个假定。第一，标准会给专利权人带来更高的市场优势地位，增强专利权人在专利许可谈判时的议价能力。这相当于增加了专利技术的价值。第二，标准化是公益性活动，专利权人只应收取专利法所保障的与其创新贡献所对应的技术许可费，不能额外收取因标准化产生的增值收益。甚至有标准化组织因为标准的公益性考虑而要求标准必要专利权人放弃收取专利许可费。[②]

---

① 吴全伟、伏晓艳、李娇、赵义强：《专利价值评估体系的探析及展望》，载《中国发明与专利》2016 年第 3 期，第 124 页。

② 马海生：《专利许可的原则：公平、合理、无歧视许可研究》，法律出版社 2010 年版。虽然前两个假定在逻辑上尚没有得到充分的证明，但作为主流观点，本文亦暂接受并作为下文论证的基础。

依前两个假定，除非要求专利权人放弃收取许可费（这很难实现），准确裁定标准必要专利的许可费，势必要能分辨出三个数值：没有标准化时专利的价值及其许可费、标准化带来的专利价值增值量、标准化以后专利的价值及其许可费。当标准必要专利权人与实施者谈判时，实施者便可以判断专利权人的要价是否包含了标准化带来的价值增值量，进而判断专利权人的要价是否公平、合理。法院面对争讼时的判断也是如此。

但是，笔者在专利价值评估理论研究成果中，尚未检索出能作前述数值评估、数值别除的方法。①甚至还存在与其相反的理念。例如有研究总结企业技术标准联盟技术定价问题是关系到技术标准联盟运作成败的关键因素的理由时，认为企业首先可以通过联盟的影响力促使自身联盟的标准成为事实标准，从而能够节省大量的时间，迅速占领市场；其次还可以通过联盟使对手成为朋友，同时消除潜在竞争对手的标准对自己的威胁；还可以通过联盟输出自己的技术，增加自己在标准制定中的谈判筹码。②当然，从现实的角度讲，本文也认可该研究的总结。这恰好说明，企业加入技术标准联盟是为了利用标准带来更高的收益。在实务操作中，如何能区分合理地利用技术标准带来增益与不合理地利用技术标准带来增益？如何能切割出这种既是行使专利权，也是标准化行动的一部分的企业行为，进而实现对标准化给专利价值的增值的认定和别除？目前看，还需要深入的研究，甚至也可能永远没有答案。但若不做这种别除，在逻辑上又如何得出基于前述两假定的公平、合理的许可费数额？

2. 专利费累积（Royalty Stacking）问题

专利费累积是标准必要专利讨论中的焦点问题之一，学术界已

---

① 当然，笔者非专利价值评估理论研究人员，查阅的资料难免遗漏。还请方家赐教。

② 曾德明、朱丹、彭盾：《技术标准联盟成员专利许可定价研究》，载《软科学》2007年第3期，第14页。

有相当多的探讨。①本文在此不对如何解决专利费累积展开讨论，而是分析专利费累积与专利标准化之间的关系。

（1）专利标准化不是专利费累积的主要原因。

专利费累积问题突出表现在信息技术、生物技术领域，因为这些领域存在数量太多的专利权。为何这些领域专利权数目庞大，原因可能有：第一，这些领域属于技术创新热点，新技术层出不穷；第二，层累性质的"微创新"很多，而这些"微创新"在产业上又具备相当应用价值，要申请专利保护；第三，产品属于技术密集型产品，单位产品里包含的技术数量非常多；第四，企业为了"自保"，被迫申请大量专利（即使不会实施）用以应对可能的大规模专利诉讼，并形成了恶性循环。

专利累积局面形成后，即使每一个专利权人只索取很小数额（或比率）的许可费，许可费总额都可能会很可观，甚至会吞掉低利润率企业的全部利润。

但是，以上专利累积的原因都和专利标准化没有关系。即，专利标准化并没有造成专利累积，只是在专利累积的局面形成后，专利标准化加强了专利权人的议价能力，使部分实施者丧失了寻求实施替代技术的可能性。故可以说，专利标准化只是加强了专利费累积的后果，并不是专利费累积的主要原因。

如果专利标准化不是专利费累积的主要原因，在确定标准必要专利权人能够获取的合理使用费时，还需要考虑专利费累积因素吗？在多大程度上考虑能说是公平、合理的呢？

（2）个案中裁定专利许可费数额难以考虑专利费累积问题。

雪崩的时候，每一片雪花都有作用，但每一片雪花又都无足轻重。专利费累积是由数量庞大的专利导致的，单一件专利的影响并不大。但个案的 FRAND 许可费争议，可能是针对若干专利，也可能

---

① 马海生：《专利许可的原则：公平、合理、无歧视许可研究》，法律出版社 2010年版。

是单一专利。

要借助于"个案"解决"整体"的问题，只有两条路径：第一，"杀鸡儆猴"，通过个案裁定较低的许可费数额警告全部标准必要专利权人，如不自行解决许可费累积问题（通常是降低许可费率），一旦走到司法阶段，权利人可能遭受更大的"损失"。从功利角度考虑，这路径也是一个可行的选择，但对当事的专利权人而言，肯定不是受到了公平、合理的待遇。第二，分析出涉案专利（专利包）对整个专利费累积所起到的作用，然后按比例原则，适当降低专利许可费。这种方式可谓公平，但难有可操作性。不论是法院，还是当事企业，都难以确定造成专利费累积的专利有哪些，未来还会出现哪些，更不要说分割清楚各标准必要专利所起的作用了。

即使离开个案从整体上看，司法实务操作也难以区分出上文四种原因导致的专利费累积与专利标准化导致的专利费累积。如果不能作出区分，以不能获取标准产生的额外利益为名，牺牲专利权人的部分利益克服并非主要由标准化所产生的后果，即要求专利权人要接受更低的许可费，对专利权人而言该许可费难言公平、合理。毕竟，公平、合理是对专利权人和实施者双方的要求，也是给予双方而不是一方的待遇。

二、专利许可费的可诉性问题

（一）单许可费争议不构成合同之诉

本文认同标准必要专利权人具有一定条件下的强制缔约义务的观点。在具有市场支配地位时，标准必要专利权人行使专利权的行为也可能构成滥用市场支配地位。①违背强制缔约义务或者滥用市场支配地位，利益或信赖利益受到损害的一方，可以向法院起诉。此时，可以认为 FRAND 承诺具有可诉性。

但是，当当事人的争议点仅在于许可费（率）的时候，许可费（率）争议是否具有可诉性？本文认为没有，理由如下。

1. 合同尚未成立，不存在违约事由

除强制缔约义务和缔约过失责任外，因合同事务引起诉讼，都基于当事人间合同已成立，诉讼是针对合同的履行（一方或双方违约）而不是可否缔结合同。

以我国合同法的规定及学理为例。《最高人民法院关于适用〈中华人民共和国合同法〉若干问题的解释（二）》第 1 条规定："当事人对合同是否成立存在争议，人民法院能够确定当事人名称或者姓名、标的和数量的，一般应当认定合同成立。但法律另有规定或者当事人另有约定的除外。对合同欠缺的前款规定以外的其他内容，当事人达不成协议的，人民法院依照合同法第 61 条、第 62 条、第 125 条等有关规定予以确定。"学理上通常认为，前述规定并不破坏合同成立的"意思表示一致"原则，它只是在双方意思表示一致导致合同已成立的情况下，就其他不明确的问题达成补充协议，或无法达成补充协议时的救济，这实际上已经属于合同履行问题。《合同法》第 61 条、第 62 条位列《合同法》第四章"合同的履行"部分进一步印证该判断。

标准必要专利权人单方作出 FRAND 承诺，通常只意味着标准必要专利权人愿意以善意的态度与同样秉持善意原则的潜在实施者协商许可条件并最终达成意思表示的一致——许可合同。难以认为一作出 FRAND 承诺，就立即与所有潜在实施者达成了意思表示的一

---

① 马海生：《专利许可的原则：公平、合理、无歧视许可研究》，法律出版社 2010 年版。关于强制缔约义务，另可参阅：祝建军：《标准必要专利使用费率纠纷具有可诉性》，载《人民司法》2014 年第 4 期，第 8 页。

致，除非标准必要专利权人作出的 FRAND 承诺内容明确具体，包含了立刻授予潜在实施者专利许可实施权的意思。如果说有"意思表示一致"，也只能认定专利权人与潜在实施者在"善意协商"上达成一致，但这种一致不能视为合同成立。

从合同成立的过程看，要约和承诺形成合同。要约是希望和他人订立合同的意思表示，该意思表示应当内容具体确定，且表明经受要约人承诺，要约人即受该意思表示约束。标准必要专利权人仅仅作出 FRAND 承诺，许可合同的内容基本没有涉及，难以认定构成要约。

2. 单许可费争议的可诉性与契约自由原则相冲突

在合同中，最基本的一项原则就是"契约自由"。正如海因·科茨所讲，契约自由在整个私法领域具有重要的核心作用。[1]合同自由之所以备受推崇，是因为人们坚信它本身意味着正义或公正，自由意志将导向公正。[2]

契约自由包含四个方面的含义：（1）缔约自由，即当事人双方有权自主决定是否与他人缔结合同，法律不应当限制当事人订约或不订约的权利。（2）选择合同相对人自由，即当事人决定与何人订立合同的自由。（3）确定合同内容自由，这是合同自由原则的核心之所在。确定合同内容自由包括两个方面的含义：一是当事人选择合同类型的自由，即缔约人有权根据自己的意愿确定与他人订立何种类型合同，而不受他人的干涉；二是选择合同条款的自由，缔约者可以自由选择合同的标的、价款、履行方式、交付的时间和地点、违约责任的承担等事项。（4）缔约方式自由，即当事人有权自由选择意思表示的方式。[3]

---

① ［德］罗伯特·霍恩、海因·科茨、汉斯·G. 莱塞：《德国民商法导论》，楚建译，中国大百科全书出版社 1996 年版。

② 王利明：《统一合同法制定中的若干疑难问题探讨》，载《政法论坛》1996 年第 4 期。

③ 苏号朋：《论契约自由兴起的历史背景及其价值》，载《法律科学》1999 年第 5 期，第 90 页。

在不具备强制缔约义务的情况下，契约自由意味着专利权人可以根据其希望的契约内容确定可与之缔结契约之人。如果当事人之间单纯就许可费（率）达不成一致就可以起诉请法院确定许可费（率），无疑是一举剥夺了标准必要专利权人一切情况下的缔约自由、选择相对人自由、确定合同内容自由和缔约方式自由，与契约自由原则冲突严重。

契约是市场经济的"灵魂"，契约自由是市场交易秩序的基础，无特别事由（这种特别事由通常是出于公共利益的考虑）而破坏契约自由原则，无疑是对正当市场经济秩序的威胁。

3. 合同无效之诉不能产生司法裁定许可费之结果

《合同法》也的确为排除技术标准必要专利许可中的不公平提供了依据。如《合同法》第 329 条规定："非法垄断技术、妨碍技术进步或者侵害他人技术成果的技术合同无效。"第 334 条规定："技术转让合同可以约定让与人与受让人实施专利或者使用技术秘密的范围，但不得限制技术竞争和技术发展。"第 335 条规定："法律、行政法规对技术进出口合同或者专利、专利申请合同另有规定的，依照其规定。"这样，国务院 1985 年发布的《技术引进合同管理条例》在《合同法》实施后仍然得以适用。根据该条例第 9 条的规定：技术引进合同的供方不得强使受方接受不合理的限制性要求，未经审批机关特殊批准，合同不得含有某些限制性条款。①

如果出现法定的合同无效情形，不能协商解决的，一方当事人可以诉请法院判决。判决的结果一是合同无效，二是可能存在因合

① 不得含有的限制性条款包括：（1）要求受方接受与技术引进无关的附带条件，包括购买不需要的技术、技术服务、材料、设备或产品；（2）限制受方自由选择从不同来源购买材料、零部件或者设备；（3）限制受方发展和改进所引进的技术；（4）限制受方从其他来源获得类似技术或者与之竞争的同类技术；（5）双方交换改进技术的条件不对等；（6）限制受方利用改进的技术生产产品的数量、品种或者销售价格；（7）不合理地限制受方的销售渠道或者出口市场；（8）禁止受方在合同期满后，继续使用引进的技术；（9）要求受方为不使用的或者失效的专利技术支付报酬或者承担其他义务。

同无效导致的他方返还义务或赔偿义务。

但是，这种诉讼不可能产生法院裁定许可费（率）的结果。裁定许可费（率）实质上是法院强制在当事人之间建立了许可实施合同关系，与合同无效的法律后果完全相反。在法律性质上，裁定的专利许可费（率）也根本不能解释为一方对另一方的违约赔偿。

4. 缔约过失责任不产生司法裁定许可费之结果

在缔约过程中，一方主体可能违背诚实信用原则，给相对方造成了信赖利益损失或其他损失。这种损害行为导致的结果是赔偿对方损失，并不能导致双方缔结合同。因此，一方承担缔约过失责任也不能产生司法裁定许可费（率）之结果。

综上，在合同法上，法院违背一方当事人意愿，裁定专利许可费（率），强制在当事人之间建立许可实施合同关系只能基于一个法律事由——一方当事人具有强制缔约义务。目前尚未发生法院认定标准必要专利权人具有强制缔约义务，并进而在当事人不能协商确定许可费（率）的情况下由司法裁定许可费（率）的案件。①

（二）反垄断之诉不产生司法裁定许可费之结果

标准必要专利权人可能具有市场支配地位，其行使专利权的行

---

① 华为诉 IDC 公司案 ［（2011）深中法知民初字第 857 号、（2013）粤高法民三终字第 305 号］，一审判决的主审法官发表的文章虽然表达了认为标准必要专利权人对标准实施者以及潜在的实施者负有以符合 FRAND 条件许可的义务，该义务与供水、供电、供气等垄断企业所担负强制缔约义务相似的观点，但在一审判决书中，并未直接表达出这种类比思路。而是以 IDC 公司在中国负有以 FRAND 条件向华为公司许可的义务，但 IDC 的要约不符合 FRAND 原则，华为如果不寻求司法救济就只能被迫接受 IDC 公司单方面所提出的条件作为论证理由，得出法院有权力裁定标准必要专利许可费率的结论。终审判决又是以类比强制许可的思路，得出双方可以自行协商确定使用费或者费率，协商不成，则可以请求相关机构裁决的结论，进而得出华为有权利申请法院裁定的结论（不是强制许可，必不会是行政机关裁定）。因此本案终审也没有适用强制缔约义务理论。

为有可能构成滥用市场支配地位。根据《反垄断法》第 50 条①、《最高人民法院关于审理因垄断行为引发的民事纠纷案件应用法律若干问题的规定》第 14 条②的规定，标准必要专利权人滥用市场支配地位，承担的民事法律后果有二：停止侵害、赔偿损失。赔偿损失自然不能导出司法裁定专利许可费（率）之结果。停止侵害，从语义理解，应该是标准必要专利权人停止滥用市场支配地位的行为，对于不按 FRAND 条件许可他人实施专利的行为（假定有该行为就构成滥用市场支配地位）而言，结论应该是标准必要专利权人按照 FRAND 的原则授予他人专利许可实施权。

如果标准必要专利权人开始以 FRAND 原则授予他人专利许可实施权的行动，可以认为是承担了停止侵权的法律责任。如果其仍然不能以 FRAND 原则授予他人专利许可实施权，则应当承担据不履行司法判决的责任。

不过，如何判断标准必要专利权人是否开始以 FRAND 原则许可他人实施其专利，可不可以法院在判决中确定一个合理的许可费（率）或范围，以此作为标准让标准必要专利权人执行？单从文义看，尚不能得出清晰的结论。考虑到专利权人的法定独占权地位，保护专利权人的利益是专利法的首要直接目标，本文认为不宜直接得出法院可以据反垄断法判决一个使用费（率）的结论。如果有此需要，应采用司法解释的方式进一步予以明确。

目前我国也尚没有以标准必要专利权人滥用市场支配地位为由判决使用费（率）的判例。③

---

① 《反垄断法》第 50 条规定：经营者实施垄断行为，给他人造成损失的，依法承担民事责任。

② 《最高人民法院关于审理因垄断行为引发的民事纠纷案件应用法律若干问题的规定》第 14 条第 1 款规定：被告实施垄断行为，给原告造成损失的，根据原告的诉讼请求和查明的事实，人民法院可以依法判令被告承担停止侵害、赔偿损失等民事责任。

③ 如前注释，华为诉 IDC 公司案，判决许可费（率）的论证思路也不是反垄断法的思路。

(三) 强制许可不产生司法裁定许可费之结果

华为诉 IDC 案终审判决将标准必要专利的 FRAND 承诺类比于专利强制许可，进而得出法院可以裁定专利许可费（率）的结论。

强制许可是国家知识产权局出于特定法定事由需要行使行政权力允许实施者直接实施他人专利的行政措施。学理上把强制许可按事由概括为不实施的强制许可、反垄断的强制许可、为公共利益的强制许可、从属专利的强制许可。标准必要专利的 FRAND 承诺与专利强制许可在拟解决的法律问题、发生机制、法律关系、法律后果方面均性质不同，没有可比性。①

就强制许可而言，如果标准必要专利技术的实施者认为专利权人有垄断行为，且具备了专利法上反垄断的强制许可的条件，可以向国家知识产权局寻求强制许可，在不能商定许可费（率）的情况下，由国家知识产权局裁定许可费（率）。这种裁定不会发生在司法程序当中，除非因为强制许可而发生行政诉讼。但这种行政诉讼附带的强制许可许可费（率）争议的性质，与通过民事诉讼寻求法院裁定专利许可费（率）不同。

三、司法定价的导向性问题

司法是"被动"的，法院裁定专利费（率）有赖于当事人双方的举证。出于利己的动机，专利权人倾向于举示能证明其索要的专

---

① 这种类比若仅在学理上探讨，尚具有学术意义。其实学术上，倒不如将 FRAND 承诺归为默示许可更合适。我国《专利法》的规定可以解释为允许默示许可的存在。在我国专利侵权诉讼的司法实践中也有适用"默示许可"的案例。用默示许可理论解释技术标准必要专利专利权人的许可授权问题，在我国法律上也不存在障碍。见马海生：《专利许可的原则：公平、合理、无歧视许可研究》，法律出版社 2010 年版。

利费（率）符合 FRAND 原则的证据。实施者倾向于举示能证明专利权人索要的专利费（率）不符合 FRAND 原则的证据。此类证据通常会与既往的专利费（率）的数额有关，故有的证据显示专利权人以往索要的专利费（率）高或至少与本案索要的许可费（率）大致持平，有的证据显示专利权人以往索要的专利费（率）远小于本案索要的许可费（率）。

假定双方举证都较为充分，且证据的证明力大致相当，对相反的证据，法官如何采信就具有很强的导向意义。

公平、合理、无歧视构成与否并不是仅仅限于根据案件当事人之间的报价进行判断，而是具有很强的相对性。考察既往的专利许可费（率）情况、横向同业者的专利许可费（率）情况，才能更好地判断专利权人的要价是否公平、合理，尤其是是否存在对本案中实施者的歧视。当然，这需要既往的专利许可案例、同业者的专利许可案例信息可得，且有可比性。①

如果既往或横向案例证明既有更高、又有更低的许可费（率），或者如果在案证据只显示既往或横向的许可费（率）更高，本案裁判结果一般会是认定专利权人的许可费（率）要价没有违反 FRAND 原则②。但如果在案证据只显示既往或横向的许可费（率）更低，是否就必然得出专利权人的许可费（率）要价违反了 FRAND 原则的结论？

专利许可费谈判中，当事人考虑的因素可能很多，例如类似于 Georgia-Pacific Corp. v. United States Plywood Corp. 中总结的那些；但也可能很少，例如双方的专利技术互补性很强，专利权利比较清晰，不用很多考虑就可以决策。甚至于双方的专利都数量太多，无法一一分析比较，只能简单地"以数量定费用"。专利费的计算方式有多种，如一次性付费、入门费加提成、纯提成方式等。对于专利

---

① 这恰恰有很大困难。见本文第一部分。
② 此处不考虑专利权人主张的专利是否属于标准必要专利等情况。

权人而言，如果他预期实施者未来的实施规模不会很大甚至经营会有不小的潜在风险时，会倾向于采用一次性支付许可费的方式。相反，如果他预期实施者未来在市场上会比较成功，则会倾向于采用提成方式。对于双方都存在并且无法避免的风险是：双方是对未来的预估，未来总是不确定的。

以华为诉 IDC 案为例，在案证据显示，IDC 公司 2007 年与苹果公司签订了期限为 7 年的许可合同，并采用一次性付费的方式，许可费折算下来，许可费率是 0.0187%。而 IDC 公司向华为报价的许可费率高于此近百倍（据此算即是 2% 左右）。IDC 给予三星公司的许可费率大约是 0.19%（之前 IDC 赢得了对三星的诉讼）。许多媒体报道的 ICT 领域的许可案例，费率从终端设备售价的 0.8% 至百分之十几不等。单看数值比，IDC 报价在不同的企业间差异极其巨大。法院也正是参照 IDC 对苹果收取的专利许可费率判决 IDC 只能按不超过 0.019% 的许可费率向华为收取专利许可费。但若我们假定，IDC 公司在 2007 年与苹果签订的专利许可合同是一个巨大的市场误判。要知道，2007 年苹果公司刚刚推出第 1 款 iPhone，当时正是功能机"大佬"诺基亚如日中天之际。如果 IDC 证明是自己的市场误判，法院是否仍应将对苹果收取的许可费率作为参照基准值得考虑。假定这个案情，是为了提出，法院是否应倾向于按照既有或横向的最低许可费（率）作为参照基准判断专利权人是否遵循 FRAND 原则，并作为裁定本案许可费（率）的依据。

"以最低费率为准"的导向，对于个案中的实施者是有利的。在专利许可市场上，实施者很多时候也是专利权人，因此在整体效果上，有可能达到降低全市场专利成本的结果。这种结果是良性的。但在同时，逻辑上我们不能得出结论——最低费率就是合理费率。如果费率低到伤害专利权人的正当利益——通过专利技术（创新）就应获得的市场报酬，就违背了 FRAND 原则，FRAND 原则只是抑制标准专利权人不当利用专利标准化带来的市场优势，不是限制乃至剥夺专利权人的创新利益。同时也损害了专利法鼓励创新的宗旨。

因此，"以最低费率为准"的导向，其结果是未知的，全在于对客观上存在的公平、合理费率的发现。以最低费率作为客观上公平、合理费率是不恰当的。这又回到了本文第一部分揭示的困境，法院在有限证据、有限信息、有限认知能力、有限审理时间的约束条件下，能发现客观上公平、合理、无歧视的费率①吗？

结　　语

本文研究的结论，不是标准必要专利实施者没有诉权，亦不是法院对于 FRAND 纠纷完全没有管辖权，只是证明了法院难以有能力裁定一个公平的、合理的、无歧视的标准必要专利许可费（率）。法院审理涉 FRAND 许可费（率）纠纷案件的目的不应在此。

那一个公平的、合理的、无歧视的标准必要专利许可费（率）谁说了算？一句戏谑的话也许就是真理：谁权力大谁说了算！

---

① 公平、合理、无歧视许可费（率）客观上是否存在都不无疑问。

专利商业化激励机制研究

王淑君[*]

摘　要　单纯以激励发明创造为己任的专利激励机制，不利于真正发挥出专利技术在经济发展中的竞争优势，且容易成为投机性主体从事机会主义寻租行为的武器。践行创新驱动发展战略与知识产权强国战略，必须对当前专利激励机制进行变革，在激励发明创造的同时，加强对后续商业化活动的激励。在具体商业化激励路径上，建议采"商业化义务模式"，即以法律形式对具有商业化实施能力及条件的专利权人赋予合理期限内的商业化义务。

关键词　创新　激励机制　专利商业化　商业化义务

当下专利制度存在危机。一方面，强专利保护主义为机会主义寻租者提供了生存空间，使得专利空壳公司肆虐于市场；另一方面，专利市场陷入了高申请量、高授权量、低转化率的"沉睡之困"。之所以出现这些现实问题，其根本原因就在于专利制度中人为构建的激励机制本身出现了问题。专利制度奉为圭臬的激励理论关注的仅仅是创新进程的初期即发明创造阶段，忽略了对后续商业化进程的激励。当前国际竞争日益激烈，科技竞争成为关键。一国专利技术的竞争能力不单单体现在专利申请量与授权量的多少，更依赖专利

　＊　王淑君，法学博士，西南政法大学国际法学院教师。

技术成果转化率即专利商业化水平的高低。因此，专利制度不但要激励发明创造，更需要将发明创造转化为现实生产力，真正发挥其在经济发展中的竞争优势。党的十八大报告明确提出要坚持走中国特色自主创新道路，实施创新驱动发展战略。而创新驱动的关键就在于长效激励机制的构建。[①] 专利制度作为实施创新驱动发展战略与知识产权强国战略的重要载体，必然要求对制度本身构建的激励机制作出进一步变革。

一、专利激励机制发生原理

（一）公共物品与市场失灵

经济学家萨缪尔森认为，公共物品具有消费上的非排他性（non-excludability）与非竞争性（non-rivalry）。[②] "非排他性"是指，某人对物品的消费并不排斥他人同时消费的可能性。"非竞争性"是指，某人对物品的消费不会减损他人对该物品消费的数量与质量。公共物品的非排他性与非竞争性特征意味着，一旦这种物品生产出来，额外的人员同时使用该物品并不会对其他消费者强加成本，即某人对物品的消费并不会减损其他人对该物品消费的境遇。虽然向其他人告知该物品的可及性及实用性会存在一定的成本，但是此时通常认为向其他人提供该物品的边际成本为零（zero marginal cost）。[③] 知识产权学者也纷纷基于这两个特性对公共物品加以描述。例如，克

---

① 马一德：《创新驱动发展与知识产权战略实施》，载《中国法学》2013 年第 4 期，第 31 页。

② Paul A. Samuelson, the Pure Theory of Public Expenditure, Review of Economic & Sandstazists, Vol. 36, 1954, pp. 387–390.

③ William H. Oakland, Congestion, Public Goods and Welfare, Jounal of Public Economics, Vol. 1, 1972, p. 339.

雷格·甘松教授认为，如果某个人对特定物品的消费不会减损其他人对该物品消费的质量，则该物品就是公共物品。[①] 同样，布雷特·弗里施曼教授认为，非竞争性描述的是这样一种情形，即一件物品可以被个体消耗，但丝毫不会贬损其他人对相同物品进行使用的机会。[②]

公共物品在消费上的非竞争性与非排他性，会引发两个问题：第一，公共物品生产者无法在竞争市场中回收投资的总成本。这是因为公共物品的生产成本及排他性成本很高，而使用成本非常低甚至为零。因此，公共物品容易引发无功却受禄的"搭便车"问题，提供者很难从所有受益者处获得相应的报酬。一般来说，竞争性产品能够通过市场机制获得最佳分配与利用，而非竞争性产品根本不需要进行市场分配，因为使用者之间不会产生冲突。这些公共物品的最大优势就是，成本可以分散到所有用户。然而，这种成本的分摊同时也会产生集体行动问题（collective action problem），即个体成员有动力去"搭便车"或盗用他人贡献成果，试图从这些公共物品处获利。这是因为，对于公共物品而言，群体成员面临同样的激励机制，个体成员均不愿支付有益于整个群体利益的公共物品成本。[③] 第二，投资成本不受保护造成供给不足的问题。一方面，公共物品生产者无法通过市场价格机制获取最优生产数量的信息；另一方面，物品生产成本远远高于所获收益，生产者投资的积极性受到抑制。斯蒂格利茨教授认为，"对于公共物品引发的市场失灵问题，国家必须在这些物品的供应中发挥一定作用，要么通过知识产权保

---

① Craig Allen Nard, Certainty, Fence Building, and the Useful Arts, Indiana Law Journal, Vol. 7, 1999, pp. 759–771.

② Brett M. Frischmann, an Economic Theory of Infrastructure and Commons Management, Minnesota Law Review, Vol. 89, 2005, p. 942.

③ Patrick Croskery, Institutional Utilitarianism and Intellectual Property, Chicago - Kent Law Review, Vol. 68, 1993, p. 631.

护方式增加知识回报率，要么通过政府进行直接的财政资助。"①

（二）外部效应与市场失灵

"外部效应"（externalities）是指，物品在生产或消费时，未显现在市场交易价格中，而对生产者或消费者以外的其他人所产生的社会边际成本或收益。依据新古典经济学的理论假设，只有在完全竞争市场中，消费品能够达到社会福利最大化的数量，并达到"帕累托最优"（Pareto efficiency）。然而，当存在外部性时，即某项活动的成本或收益超过了活动决策者的预期，市场将无法产出最优的反馈结果。如果外部性是负的，成本超过了决策者自己能够承担的范畴，市场将会产出过剩的相关产品；如果外部性是正的，对相关产品将产生生产不足的问题。"囿于外部效应的存在，物品生产者自己承担的私人成本或收益并不等同于隐藏的社会成本或收益，此时的社会成本等于私人成本与外部成本之和。"② 因此，依据失真的市场价格信号可能引起经济决策的错误，造成资源配置的低效率。外部效应的存在是市场调节机制失灵的又一因素。外部性使得剩余成本或收益都由其他人承担或享受，如工厂向河流、空气的排污行为。

依据福利经济学的观点，法律规则的设计应该将"外部性内部化"。在负外部性情况下，可能引起生产过剩，因为内在化的成本低于总成本；而在正外部性情况下，可能引起生产不足问题，因为生产者并没有基于其生产投入获得全面补偿。从技术上讲，我们可以称之为产出分配的不效率。而要实现分配上的有效性，必须对正外部性与负外部性进行共同处理。杰佛瑞·哈里森教授认为，负外部性缘于活动对第三方的损害，合同法、侵权法及刑法在某种程度上都是应对这些损害的经济上的合理范式。而应对正外部性，需要遵

---

① ［美］约瑟夫·斯蒂克利茨：《公共财政》，纪沫等译，中国金融出版社2009年版，第340—341页。

② 马费成等：《信息资源管理》，武汉大学出版社2001年版，第92页。

守两条规则：第一，内在化的社会成本不能超过社会从创新活动中获得的利益。换句话说，对于创新活动产生的外部性，如果权利人内在化的社会成本超过了社会的公共利益，则不应该获得保护。第二，对创新活动的保护应该以尽可能最低的社会成本为代价。①

公共物品是产生有益社会的正外部效应的典范。然而，如前所述，公共物品的这种正外部效应容易引起"搭便车"问题。科斯认为，当双方当事人无成本地参与到存在相互冲突的活动中进行谈判，并达成某项协议时（即不存在交易成本），双方总是会达到有效的平衡，而无论这种活动最初是否受到法律保护。因为此时，双方当事人重新分配法律赋予的权利也是无成本的。简单地说，科斯的观点就是，只要法律制度产生的交易成本可以忽略不计，制度选择就能达到效率平衡。但是科斯认为，这种情况是非常不现实的。制度选择都存在重大的交易成本问题，包括信息成本、谈判成本、监管及执法成本，以及第三方当事人的各种影响如搭便车、拒不合作的现象。② 对于外部性问题，科斯认为，排他性权利的界定是市场交易的前提。③ 他认为，外部效应是因为物品的产权不够明晰或者界定不当造成的，政府不必试图运用税收、补贴或管制等直接干预市场的方式消除社会收益或成本与私人收益或成本之间的内在差异，政府只需适当界定并保护产权即可解决外部效应问题，且无论产权归属于哪一方均可达到资源的最优配置。④ 产权的界定可以人为地制造一种排他性，将外部性的利弊结果进行内部化的规制。对公共物品进行产权保护，允许其进行市场化的交易，才能促进公共物品的生产与创新，否则会造成使用过度、供给不足的"公地悲剧"。张五常教授

① Jeffrey L. Harrison. a Positive Externalities Approach to Copyright Law： Theory and Application, *Journal of Intellectual Property Law*, Vol. 13, 2005, pp. 10-15.

② R. H. Coase. the Problem of Social Cost, *Journal of Law & Economics*, Vol. 3, 1960, pp. 1-43.

③ ［美］罗纳德·哈里·科斯：《论生产的制度结构》，生活·读书·新知三联书店1994年版，第304页。

④ 樊勇明、杜莉：《公共经济学》，复旦大学出版社2001年版，第65页。

在读过科斯《经济学上的灯塔》一文后，进一步认为政府授予私人供给者一种专利权必然能够解决公共物品的"搭便车"问题。①

(三) 专利权干预的必要性

专利权作为一种排他性垄断权，其正当性在于激励私人投资与发明创造。发明信息作为公共物品的一种，在自由竞争的市场机制中面临供给不足问题，无法排除竞争者及其他用户免费搭便车的盗用行为，增加了投资风险。而赋予私人投资者专利权，可以降低排他性成本，提高搭便车成本，鼓励私人谈判许可行为，最终为发明人带来更大比例的盈余。因知识信息与一般的有形商品不同，信息生成成本很高，而复制再生产的成本却很低，因此极易受到市场失灵的影响。为了鼓励知识生产，激发创造热情，国家开始以"知识产权"的形式对信息市场进行创新激励。专利权作为"知识产权"的最早形式之一，被认为是国家对自由市场经济的必要干预，旨在通过这种产权干预形式，激励和调节技术创新市场，促进发明资源的优化配置。专利激励论认为，自由竞争市场并不能为知识生产提供足够激励。这是因为，在自由竞争市场中，竞争者对发明信息的搭便车行为，将导致技术信息的市场价格下降到接近为零的边际成本。此时，发明人所获得的市场收益无法弥补其研发成本，缺乏继续投入时间、资金等进行发明创造的动力。权衡利弊，人们更愿意成为复制者，而不是发明者。② "专利制度之所以必要，是因为专利制度作为政府公共政策的重要组成部分，在解决知识资源配置与知识财富增长的问题方面，较之于市场自发解决问题所产生的社会成本更低而带来的社会收益却更高。"③ 专利制度通过赋予发明创造者

---

① 张五常：《新卖桔者言》，中信出版社 2010 年版，第 65 页。

② Dan. L. Burk & Mark A. Lemley. *the Patent Crisis and How the Courts Can Solve It*, University of Chicago Press, 2009, p. 8.

③ 吴汉东：《利弊之间：知识产权制度的政策科学分析》，载《法商研究》2006 年第 5 期，第 6 页。

以私人产权，无疑是"为天才之火添加利益之薪"，为权利人提供一种最经济、有效和持久的创新激励动力。① 诺贝尔奖获得者、经济学家肯尼思·阿罗认为，市场本身是无法实现发明资源的最优配置的。他认为，从社会福利角度看，一种新的知识生产方式，除了信息传递成本外，信息应该免费获得。这虽然能够保证信息的最佳利用，但是自然无法激励任何发明创造。② 同样，保罗·萨缪尔森在对公共物品的研究中，描述了公共物品（如技术）达到最优资源配置的条件，认为私人决策无法达到最优资源配置。③ 二人都反对纯粹以市场为中心解决发明资源的配置问题。阿诺德·普兰特认为，专利制度是政府对发明创造者的一种补贴。专利法有意为专利持有人设立了一个"收费站"，允许发明人从社会回收研发投资，并将获得的总收入投入到最优的创新活动中。可以说，专利制度是政府对市场的一种人为干预行为，是一种人为激励创新的重商主义经济政策。④

二、专利商业化激励不足引发的现实问题

依据我国《专利法》第 9 条、第 22 条及第 24 条等规定，应该说，当前的专利激励机制鼓励尽早、尽快申请专利，关注的仅仅是

---

① 吴汉东：《科技、经济、法律协调机制中的知识产权》，载《法学研究》2001 年第 6 期，第 146 页。

② Kenneth J. Arrow, Economic Welfare and the Allocation of Resources for Invention, National Bureau of Economic Research, Vol. Title: the Rate and Direction of Inventive Activity, 1962, pp. 609 – 619, available at http：//www. nber. org/chapters/c2144. pdf （last visited Jan. 16, 2016）.

③ Paul A. Samuelson, the Pure Theory of Public Expenditure, Review of Economic & Sandstazists, Vol. 36, 1954, pp. 387–388.

④ Ted M. Sichelman, Purging Patent Law of "Private Law" Remedies, Texas Law Review, Vol. 92, 2013, pp. 517–529.

创新进程的初期即发明创造阶段，对具有高风险与高成本特性的后续专利商业化进程保护不利。换言之，当前专利法奖赏的是最好的发明者，而不是最好的商业化者。① 一方面，发明创造是否符合可专利性条件及专利竞赛中的优先权判断均以"专利申请日"为评价标准，"先申请原则"促进了发明创造在早期阶段的申请。另一方面，宽松的实用性条件，并不能确保发明创造真正具备商业上的可行性。因为依据实用性条件的要求，发明人不必提交测试数据证明其发明具有可操作性并具有达到预期使用目的的能力，只需要对其进行技术性描述，能够教会一个普通技术人员知晓如何操作该发明创造即可。对于大多数发明创造而言，实用性条件很容易满足。克里斯托弗·柯彻皮尔教授甚至认为，对于大多数的技术领域来说，这种宽松的实用性条件根本都不能称之为一个"条件"。他认为，当前的专利制度鼓励发明人在技术发明的胚胎阶段尽早申请专利，导致后期的商业化价值具有很大的不确定，商业化风险提高。一方面，尽早申请专利只能促进专利申请数量的增加，而不能确保专利质量。另一方面，尽早申请专利导致专利权界限不清晰，后期的很多商业化形式都可以涵盖到权利要求解释范围中，为投机主体的寻租行为提供了条件。②

（一）专利沉睡

专利制度将可专利性门槛设置在了创新早期的发明创造阶段，鼓励发明者在创新过程中尽早申请专利，只要在"概念"上具有实际应用能力即可获得专利权。由此，专利申请量与授权量急速攀升，而真正转化为现实生产力的专利技术很少，专利市场陷入了"高申请量、高授权量、低转化率"的"专利沉睡"困境。国外有学者研

---

① Ted Sichelman, Commercializing Patents, Stanford Law Review, Vol. 62, 2010, pp. 382–393.

② Christopher A. Cotropia, the Folly of Early Filing in Patent Law, Hastings Law Journal, Vol. 61, 2009, pp. 65–76.

究发现，实践中，有超过一半甚至更多的专利技术最终都没有实现商业化开发。甚至，有些具有重要商业价值的发明间隔十几年后才真正进入市场。20 世纪很多重大发明都是很多年以后才实现商业化的，例如电视、收音机、雷达等。更为严重的是，很多专利技术根本就缺乏商业化开发的价值。① 专利权人只坐享专利权，而不进行商业化的动机何在？对此，美国学者朱莉·特纳列出了五个原因：第一，专利技术可能不具有商业化可行性，如生产成本高昂或者商业化产品的市场存活力低；第二，即使专利技术具有商业化可行性，但并非商业化产品的核心部件，很可能被随后的类似技术所替代；第三，即使专利技术具有商业化可行性，但是在专利权人的产业领域并不具有商业化应用性；第四，专利权人对其专利价值进行过高评估，致使商业化谈判破裂；第五，当商业化产品最终将与专利权人已经生产的产品发生竞争时，专利权人通常会抵制新技术的产业化，如拒绝许可或设置过高的许可使用费。②

（二）机会主义寻租

随着市场经济的深入发展，专利权强保护主义势头愈发明显，专利权本身的私有化和商业化特性日益突出。专利制度赋予了权利人一种利用排他性垄断权获取利润最大化的能力。虽然专利法的初衷在于通过授予发明人一定期限的垄断权，促进技术进步，但是真正的技术交易并不是专利权人的义务。③ 专利权人没有义务也不愿意实施专利技术或进行商业化生产，而是更多选择了一种立竿见影、风险较低的排他性权利交易模式。实际上，从当前市场交易的性质

---

① Ted Sichelman, supra note 20, at pp. 341-344.

② Julie S. Turner, the Nonmanufacturing Patent Owner: Toward a Theory of Efficient Infringement, California Law Review, Vol. 86, 1998, pp. 180-183.

③ Cont'l Paper Bag Co. v. E. Paper Bag Co., 210 U. S. 405, 423 (1908); Oskar Liivak & Eduardo Penalver, The Right Not to Use in Property and Patent Law, Cornell Law Review, Vol. 98, 2013, pp. 1437-1493.

来看，有形产品逐渐甚至完全消失，市场中更多交易的是排他性权利本身，而非专利产品。专利权与专利产品一样，成了一种可以自由流通的商品。一些企业有很少或根本没有商业生产目的，只是去累积和许可专利权本身，这些企业"生产"的只是专利及专利许可。[①]这些机会主义寻租主体更热衷于"维权"活动，依靠收购的弱专利和隐而不用的专利，向生产性企业发起毫无实质诉讼利益而言的诉讼行为。"这种恶意诉讼行为不仅无端增加了被诉生产企业的诉讼成本，同时也会增加目标公司的商业化成本，最终会降低社会福利。因为生产性企业增加的这些成本最终将以提高产品价格的方式转嫁到消费者身上。"[②]

三、专利商业化激励的必要性

面对当前专利制度存在的种种危机，很多学者都对传统专利激励机制本身提出了质疑。有的学者甚至从根本否定了专利激励机制。例如，B. Zorina Khan 教授认为，专利激励机制造成技术垄断，将技术使用价格提高到了边际成本之上，人为制造了稀缺性，导致社会的无谓损失。更为重要的是，激励论本身就建立在了一种错误的理论预设上，并不是只有国家提供了一种外在激励机制人们才会进行创新创造活动。依据"内因决定外因"的哲学原理，外在激励对创新创造行为并不起决定性作用，只有内在动力才能从根本上实现技术创新与文化繁荣。因此，没有专利权的外在激励，人们也会进行创新创造活动，或许科技奖励机制、薪俸机制或政府授予荣誉等更

① Mark A. Lemley, Reconceiving Patent in the Age of Venture Capital, The Journal of Small and Emerging Business Law, Vol. 4, 2000, pp. 140-141.

② Mark A. Lemley & Carl Shapiro, Patent Holdup and Royalty Stacking, Texas Law Review, Vol. 85, 2007, pp. 1991-1993.

能促进科技进步。[1] 同样，美国斯坦福大学法学院马克·莱姆利教授在《非稀缺世界的知识产权》一文中表示，知识产权制度在传统财产法理论框架下设立，以资源的稀缺性为基础。然而，随着技术的不断发展尤其是互联网、3D 打印、合成生物与机器人等新技术时代的到来，人类社会必将进入资源非稀缺世界，各种资源的生产或传播趋于零边际成本。届时，知识产权的"激励"机制只能退变为创新阻力。[2]

虽然专利激励机制在运行过程中引发了种种危机，但采取废除激励机制的"革命式"态度解决现实问题存在不妥。第一，人类进入资源非稀缺世界，至少需要数十年甚至数百年的时间，专利激励机制在很长一段时间内对技术创新仍发挥不可或缺的作用。第二，专利制度不仅是激励机制，也是约束机制。[3] 纵使未来人类社会步入资源非稀缺世界，专利制度作为政府监管的一种手段，在某些领域或在某种程度上也具有存在的必要性，如医药产业。

对于当下而言，以一种相对柔和的方式进行专利制度上的革新更为科学。当前专利激励机制只注重激励发明创造行为本身，对后续商业化激励不足。因此，专利制度必须加强对后续商业化进程的激励。激励商业化是科学化、体系化解读"创新"理念的应有之义。"创新"概念最早由美籍经济学家约瑟夫·熊彼特教授于 1912 年在其《经济发展理论》一书中提出。他认为，创新是指一种新的生产函数的建立，就是把以前从未有过的生产要素和生产条件的新组合引入到生产体系中，创新能够为经济增长和发展提供不竭的动

[1] B. Zorina Khan, Trolls and other Patent Innovations: Economic History and the Patent Controversy in the Twenty-first Century, George Mason Law Review, Vol. 21, 2014, p. 825.

[2] Mark A. Lemley, IP in a World without Scarcity, New York University Law Review, Vol. 90, 2015, pp. 460-515.

[3] 吴汉东：《知识产权法的制度创新本质与知识创新目标》，载《法学研究》2014年第 3 期，第 100 页。

力。① 在熊彼特教授看来，创新是一种革命性的变化，并不是瞬间即可完成的，需要很多步骤。从逻辑上看，应该是先有发明，后有创新。发明是新工具或新方法的发现，而创新是新工具或新方法的应用，如果发明成果没有得到实际应用，对经济发展是不起任何作用的。② 世界知识产权组织指出："保护知识产权并不是终极目的，其只是鼓励创新活动、产业化、投资及诚实交易的一种手段。"③ 践行创新驱动发展战略与知识产权强国战略，必须努力提升知识产权利用能力，促进自主创新成果的商品化、产业化，实现知识产权的市场价值。因此，专利制度不但要激励发明创造，更需要将发明技术转化为现实生产力，真正发挥其在经济发展中的竞争优势。

四、专利商业化激励路径

对于如何才能提高专利商业化水平，理论界存在以下几种构建思路，包括"专利勘探模式""专利授予条件之发明实施原型模式""商业化专利权模式""市场自由模式"等。具体而言：

第一，"专利勘探模式"。埃德蒙·基奇教授认为，允许单一的专利权人协调技术发展，在技术发展的早期阶段广泛申请专利，有助于促进发明的商业化，并能够降低专利竞赛中的资源浪费，促进

---

① ［美］约瑟夫·阿洛伊斯·熊彼特：《经济发展理论：对利润、资本、信贷、利息和经济周期的探究》，叶华译，九州出版社2007年版，第149页。

② ［美］约瑟夫·阿洛伊斯·熊彼特：《经济发展理论：对利润、资本、信贷、利息和经济周期的探究》，叶华译，九州出版社2007年版，第294页。

③ Elizabeth Burleson, Elizabeth Burleson, Winslow Burleson, Putting the Pieces Together: Innovation Cooperation: Energy Biosciences and Law, University of Illinois Law Review, Vol. 2011, 2011, pp. 651-667.

发明信息的早期交流与共享。[1]

第二，"专利授予条件之发明实施原型模式"。柯彻皮尔教授建议提高专利授权条件的实用性门槛，要求专利权人在申请专利前对其发明创造构建一个"实施原型"。他认为，如果专利法在专利申请前就提高实用性条件，要求发明人构建一种实施原型，证明其具有特定的商业性或社会价值，不仅可以解决"反公地悲剧"问题，同时也可以提高专利质量与专利实施率。[2]

第三，"商业化专利权模式"。以泰德·席舒曼教授为首的学者主张构建一种全新的专利权类型即"商业化专利权"，授予此专利权的目的在于换取商业化的承诺。具体而言，他认为：（1）在可专利性主题上，商业化专利与传统产品发明专利相同，只有当某个产品符合"实质新颖性"，即与当前市场中可以买到的产品及其实质等同物不同时，才符合"商业化专利"条件；（2）在权利要求解释上，与传统产品发明专利宽泛的权利要求解释不同，可以涵盖很多不同的商业化形式，商业化专利的权利要求解释的范围只限于说明书中所披露的特定产品类型及其实质等同物；（3）商业化专利权不但提供了一种消极的排他性权利，而且包括积极的实施权。首先，这种积极性权利将赋予商业化者对任何禁令救济的绝对豁免权。其次，只有当传统专利权被授予后的 3 年内未进行商业化，才可以申请商业化专利权。最后，因为商业化周期通常是迅速的，因此商业化专利权的保护期应该较为短暂，例如自申请之日起 5—8 年。[3]

第四，"市场自由模式"。持此观点的学者认为，专利制度所提供的保护应该是最低程度的，市场主体的自主行为对社会更加有益。提高专利商业化水平，并不能依赖专利制度的人为激励机制，而是应该

---

① Edmund W. Kitch, the Nature and Function of the Patent System, the Journal of Law and Economics, Vol. 20, 1977, pp. 265–279.

② Christopher A. Cotropia,, The Folly of Early Filing in Patent Law, Hastings Law Journal, Vol. 61, 2009, pp. 119–129.

③ Ted Sichelman, supra note 20, at pp. 341–342.

充分发挥市场在资源配置中的决定性作用。专利制度激励机制最大的不足之处在于，几乎无法识别和量化排他性权利的成本和收益。专利排他性权利只是一个工具，意味着服务于更高的目的，使发明从创造者转移至潜在的用户。这种排他性权利并不是旨在激励发明创造本身，而是应该用于矫正那些妨害发明创造及资源配置的不当行为。①

应该说，"专利勘探模式""专利授予条件之发明实施原型模式""商业化专利权模式"及"市场自由模式"都具有一定的合理性，能够对专利技术商业化起到一定促进作用。但是，这些商业化促进方案各自又都具有一定的弊端。"专利勘探模式"认为允许在技术发展的早期阶段广泛申请专利，有助于促进技术发明的商业化，但实际上只会加剧早期专利申请竞赛，所有租值都消散在了竞争激烈的发明申请阶段，难以真正推进后续的商业化活动。"专利授予条件之发明实施原型说"可能会降低对发明创造本身的激励，且专利授予条件的后移还可能导致重复性开发，浪费社会资源。"商业化专利权"虽然可以显著增加发明的商业化水平，但是这种新型权利类型可能会产生更高的行政管理成本及司法成本。"市场自由说"设立一种最低程度的专利保护标准，充分发挥市场在技术信息资源配置中的关键作用，在当前尚不成熟的创新市场中，可能还为时过早，不利于规制恶意寻租行为。

究竟应采取哪种商业化激励路径，需要认真权衡发明人、使用人及社会公众的利益关系，并结合创新市场的成熟度，恰当把握政府干预与市场调节的力度。有鉴于此，提出"商业化实施义务模式"，认为必须以法律形式对具有商业化实施能力及条件的权利人赋予"商业化义务"。

对于有形财产而言，权利人通常具有"不使用权"，权利人的不使用行为并不会对他人造成损害。那么，有形财产中的"不使用权"

---

① Oskar Liivak. Establishing an Island of Patent Sanity, *Brooklyn Law Review*, Vol. 78, 2013, p. 1335.

是否能够自然延伸至专利权？实际上，将知识产权与有形财产进行比较论证，是学术界及司法界一贯的分析做法，知识产权特征如非物质性、可共享性、与载体的可分离性等都是相对有形财产而言的。例如，美国爱德华多·佩纳尔弗教授及奥斯卡·里瓦克教授从有形财产法中的"不使用权"反面论证专利权内容中不应该包含"不使用权"。相反，他们认为"使用"更应该成为一种义务。[1] 在其文中，两位教授提及了美国联邦最高法院于 1908 年审理的"欧式纸袋公司诉东方纸袋公司"一案。[2] 在该案中，东方纸袋公司购买了一套改进设备的专利技术，但是自己并不使用该专利，也不对其他任何人进行使用许可。东方公司认为，该专利技术能够显著提高纸袋生产的效率，如果被竞争者加以利用则会削减自己的利润。购买该专利并抑制该专利的使用，可以保护其为了研发当前所使用的旧设备所投入的沉没成本。东方公司认为欧式纸袋公司使用的设备侵犯了其所购买的改进设备发明专利。初审法院认为，东方公司的专利有效，欧式公司的设备侵犯了其专利，并授予东方公司禁令救济。联邦最高法院肯定了初审法院裁决。法院认为："作为一个法律问题，能说企业为节省其已经投入到另一设备中的成本，而不对新改进设备加以使用的行为不合乎情理吗？即使旧的设备被替换，代价也是非常大的。关于竞争对手被排除在新专利的使用范围之外的提法，我们认为这种排他性源自专利权的本质特征，因为任何财产所有权人都具有使用或不使用的权利，无须质疑其动机。"[3] 依据美国联邦最高法院的裁决，专利作为一种私有化的财产权形式，专利权人有权与其他财产权人一样，具有使用或不使用财产的特权与自由。因为发明创造是发明人的绝对财产，其可以拒绝公众获得并使用其

---

[1]　Oskar Liivak & Eduardo Penalver, supra note 24, at pp. 1437−1453.

[2]　Cont'l Paper Bag Co. v. E. Paper Bag Co., 210 U. S. 405, 406, 427−29 (1908).

[3]　原文为："As to the suggestion that competitors were excluded from the use of the new patent, we answer that such exclusion may be said to have been of the very essence of the right conferred by the patent, as it is the privilege of any owner of property to use or not use it, without question of motive."

技术发明，发明人可以享受该发明之上的所有权利，包括不实施专利的权利。这恰是专利权排他性的本质，专利权人没有自己使用或允许他人使用其专利财产的义务。

对美国联邦最高法院的此观点，道格拉斯大法官一直持有异议，其反对将不使用的专利视为私有财产。道格拉斯法官认为，依据宪法的专利保护目的，将专利预设为另一种形式的私有化财产是错误的。实际上，专利权是社会出于公共利益目的而作出的一种让步或对价条件。如果专利不使用，很难解释专利如何促进宪法关于"促进科学与实用技术进步"的目的。[①] 换句话说，专利权是为公共利益而存在的，专利权的价值就体现在商业化实施上。如果专利不实施，授予专利权的社会价值将无从实现。[②] 佩纳尔弗教授及里瓦克教授进一步指出，之所以有形财产中认可不使用权，是因为有形财产的竞争性消费特性，赋予财产所有权人不使用权，更为尊重所有权人的自主权及人格利益，同时有助于社会效率价值的实现。但是，有形财产法中的不使用权并不是绝对的，只有不对第三方当事人利益造成严重损害的不使用行为才能获得法律保护。然而，与有形财产不同，赋予专利权人不使用权所彰显的自主权及人格利益价值并不明显。相反，不使用专利技术可能会浪费其他人的时间及精力，形成重复性投资，尤其会妨碍独立发明人使用自己财产的权利。因此，在专利法中应设立商业化实施义务。[③] 当然，如果采用一刀切式的"商业化义务"模式，会对非营利性研究机构及小型企业不利，因此只应对具有商业化实施能力及条件的权利人赋予合理期限内的"商业化义务"。

---

① Special Equip. Co. v. Coe, 144 F. 2d 497 (D. C. Cir. 1943).

② Kurt M. Saunders. Patent Nonuse and the Role of Public Interest as a Deterrent to Technology Suppression, *Harvard Journal of Law & Technology*, Vol. 5, 2002, pp. 450-452.

③ Oskar Liivak & Eduardo Penalver, supra note 24, at pp. 1453-1483.

研究生
论坛
·· ··

专利权当然许可研究

谢嘉图*

现代专利制度的诞生，旨在以解决技术问题方案的垄断，换该方案的公开。① 所换得的方案公开，一方面将有效避免对相同技术问题的重复研究②，另一方面将使技术方案在期限届满后自动进入公有领域，成为社会整体的知识存量（stock of knowledge）。更重要的是，在专利权有效期将研究和开发的收益内部化，亦即通过许可费、转让费等收益填平研究和开发的费用，并促进创新和技术进步的循环。③ 然而，以往对专利法的研究更集中于解决"用何种程度的公开换取何种程度的垄断"，这注定了我国现行《专利法》本身着重规定了确权与侵权保护，对于专利法的讨论也更多地局限在了"三性""充分公开""无效宣告"等制度之上，并未过多关注专利权转

---

* 谢嘉图，西南政法大学知识产权法学硕士研究生。

① ［澳］布拉德·谢尔曼、［英］莱昂内尔·本特利：《现代知识产权法的演进：英国的历程（1760—1911）》，金海军译，北京大学出版社 2012 年版，155—160 页。

② ［美］罗杰·谢科特、约翰·托马斯：《专利法原理（第 2 版）》，余仲儒等译，知识产权出版社 2016 年版，第 10 页。

③ ［美］威廉·M. 兰德斯、理查德·A. 波斯纳：《知识产权法的经济结构》，金海军译，北京大学出版社 2005 年版，第 374 页。

化上的制度安排。① 立法上制度安排的偏颇导致我国专利权在量上不断勇创新高的同时，许多专利权人却不得不视其专利权为"鸡肋"，在转化无路与年费逐增的高压下渐行渐远。

当然许可的提出正是为破解此困局而来。当然许可在最新公布的《中华人民共和国专利法修订草案（送审稿）》（以下简称《专利法送审稿》）上的引入，显然意在解决长期以来专利转化率较低的窘境。数据显示，我国专利申请量居世界第一位，② 并且每年保持大约20%的速度在增长，③ 但并没有人自信地提出我国是"专利强国"，而更多地认为我国仅是"专利大国"④，专利转化率正是其中的重要因素之一。在相当长的一段时间内，有人认为专利转化率低的原因在于科学技术不发达，导致以科学技术为基础的专利研发也质量较差，得不到市场的认可；也有人认为专利转化率低是因为国家政策盲目地用经济政策鼓励企业申请专利，导致企业为了经济收入而忽视专利质量，形成了大量的垃圾专利。⑤ 诚然，需要承认上述因素对专利转化率的影响，但也应当承认，我国现有专利中仍然存在大量技术含量高、但尚未得到利用的"沉睡专利"，需要《专利法》设置更多的制度，激活这些有价值的"沉睡专利"。引入当然许可，正是志在解决这样的难题。

① 马忠法：《对知识产权制度设立的目标和专利的本质及其制度使命的再认识》，载《知识产权》2009年第11期，第3—9页。

② 《中国专利申请量实现"五连冠"》，载《人民日报（海外版）》2016年4月11日。

③ 廖忠安：《专利转化率的相对性实证分析》，华南理工大学硕士毕业论文，2014年4月，第22页。

④ 中国人民大学知识产权学院：《中国知识产权发展报告2015》，清华大学出版社2016年版，第15—16页。

⑤ 马忠法：《对知识产权制度设立的目标和专利的本质及其制度使命的再认识》，载《知识产权》2009年第11期，第3—9页。

一、当然许可的概念与构成

（一）当然许可的概念

当然许可是一项舶来的新制度，"当然许可"一词的出处国内目前鲜少有论著提及。实际上，英、法、德、俄等各国均有相似的制度，但所使用的概念不一。据笔者考察，"当然许可"一次应当是来源于英国《1977 年专利法案》（*Patent Act* 1977）中的原译，该法案第一章第十节为："当然许可与强制许可（licences of right and compulsory licences）"，其下规定："专利权人为登记许可所提出的申请是当然许可（Patentee's application for entry in register that licences are available as of right）"①。在英国阿斯顿大学名誉教授大卫·班布里奇（David Bainbridge）所编撰的《知识产权（第 8 版）》一书中，将"当然许可"表述为"licences as of right"②。除此之外，众多英文文献中，包括《1977 年专利法案》原文，都将"当然许可"表述为"licences of right"。但理解"当然许可"的概念，无疑必须回到有上下语境承接的原文中。最能够帮助中国读者理解"当然许可"一词的，还应属"licences as of right"的表述，将其中"as of right"译为"当然权利"，则使得"当然许可"的翻译一目了然。

法国、德国、俄国也有与英国相似的制度。《法国知识产权法典》第 L613-10 条实际上规定了该项制度③，在该法典中"当

---

① 见英国《1977 年专利法案》（*Patent Act* 1977）。

② David Bainbridge. *Intellectual Property*, Cambridge：Cambridge University Press，2010，p. 483.

③ 国家知识产权局条法司：《外国专利法选译》，知识产权出版社 2015 年版，第 1028 页。

然许可"表述为"licence d'office"①。德国则在其《专利法》第 23 条也规定了该制度，"当然许可"概念所对应的德文词汇为 "Lizenzbereitschaftserklärung"②，同济大学张韬略先生认为将该词翻译为"即将或准备许可的声明"更为妥当③。在俄罗斯法中，"当然许可"条款则被表述为"open license"④，显然将俄国法中所采用的词汇译为"开放许可"更为合适。除此之外，印度、巴西、泰国等国家也存在当然许可，只是所采词汇用法不一，不再赘述。

当然许可概念的内涵，在各国专利制度中大同小异。目前国内有学者对当然许可作出定义："当然许可是指专利权人按照意愿，提出当然许可的声明，表明许可意向并作出对任何人给予公平许可的承诺"⑤。但该定义并不十分妥当：其一，该定义似有循环定义的嫌疑；其二，该定义未明确指出声明应向何人作出；其三，该定义未明确当然许可需行政部门登记完成后始生效力。鉴于此，笔者结合英国《1977 年专利法案》第 46 条、德国《专利法》第 23 条、法国《知识产权法典》第 L613-10 条等各国条文，取其共性之处，重新定义"当然许可"，其概念可总结为：专利权人向国家专利行政部门声明其愿意许可任何人实施专利，该声明经行政部门登记并公告后，任何人得请求获得该专利许可。

（二）当然许可的构成

各国的当然许可从理念上虽然十分相似，但在具体的制度激励

---

① 文凯希：《当然许可与促进专利技术运用》，载国家知识产权局条法司编：《专利法研究》（2011 年），知识产权出版社 2012 年版，第 227—238 页。

② 国家知识产权局条法司：《外国专利法选译》，知识产权出版社 2015 年版，第 874 页

③ 张韬略：《德国专利法第 23 条：当然许可之宣告》，访问链接：http://blog.sina.com.cn/s/blog_ 4d7d209301007ygo.html，最后访问时间，2016 年 10 月 2 日。

④ 文凯希：《当然许可与促进专利技术运用》，载国家知识产权局条法司编：《专利法研究》（2011 年），知识产权出版社 2012 年版，第 227—238 页。

⑤ 曾莉：《第四次专利法修改背景下当然许可研究》，载《中国专利与发明》2016 年第 5 期，第 59—64 页。

上却各有不同。纵观各国专利法中的当然许可，其最基本、最普遍的要件有五：

其一，专利权人必须向国家专利行政部门表明其愿意许可任何人实施该专利。该要件是当然许可中最为核心的内容。首先，其要求专利权人必须是"自愿"提出上述声明；其次，其要求专利权人许可他人使用专利权的意愿必须面向所有社会成员，即用制度设计确保许可数量的最大化；最后，其要求专利权人仅得向国家专利行政部门提出登记申请，更进一步确保了此种许可的公信力。

其二，上述声明需经专利行政部门登记并公告。该要件主要强调了当然许可的程序规范。首先，专利行政部门在收到专利权人提出的申请之后，应无条件地登记当然许可声明。实际上，部分国家还规定专利行政部门应当通知该专利的其他利害关系人①，但即使如此专利行政部门也不涉及实质审查。其次，当然许可申请登记后，专利行政部门还需将该当然许可刊登于《专利公报》上，以达到广而告之从而进一步促进许可最大化的制度目标。

其三，任何人需在登记完成后始得请求获得该专利许可。该要件的重点在于关注当然许可效力的起点。有些国家规定利害关系人可以对当然许可申请提出异议，该异议可能导致登记节点的拖延，因此，明确登记完成后当然许可始生效力是关键问题。

其四，专利行政部门得裁决无法达成一致的许可协议纠纷。在专利权人将其专利权登记当然许可后，便丧失了对其专利许可与否的决定权，任何人请求获得该专利许可，原则上仅需通知专利权人即可获得授权，而专利权人不得拒绝。但专利许可协议涉及方方面面，包括许可费率、期限等内容，双方当事人可能无法全部达成一致的协议，此时，便需要由专利行政部门对此予以裁决。同时，绝大多数国家都规定，此种行政裁决是可上诉的。

其五，专利权人得申请撤回当然许可登记。设置当然许可的撤

---

① 见英国《1977年专利法案》（*Patent Act* 1977）第46条。

回规则，是当然许可内部的一种平衡，得到多数国家的认可。但对于撤回当然许可规则的分歧则显现在于，其一，应当符合何种条件才能撤回；其二，撤回当然许可的效力为何。这两个问题是当然许可撤回规则中的主要争议点。

二、当然许可比较研究

当然许可存于多国专利法之中，实施理念虽相近，但具体规则颇有不同。如诺斯所言："如果一个社会没有经济增长，那是因为没有为经济创新提供刺激"，因循这一思路，制度设计则应当考虑如何提升经济组织的效率①。比较研究将为制度讨论提供素材，从中将为最终的讨论赋予更宽广的视角。

（一）申请当然许可的条件

当然许可是专利权人愿意许可给任何人的声明，该声明显然可能影响到在先已与专利权人达成许可的其他当事人。因此，是否允许已经事先许可给他人的专利权再申请当然许可，各国法律规定不一。

据英国《1977年专利法案》第46条第（2）款规定，专利权人可以随时提出登记当然许可的申请，但专利局局长在接到该申请后必须通知所有与该专利有合同上利害关系的当事人，如果专利局局长能够确定专利权人作出许可的权利没有被在先的合同排除（原文为："if satisfied that the proprietor of the patent is not precluded by contract from granting licences under the patent"），专利局局长才能够最

---

① ［美］道格拉斯·C. 诺斯、罗伯特·托马斯：《西方世界的兴起》，厉以宁、蔡磊译，华夏出版社2014年版，第4页。

终登记该当然许可。显然，英国法上排除了有合同上限制的专利权申请当然许可登记的可能，这种合同上的限制，无疑是指向独占许可和排他许可的。易言之，只有未许可他人使用或者以普通许可方式许可他人使用的专利，原则上才符合申请当然许可的前提。

《法国知识产权法典》则更加直接地表达了该观点，该法典第 L613-10 条规定，专利权适用当然许可证制度的前提是"在国家专利登记簿没有独占许可的登记"①。同样，德国《专利法》第 23 条第（2）款也作出了相同的规定，即："专利登记簿上记载已对专利权授予独占许可的，或者已向专利局申请登记独占许可的，不得接收上述（当然许可）声明。"②

（二）许可费率的确定

许可费率是专利权实施许可中最为关键的因素之一。不仅是在当然许可中，在强制许可制度中，甚至在侵权诉讼中赔偿额的计算，许可费率的确定都是一项难题。当然许可中确定许可费率的问题，包含两个方面：其一，确定许可费率时，双方当事人是否协商以及如何协商；其二，双方当事人协商不成时，依照何种规则如何确定。在此问题上，比较他国法律规定，将对我国当然许可的构建颇有裨益。

1. 许可费率的定价方式

一般意义上的专利实施许可，是专利权人与被许可人双方合意达成的债权债务关系，依意思自治原则，当中的各项条款均由双方当事人协商一致而达成，许可费率的确定亦无例外。但是，当然许可与普通的专利实施许可相比，其意在提高专利许可的效率，降低一系列交易成本，包括达成合意前的谈判成本。因此，当然许可或

---

① 国家知识产权局条法司：《外国专利法选译》，知识产权出版社 2015 年版，第 1031 页。
② 国家知识产权局条法司：《外国专利法选译》，知识产权出版社 2015 年版，第 874 页。

多或少的需要为了提升效率而牺牲平等谈判的意思自治，其制度核心，即允许任何人实施其专利权，便已经充分地体现了这种牺牲。然而，用意思自治换取效率的牺牲，是否延伸至许可费率的确定之上，各国立法不一。

英国《1977年专利法案》（*Patent Act* 1977）第46条第（3）项（a）规定：“当然许可请求被批准后，任何人有权按协商一致的条件取得许可，协商不一致的，由专利局局长根据专利权人或请求人的请求予以裁定。”此外，《法国知识产权法典》第L613-10条第2款规定：“专利权人和被许可人就合理报酬数额协商不成的，由大审法院确定报酬数额。”① 就此而言，英、法两国在确定许可费率的问题上仍然坚持意思自治，要求双方当事人协商一致，在协商不一致的情况下，才由相关部门介入予以裁定。

有所不同的是，德国法则在该问题上采取了另一种做法。德国《专利法》第23条规定：“被许可人有义务在每个季度向专利权人详细通报其实施的情况并支付补偿费……补偿费数额应当由专利部根据一方当事人的书面请求确定。确定补偿费用的程序参照使用第46条、第47条和第62条的规定。补偿费请求可以针对数人提起。”② 从规定上看，德国法并没有给予双方当事人对许可费率予以协商的机会，而是将许可费率的确定交由行政部门（专利部）予以裁决。这不仅直接援引了专利法中作出行政裁决相关程序的条款，而且还明确该裁决结果可以适用于数人。显然，无论是直接规定许可费率由行政裁决确定，还是将裁定结果的适用范围的扩大，德国法的规定都意在将当然许可所带来的效率发挥到极致。

由于英国法、法国法遵循由双方当事人协商一致确定许可费率，其结果作为意思自治的产物，专利法中便没有过多考虑情势变更时的救济，而将情势变更的难题交由契约法等其他法律进行解决。德

---

① 国家知识产权局条法司：《外国专利法选译》，知识产权出版社2015年版，第1032页。
② 国家知识产权局条法司：《外国专利法选译》，知识产权出版社2015年版，第875页。

国法中当然许可的许可费率由行政裁决确定，由于行政裁决具有确定力，为防止情势变更导致先前裁决结果有失公允，德国《专利法》第 23 条第（4）项特别规定："在最后一次确定补偿费数额一年期间出现情势变更或者公知原因，导致已确认的补偿费数额明显不合理的，任何一方当事人可以请求变更。"① 德国法在牺牲意思自治的情况下，能够在细节上不断弥补这种牺牲所留下的漏洞，应当为我国立法工作所借鉴和反思。

2. 许可费率的裁定机制

由于许可费率可能需要相关当局来裁定，为此，各国通过法律条文或司法判例明确了裁定所适用的程序与方法。其中，英国的司法判例展示了其确定涉及当然许可的许可费率时所采用的三种方法及其逻辑上的适用顺序，兹介绍如下。

当需要通过行政裁决确定当然许可的许可费率时，英国法上通过"比照法（Comparable Approach）""第 41 条的方法（Section 41 Approach）"和"利润分配法（Available Profit Approach）"三种方法，依次来确定许可费率。② 具体而言，如果当事人能够举证证明存在情况基本相同的在先许可，优先适用"比照法（Comparable Approach）"，参照在先许可裁定许可费率。由于英国法官在判例中确定了一项重要的原则，即认为尽管在专利权人作出当然许可后其已经丧失了许可与否的决定权，但是在裁判许可费率时，应当以"双方当事人自愿"的基准来进行裁判③。因此，在上述三种方法中，"比照法"最优先适用，因为"比照法"是被视为"得知双方当事

---

① 国家知识产权局条法司：《外国专利法选译》，知识产权出版社 2015 年版，第 875 页。

② Chartered Institute of Patent Attorneys：*CIPA Guide to the Patent Act*，London：Sweet & Maxwell Press，2016，489.

③ See Allen & Hanburys Ltd's（Salbutamol）Patent ［1987］R. P. C. 327；Also See Smith，Kline & French Laboratories Ltd's（Cimetidine）Patent ［1990］R. P. C. 203 at 236；Also See American Cyanamid Co's（Fenbufen）Patent ［1991］R. P. C. 409.

人意愿最可靠的方法①"。应当注意的是，英国司法判例中所参照的先例并不局限于涉案专利本身，其所指的情况基本相同可以扩张至同类专利之上，在具体案件中也曾出现专利局局长直接适用同类专利许可费率的一般标准来确定涉案专利的许可费率，如直接确定机械工程学发明的许可费率为5%②、医药化学领域发明的许可费率为15%③。当然，要使法官确信比照许可费率的合理性，需要由双方当事人提交大量证据证明，否则法官将会驳回当事人适用"比照法"确定许可费率的请求④。而之所以"比照法"适用案情的范围扩大到如此宽泛，是因为英国法官相信，特定行业领域中所普遍适用的许可费率，是许多自愿当事人所达成的最能够体现意思自治的结果⑤。法官最终所追求的，正是最大限度地还原双方当事人自愿谈判所可能得到的结论。

如果无法证明存在基本相同的在先许可，导致无法适用"比照法"，依照顺序则应该由"第41条的方法"来裁决。所谓"第41条的方法"，实际上是在英国《1949年专利法案》（*Patent Act* 1949）第41条的基础上发展出来的会计评估方法，该条款是对食物、药品和医疗器械的强制许可条款，该条款要求专利局局长在保障公众能够以最低的价格获得食物、药品和医疗器械的前提下，保障专利权人应获得的合理报酬（Reasonable Remuneration）。事实上，英国《1949年专利法案》第41条并没有具体规定合理报酬的计算方式，只是提出了应当给予专利权人合理报酬的原则性规定。因此，在适用该条

---

① See Smith, Kline & French Laboratories Ltd's (Cimetidine) Patent [1990] R. P. C. 203 at 236.

② See Cassou's Patent [1971] R. P. C. 91; Also See Patchett's Patent [1967] R. P. C. 237.

③ See Shiley's Patent [1988] R. P. C. 97; Also See Cabot Safety's Patent. [1992] R. P. C 39.

④ The Hon. Mr Justice Birss, Andrew P. Waugh: *Tererell on the Law of Patent*, London: Sweet & Maxwell Press, 2016, 656.

⑤ Chartered Institute of Patent Attorneys: *CIPA Guide to the Patent Act*, London: Sweet & Maxwell Press, 2016, 490.

款时，合理报酬的具体计算方式是通过判例法形成的。在 Geigy's Patent①和 Smith Kline & French's（Cimetidine）Patents②两个案件中，法官通过判决总结出了适用"第41条的方法"所需要考虑的三个因素，即："（a）专利权人研究和开发的成本，（b）开拓和维持专利产品市场的支出，以及（c）适当的利润率。由于第41条所规定的只是原则性的内容，因此上述两个判例所形成的具体规则在之后的案件中受到了一定的质疑"③。同时，由于第41条本身限定适用于食物、药品和医疗器械这几类具体产品上，其适用范围因此也受到了极大的限制。

在上述两种方法都不能确定许可费率的情况下，英国判例发展除了第三种方法，即"利润分配法（Available Profit Approach）"。顾名思义，"利润分配法"的具体适用需要考虑两方面因素：其一，被许可人可能赚取的利润；其二，该利润在权利人和被许可人之间分配的比例。这两方面因素显然都无法十分客观地得到确定，因此，该方法作不得不作为确定许可费率的最后方法，④ 对该方法的末位适用也得到了司法判例的确认。⑤ 尽管如此，由于大多数情况下前两种方法都无法适用，因此，"利润分配法"虽然是最后的方法，但却是应用最多的。⑥

（三）侵权诉讼中的禁令豁免与专利无效宣告

当然许可的核心是允许任何人在权利人声明当然许可之后的任何时间内获得专利实施许可的权利，其中，"任何人"包含被控侵权

---

① See Geigy's Patent［1964］R. P. C. 391.

② See Smith Kline & French's（Cimetidine）Patents［1990］R. P. C. 203 CA.

③ See American Cyanamid's（Fenbufen）Patent［1991］R. P. C. 409 CA.

④ Chartered Institute of Patent Attorneys：*CIPA Guide to the Patent Act*，London：Sweet & Maxwell Press，2016，492.

⑤ See Smith Kline & French's（Cimetidine）Patents［1990］R. P. C. 203 CA.

⑥ The Hon. Mr Justice Birss，Andrew P. Waugh：*Tererell on the Law of Patent*，London：Sweet & Maxwell Press，2016，p. 659.

的当事人，而"任何时间"也可以延伸到侵权诉讼的过程中。因此，当专利侵权案件中所涉及的专利是声明当然许可的，被控侵权人就可以就此申请当然许可，从而在获得一定程度的豁免。多数国家在专利法中对此没有作出明确规定，只有英国法在此问题上比较明确地作出规定。鉴于我国《专利法送审稿》的条文也有相关规定，故考察英国法中的相关制度。

英国《1977年专利法案》第46条第（3）款（c）项规定："在专利侵权诉讼中，如果被告或其辩护人接受当然许可条款，就不可以对其采取禁令措施，如果其接受的条款在其首次侵权之前便已经被授予（给其他任何人），那么损害赔偿额则不能超过假设其作为当然许可被许可人所应支付的许可费的两倍。"该法条明确，在侵权诉讼中承认并接受当然许可，被控侵权人便可以获得临时禁令上的豁免。实际上，无论法律是否明确规定此项，一旦被控侵权人能够及时取得当然许可，那么其便获得了实施专利权的权利，权利人只能追究其之前的责任，临时禁令也因许可的取得自然解除。法律明确地对此作出规定，目的在于将被控侵权人的接受视为授权许可的取得，从而减少程序上的繁复。因为，即使是当然许可，被许可人取得授权也必然要履行特定的程序，需要花费时间，但只要被控侵权人确实在寻求授权许可，法庭便没有必要先启动、执行禁令而后又解除禁令。此外，必须确保被告确实在寻求授权许可，才可以对临时禁令予以豁免，在英国的司法判决中，就曾经出现被告"保证"其会事后寻求授权许可而事实上未实际行动的情况，对此，法官裁决不适用该条款并强制执行禁令。①

除了禁令的豁免之外，第46条第（3）款（c）项还限定了侵权诉讼中的损害赔偿额，只要被告接受当然许可的条款，其在侵权诉讼中被判赔的损害赔偿额就会被限定在许可费的两倍之内。该规定实际上也是以经济激励的方法来鼓励对声明当然许可的专利的运用。

---

① See Dyrlund Smith v. Turberville Smith［1998］F. S. R. 774 CA.

　　然而，侵权诉讼中适用当然许可有更加棘手的问题，便是被告是否可以既申请当然许可授权，又同时申请宣告专利无效。该问题同样在英国司法判例中引起了较大的争论。在 Du Pont's（Blades'）Patent 一案中，涉案专利已声明当然许可，故被告在侵权诉讼过程中申请当然许可授权，但被告同时认为涉案专利效力上有瑕疵，故同时提起了专利无效宣告的申请。① 实际上，如果法律对此没有规制，那么作为正常的理性人的当事人，必定会寻求自利最大化，同时申请当然许可授权和专利无效宣告，是对被告最为有利的做法。若专利无效宣告成立，被告无须作出任何赔偿，若无效宣告不成立，被告也可以获得当然许可，同时享受豁免临时禁令和限定在两倍许可费率之内的损害赔偿额的优待。相反，权利人却为此背负了极大的风险。因此，在 Du Pont's（Blades'）Patent 一案中，法官首先裁定，申请当然许可授权和申请专利无效宣告两个行为之间是前后矛盾的，违反了普通法中的"禁反言"原则，要求当事人在两个行为之间作出选择。但在该案中，被告坚持认为两个行为之间并不会相互矛盾，并且拒绝作出选择。最后，法官裁定当然许可授权的申请中止，并开启专利效力的司法审查程序。由于被告申请当然许可授权的行为被裁定中止，因此不能认为其接受当然许可的条款，因此，在专利效力审查期间，被告无法享受由第 46 条第（3）款（c）项规定的禁令的豁免。但作为折中，英国《1977 年专利法案》第 46 条（3A）款规定："基于（3）（c）款的对当然许可条款的认可，可以在诉讼最后裁定之前作出，并不需要承认负有法律责任。"这意味着在无效宣告程序结束后，如果该专利权被维持有效，被告依旧可以重启当然许可授权的申请程序。② 只是，在专利无效宣告程序的审理期间，被告必须停止涉嫌侵权的行为，承受由此带来的损失和风险。

---

① See Du Pont's（Blades'）Patent［1988］R. P. C. 479.

② Chartered Institute of Patent Attorneys：*CIPA Guide to the Patent Act*，London：Sweet & Maxwell Press，2016，495.

（四） 撤销当然许可的条件和效力

当然许可声明是专利权人自愿作出的声明，各国法律都允许专利权人在符合条件的前提下，撤销该当然许可声明。有差异的是，各国对于撤销当然许可的前提条件并不完全一致，在效力上也各不相同。

德国《专利法》在该问题上的规定较为简单，该法第 23 条第（7）项规定："专利权人未接到任何请求实施其专利的通知的，可以随时向专利局递交撤回许可的书面声明。该撤回于通知递交时生效。专利权人应当在撤回许可声明后一个月内，缴纳被减免的年费。"[1] 依据该条款规定，只有专利权在声明当然许可之后未达成任何许可授权，专利权人才能撤销当然许可。并且，在撤销当然许可时，还必须补缴被减免的年费。

《法国知识产权法典》第 L613-10 条则规定："依据专利权人的请求，国家工业产权局局长撤销其决定。撤销决定后，专利权人不再享受前款规定的减缴年费的规定。撤销决定不影响已经取得的当然许可或者正在请求中的专利当然许可。"[2] 首先，法国法允许专利权人请求撤销当然许可，并不要求符合何种前提条件。但是，撤销当然许可的效力仅在于不再增加当然许可的数量，在先已经确定取得的或者正在申请授权当然许可的并不受影响。

英国《1977 年专利法案》第 47 条首先规定："（1）基于第 46 条作出专利权当然许可登记之后，专利权人可以向专利局局长申请撤销该登记。（2）一旦上述申请提出，并且付清剩余到期的非当然许可条件下的应付年费，专利局局长可以撤销该登记，但前提是该当然许可不存在被许可人，或者所有被许可人一致同意撤销该登

---

[1] 国家知识产权局条法司：《外国专利法选译》，知识产权出版社 2015 年版，第 874 页。

[2] 国家知识产权局条法司：《外国专利法选译》，知识产权出版社 2015 年版，第 1032 页。

记。"同其他各国一样，为作出许可的专利权可以随时撤销其当然许可的声明。但对于已经许可的专利权，英国法则要求专利权人与被许可人自行协调，专利权人必须与被许可人达成一致才能获得所有被许可人一致同意从而撤销当然许可。至于达成何种协议，亦即撤销当然许可对被许可人产生何种效力，在所不问。除了专利权人可以自行申请撤销当然许可之外，第47条还规定："（3）根据第46条对一项专利作出登记后的规定期限内，任何人宣称专利权人其在当然许可登记时基于合同有权排除专利权人权利，且该合同授予其许可证使其受有利益，该当事人可以申请专利局局长撤销该登记。（4）基于第（3）款提出的申请，一旦确定专利权人的权利被排除，专利局局长有权撤销该登记；在专利局局长确定的期限内，专利权人必须付清剩余到期的非当然许可条件下的应付年费，如果未缴纳该项费用，专利权在期限届满前将会失效。"即允许有合同关系上利害关系的当事人申请撤销当然许可，从而实现该法第46条中所限定的申请当然许可的条件，即申请当然许可的专利权"没有被在先的合同排除"相关权利。不仅如此，第47条还进一步规定了对撤销当然许可的异议："（6）如果是根据下述条款提出申请，即（a）根据第（1）项提出的申请，以及（b）根据第（3）项提出的申请，当事人可以在规定期限内向专利局局长提出撤销的异议；专利局局长应当在考虑撤销申请的前提下，裁定异议是否成立。"

综上，德、法、英三国实际上对于撤销当然许可的条件和效力都作出了不同的规定。德国法严格限定，只有未作出许可的才得以撤销；法国法宽松随意，权利人得以随时撤销，但不影响已经许可和正在申请许可的效力；英国法则强调意思自治，以当事人协商为基调，法律遵照当事人一致同意的协商结论。三种体例侧重不同，在我国的法律体系中孰优孰劣，殊值探讨。

三、我国当然许可的完善

（一）明定当然许可的申请条件

《专利法送审稿》第 82 条在规定当然许可的申请时，并没有对其准入作出限制。相反，《专利法送审稿》第 83 条却规定，当然许可期间不允许权利人将该专利给予独占许可或者排他许可，试图作出事后的规制。然而，无论是依诚实信用原则所做的逻辑推演，还是对外国法律的比较研究，都表明并非所有的专利权都得以申请当然许可，在当然许可中对其申请条件作出限定理所应当。而问题则在于，限制申请当然许可应为事前规制还是事后规制，限制条件应当如何规定，违反该规定应当如何处理？下文将对此作出具体的检讨。

在我国专利法体系中，专利权的实施许可一般三分为"独占许可""排他许可"和"普通许可"①，较少提及"独占许可"和"非独占许可"的二分分类方式。其中，"独占许可"和"排他许可"都限定了专利权人再许可其他人实施专利的权利，显然应当成为限制申请当然许可的情形。因此，如果参照德国法、法国法规定，仅将"已经授予他人独占许可的专利"作为限制申请当然许可的情形，至少在中国知识产权法的语境下是有所缺失的。因此，限制申请当然许可的规定，或明确包括已授予他人独占许可和排他许可的专利，或采用英国法上"许可权利被其他合同所排除"的表述，方能较为准确地作出界定。

在明确限制条件的前提下，将此种条件作为事前规制还是事后

---

① 尹新天：《专利法详解》，知识产权出版社 2012 年版，第 124—125 页。

规制则另需讨论。无论英国法、法国法，还是德国法，均将该限制条件作为申请当然许可的限制条件，即事前规制。若就逻辑上而言，我国《专利法送审稿》所作出的事后规制，即不允许权利人在声明当然许可后将该专利权给予独占许可或者排他许可，似乎暗示着允许专利权人作出效率违约。易言之，只要专利权人愿意，其可以违反在先存在的独占许可或者排他许可之约定，申请当然许可，至于依照合同法如何处理违约之事，专利法在所不问。

此外，申请当然许可的限制条款在具体实施中还应当考虑，是由行政机关的主动审查，还是赋予利害关系人异议的权利，来执行该限制条款。作为两种立法例，德国法、法国法均规定由行政机关对该条件予以主动审查，而英国法则赋予了利害关系人异议的权利，行政机关仅在收到异议申请后进行被动审查。应当注意到，德国法、法国法作出如此规定，所仰赖的基础在于德、法两国的专利登记簿制度。《法国知识产权法典》第 L613-9 条和德国《专利法》第 30 条第（4）款，都要求当事人必须将"独占许可"登记于专利登记簿上，在审查当事人提出的当然许可申请时，行政当局可以便捷地查询到是否符合申请条件。但是，就我国目前《专利法》的具体规定来看，并未要求需要对专利实施许可合同予以备案登记。

总之，我国《专利法》上对当然许可的申请应当作出限制，将已授权他人独占许可和排他许可的专利权排除在外，并且在制度实施上，还应当配套对应的救济程序，通过赋予利害关系人提出异议的权利，来实现制度构建。

（二）确定许可费率的规则

许可费率的确定无疑是专利许可中最为关键的问题，也是决定当然许可效率与否的重要因素。比较研究中，英国法、法国法、德国法在该问题上都采取了不太一致的做法，我国《专利法送审稿》中对该问题更是作出了独树一帜的规定，有依双方当事人协商一致决定，也有依行政裁决确定，还有赋予专利权人单方面决定。对此，势必需要通过对不同规则的经济效益予以考察，而后择其优者从之。

1. 许可费率规则对意思自治原则的回归

民法的世界里自始就贯穿着意思自治原则，因为在市民社会中协商一致所带来的效率是最高的。尽管"二战"后凯恩斯主义的兴起或多或少地限制了意思自治原则在适用中的绝对而崇高的地位，但是该原则在合同法（契约理论）中依旧是至高无上的[①]。《专利法送审稿》的当然许可中将确定许可费率的权利单方面交给专利权人，事实上是过度放大了降低交易成本所带来的效率，忽略了意思自治原则贯穿于民法始终的指导地位，更忽略了意思自治原则背后所带来的极高的经济收益。

由双方当事人协商确定许可费率所带来的效率是不言而喻的。如果仅仅交由专利权人一方决定许可费率，一方面，由于交易双方信息不对称，专利权人拥有被许可人不具备的隐藏性知识等内容，极易出现机会主义行为，过高地定位其专利权的价值，导致专利许可量过低；另一方面，如果一味地追求低定价来吸引更多地被许可人，则可能出现负边际收益，最终导致规模不经济。只有通过当事人双方的讨价还价，专利权在市场中较为真实、合理的价值定位才能到体现。而且，允许双方当事人协商一致确定许可费的规则所导致交易费用的增高并非不可控制的。实际上，就英国的相关立法和判例来看，在当事人双方协商不一致的前提下，该事项会交由行政主管部门（专利局局长）进行裁决，并且会首先考虑采用"比照法（Comparables Approach）"来确定许可费率。易言之，只要当事人能够举证证明有情况基本相同的在先许可的存在，该裁决便可以以此为参照裁定许可费率。进一步而言，尽管当事人需要在协商一致的过程中付出一定的谈判成本，但是只要"比照法"能在立法层面

[①] 刘凯湘、张云平：《意思自治原则的变迁及其经济分析》，载《中外法学》1997年第 4 期，第 70—76 页。

上得到确定并且存在在先许可，将会在当事人原本漫无目的地讨价还价中树立在先许可的标杆，作为在后许可费率的谈判的参考，从而在一定程度上有效降低交易成本。需要强调的是，将"比照法"作为行政裁决许可费率的首要方法也正是对意思自治原则的体现，正如英国法官在判例中所阐述的：对于专利许可费的裁判应当尽量地回归到双方当事人的自由谈判中，而比照法是最为可靠的获知双方当事人意愿的做法①。

2. 协商不一致的裁决程序

在确定应当由双方当事人共同参与许可费率谈判的基础上，紧接着需要明确双方协商不一致时的救济方法。该问题实际上包括两个方面：其一，应由哪个主体来实施救济；其二，应当依照何种方法予以救济。

在当事人无法协商一致确定许可费率的前提下，英国法将裁决的权力交给了专利权的行政主管部门（专利局局长），而法国法则将该权力交给了大审法院，即由司法系统来完成。尽管笔者未能找到相关资料证明英、法两国在立法之初为何对此有不同的选择，但从专利法的体系性上予以考察，可以发现无论是在英国法，还是在法国法，裁决当然许可事项的机关与裁决强制许可事项的机关都是一致的，即英国《1977 年专利法案》第 48 条规定在英国申请强制许可应向专利局局长提出申请，而《法国知识产权法典》第 613-12 条则规定在法国申请强制许可应向大审法院提出请求。实际上，在专利法的体系中，当然许可似乎总与强制许可制度紧密相关。在章节的编排上，英国《1977 年专利法案》将二者统编为第十章"当然许可与强制许可"，《法国知识产权法典》则将二者共同列入第三章第二节"权力的转让及丧失"之中②。就逻辑上而言，专利权人作出

---

① See Smith Kline & French's (Cimetidine) Patents [1990] R. P. C. 203 CA.

② 国家知识产权局条法司：《外国专利法选译》，知识产权出版社 2015 年版，第 1032 页。

当然许可声明之后，实际上便让渡出了诸多的权利，尤其是无权拒绝任何人向其提出的专利实施许可的请求，在这一点上，就已经有了"强制"的韵味。因而法律将"强制事项"统一交由一个部门裁决，是保持了体系上的连贯性。《专利法送审稿》第83条规定："当事人就当然许可发生纠纷的，可以请求国务院专利行政部门裁决"。该规定无论在许可费率的裁定上，还是在当然许可的其他相关事项上，都是比较合理的。

此外，应当明确裁决许可费率时所采用的具体方法，英国法在该问题上提供了可供参考的思路。其中，"比照法（Comparable Approach）"和"利润分配法（Available Profit Approach）"值得借鉴。顾名思义，"比照法"便是通过比照在先的许可费率来确定现存的问题，其关键在于对在先许可的确认。就英国所形成的现有判例中，通常在"在先许可"之前加上"情况基本相同"的限定，但在适用上，法官却甚至将该限定扩大到涉案专利的同类专利之上，所谓的在先许可并不局限于涉案专利本身。至少在两种情况下可以适用"比照法"：其一，涉案专利本身曾经授予他人许可使用；其二，特征与涉案专利极其相似的同类专利曾经授予他人许可使用。在裁定中如何具体作出认定，则有待实践予以总结。作为补充，"利润分配法"可以考虑作为适用于"比照法"之后的兜底法则。由于该方法需要衡量两个较为主观的因素，即被许可人可能赚取的利润和双方当事人之间分配利润的比例，因此应当作为次优的方法予以适用，起到类似于侵权损害赔偿额计算中"法定赔偿"的作用。

（三）当然许可与侵权行为及无效宣告的协调

在专利法体系中，当然许可的实施必须与其他制度相互协调。其中，与当然许可实施密切相关的是无外乎对于侵权行为的判定及救济，以及在侵权诉讼中频繁出现的专利无效宣告。在协调不同制度之间关系的时候，不得不再次将民法的基本原则贯穿于始终。

当然许可要求专利权人在作出声明后就不得拒绝任何人提出的

授权许可的请求，其中也自然包括侵权诉讼中的被控侵权人所提出的请求。如果专利侵权诉讼中所涉及的专利声明当然许可，那么被控侵权人便有权在诉讼过程中的任何时候提出当然许可的请求。因此，在诉讼过程中，被控侵权人可能随时成为获得授权的被许可人，基于其获得许可的权利，有权继续使用该项专利而无须"停止侵权"。应当强调，被控侵权人有权不停止侵权的前提是，其接受了该当然许可所提出的条件并且向专利权人提出了许可实施的请求。此外，《专利法送审稿》第83条还强调：当然许可期间，该专利权人不得就该专利权请求诉前临时禁令。现行《专利法》第66条规定了诉前临时禁令，法条原文规定需在"不及时制止将会使其（专利权人）合法权益受到难以弥补的损害"时，才可启动该程序。对于所谓的"难以弥补的损失"，专利法权威尹新天解释为："如果允许涉嫌侵权行为继续发生，仅仅通过赔偿损失的救济方式将不足以使申请人的利益得到充分保障"①，易言之，只要侵权问题能够在损害赔偿的框架下得到良好的解决，就不能适用诉前临时禁令。对于那些声明当然许可的专利权而言，其权利人更多的是想通过大量的许可获得经济收益，即使该专利涉嫌被他人侵权，也可以在损害赔偿的框架下得到较好的救济。因此，当然许可期间不适用诉前临时禁令制度，有一定的道理，但是否需要法条专为此作出规定，则存有疑问。

不少论者对该问题都提出相反意见，认为不应当限制专利权人请求临时禁令的权利。基于《国家知识产权局关于〈中华人民共和国专利法修改草案（征求意见稿）〉的说明》对于该条款所做的解释，即专利权人作出当然许可声明的，意味着其允许任何人实施该专利，他人未经许可实施其专利的，专利权人不得请求诉前临时禁令。有论者指出，该解释忽略了被控侵权人不接受当然许可条件的

① 尹新天：《专利法详解》，知识产权出版社2012年版，第579页。

情况，过于理想地假设被控侵权人一定会接受当然许可。① 仅就国家知识产权局所作的上述解释，笔者也认为确有缺憾。但应当看到，《专利法送审稿》中仅仅提及"诉前临时禁令"，而未提到诉中临时禁令乃至停止侵权，就说明了实际上《专利法送审稿》的起草者意识到了问题所在，并为被控侵权人不接受当然许可的情形预留了解决的办法，即权利人可以在起诉后请求禁令。因此，笔者认为此项规定并无不妥。

此外，在专利侵权诉讼中，存在一个争议较大的问题，即是否允许被控侵权人在请求当然许可的同时，提出对该专利的无效宣告。该问题所展现出来的矛盾在于，被控侵权人向专利权人作出当然许可的请求，实际上是以承认专利权效力为前提的，同时提出无效宣告申请，却正是对该前提的否定。从整个诉讼的利益分配角度而言，如果允许被控侵权人既提当然许可请求，又提无效宣告申请，那么被控侵权人就获得双重保险，相对地专利权人则必须承当更大的风险。更重要的是，被控侵权人所作出的前后不一致的行为，违背了专利法乃至整个民法体系所强调的诚实信用原则。② 因此，笔者认为，应当要求被控侵权人在请求当然许可与申请无效宣告之间择一而行。当然，笔者也不反对被控侵权人通过合理的诉讼策略来获得最大化的收益，可以允许被控侵权人先就无效宣告提出申请，在无效宣告程序结束且无法使专利权无效的情况下，再向专利权人请求当然许可。在无效宣告程序期间，则应当遵循民事诉讼法的相关规定，如果专利权人请求就被控侵权人的行为采取临时禁令并得到法院认可，被控侵权人不得以请求当然许可的名义不停止侵权。策略选择中的风险，则应由被控侵权人自行承担。

---

① 刘明江：《当然许可期间专利侵权救济探讨》，载《知识产权》2016 年第 6 期，第 76—85 页。

② 徐国栋：《诚实信用原则二题》，载《法学研究》2002 年第 4 期，第 74—88 页。

（四）撤销当然许可的限制与效力

当然许可本是专利权人自主选择的、通过较为特殊的程序授权他人使用其专利权的制度，但是由于该制度一旦启动，专利权人的权利便受到强制性约束，并且涉及诸多经由该制度获得许可的当事人，因此，是否允许专利权人撤销其当然许可声明，以及专利权人应符合何种条件才能撤销该声明，乃至于撤销当然许可声明所生何种效力，并无定论。

就是否允许专利权人撤销其当然许可声明，不同国家形成了不同的立法例。如上文所述，德国法仅允许当然许可期间未作任何许可的专利权人得以撤销其声明，法国法、英国法则允许当事人在当然许可期间随时撤销声明，但限制条件和效力不同。实际上，是否允许专利权人撤销当然许可，应当对撤销当然许可所产生的成本和收益予以考量。若如德国法所规定，仅允许未作出许可的专利权得以撤销，则无论当事人或是国家，都无须为重建专利许可的秩序付出成本。若如英国、法国所规定，则权利人或需为与被许可人协商一致付出成本，或需接受已形成的许可关系不受影响的约束。但应当相信，专利权人作为"理性人"会追寻其利益最大化，在撤销当然许可的收益高于成本的情况下，法律不应该过度干预。

另外，专利权人的当然许可声明于《合同法》上是否属于要约，也决定其是否得以撤销（或者撤回）。从合同法的角度看，只要专利权人所作出的当然许可声明"内容具体确定"且"明确表示受其约束"，则当属合同法上所谓"要约"。其中，专利权人明确表示受该声明约束自不必言，问题在于是否符合内容具体确定。若就《专利法送审稿》要求专利权人明确许可费，则关涉专利许可合同的所有条件均具体确定，相反，将确定许可费的权利交由双方当事人协商，则该要约尚有价格上的不确定。对此问题，韩世远教授认为："在我国《合同法》上，就价款或者报酬没有约定或者约定不明确，并不妨碍合同的成立生效"①，因为我国《合同法》专设第 61 条和第 62条，对合同漏洞形成了较为完整的补救规则，即先由当事人补充协议，无法达成一致时可按合同有关条款或者交易习惯确定。在要求双方当事人协商确定许可费的前提下，也专为协商不一致时提供相应的裁决机制，实际上已然解决无法确定许可费的问题，因此，应当认定当然许可声明的内容是具体确定的。同时，合同法上允许要约人撤回或者撤销要约，从而消灭要约效力。其中，撤回邀约需在要约到达受要约人之前使该要约失效，而撤销要约则是在要约到达受要约人之后，且受要约人未作出承诺之前使该要约无效。使当然许可无效的行为，究竟是"撤回"还是"撤销"，则需要界定要约的到达。当然许可声明并非一般意义上的向特定人所发出的要约，而是向公众发出的要约。韩世远教授认为，对于通过报刊、电视等媒体所作出的公众要约而言，除非其在要约中明确具体生效日期，否则应当视为作出该公众要约时即为受要约人知悉，要约即生效力②。易言之，一般情况下公众邀约一经作出既已到达，要约人得以在受要约人承诺前撤销该要约。因此，从合同法上而言，应当承认当然许可声明在尚未作出承诺的公众的范围内可以随时撤销。同时，《专利法送审稿》中采用"撤回当然许可"的表述似有不妥，笔者认为"撤销"一词更为准确。

允许专利权人撤销当然许可声明并不意味着其可以随意地提出撤销申请，应有一定的限定条件。首先，应依合同法对撤销要约作出限定。《合同法》第 19 条规定两种情况下不能撤销要约：其一，要约人确定了承诺期限或者以其他形式明示要约不可撤销；其二，受要约人有理由认为要约是不可撤销的，并且已经为履行合同作了准备工作。但凡专利权人所作出的当然许可声明符合上述条件，则不应当允许其撤销其当然许可声明。其次，从英国法和法国法中可

---

① 韩世远：《合同法总论》，法律出版社 2011 年版，第 80 页。
② 韩世远：《合同法总论》，法律出版社 2011 年版，第 87 页。

以看到，专利法是否专设对撤销当然许可的限制，与其撤销后所产生的效力密切相关。英国法明确要求，专利权人需取得所有被许可人的一致同意，才能撤销其当然许可声明。易言之，法律强制性要求专利权人与所有被许可人达成新的许可协议，才允许专利权人撤销其当然许可。法国法则采用另一种方案，其规定专利权人可以随时撤销当然许可，但不影响已经取得的当然许可或者正在请求中的专利当然许可。两种方案中，英国法的规定未免过于严苛，专利权人在寻求所有被许可人一致同意的过程中，不免要付出相对高昂的成本，尤其是在被许可人数量众多的情况下，寻求被许可人的一致同意更是难上加难。很可能出现的情况是，权利人得到一部分被许可人的同意，而剩余的被许可人拒绝，那么其为前者所付出的成本将成为"沉没成本"，这种徒增的交易成本也并未提高制度的效率。相反，法国法的规则相对宽松和自由，也符合合同法上的逻辑惯性。作为当然许可的要约人，专利权人应当享有撤销该公众要约的权利，而无须经过被许可人的一致同意。而在其撤销要约之后，事先已经达成的协议不受影响。我国《专利法送审稿》第 82 条正是借鉴了法国法的规定，笔者认为此种规定较为合理。

四、代结论：当然许可的制度意义与再出发

（一）当然许可的制度意义：以权利实施为核心

自清末专利制度东渐于中国以来，中国专利法便一直是围绕"专利保护"展开的。时至今日，现行专利法的章节排布几乎全是权利归属（确权）和权利保护的具体规则，唯一的插曲"专利实施的强制许可"一章也是依 TRIPS 所设，国内至今仍无应用实例。易言之，专利权于我国之实施，均凭当事人自寻良机，而未有法律予以

制度激励。在新中国专利法实施三十年后，专利意识深入人心，专利申请量跃居世界第一之时，蓦然回首，方才发现过低的专利转化率使专利法大失光彩。在"权利保护"为核心的时代中，逐渐意识到"权利实施（利用）"亦是专利法的另一核心。当然许可在我国专利法上的提出意味着我国专利法已经从关注专利确权、侵权保护的基础上，开始真正自主地关注专利权的实施。正是在这个意义上，当然许可实际上描绘了专利法的另一主轴——专利权利实施的制度激励。

回溯以往，历史惊人的相似在制度变迁中时常出现，法律对物的规制同样经历了由权利保护再到权利实施的变迁。虽然难以确切地提出人类在何时开始有了物权的观念，但依诺斯的研究，人类经由第一次经济革命，逐渐从采集、狩猎的原始生活向农业定居生活过度，土地成了维持生活的必需。人口与土地的矛盾在一开始并不突出，因而在人们仍然习惯性地沿用采集狩猎时期的公有财产制，直到能够开荒的土地的数量已经不能满足人口增长的需求，人们开始意识到私有产权的重要性，并随之建立起包括土地在内的所有权制度。① 但所有权的产生并不能完全解决人口增长所带来的经济压力，于是在人类生产中便出现了劳动分工和专业化，从而使生产率的提高能够适应人口增长的水平。正是所有权观念的产生，尤其劳动分工和专业化的加剧，使得交易需求日益增强。但是单纯的物品交换已经逐渐不能满足这种日益强烈的交易需求，在物权观念下创制出区别于所有权的他物权，人们在思维上已经开始将权利实施作为权利归属外的另一核心确立于物权法之上，周枏教授也指出："他物权产生的原因，是由于罗马奴隶制经济发展到高级形式，仅仅靠原来的所有权制度，已不能满足人们的需求。"② 这大概已经来到了古罗马的王政时期（公元前753—前530年），在这一时期，地役权

---

① ［美］道格拉斯·C. 诺斯：《经济史中的结构与变迁》，刘守英等译，生活·读书·新知三联书店1994年版，第37页。

② 周枏：《罗马法提要》，北京大学出版社2008年版，第68页。

是罗马法上唯一的他物权。① 此后，因循着他物权的思路，通行权、汲水权、放牧权等人役权随之出现，直至尤士丁尼一世，人役权发展为用益权、使用权、居住权和奴畜使用权四种，其中以用益权最为重要。② 此时的用益权，指一种使用和收益他人之物而不损坏其物本质的权利。③ 而从罗马法至近世，用益权历经变化，从罗马法时期的一种用于养老目的的社会保障制度，逐渐演变成近世民法上纯粹为物的利用而设的一项制度，用益权的内核发生了变化，其具体的形式也更加丰富，唯独不变的是人类对物的利用的那种体现于用益权上的狂热的心。正因如此，用益权成了物权法上举足轻重的部分。

如果不再固步于将"功利论"作为知识产权法的正当性解释，接纳李琛教授所阐述的"利益分配论"，④ 承认知识产权法是为了明晰产权进而促进商品交易而出现的。那么，产权法上"权利分配—权利保护—权利实施"的发展路径便是一致的。申言之，当新的资源类型出现而又无法纳入已有产权法体系中时，法律便会尽其所能地将该特定资源类型界定为相应的权利，以使其成为商品能够在市场上流通。而后，为了促进其交易上的效率，发展出更多的利用该权利的制度便成了一种必然的趋势。过去的物权法正是沿着这样的轨迹发展，而今的专利法则正在面临这样的蜕变。尽管围绕着"权利保护"的主线，立法上对于专利法保护对象是否扩张至局部外观设计、是否适用"通知—删除"规则等一系列问题仍然在争吵和纠结之中，但这些问题多是法律移植所带来的困扰。唯有当然许可是观念变化和体系完善的产物。尽管当然许可的具体制度设计仍存在对外国法律的借鉴，但却不再只是为了外交、入世抑或特别 301 条

---

① 屈茂辉：《用益权的源流及其在我国民法上的借鉴意义》，载《法律科学》2002年第 3 期，第 74—81 页。

② 周枏：《罗马法原论》，北京大学出版社 2008 年版，第 70 页。

③ 周枏：《罗马法原论》，北京大学出版社 2008 年版，第 70 页。

④ 李琛：《著作权基本理论批判》，知识产权出版社 2013 年版，第 33 页。

款的胡萝卜加大棒政策①而生，而已经是开始在考虑市场、考虑制度激励而迸发的一种新活力。在这个意义上，当然许可出现在中国专利法，已非制度的东渐，而是现代化的脚步，是甘阳先生所说的"古今之争"，而非"中西之争"。②

（二）再出发：以当然许可为原点的制度发展

随着当然许可的提出专利权的"权利实施"成为专利法的另一制度核心。从逻辑上看，围绕该核心所展开的路径有二，或产销分离，授权他人实施专利权，或自产自销，由权利人自行实施专利权。但后者并没有在实践中产生多大的问题，无疑科斯在《企业成本问题》一文中所提出的观点是正确的，正是因为企业内部借由行政命令代替协商谈判，在生产上节约了大量的交易成本③，所以企业内部对专利"自产自销"并不存在太大障碍。尽管企业内部专利"自产自销"仍存在一系列关于利益分配的问题，但近几年立法对《促进科技成果转化法》所作出的修改，以及目前公布的《职务发明条例（送审稿）》，实际上在很大程度上已经解决了上述问题。同时，也不可否认上述立法努力在盘活企业内关涉国有资产的"闲置专利"上所做的努力。但在当然许可提出之前，对于"产销分离"模式下的专利权利实施是缺乏制度激励的。对于那些无法自行实施专利，希冀通过授权他人实施专利而获利的专利权人而言，当然许可明确至少提出了降低专利实施许可中交易成本的明确方案。

当再回首当然许可，其意义已然不再局限于单独的制度本身。作为一种开端，更寄希望于观念的不断革新来引导制度的持续改良，乃至上升至意识形态。诚如诺斯所言："需要花费大量的投资去使人

---

① ［澳］彼得·达沃豪斯：《信息封建主义》，刘雪涛译，知识产权出版社 2005 年版，第 100—103 页。

② 甘阳：《古今中西之争》，生活·读书·新知三联书店 2006 年版，第 29—66 页。

③ ［英］R.H. 科斯：《社会成本问题》，载《财产权利与制度变迁》，刘守英等译，上海人民出版社 1994 年版，第 3—58 页。

们相信这些制度的合法性。因而，政治和经济制度的结构（与变迁）理论一定要与意识形态理论相结合。"① 更简单来说，是伯尔曼所说的："法律必须被信仰，否则形同虚设。"② 当然许可是起点，是重视专利权利实施在制度安排上的起点。当权利实施成为产权法的应有之义，而权利保护不再是专利法乃至知识产权法的唯一核心，则仍可期待在权利实施主题上有更多的制度变迁。

---

① ［美］道格拉斯·C. 诺斯：《经济史中的结构与变迁》，刘守英等译，生活·读书·新知三联书店1994年版，第19页。

② ［美］伯尔曼：《法律与宗教》，梁治平译，中国政法大学出版社2003年版，第82—87页。

深度链接行为的法律属性研究

黄国赛[*]

摘　要　深度链接与普通链接的区别体现在网址呈现和内容呈现两方面，根据服务器标准，这两方面的差异并不影响深度链接作为网络服务提供行为的法律属性。尽管司法实践中出现的部分深度链接破坏了"作者—传播者—读者"的利益平衡，但这种利益失衡并非由深度链接行为本身所引起，而是由与之伴随的破坏技术保护措施、不正当竞争等行为所致。现行法律制度足以调整深度链接行为，以权利扩张的方式解决深度链接问题实无必要。

关键词　深度链接　侵权判定标准　信息网络传播权　权利扩张

一、问题的提出

近年来，因深度链接引发的著作权侵权纠纷层出不穷，司法实

---

　*　黄国赛，西南政法大学 2015 级知识产权法学硕士研究生。本文是 2016 年西南政法大学学生科研创新计划资助项目"视频聚合 APP 的法律规制"（2016XZXS-036）的阶段性成果。

践中的应对也不尽一致。一些法院认为，深度链接在本质上并没有提供作品内容，因而不侵犯作品著作权，却可能构成不正当竞争；也有观点认为，深度链接在客观上利用了被链网站服务器上的作品，构成了信息网络传播权侵权行为，在刑事案件中甚至有法院以此为由，将被告人设置深度链接的行为作入罪处理。① 造成各地法院态度不一的主要原因是侵权认定标准不统一，实质上仍然是对深度链接的法律属性认识不同，即其究竟是信息网络传播行为还是网络服务提供行为。针对这一问题，理论界亦未形成一致意见。随着互联网技术的发展和知识产权保护意识的提高，有关深度链接的纠纷数量增多，其行为模式也产生了变化，由最初的向盗版作品设链到如今的"模糊内容来源""屏蔽广告""规避技术保护措施"等行为层出不穷，其引起的纠纷也越来越复杂。截至目前，仍有多家国内大型视频网站因深度链接而被诉至法院。本文将从深度链接的行为特征入手，梳理和分析学界对侵权标准的认识，并从权利扩张的角度分析深度链接行为在著作权法律制度中的评价，寻找合适的法律规制路径。

二、深度链接的法律属性

（一）深度链接的特征

链接是互联网中被普遍采用的一种技术手段，能够帮助用户实现在不同网络开放平台之间的跳转。法学界通常将链接分为普通链

---

① 见上海市浦东新区人民法院（2015）浦民三知初字第143号民事判决书，宁波市中级人民法院（2012）浙甬知终字第22号民事判决书，江苏省徐州市中级人民法院（2015）徐知刑初字第13号刑事判决书。

接和深度链接。① 普通链接，一般是指常用网络页面中呈现的可点击的跳转链接。② 通过点击普通链接，用户可直接跳转至被链网站，被链网站上的信息也被全部呈现在用户面前。深度链接则不会使用户跳转至被链网站，而是在设链网站中，呈现存储于被链网站上的内容。

深度链接作为链接的一种，与普通链接一样是网络环境中信息传递的常用技术手段，可以将网络中的资源连接起来。二者的不同体现在两方面：一是网址呈现；二是内容呈现。用户点击深度链接，浏览器上的网址并不发生变化，呈现的仍然是设链网站的网址，由此很容易让用户误以为其通过深度链接所获取的信息是来源于当前网页而非第三方网页。在内容呈现上，普通链接没有增加、删减或改变被链网站的内容，是直接对被链网站全部内容的准确呈现。而深度链接则可以实现对呈现内容的选择，设链者可以根据自己的需求选择被链网站上的部分内容呈现给用户。这使得设链网站与被链网站的内容之间联系更为紧密，最常见的就是设链者只链接作品而不呈现广告及网页其他信息，造成作品与设链网站浑然一体，用户无法识别真正的内容提供者。也有学者认为深度链接与普通链接还在传播范围和利益收益上存在差别③，但笔者认为，这两方面的差异仅仅是行为后果的不同，而非设链行为本身的差别。传播范围和利益收益均是设链行为所产生的效果，这种效果上的差异本质上还是因为网址呈现和内容呈现上的不同而产生的。

简言之，深度链接是链接的一种，其区别于普通链接的特性在于：网站所呈现的网址是设链网站网址；设链者可以选择被链网站中的特定内容呈现给用户。在著作权法上，链接行为被认为是一种网络服务提供行为，并非作品提供行为。对已存储在服务器并向公

---

① 沈木珠、乔生：《网络链接与我国信息网络传播权保护之辨析》，载《法律科学》2004 年第 1 期。

② 崔国斌：《加框链接的著作权法规制》，载《政治与法律》2014 年第 5 期。

③ 杨勇：《深度链接的法律规制探究》，载《中国版权》2015 年第 1 期。

众公开传播的作品设置链接，通常不认为是侵犯信息网络传播权的行为，只有在被链作品侵权的情况下才有可能因设链者的主观过错而构成间接侵权。因此，除非深度链接的特殊性突破了链接作为一种网络服务提供行为的属性，达到了作品提供的程度，否则深度链接行为不应被认定为侵犯信息网络传播权行为。易言之，只有深度链接行为被认为是一种对作品的交互式传播行为，才能受到信息网络传播权的控制。

（二）深度链接的侵权判定标准

深度链接是否是一种信息网络传播行为，根据不同的标准会得到不同的解答。目前国内学者主要持三种意见：服务器标准、用户感知标准和实质呈现标准。根据服务器标准，深度链接仅是网络服务提供行为，不构成侵权；根据后两者，则深度链接是一种信息网络传播行为，侵犯了权利人的信息网络传播权。司法实践中法院的立场亦不统一，在北京优朋公司诉徐州迅腾公司侵犯信息网络传播权一案中，一审法院、二审法院依据服务器标准，认定迅腾公司所设置的深度链接是一种网络服务提供行为而非作品提供行为，因而不构成侵权。① 在湖南快乐阳光诉百度案中，法院以用户无法识别视频来源为由认为深度链接构成侵权。② 在乐视诉宁波日报案中，虽未出现"实质呈现标准"字样，但法院在判决理由中根据影视作品内容被直接利用判定宁波日报构成侵权。③ 在腾讯诉易联伟达案中，一审法院同样认为聚合平台向用户提供作品内容，产生了"实质性替代效果"，构成侵权，但是二审法院并未支持这一理由，相反，二审法院认为服务器标准才是信息网络传播行为认定的合理标准。④ 正是因为侵权判定标准存在争议，人们对深度链接法律属性的认识才会

① 见江苏省高级人民法院（2013）苏知民终字第 213 号民事判决书。
② 见湖南省高级人民法院（2016）湘民终字第 476 号民事判决书。
③ 见宁波市中级人民法院（2012）浙甬知终字第 22 号民事判决书。
④ 见北京市知识产权法院（2016）京 73 民终字第 143 号民事判决书。

产生疑惑，导致实务中权利人在著作权侵权法律救济与反不正当竞争诉讼两种选择中摇摆不定。

1. 服务器标准

顾名思义，服务器标准是指，在判断某一行为是否为信息网络传播行为时，应当以作品是否上传至网站的服务器上为标准。如果行为人未经授权将作品存储至自己的服务器，并进行交互式传播，则该行为构成信息网络传播权侵权行为。具体到深度链接问题上，一个深度链接行为通常涉及三方——用户、设链网站、被链网站，用户点击设链网站所设置的深度链接直接访问被链资源，并从被链网站服务器中获取或接触作品。设链网站并未将作品存储于自己的服务器，用户获取或接触作品的来源仍然是被链网站服务器，因此，根据服务器标准，纯粹的深度链接行为不构成信息网络传播权的直接侵权。

在各国的司法实践中，对网络链接行为的定性，经历过几番摇摆，但最终还是选择了服务器标准。[1] 尤以美国的 Perfect 10 v. Google 案最为典型，该案中，被告在其经营的搜索引擎中设置深度链接，用户点击缩略图（缩略图背后即为深度链接）后，原图即在本页面内呈现。法院采纳服务器标准的主要理由是服务器标准更符合互联网技术的理念和特征，就深度链接的技术过程而言，作品所在服务器与浏览器之间的数据交流并非处于设链者的控制之中，设链者虽传播了网址，但并没有传播作品，而这种行为是符合互联网互通共享的理念的。[2] 中国的信息网络传播权源于《世界知识产权组织版权条约》（WCT），权威意见认为该条约第 8 条规定的"信息

---

① 刘家瑞：《为何历史选择了服务器标准——兼论聚合链接的归责原则》，载《知识产权》2017 年第 2 期。

② 见 Perfect 10 v. Google, Inc., 416 F. Supp. 2d 828（C. D. Cal. 2006）。

网络传播"行为含有传输的要求。① 实际上就是服务器标准。随后最高人民法院出台司法解释将"作品、表演、录音录像制品置于信息网络中"作为判定标准，肯定了服务器标准。②

尽管服务器标准在各国的司法实践中得到了广泛的认可，但随着互联网技术的发展和产业模式的变化，其弊端也逐渐显现出来。在互联网发展的早期，秉承着资源共享的理念，网络服务提供者将作品存储于公开的服务器中，用户可以随意获取，此时，服务器是网络传播的中心，著作权只要实现对中心的控制即可实现对权利人的保护。这种中心控制实质上是传播者利用商业模式进行垂直垄断，因此其得以控制作品创作、传播和使用的所有方面。③ 但随着互联网逐渐向去中心化的方向发展，服务器的中心地位受到来自 P2P 文件共享、深度链接等新的传播模式的挑战。因此有的学者提出对网络传播行为的理解应侧重于"获得"而非"提供"，强调权利人对作品提供者身份的有效控制，进而主张"实质呈现标准"。④ 司法实践中也出现了以用户感知标准替代服务器标准的现象。针对互联网去中心化的发展服务器标准也作出了相应调整，"服务器"并非单纯指网站服务器，而是作为广义概念，泛指一切可存储信息的硬件介质，既包括通常意义上的网站服务器，亦包括个人电脑、手机等现有以

---

① European Copyright Society, Opinion on the Reference to the CJEU in Case C-466/12 Svensson, Feb. 15, 2013, para. 16-22, at 4-5. 转引自崔国斌：《加框链接的法律规制》，载《政治与法律》2014 年第 5 期。

② 《最高人民法院关于审理侵害信息网络传播权民事纠纷案件适用法律若干问题的规定》第 3 条第 2 款规定："通过上传到网络服务器、设置共享文件或者利用文件分享软件等方式，将作品、表演、录音录像制品置于信息网络中，使公众能够在个人选定的时间和地点下载、浏览或者其他方式获得的，人民法院应当认定其实施了前款规定的提供行为。"

③ William Patry, Moral Panics and the Copyright Wars, Introduction xx (2009). 转引自孟兆平：《网络环境中著作权保护体系的重构》，北京大学出版社 2016 年版。

④ 见冯晓青：《视频聚合平台盗链行为直接侵权的认定》，载《人民法院报》2016年 8 月 3 日。崔国斌：《加框链接的著作权法规制》，载《政治与法律》2014 年第 5 期。

及将来可能出现的任何存储介质。①

2. 用户感知标准

用户感知标准认为，在判断某一行为是否属于信息网络传播行为时，应当以设链网站表现出的外在形式所带给用户的认知为标准，即用户可否在设链网站上直接认识到作品并非来源于本网站。具体到深度链接上，其侧重点在于设置深度链接的行为能否使用户产生作品来源的误认。在我国的司法实践中，用户感知标准的出现是基于对服务器标准的不满。现实中大量的深度链接包含了解析会员认证、屏蔽广告等行为，严重侵害了被链网站的利益，而根据服务器标准很难认定行为侵犯信息网络传播权。为了对这种深度链接行为进行规制，法院通过举证责任分配的方式变通了服务器标准，转而采用用户感知标准。例如，在搜狐诉芭乐案中，法院要求芭乐公司证明自己仅仅提供搜索服务，没有使用户误认为作品是由芭乐公司提供。② 又如，在快乐阳光诉百度案中，一审、二审法院均以用户可以直接在软件中播放涉案作品为由，推定百度实施了信息网络传播行为，百度承担自己提供的是链接服务的证明责任。③

用户感知标准虽然加强了被链作品信息网络传播权的保护力度，但也有明显缺陷，尤其是其将侵权判定标准置于主观层面，强调用户的主观感受，相较于客观的服务器标准，在适用的稳定性和中立性上存在瑕疵。而且，用户感知标准忽视了互联网整合资源的特征，可能会对互联网技术的发展产生不利影响。再者，如若设链网站通过明确的方式标明作品来源，则根据用户感知标准很难认定侵权。更何况，如果设链网站没有采取解析会员权限、屏蔽广告等行为，而只是从聚合信息的角度设立纯粹的深度链接，那么，即便设链者造成了用户误认，其行为对被链网站的商业利益也没有损害，没有

---

① 北京市知识产权法院（2016）京 73 民终字 143 号民事判决书。
② 北京市石景山区人民法院（2013）石民初字第 1528 号民事判决书。
③ 湖南省高级人民法院（2016）湘民终 476 号民事判决书。

规制的必要。① 可见在涉及深度链接的案件中，造成权利人损失的并非纯粹的深度链接，而是包含了破坏技术措施、屏蔽广告等行为的深度链接，其违法性在于破坏技术措施、屏蔽广告，而非深度链接行为本身。如此，用户感知标准并未抓住问题的本质，违背服务器标准将深度链接认定为信息网络传播行为并无意义。

3. 实质呈现标准

实质呈现标准是对用户感知标准的改进，指的是要判断一个行为是否属于信息网络传播行为，应当以该行为是否实质性地改变了作品的呈现方式为标准。这一标准强调著作权人对作品提供者身份的有效控制，而无论设链者是否损害了被链网站的利益。② 实质呈现标准同用户感知标准一样，都认为只要通过深度链接可以在设链网站直接展示作品，则该链接行为就属于信息网络传播行为。不同的是，后者侧重于用户对所呈现作品的主观感受，前者则侧重于作品展示这一客观效果。实质呈现标准首先解决了在设链网站主动表明作品来源而消除用户感知的情况下，难以认定深度链接侵权的问题。同时也降低了用户感知标准的主观性，以作品的客观呈现效果代替用户主观感受，使其应用更具有可操作性。

但实质呈现标准仍有局限，根据表现效果认定行为性质的做法备受争议。尽管字面意义上，"呈现"或"展示"可以作动词表示一种行为，可在信息网络传播权的语境下，其只能是对行为效果的表达。因为在作品的交互式传播过程中，并不存在一项专门控制作品展示的权利，否则无异于单独设立一项"作品展示权"。③ 判断设

---

① 在优朋诉迅腾案中，被告迅腾公司未屏蔽被链网站中的广告，其自身也未就涉案电视剧投入广告或者获取与涉案电视剧存在特定联系的经济利益，且该电视剧非热播剧，设链者不存在破坏技术措施的行为。法院认为被告无过错，不构成侵权。见江苏省高级人民法院（2013）苏知民终字第 213 号民事判决书。

② 崔国斌：《加框链接的著作权法规制》，载《政治与法律》2014 年第 5 期。

③ 陈绍玲：《再论网络中设链行为的法律定性》，载《知识产权》2016 年第 10 期。

链者是否实施了受信息网络传播权控制的行为，应当以行为本身这一客观事实为依据，而非行为的效果。利用作品的手段或方式不同，即使可能实现类似甚至相同的效果，对利益平衡的影响也往往有区别，著作权法给予权利人的控制力就可能有所不同。①

用户感知标准与实质呈现标准的出现，为解决技术发展与权利控制范围的冲突提供了新的路径。无论是用户感知标准还是实质呈现标准，都是对信息网络传播权的扩大解释，司法者和学者们试图以权利扩张的方式将深度链接所引起的一系列行为置于信息网络传播权的控制之下。只是笔者认为这种权利扩张不符合立法本意，也并无必要。通过上文分析不难发现，服务器标准与信息网络传播行为的性质最为相符，且服务器标准是通过客观事实而非行为效果来认定行为性质，更符合逻辑，适用时也更具客观性。从立法渊源的角度看，将设链行为认定为网络服务提供行为与立法本意相契。

三、从权利扩张角度看深度链接行为

自著作权出现以来，立法者就试图在"作者—传播者—读者"这一谱系中，以允许权利人通过法律手段对作品进行控制的方式，维持各方利益的平衡。纵观著作权法300年的发展史，技术的发展与法律的变动形影相随，技术进步改变了权利人的控制手段，为了继续维持各方利益平衡，法律随即作出相应调整。在这整个过程中，著作财产权的内容呈现出扩张的趋势，这说明，著作权人借用法律手段控制他人利用作品的范围越来越大。②

---

① 王迁：《论提供"深层链接"行为的法律定性及其规制》，载《法学》2016年第10期。

② 李雨峰：《中国著作权法：原理与材料》，华中科技大学出版社2014年版，第90页。

（一）权利扩张的基本逻辑

为了回应权利人在新技术领域对作品控制规则的需求，著作权法采取的措施首先是权利扩张，尤以著作财产权为重。无论是大陆法系还是英美法系，都是如此。[①] 以中国为例，1990 年《著作权法》颁布之时，将著作财产权以概括式立法的方式规定于第 10 条第 5 项，即"使用权和获得报酬权"。法条中对此进行了具体界定，即"以复制、表演、播放、展览、发行、摄制电影、电视、录像或者改编、翻译、注释、编辑等方式使用作品的权利；以及许可他人以上述方式使用作品，并由此获得报酬的权利。"之后，《著作权法》分别于 2001 年、2010 年经历了两次修改，其中 2010 年的第二次修改不涉及著作财产权的变动。2001 年《著作权法》修改，以列举的方式赋予了著作权人 12 项具体的财产权利，使权利人能够直接控制作品的使用行为，并在条文中规定"应当由著作权人享有的其他权利"这一兜底条款。著作权人控制作品利用的方式逐渐增多，弥补了因技术发展而造成事实上的权利人控制能力的不足。此次修改以立法的方式扩张了著作财产权，同时加入了兜底条款赋予法官一定的自由裁量权，以应对可能的因传播技术发展过快导致权利人对作品利用无法控制的局面。值得注意的是，通过兜底条款扩大著作财产权的保护范围的做法存在一定的风险，如果法官在审理案件时过多地使用第 10 条第（17）项作为裁判依据，那么无形中会创设出新的专有权，无异于法官造法，与中国固有的大陆法系传统不符。因此，对兜底条款的适用应当持审慎态度，尽量避免扩张出新的著作财产权。

随后的十余年里，数字技术仍然以突飞猛进的态势发展，这 12 项著作财产权在应对新技术的挑战时虽未出现特别重大的问题，但

---

① ［美］保罗·戈斯汀：《著作权之道：从谷登堡到数字点播机》，金海军译，北京大学出版社 2008 年版，中文版序。

也时常显得有些捉襟见肘。司法实践中不时会出现某种新的行为方式，威胁著作权法所精心设计的"作者—传播者—读者"的平衡。如果这种行为方式并未体现在法律明确规定的权利人可以控制的范围内，司法者往往倾向于采取对具体的权利进行扩张解释的方法来解决。例如在一些通过计算机网络进行"非交互性"传播的案件中，法院倾向于对信息网络传播权作扩大解释。① 认为出于保护权利人利益的考量，将实时在线播放行为认定为侵犯信息网络传播权，并未违背著作权法的基本原则。② 但这一观点受到很多学者的反对，认为这种扩大解释模糊了广播权与信息网络传播权之间的界限，有违知识产权法定主义，可能给社会造成不可预测的侵害。③

著作财产权的扩张还体现在反规避条款及向公众传播权方面。传统著作财产权遵循复制权中心主义。复制权作为权利人享有的基础性权利，各国著作权立法无不以复制权为中心展开。④ 这主要是因为在传统著作权时代，人们对作品的利用通常都离不开对作品的复制，以复制权为中心基本可以保证权利人对作品利用方式的控制。然而，数字技术与互联网的发展使人们接触作品所付出的成本原来越小，人们使用作品的方式发生了很大变化，美国著名著作权专家金斯伯格将此过程称为"从持有复制件到体验作品"。⑤ 在这一过程中，仅凭原有的复制权，难以实现对作品利用的完全控制。针对这种情况，著作权法所采取的应对是试图通过反规避条款和向公众传

---

① 见北京市第一中级人民法院（2008）一中民终字第 5314 号民事判决书。

② 沈志先：《知识产权审判精要》，法律出版社 2010 年版，第 275 页。

③ 见李扬：《扩大广播权规定——破解信息网络传播权困境》，载《中国社会科学报》2011 年 8 月 9 日。王迁：《我国著作权法中广播权与信息网络传播权的重构》，载《重庆工学院学报（社会科学版）》2008 年第 9 期。

④ 张玉敏等：《知识产权法》，中国人民大学出版社 2009 年版，第 121 页。

⑤ Jane C. Ginsburg, From Having Copies to Experiencing Works: the Development of an Access Right in U. S. Copyright Law, 50 Journal of the Copyright Society of the USA 113（2003）. 转引自李雨峰：《中国著作权法：原理与材料》，华中科技大学出版社 2014 年版，第 91 页。

播权来控制对作品的体验，进而形成一种接触权体系。① 从复制权中心主义到接触权中心主义，意味着著作财产权的控制范围进一步扩大，由原本不控制接触行为扩大至在一定情况下控制接触作品行为。

综合来看，权利扩张主要体现在立法上增设专有权，或虽未明确赋予专有权但通过法律手段扩大权利人的控制范围，如反规避条款。在法律明确的专有权控制力不足时，法官也会采用对具体的著作财产权进行扩大解释的方式来进行个案的裁判，但这种方式应当慎用。

（二）对深度链接行为不需要权利扩张

权利扩张，客观上起着定纷止争的作用，解决的是权利人与使用者面对技术发展对著作权法律制度变迁所提出的不同诉求之间的矛盾。在深度链接问题上同样存在着这样的矛盾，因此才有不少观点认为应当对信息网络传播行为进行扩大解释。权利扩张是一种解决方式，但并非所有的矛盾都应当通过权利扩张的方式解决，相反，根据著作权法上权利扩张的基本逻辑，只有在权利人对作品的控制力遭到削弱，致使作者、传播者、读者之间的利益失衡时，才会选择这种方式恢复利益平衡。具体到深度链接行为上，深度链接作为链接的一种，与普通链接具有共性，原则上应当认定为网络服务提供行为，只有深度链接的特性超出了网络服务提供行为的范畴，造成了严重的利益失衡，而现有的控制手段不足以救济时，才应当考虑新设专有权或扩大解释现有权利的解决路径。

通过上文分析，纯粹的深度链接行为本身并未超出网络服务提供行为的范畴。根据深度链接与普通链接的两点不同，首先在网址呈现方面，网址展示与否通常不会影响被链网站的商业利益。尽管网址是互联网域名和服务器的导入标识，是帮助消费者识别的门牌

① 熊琦：《论接触权》，载《法律科学》2008 年第 5 期。

号码，同时也是存储内容的仓储号码。① 但随着互联网领域商业化的发展，在商业利用中，网址所起到的识别作用已经逐渐被其他更为直观的商业标记所替代。正如消费者在评价一家商店时通常不会抛开商标不用而以门牌号作为经营者的指代，用户在登录网站时也很少关注具体的网址，即使是通过在浏览器中输入完整网址的方式访问网站，网址本身的复杂性也使得用户很难形成网址与网站之间稳定的关联。对普通用户而言，网址所蕴含的商誉已经被其他商业标记所取代。深度链接行为尽管没有显示被链网站（资源）网址，但只要能够明确标示出作品的来源，在这一点上就和普通链接一样，不会影响被链网站的商业利益。更何况深度链接本身就是提供网址的行为，只不过是设链网站通过图片或图标将网址隐藏了而已，设链网站完全可以通过技术手段将被链网址呈现出来，只不过在已经明确标示作品来源时，这种做法已无必要。可见，不呈现网址并不会影响到设链网站与被链网站的利益平衡。

深度链接与普通链接的另一个不同体现在内容呈现方面。深度链接呈现的内容具有选择性：设链者可以选择被链网站中的特定内容呈现给用户，同时屏蔽其他内容。通常情况下设链者会直接对作品内容设置链接，用户点击后直接显示作品而不显示广告及被链网站的其他信息。将广告与作品结合作为一种整体服务提供给用户，是当前整个互联网内容服务行业较多采用的经营模式。广告与视频节目的结合提供使网站经营者、网络用户与广告主之间各取所需，形成有序的利益分配与循环。不可否认，深度链接屏蔽广告的行为已经损害了网站经营者的利益。但这种利益并非著作权法所要保护的利益，因其涉及商业道德以及竞争秩序，应当受反不正当竞争法的调整。在司法实践中，屏蔽广告的行为也被认定为一种不正当竞

---

① 杨勇：《从控制角度看信息网络传播权定义的是与非》，载《知识产权》2017年第2期。

争行为。①

除了广告收费模式外，另外两种最常见的互联网内容服务行业的运营模式是内容收费模式和服务收费模式。顾名思义，前者是指用户要获取网络服务商提供的内容时必须付费，比如视频网站的VIP专享内容、百度文库上的收费下载模式等；后者是指为免费用户和付费用户提供差异化服务，例如视频网站为VIP提供高清服务，软件为用户提供收费服务等。无论是内容收费还是服务收费，网络服务商必须通过技术措施来阻止非付费用户的访问。司法实践中出现的深度链接，大多含有破坏技术措施的行为，因而对这两种运营模式产生影响，损害被链者的利益。但应当指出的是，造成利益失衡的本质原因并非设置深度链接行为，而是设链者规避技术措施的行为。反规避条款在著作权法上应该处于怎样的位置，是暗含了接触权的内容还是仅仅是出于反不正当竞争的需要，本文在所不论，但破坏技术措施的行为被认为是违法行为已经得到制度的认可。包含了破坏技术措施行为的深度链接完全可以受到现行著作权法反规避条款的规制。有观点认为这种依据著作权法上反规避条款进行处理或者从反不正当竞争法上对破坏技术措施的行为进行规制的方式，可能会造成权利人与设链者之间卷入不断升级的盗链与反盗链的技术丛林战争。② 实际上这种担心并无必要，技术保护措施的有效性并非要求技术本身具有不可规避之功能，这也是不现实的。只要对普通用户而言，这种技术保护措施能够发挥控制功能，就应该认定为具备技术保护措施的有效性。③ 退一步讲，即便是通过这种规制手段存在一定缺陷，也应当通过完善技术保护措施信息安全遵从制度来

① 爱奇艺因乐视开发的"飞视电视浏览器"屏蔽其广告行为，以不正当竞争为由起诉，索赔100万元。爱奇艺因极客公司通过"屏蔽视频广告"插件和"极路由路由器"屏蔽其视频广告起诉，一审获赔40万元。优酷网因金山开发的"猎豹浏览器"过滤其页面广告而起诉，索赔500万元，终审获赔30万元。见《法制日报》2015年1月12日。

② 崔国斌：《得意忘形的服务器标准》，载《知识产权》2016年第8期。

③ 赵丽莉：《著作权技术保护措施信息安全遵从制度研究》，武汉大学出版社2016年版，第157页。

解决。扩大解释信息网络传播权的方式是不应该也不必要的。

四、结　　论

　　深度链接与普通链接相比具有一定的特殊性，但这种特殊性并不影响其作为网络服务提供行为的法律属性，根据服务器标准，将深度链接认定为网络服务提供行为更符合立法本意。司法实践中，因深度链接引起的对"作者—传播者—读者"利益平衡的破坏，本质问题并不在于深度链接，而是在于屏蔽广告、破坏技术保护措施，以及其他不正当竞争行为。现行法律制度足以解决相关问题，无须通过权利扩张的方式扩大权利人的控制范围。正当的深度链接应当明确标示被链作品来源，并且不得包含屏蔽广告、破坏技术保护措施等法律所禁止的行为。